건강장애
학생 교육

김정연 저

HEALTH IMPAIRMENT*J*

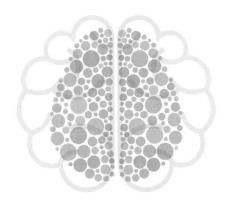

학지사

UN과 UNESCO는 국제사회가 2030년까지 지속가능한 발전을 이루기 위해 '모두를 위한 포용적인 양질의 교육과 평생학습'을 보장하는 2030 교육목표(Education 2030)를 선언하였다. 2030년을 향한 범세계적인 교육발전 논의가 이루어지는 이때에 공교육의 평등한 접근 측면에서 건강장애 학생들의 학습권에 관한 점검이 필요하다.

2005년에 시작된 건강장애 학생의 교육지원 정책은 일반교육의 틀 안에서 소외되었던 만성질환 학생들의 교육의 질을 높이는 성과를 가져왔다. 건강장애 학생은 전체 특수교육대상자의 약 2%에 해당하는 낮은 비율이지만, 그동안 의료적 접근만으로 방치되었던 학생들의 학습권을 보장하기 위해 학교생활 적응 등 교육적 차원에서 지원을 강화하는 정책 수립은 매우 고무적이었다.

건강장애 학생은 다른 장애유형과는 달리 일반학교 재학 중 발병과 진단을 거쳐 특수교육대상자로 선정되기 때문에 교육지원 측면에서 고려해야 할 독특한 사항들이 있다. 건강장애 학생의 진단 선정 및 교육배치 과정은 특수학교나 특수학급이 아닌 일반학급에서 이루어진다. 결국 건강장애 학생의 교육지원은 일반교사로부터 시작되지만 현장교사들의 인식은 매우 미흡한 수준이다. 초·중등학교 교사들은 교원양성기관의 교육과정 어디에서도 건강장애 학생의 교육지원에 대해 이수할 기회가 없으며, 이러한 이유로 준비되지 않은 교육 현실로 인해, 지원받는 학생도 지원하는 교사도 어려움에 놓인 실정이다. 교육을 지원하는 전문가들의 인식과 역할의 부재는 건강장애 학생의 교육 실행을 어렵게 만드는 요인이 된다.

이러한 이유로 이 책은 건강장애 학생의 교육을 지원하기 위해 예비 특수교사들이 알아야 하는 내용을 중심으로 구성하였다. 구체적으로는 건강장애 학생을 처음 만나는 초·중등학교의 교사, 이들에게 자문의 역할을 해야 하는 특수교사, 병원학교로 처음 발령된 교사 등 학생 및 학생의 가족과 함께 교육을 계획하고 실행하는 역할을 담당하게 될 예비 특수교사가 알아야 하는 내용을 담고 있다.

이 책의 집필 과정에서 전하고자 하는 몇 가지 생각은 다음과 같다.

첫째, 건강장애에 관한 낯선 용어에 대한 이해를 높일 수 있도록 건강장애 교육의 법적 기초, 교육지원 제도에 대해 가능한 상세히 기술하였다. 건강장애 학생들의 궁극적인 교육지원의 목표는 학교복귀와 학교생활의 적응 지원이다. 원래의 '학생'으로 돌아갈 수 있도록 병원학교와 일반학교에 근무하는 특수교사를 포함한 모든 교사, 부모가 함께 준비하고 실행하는 내용을 담았다.

둘째, 우리나라 건강장애 학생의 몇 가지 주요 질병에 대해 살펴보았다. 질병에 관한 의학적 지식과 정보를 갖추는 것은 학생을 둘러싼 의료 및 관련서비스 전문가, 부모와의 신뢰로운 협력관계를 유지하기 위해 필요하다. 물론 질병에 관한 의학적 기초와 질병의 기제에 관해 예비교사가 모두 알아야 하는 것은 아니다. 그러나 학생의 질병에 대한 이해가 선행되어야 학생들의 학습, 심리, 신체 및 건강에 미치는 영향을 고려한 교육지원이 가능하다. 그래서 학생의 심리적 반응상태를 고려한 학습과 정서 및 행동지원에 관한 교사의 역할에 대해 상세히 다루었다.

셋째, 건강장애 학생의 대안적인 교육제도인 병원학교와 원격수업에 대해서는 실제적인 학급 운영과 관련한 사항을 위주로 다루었다. 교사에게 요구되는 협력 업무와 학생의 개별 요구에 적합한 교육과정 운영과 개별화교육계획, 교수학습 자료 지원, 보조인력 지원 등 실제적인 학급 운영에 관해 사례 중심으로 설명하고자 하였다. 다만, 병원학교와 원격수업기관은 기관에 따라 여건과 상황, 운영 방식이 다를 수 있으므로 융통성 있게 활용하기 바란다.

넷째, 건강장애 학생의 교육전달체계에 관한 내용은 학교 현장에서 활용하는 내용을 중심으로 제시하였다. 건강장애 학생을 지원하는 절차와 방법은 매우 복잡하고 시·도교육청별로 상이한 사례도 있다. 이 책에서는 교사가 알아야 하는 학적과 출결, 평가 및 성적 관리 등 행정지원 절차에 관한 실제 사례를 가능한 많이 제시하였다. 교육지원이 이루어진 후에도 공평한 교육에서 배제되지 않고 학생들의 학습권이 지켜질 수 있도록 협력적인 교육계획과 실행, 평가 방안에 대해서도 다루었다.

다섯째, 건강장애 학생의 정신건강과 심리 특성에 관한 예비교사들의 이해를 높이기 위하여 저자와 동료들이 함께 수행한 연구들의 사례를 제시하였다. 가까운 미래의 건강장애 학생들과의 만남을 대비하여 간접적으로나마 소통하는 기회가 되기를 바란다.

여섯째, 건강장애 학생의 학령기 이후의 성인기 지원 과제와 장기적인 교육지원의 필요성에 대한 내용을 포함하였다. 모든 건강장애 학생은 길고도 어려운 과정을 거쳐 청소년으로, 성인으로 성장한다. 만성질환을 가진 학생들의 학교 복귀와 적응, 사회통합을 위해서 이들의 역량을 강화하는 것 외에도 학생을 지지해 줄 수 있는 사회적 지지 체계를 마련해야 한다. 건강장애 학생과 만나는 모든 사람의 지식 수준을 높이고 인식을 개선하는 것이 학생의 학교생활 적응뿐만 아니라 졸업 이후의 성공적인 사회적응과 복귀를 지원할 수 있다. 학생이 건강한 사회인으로 성장할 수 있도록 모든 교사가 건강장애 학생에 대한 공유된 책무성을 가지고 함께 실행한다면 이들의 학교생활 적응에 긍정적인 영향을 미칠 것이다.

수년에 걸쳐 원고를 작성하면서 건강장애 학생의 교육지원 제도가 안고 있는, 여전히 개선되어야 할 많은 문제로 마음은 무거웠지만, 그래도 조금씩 변화되어 가는 모습에 약간의 안도감을 가지게 되었다. 건강장애 학생들을 힘들게 하는 낯선 질병의 이름만으로도 위압감을 느꼈던 시간이 많았다. 한결같이 마음의 위안을 주던 나딩스 언덕과 공시산, 늠름한 칠팔수를 보면서 현장의 전문가들이 열심히 해야 하는 이유를 상기한다. 이 책을 통해 여러분이 만나게 될 건강장애 학생이 친구들과 만나서 웃고 떠들며, 다니던 학교를 계속 다니면서 꿈을 꾸고 키워 나가도록 지원할 수 있기를 바란다.

2020년 9월
김정연

차례

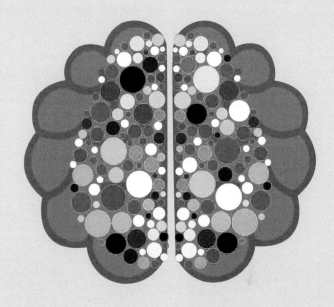

제1장

건강장애 학생 교육의 개관

1. 건강장애 교육지원의 배경

1) 건강의 개념

일반적으로 건강이란 개인의 신체적 상태를 의미하는 말로서 주로 질병의 치료를 강조하는 의미로 사용된다. 그러나 보다 적극적 의미에서의 건강이란 단순히 신체 측면에서 질병이 있거나 아프다는 것을 넘어서서 더욱 광범위한 뜻으로 사용되고 있다. 세계보건기구(World Health Organization: WHO)의 정의에 의하면, 건강하다는 것은 개인의 성장과 발달이 저해되지 않고 순조롭게 진행되는 상태로서 단순히 질병에 걸리지 않았거나 허약하지 않다는 것만을 의미하는 것이 아니라 신체적·정신적·사회적으로 완전히 안녕한 상태에 놓여 있는 것을 의미한다(Badasch & Chesebro, 2015).

2) 건강장애 교육지원의 계기

건강상의 문제나 질병으로 오랜 기간 투병 생활을 해야 하는 학생들은 인지·정서·신체 기능에 어려움을 가질 수 있으며, 이로 인해 학교생활을 지속하는 데 제한이 따른다. 이에 우리나라는 2005년 3월 「특수교육진흥법」의 일부 개정을 통해 건강장애를 특수교육대상자에 포함하고 건강장애 학생의 교육지원을 제공하는 기반을 마련하였다. '건강장애'라는 용어는 만성질환으로 지속적인 치료를 받거나 건강관리가 필요한 학생들의 교육지원의 근거를 마련하기 위해 사용하기 시작하였다. 이후 「장애인 등에 대한 특수교육법」에서는 만성질환으로 인하여 3개월 이상의 장기입원 또는 통원치료 등 계속된 의료적 지원이 필요하여 학교생활 및 학업 수행에 어려움이 있는 사람을 건강장애 학생으로 선정하여 지원하고 있다(교육부, 2019c).

건강장애 학생의 교육지원은 학생들의 학업의 연속성을 유지하여 학습권을 보장하고 치료 종료 후 성공적으로 학교생활에 적응할 수 있도록 지원하여 학생들의 역량을 강화하기 위해 시작되었다. 건강장애 학생들의 교육지원 방안 수립 이전에는 국내에서 질병으로 인해 중퇴나 휴학 등 탈학교를 하는 학생 수가 연간 7~8천 명으로 나타났다(박은혜, 박지연, 노충래, 2005). 또한 만성질환으로 휴학 및 중퇴한 학생들은 대부분 장기간의 입원치료나 통원치료를 위해 학업을 포기하고 있으며, 이들 중의 97%는 치료가 종료된 이후에 학교로 돌아가더라도 장기간의 학습 결손과 공백으로 인해 학교생활 적응에 어려움을 겪는 것으로 보고되었다(박은혜, 박지연, 노충래, 2005).

건강장애를 가진 학생들의 교육 정책은 세계 여러 나라에서 이루어지고 있으며, 교육지원의 필요성은 점차 강조되고 있다. 기능적·사회적 활동 제한에 따른 학습 곤란이나 불리함도 장애의 개념에 포함하는 것이 세계적 추세이며, 이미 미국, 일본, 프랑스, 핀란드, 오스트리아, 터키, 스위스, 벨기에, 네덜란드, 포르투갈, 독일, 뉴질랜드, 체코, 스페인 등의 국가에서는 건강장애를 특수교육 지원 대상에 포함하여 교육을 지원하고 있다(박은혜, 박지연, 노충래, 2005). 최근 만성적 질환에 대한 치료기술의 발달과 생존율의 증가로 인해 건강장애 학생 치료의 장기적인 추후 효과에 관심을 두게 되면서 건강장애 학생의 교육지원과 관련서비스에 관한 관심과 요구가 높아지고 있다. 또한 완치자가 증가함에 따라 완치자의 후유증 및 건강상태의 관리뿐 아니라, 교육단절을 해소하고 학교복귀 및 사회적 자립을 지원할 수 있는 제도에 대한 요구도 증가하고 있다.

질병의 유무와 상관없이 모든 아동과 청소년은 양질의 교육을 받을 권리가 있다. 건강장애 학생들은 질병이 완치되더라도 오랜 투병생활의 병력으로 인해 또래보다 교육경험이 제한된다. 또한 특정한 약물과 치료를 통해 건강을 관리해야 하는 부담감을 가지고 살아가야 한다. 이러한 학생들에게 양질의 교육을 보장하기 위한 노력은 이들의 미래와 이들이 책임지고 나갈 이 사회의 미래를 위해 필요하다.

2. 건강장애 교육의 법적 기초

1) 건강장애의 용어 사용

장애란 일상생활이나 학업을 하는 데 다른 외부의 지원이 필요한 상태를 말한다. 건강장애 학생의 경우 건강상의 이유로 일시적 혹은 영구적인 교육지원이 필요한 대상이다. 만성질환을 가진 학생들에게 건강장애라는 명칭을 사용하기까지는 많은 논란이 있었다. 그런데도 장애라는 명칭을 사용하는 이유는 특수한 교육을 지원하려는 조치이며, 가능한 이들의 요구에 적절한 교육이 지속해서 이루어지도록 하기 위한 것이다. 건강장애라는 용어는 질병을 치료하는 동안 학교에 등교하기 어려운 학생들의 교육이 단절되지 않도록 학생의 건강상태를 고려하여 융통성 있는 교육을 제공하기 위해 사용하는 것이다.

2) 건강장애의 정의

「장애인 등에 대한 특수교육법」에서는 건강장애를 "만성질환으로 인하여 3개월 이상의 장기입원 또는 통원치료 등 계속적인 의료적 지원이 필요하여 학교생활 및 학업 수행에 어려움이 있는 사람"으로 정의하고 있다(교육부, 2020a). 만성질환이란 학생의 교육적 수행에 영향을 줄 수 있는 만성적이거나 심각한 건강상의 문제를 일으키는 질병을 말한다. 소아암이나 심장질환 또는 신장질환 등의 만성질환은 과거에는 난치병으로 간주하였으나 최근에는 완치율과 생존율이 높아지면서 더 이상 난치병으로 인식하지 않는다. 이러한 질병들은 생활 전반에 불편함을 주지만 지속해서 관리를 잘하면 정상적인 생활이 가능한 것으로 인식되고 있다.

우리나라에서는 건강장애를 가진 특수교육대상자의 선정기준에 건강장애에 관한 구체적인 병명을 제시하지 않고 있다. 다만, 개별학생의 의료적 진단 및 교육적 진단을 고려하여 선정하게 되어 있다. 국내의 병원학교에서 교육을 받는 건강장애 학생 중 가장 많은 수를 차지하는 것은 소아암 학생들이다. 그러나 건강장애를 일으키는 질병은 소아암 외에도 신장 및 심장 질환, 소아천식, 제1형 당뇨 등 매우 다양하다. 소아암과 같은 대표적인 만성적 질병 외에도 혈우병, 재생불량성빈혈, 결핵, 류머티즘, 결절경화증, 납중독 등 상대적으로 더 희귀한 여러 질병도 포함된다. 이러한 질병들을 희귀난치성 질환(the rarity incurableness disease)이라 부른다.

보건복지부에 따르면 희귀난치성 질환은 유병률 2만 명 이하의 질병을 말하며, 인구 10만 명당 43명 이하로 발생하는 것으로 정의한다. 또한 적절한 치료법과 대체의약품이 개발되지 않은 질병을 말한다. 세계보건기구(WHO)는 전 세계적으로 밝혀진 희귀난치성 질환이 약 5,000가지 이상이며, 원인으로 추측할 수 있는 환경적·유전적 요소는 점차 늘어 가는 것으로 추산하였다. 국내에서는 질병관리본부의 희귀난치성 질환 정보 사이트 '헬프라인(helpline.cdc.go.kr)'에서 좀 더 상세한 자료를 찾아볼 수 있다.

> ### ☆ 조금 더 자세히!
>
> **■ 혈우병(hemophilia)**
>
> 지혈에는 혈소판 외에 '응고 인자'라고 불리는 혈액 응고에 중요한 특별한 물질이 필요하다. 혈우병은 이 응고 인자 중 '제Ⅷ인자'의 결핍(혈우병 A) 또는 '제Ⅸ인자'의 결핍(혈우병 B) 때문에 생기는 질환이다. 혈우병은 X 연관 열성 유전 형식이라는 방식으로 유전되므로 원칙적으로는 남아에게만 발생한다.
>
> 유아기에 멍이 발견되며, 1세 전후에는 외상에 의한 이상한 출혈이 많아진다. 아동기에 들어서 점차 출혈 빈도가 높아진다. 관절 내 출혈로 관절의 통증, 부종, 관절이 구부러지지 않는 특성을 보이며, 그 외에 근육 내 출혈도 발생한다. 출혈은 넓적다리의 가장 윗부분에서 일어나며 통증으로 인해 보행을 방해하기도 한다. 허리뼈나 골반과 넓적다리뼈로 이어지는 장요근의 출혈은 대퇴 신경마비를 일으킬 수 있다(가토 다다아키, 니시마키 겐고, 하라다 쇼헤이, 2010). 혈우병은 낮은 비율이긴 하지만 국내에서도 건강장애 학생으로 선정되어 교육지원을 받고 있다.
>
> **■ 재생불량성빈혈(aplastic anemia)**
>
> 재생불량성빈혈이란 혈액세포를 만드는 골수의 기능이 여러 원인으로 인해 문제를 일으켜 혈액이 재생되지 않아 발생하는 질병이다. 피로감을 자주 느끼며, 두통, 발열, 피부에 멍이 자주 생기고, 출혈이 멎지 않는 증상을 보인다(서울아산병원 질환백과). 국내에서는 적은 수이긴 하지만 재생불량성빈혈로 인해 학업 수행의 어려움이 발생하는 경우 건강장애 학생으로 선정하여 교육을 지원하고 있다.

3) 건강장애 관련 법적 기초

건강장애를 가진 학생은 치료 중이거나 완치되었더라도 오랜 투병생활로 인해 학교생활을 지속하는 데 많은 어려움을 가진다. 이들의 능력을 최대한으로 계발할 수 있는 양질의 공교육을 제공하기 위해서는 교육의 기회를 확보하기 위한 정책과 지원이 요구된다(류신희, 김정연, 2008).

우리나라 「헌법」 제31조 제1항에는 "모든 국민은 능력에 따라 균등하게 교육을 받을 권리를 가진다."라고 명시하고 있으며, 제2항에서는 "모든 국민은 그 보호하는 자녀에게 적어도 초등교육과 법률이 정하는 교육을 받게 할 의무를 진다."라고 되어 있다. 「교육기본법」 제3조에는 모든 국민은 평생에 걸쳐 학습하고, 능력과 적성에 따라 교육받을 권리인 학습권을 가지며, 제4조에는 모든 국민은 성별, 종교, 신념, 사회적 신분,

경제적 지위 또는 신체적 조건 등을 이유로 교육에 있어서 차별을 받지 않을 교육의 기회 균등에 관한 조항이 있다. 같은 법 제12조 제1항에서는 학생을 포함한 학습자의 기본적 인권은 학교 교육 또는 사회교육의 과정에서 존중되고 보호되며, 제2항에서는 교육 내용, 교육 방법, 교재 및 교육시설은 학습자의 인격을 존중하고 개성을 중시하여 학습자의 능력이 최대한으로 발휘될 수 있어야 함을 명시하고 있다.

　건강장애 학생들의 학업의 연속성을 유지하여 학습권을 보장하고 성공적으로 학교생활에 적응할 수 있도록 학생들의 역량을 강화하려는 조치의 근거는 다음과 같다.

- 「장애인 등에 대한 특수교육법」(법률 제16746호 일부개정 2019. 12. 10.)
  - 제3조(의무교육 등)
  - 제5조(국가 및 지방자치단체의 임무)
  - 제15조(특수교육대상자의 선정)
  - 제16조(특수교육대상자의 선정 절차 및 교육지원 내용의 결정)
  - 제22조(개별화교육)
  - 제25조(순회교육 등)
- 「초·중등교육법」(법률 제17081호 일부개정 2020. 03. 24.)
  - 제28조(학습부진아 등에 대한 교육)
- 「초·중등교육법 시행령」(대통령령 제30829호 일부개정 2020. 07. 14.)
  - 제48조(수업운영방법 등)

(1) 장애인 등에 대한 특수교육법

　건강장애 학생의 교육지원에 대한 법적 근거는 「장애인 등에 대한 특수교육법」에서 찾아볼 수 있다. 「장애인 등에 대한 특수교육법」에 근거하여 건강장애로 선정된 학생은 유치원·초등학교·중학교 및 고등학교 과정까지 의무교육 대상이 되며, 국가 및 지방자치단체는 건강장애 학생들에게 적절한 교육을 제공하기 위해 노력해야 한다. 특수교육대상자로 선정된 경우에는 건강장애 학생의 교육적 요구에 적합한 교육을 제공할 수 있도록 개별화교육지원팀을 구성하여 교육을 지원하며, 필요한 경우에는 순회교육을 받을 수 있다.

　해당 조항은 제3조(의무교육 등), 제5조(국가 및 지방자치단체의 임무), 제15조(특수교육대상자의 선정), 제16조(특수교육대상자의 선정 절차 및 교육지원 내용의 결정), 제22조(개별화교육), 제25조(순회교육 등)이다. 「장애인 등에 대한 특수교육법」에 근거하여 건강장애로 선정된 학생은 특수교육대상자이기 때문에 법에서 제시하고 있는 모든 내용에 해당한다. 각 조항의 내용은 다음과 같다.

- 제3조(의무교육 등)
① 특수교육대상자에 대하여는 「교육기본법」 제8조에도 불구하고 유치원 · 초등학교 · 중학교 및 고등학교 과정의 교육은 의무교육으로 하고, 제24조에 따른 전공과와 만 3세 미만의 장애영아교육은 무상으로 한다.
② 만 3세부터 만 17세까지의 특수교육대상자는 제1항에 따른 의무교육을 받을 권리를 가진다. 다만, 출석일수의 부족 등으로 인하여 진급 또는 졸업을 하지 못하거나, 제19조 제3항에 따라 취학의무를 유예하거나 면제받은 자가 다시 취학할 때의 그 학년이 취학의무를 면제 또는 유예받지 아니하고 계속 취학하였을 때의 학년과 차이가 있는 경우에는 그 해당 연수(年數)를 더한 연령까지 의무교육을 받을 권리를 가진다.
③ 제1항에 따른 의무교육 및 무상교육에 드는 비용은 대통령령으로 정하는 바에 따라 국가 또는 지방자치단체가 부담한다.

- 제5조(국가 및 지방자치단체의 임무)
① 국가 및 지방자치단체는 특수교육대상자에게 적절한 교육을 제공하기 위하여 다음 각 호의 업무를 수행하여야 한다.
  1. 장애인에 대한 특수교육종합계획의 수립
  2. 특수교육대상자의 조기발견
  3. 특수교육대상자의 취학지도
  4. 특수교육의 내용, 방법 및 지원체제의 연구 · 개선
  5. 특수교육교원의 양성 및 연수
  6. 특수교육기관 수용계획의 수립
  7. 특수교육기관의 설치 · 운영 및 시설 · 설비의 확충 · 정비
  8. 특수교육에 필요한 교재 · 교구의 연구 · 개발 및 보급
  9. 특수교육대상자에 대한 진로 및 직업교육 방안의 강구
  10. 장애인에 대한 고등교육 및 평생교육 방안의 강구

11. 특수교육대상자에 대한 특수교육 관련서비스 지원 방안의 강구

12. 그 밖에 특수교육의 발전을 위하여 필요하다고 인정하는 사항

② 국가 및 지방자치단체는 제1항의 업무를 수행하는 데 드는 경비를 예산의 범위 안에서 우선적으로 지급하여야 한다.

③ 국가는 제1항의 업무 추진이 부진하거나 제2항의 예산조치가 부족하다고 인정되는 지방자치단체에 대하여는 예산의 확충 등 필요한 조치를 하도록 권고하여야 한다.

④ 교육부장관은 제1항의 업무를 효율적으로 수행하기 위하여 보건복지부장관·고용노동부장관·여성가족부장관 등 관계 중앙행정기관 간에 협조체제를 구축하여야 한다. [개정 2008. 2. 29. 제8852호(정부조직법), 2010. 6. 4. 제10339호(정부조직법), 2013. 3. 23. 제11690호(정부조직법)]

• 제15조(특수교육대상자의 선정)

① 교육장 또는 교육감은 다음 각 호의 어느 하나에 해당하는 사람 중 특수교육을 필요로 하는 사람으로 진단·평가된 사람을 특수교육대상자로 선정한다. [개정 2016. 2. 3.]

1. 시각장애

2. 청각장애

3. 지적장애

4. 지체장애

5. 정서·행동장애

6. 자폐성장애(이와 관련된 장애를 포함한다)

7. 의사소통장애

8. 학습장애

9. 건강장애

10. 발달지체

11. 그 밖에 대통령령으로 정하는 장애

② 교육장 또는 교육감이 제1항에 따라 특수교육대상자를 선정할 때에는 제16조 제1항에 따른 진단·평가 결과를 기초로 하여 고등학교 과정은 교육감이 시·도 특수교육운영위원회의 심사를 거쳐, 중학교 과정 이하의 각급학교는 교육장이

시·군·구특수교육운영위원회의 심사를 거쳐 이를 결정한다.

• 시행령 제10조(특수교육대상자의 선정기준)

법 제15조에 따라 특수교육대상자를 선정하는 기준은 별표와 같다.

〈별표〉

장애유형	장애유형별 선정기준
9. 건강장애	만성질환으로 인하여 3개월 이상 장기입원 또는 통원치료 등 계속적인 의료적 지원이 필요로 하여 학교생활 및 학업 수행에 어려움이 있는 사람

• 제16조(특수교육대상자의 선정 절차 및 교육지원 내용의 결정)

① 특수교육지원센터는 진단·평가가 회부된 후 30일 이내에 진단·평가를 시행하여야 한다.

② 특수교육지원센터는 제1항에 따른 진단·평가를 통하여 특수교육대상자로의 선정 여부 및 필요한 교육지원 내용에 대한 최종의견을 작성하여 교육장 또는 교육감에게 보고하여야 한다.

③ 교육장 또는 교육감은 특수교육지원센터로부터 최종의견을 통지받은 때부터 2주일 이내에 특수교육대상자로의 선정 여부 및 제공할 교육지원 내용을 결정하여 부모 등 보호자에게 서면으로 통지하여야 한다. 교육지원 내용에는 특수교육, 진로 및 직업 교육, 특수교육 관련서비스 등 구체적인 내용이 포함되어야 한다.

④ 제1항에 따른 진단·평가의 과정에서는 부모 등 보호자의 의견진술의 기회가 충분히 보장되어야 한다.

• 제22조(개별화교육)

① 각급학교의 장은 특수교육대상자의 교육적 요구에 적합한 교육을 제공하기 위하여 보호자, 특수교육교원, 일반교육교원, 진로 및 직업교육 담당 교원, 특수교육 관련서비스 담당 인력 등으로 개별화교육지원팀을 구성한다.

② 개별화교육지원팀은 매 학기마다 특수교육대상자에 대한 개별화교육계획을 작성하여야 한다.

③ 특수교육대상자가 다른 학교로 전학할 경우 또는 상급학교로 진학할 경우에는 전출학교는 전입학교에 개별화교육계획을 14일 이내에 송부하여야 한다.

④ 특수교육교원은 제1항부터 제3항까지의 규정에 따른 업무를 수행하기 위하여 각 업무를 지원하고 조정한다.

⑤ 제1항에 따른 개별화교육지원팀의 구성, 제2항에 따른 개별화교육계획의 수립·실시 등에 관하여 필요한 사항은 교육부령으로 정한다. [개정 2008. 2. 29. 제8852호(정부조직법), 2013. 3. 23. 제11690호(정부조직법)]

• 제25조(순회교육 등)

① 교육장 또는 교육감은 일반학교에서 통합교육을 받고 있는 특수교육대상자를 지원하기 위하여 일반학교 및 특수교육지원센터에 특수교육교원 및 특수교육 관련 서비스 담당 인력을 배치하여 순회교육을 실시하여야 한다.

② 교육감은 장애정도가 심하여 장·단기의 결석이 불가피한 특수교육대상자의 교육을 위하여 필요한 경우 순회교육을 실시하여야 한다.

③ 교육감은 이동이나 운동 기능의 심한 장애로 인하여 각급학교에서 교육을 받기 곤란하거나 불가능하여 복지시설·의료기관 또는 가정 등에 거주하는 특수교육대상자의 교육을 위하여 필요한 경우 순회교육을 실시하여야 한다.

④ 제1항부터 제3항까지의 규정에 따른 순회교육의 수업일수 등 순회교육의 운영에 필요한 사항은 대통령령으로 정한다.

(2) 초·중등교육법

건강장애 학생의 교육지원에 대한 법적 근거는 「초·중등교육법」 제28조(학습부진아 등에 대한 교육), 동법 시행령 제48조(수업운영방법 등)에서도 찾아볼 수 있다. 이 조항들은 학업 중단의 위험이 예측되는 학생을 위한 교육지원 방안이며, 수업운영 방안에 대한 조항을 통해 학교에 직접 출석하지 못하는 경우 원격수업 등 지원 방안의 근거를 찾을 수 있다.

• 제28조(학습부진아 등에 대한 교육)

① 국가와 지방자치단체는 다음 각 호의 구분에 따른 학생들을 위하여 대통령령으로 정하는 바에 따라 수업일수와 교육과정을 신축적으로 운영하는 등 교육상 필요한 시책을 마련하여야 한다. [개정 2016. 2. 3.] [시행일 2016. 3. 1.]

1. 성격장애나 지적(知的) 기능의 저하 등으로 인하여 학습에 제약을 받는 학생

중「장애인 등에 대한 특수교육법」제15조에 따른 학습장애를 지닌 특수교육
대상자로 선정되지 아니한 학생

2. 학업 중단 학생

② 국가 및 지방자치단체는 제1항에 따른 학습부진아 등에 대한 교육의 체계적 실시
를 위하여 실태조사를 하여야 한다. [신설 2016. 2. 3.] [시행일 2016. 3. 1.]

③ 국가와 지방자치단체는 제1항에 따른 학습부진아 등에 대한 정책에 필요한 예산
을 지원할 수 있다. [신설 2016. 2. 3.] [시행일 2016. 3. 1.]

④ 교육부장관 및 교육감은 제1항에 따른 학습부진아 등을 위하여 필요한 교재와 프
로그램을 개발 · 보급하여야 한다. [신설 2016. 2. 3.] [시행일 2016. 3. 1.]

⑤ 교원은 대통령령으로 정하는 바에 따라 제1항에 따른 학습부진아 등의 학습능력
향상을 위한 관련 연수를 이수하여야 하고, 교육감은 이를 지도 · 감독하여야 한
다. [신설 2016. 2. 3.] [시행일 2016. 3. 1.]

⑥ 학교의 장은 학업 중단의 징후가 발견되거나 학업 중단의 의사를 밝힌 학생에게
학업 중단에 대하여 숙려할 기회를 주어야 한다. 이 경우 학교의 장은 그 숙려 기
간을 출석으로 인정할 수 있다. [신설 2016. 12. 20.] [시행일 2017. 3. 21.]

⑦ 제6항에 따른 학생에 대한 판단기준, 숙려 기간, 숙려 기간 동안의 출석일수 인
정 범위 등에 필요한 사항은 교육감이 정한다. [신설 2016. 12. 20.] [시행일 2017. 3.
21.]

(3) 초 · 중등교육법 시행령

「초 · 중등교육법 시행령」은 수업운영 방법에 대한 조항이다. 질병으로 인해 학교
출석이 어려운 학생들의 수업 참여 방법에 대한 대안적 제도를 인정할 수 있는 조항
이다. 교육상 필요한 경우에 원격수업 등 정보통신매체를 이용하여 수업을 운영할 수
있도록 함으로써 원격수업기관의 수업으로 건강장애 학생들이 출석을 인정받을 수
있다.

• 제48조 (수업운영방법 등)

① 삭제 [2005. 1. 29.]

② 학교의 장은 교육상 필요한 때에는 학년 또는 학과 등을 달리하는 학생을 병합하
여 수업할 수 있다.

③ 학교의 장은 방송프로그램을 수업에 활용할 수 있다. [개정 2001. 1. 29, 2008. 2. 29. 제20740호(교육과학기술부와 그 소속기관 직제), 2011. 3. 18.]

④ 학교의 장은 교육상 필요한 경우에는 원격수업 등 정보통신매체를 이용하여 수업을 운영할 수 있다. 이 경우 교육 대상, 수업운영 방법 등에 관하여 필요한 사항은 교육감이 정한다. [개정 2013. 10. 30.]

⑤ 학교의 장은 교육상 필요한 경우 보호자의 동의를 얻어 교외체험학습을 허가할 수 있다. 이 경우 학교의 장은 교외체험학습을 학칙이 정하는 범위 안에서 수업으로 인정할 수 있다.

4) 특수교육 운영계획

해마다 교육부에서는 특수교육 운영계획을 수립하여 특수교육대상 학생들의 교육지원 강화 정책을 발표하고 있다. 특수교육 운영계획에는 건강장애 학생의 교육지원 정책을 포함하고 있다. 건강장애 학생의 교육지원 정책은 다음과 같다(교육부, 2020a).

첫째, 3개월 이상의 장기입원 또는 통원치료 등이 필요한 건강장애 학생의 학습권을 보장하고 안정적으로 학교에 복귀할 수 있도록 병원학교 또는 원격수업을 통한 교육지원을 강화한다. 건강장애 학생이 조기에 필요한 교육지원을 받을 수 있도록 모든 유치원·초·중·고등학교에 적극적으로 안내한다. 학생의 개별 특성을 고려하여 병원학교 및 원격수업 운영 기관별 맞춤형 교육과정을 제공하며, 건강장애 학생의 교과교육과 심리적응지도 등을 위한 건강장애 학생 소속학교 담임교사, 병원학교 강사와 보호자 교육을 강화한다.

둘째, 병원학교 운영을 내실화한다. 건강장애 학생의 원인별 유형이나 지역 여건을 고려한 맞춤형 병원학교를 운영한다. 병원학교 설치 및 운영에 대한 행·재정 지원을 홍보하며, 해당 지역 종합병원과 적극적인 협의를 통해 병원학교 설치와 운영을 지원한다. 병원학교에서는 주책임 의료진에 '명예 교장' 역할을 부여하며, 병원학교 운영위원회 운영 등을 통해 원활한 협력체계를 구축, 운영하도록 지원한다.

셋째, 원격수업 운영 지원을 강화한다. 학생의 건강 특성, 희망 등을 고려하여 원격수업 운영 방법을 강구하고, 위탁교육의 경우 신학기 이전에 해당 지역 및 기관에 위탁 여부를 통보하여 원활한 지원이 이루어지도록 한다. 또한 건강장애 학생의 원격수업 운영 및 정규 교과 콘텐츠를 제공하여 교육지원을 강화한다.

넷째, 건강장애 학생의 학적 및 성적 처리 지침을 이행하기 위해 학적, 출결, 평가와 관련한 학교 지침의 개발, 연수 시행 등을 제안한다.

다섯째, 건강장애 학생 학교복귀 프로그램의 운영을 강화한다. 교육청별로 학교복귀 프로그램 운영을 지원하여 복귀 후 학교적응력을 신장하고 학업 격차를 최소화하는 등 건강장애 학생의 안정적 학교복귀를 지원한다.

이러한 지원 정책에 따라 건강장애 학생의 교육지원을 실천하기 위해 시·도교육청에서 담당해야 할 조치 사항에 대해 다음과 같이 명시하였다.

- 시·도교육청별 병원학교 및 원격수업 운영계획 수립
- 초등과정 건강장애 학생 원격수업 지원을 위한 전임교사 배치
- 시·도교육청별 병원학교 관계자를 대상으로 건강장애 학생 학적관리 및 원격수업 이용 방법을 안내하여, 건강장애 학생 지원 시 참고할 수 있도록 조치
- 일반 및 특수 교육 교원 연수에 건강장애 관련 내용을 포함하는 등 홍보 강화
- 건강장애 학생 소속학교의 교사와 학생, 특수 및 보건교사를 대상으로 '건강장애 이해 증진'을 위한 자체연수 시행 및 건강장애 학생 선정 홍보 강화

출처: 교육부(2020a), p. 33.

3. 건강장애 교육 현황

1) 국내 사례

국내 건강장애 학생의 많은 수는 소아암 학생들이다. 국내에서 20세 미만의 소아·청소년 암환자는 연 1,700명(2011년 기준) 정도이며, 생존율이 약 70~80%에 달하고 있어 치료가 끝난 학생이 증가하고 있다. 1991년부터 2010년의 20년 동안 완치된 학생은 약 25,000명으로 추정된다(박경덕, 박현진, 박미림, 김혜리, 2014). 소아암으로 진료를 받은 청소년은 2014년 약 1만 4천 명으로 파악되어, 5년 전보다 약 2천 명(12.9%)이 증가하여 연평균 증가율은 3.1%이다(보건복지부 보도자료, 2015. 2. 12.).

2005년 건강장애 학생들에 대한 교육지원과 정책이 제도적으로 확립된 이후 2020년 국내에서 건강장애로 선정된 학생은 1,785명이며, 전체 특수교육대상자의 약 1.9%이다(교육부, 2020b; [그림 1-1] 참조). 건강장애 학생은 개인 여건에 따라서 병원학교나 가

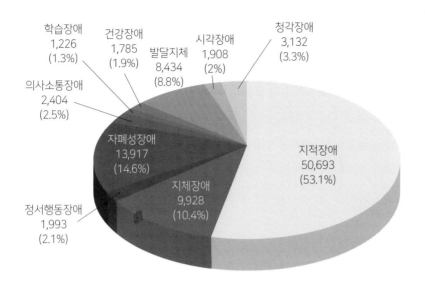

그림 1-1 **장애 영역별 특수교육대상자 현황**

출처: 교육부(2020b), p. 4.

표 1-1 **연도별 장애 영역별 학생 현황**   (단위: 명, %)

연도	시각 장애	청각 장애	지적 장애	지체 장애	정서 행동 장애	자폐성 장애	의사 소통 장애	학습 장애	건강 장애	발달 지체	전체
2016	2,035 (2.3)	3,401 (3.9)	47,258 (53.7)	11,016 (12.5)	2,221 (2.5)	10,985 (12.5)	2,089 (2.4)	2,327 (2.7)	1,675 (1.9)	4,940 (5.6)	87,950 (100)
2017	2,026 (2.3)	3,358 (3.8)	48,084 (53.8)	10,777 (12.0)	2,269 (2.5)	11,422 (12.8)	2,038 (2.3)	2,040 (2.3)	1,626 (1.8)	5,713 (6.4)	89,353 (100)
2018	1,981 (2.2)	3,268 (3.6)	48,747 (53.7)	10,439 (11.5)	2,221 (2.4)	12,156 (13.4)	2,081 (2.3)	1,627 (1.8)	1,758 (1.9)	6,502 (7.2)	90,780 (100)
2019	1,937 (2.1)	3,225 (3.5)	49,624 (53.4)	10,200 (11.0)	2,182 (2.3)	13,105 (14.1)	2,204 (2.4)	1,409 (1.5)	1,763 (1.9)	7,309 (7.8)	92,958 (100)
2020	1,908 (2.0)	3,132 (3.3)	50,693 (53.1)	9,928 (10.4)	1,993 (2.1)	13,917 (14.6)	2,404 (2.5)	1,226 (1.3)	1,785 (1.9)	8,434 (8.8)	95,420 (100)

출처: 교육부(2020b), p. 4.

정에서 순회교육, 원격수업 등의 교육을 지원받고 있다. 특히 특수학교나 특수학급보
다는 일반학급에 배치된 학생이 많으며, 일반 교육체계 내에서 학교적응을 위해 어떻
게 지원할 것인가에 대한 접근이 중요한 시점이다(김정연, 2010; 김정연, 박은혜, 김유리,

2015). 이에 일반학교에서 건강장애 학생의 권리와 학교 및 교사들의 교육 책무성에 관한 관심이 크게 확대되고 있다.

〈표 1-1〉과 같이 건강장애로 선정된 학생의 비율은 최근 5년간 유사한 수준으로 나타나고 있다. 만성질환을 가진 학생들의 수가 감소하는 것은 아니지만, 특수교육 지원이 필요한 경우에만 건강장애를 가진 특수교육대상자로 선정되기 때문에 건강장애로 선정된 학생은 약 2% 정도에 미치는 수준이다.

2) 해외 사례[1]

미국의 경우 「장애인교육법(Individuals with Disabilities Education Act: IDEA)」에서는 소아암, 소아 당뇨 등과 같은 만성질환 학생들을 "기타 건강장애(other health impaired)"로 정의하여 학업의 어려움 등 학교적응을 지원하고 필요한 특수교육적 지원과 서비스를 제공할 수 있도록 규정하고 있다(Bigge, Best, & Heller, 2001). 미국에서는 만성적 질환 외에 아동 학대, 공학에 의존하는 병허약 아동(medically fragile/technology-dependent children), 후천성 면역결핍증(acquired immune deficiency syndrome: AIDS) 등을 그 범위에 포함하고 있다(Bowe, 2000).

질병으로 학교 교육을 받을 수 없는 학생들은 법에 근거하여 병원학교에서 학업을 지속하도록 보장하고 있다. 우리나라와 마찬가지로 병원학교는 초등학생과 중·고등학생의 교육을 제공하며, 병원에 입원·통원 치료를 하는 동안 학업 성취를 도와주며, 심리적 지원의 역할을 담당한다. 병원학교의 사례는 다음과 같다.

(1) UCSF Benioff 아동병원(https://www.ucsfbenioffchildrens.org)[2]

UCSF 메디컬 센터는 미국 샌프란시스코에 있는 캘리포니아 대학병원이다. UCSF Benioff 아동병원에서는 병원에 입원 중인 아동이 교육을 지속할 수 있도록 Marie Wattis School에서 교육 프로그램을 운영하고 있다. Marie Wattis School은 유치원생부터 12학년까지를 대상으로 하고, 샌프란시스코 통합 학군에 속해 있으며, 교사 자격증을 가지고 있는 교사가 근무한다.

---

1) 해외 사례의 내용은 서울특별시교육청(2013)의 27~34쪽 내용을 수정 발췌한 것이다.
2) https://www.ucsfbenioffchildrens.org/services/school_program/index.html의 자료를 바탕으로 정리한 것이다.

학교 교실은 아동의 요구를 고려하여 병원에 익숙하지 않은 아동들이 편안하게 사용하며 휴식할 수 있도록 설계되어 있다. 학교 교실에는 독서 코너, 도서실, 공연 공간 및 인터넷과 PC 이용 공간, 가족회의를 위한 공간 등이 있다.

수업은 일반교사 및 특수교사가 병원학교 내 학급과 병실에서 교육을 제공하고, 주요 교과교육과 학교활동 및 특별 프로그램을 제공한다. 교사는 개별 아동의 요구에 적합한 교육성취가 이루어질 수 있도록 아동의 소속 학교와 긴밀하게 협력한다. 학생들은 병원학교 학급에서 보낸 시간에 대해 출석 및 평가를 받는다.

병원학교 교육팀은 교육 연계담당자(educational liaison)를 통해 병원학교의 수업과 학교 교육이 연속성을 가질 수 있도록 하며, 가정학교(home school)와의 연계도 담당한다. 병원학교의 교육 연계담당자는 필요한 경우 특수교육을 받을 수 있도록 안내하며, 가정에서의 순회교육 지원 여부를 결정하는 것을 돕는다.

병원학교에서는 UCSF 학교복귀 프로그램을 운영하여 아동들의 전환(transition)을 지원한다. 교사, 아동 생활 전문가, 사회복지사와 간호사는 팀 협력을 바탕으로 아동의 치료 및 신체, 사회·정서 요구에 적합한 교육 자료와 교육과정 수정 방식에 대해 의논한다. 치료 종료 후 아동이 가정으로 돌아가기 위해 준비가 되면 아동의 교사 및 학교의 모든 직원과 학급 또래들에게 아동의 질병 및 병원에서의 경험에 대한 정보를 제공하여 학교복귀를 돕는다.

(2) UNC 병원학교(https://www.uncchildrens.org)

노스캐롤라이나(North Carolina) 대학교의 UNC 병원학교는 노스캐롤라이나 최초의 병원학교이며 설립된 지 50년이 되었다. 이용 학생은 유치원부터 12학년(PK-12)까지이며, 매년 2,000명 이상의 학생이 이용한다.

교육 프로그램은 개별학생의 치료 상황 및 의학 서비스, 학생의 상태에 따라 달라진다. 교사는 병원학교의 교실, 병실, 화상교육센터를 통해 수업을 진행하며, 학업적 지원 외에 정신과 지원도 개별적으로 제공한다. 학습 내용은 학생이 다니는 지역 학교 및 주의 교육과정 기준, 학생의 개별 능력에 의해 결정된다. 기본적으로 1:1 교수로 이루어지는데 학생에 맞추어 개별화된 수정을 제공하기 때문이다. 그러나 가족과의 의사소통 및 학생의 상태와 수준에 따라 병원학교의 수업 내용은 유동적이다. 학생들은 언제든지 컴퓨터와 인터넷을 활용한 수업이 가능하다. 인터넷을 활용하여 학생이 다니던 지역 학교와 이메일로 의사소통하고, 교육과정을 지원받으며, 교수 활동을 가상으로 체험한다.

　병원학교 교사의 중요한 역할 중 하나는 '연계담당자(liaison)'이다. 병원학교 교사는 학생의 지역 학교와의 연락을 통해 과제를 공유하고, 학급교사가 학생의 현행 수준 및 무엇을 하고 있는지에 대해 알 수 있도록 지원한다. 이 역할은 특히 장기간 입원하거나 반복적으로 입원하는 학생을 위해 필요하다. 병원학교 교사는 지역 학교 IEP 팀의 일원이 될 수도, 병원 의료팀의 일원이 될 수도 있다. 연계담당자의 역할에는 학생의 지역 학교복귀 및 전환을 위한 준비도 포함되어 있다. 이 학교는 아동이 병원에 머무르는 동안 학업을 지속하도록 지원하고, 퇴원 후 학교로 복귀할 수 있도록 지원하기 위해 지역 학교들과 원활히 협력한다.

(3) Boston 아동병원(https://www.childrenshospital.org)

　Boston 아동병원의 소아암 학교에서는 소아암을 가지고 있는 아동들을 위하여 교사 매뉴얼, 질병에 관한 정보지, 아동의 치료, 부작용, 특별한 요구에 관한 의학적 설명서 등의 정보 패키지를 개발하여 활용하고 있다. 또한 학교가 아동의 학문적·사회적 욕구에 잘 부응할 수 있도록 프로그램 요원, 학교 교사 및 또래 아동과 긴밀한 관계를 맺을 기회를 제공하고 있다. 갱신된 정보를 주기적으로 또는 필요할 때 교사에게 제공하며, 연례 워크숍 개최 등으로 병원과 학교가 지속적으로 밀접한 관계를 유지하고 있다.

(4) Illawarra 병원학교(https://illawarhos-s.schools.nsw.gov.au/)

　Illawarra 병원학교는 1960년대 초기 아동 병동에서 시작된 학교이다. 'Learning with Care, Caring to Learn, Learning to Care'라는 주제로 학부모, 교사, 병원학교 관계자와의 긴밀한 협력체계를 유지하고 있다. 오랜 병원생활로 건강장애 학생이 느낄 수 있는 고립감이나 근심, 좌절을 줄이고 정서적 안정감을 느끼게 하는 것이 병원학교의 목적이다. 안전하게 학교로 돌아가기 위해 병원에 입원해 있는 동안 학습하며, 학습은 온라인을 통해서도 지원된다.

4. 건강장애 교육지원제도

1) 건강장애 교육지원의 목적

건강장애 학생의 교육지원 목적은 건강장애로 인하여 장기치료를 받는 학생들에게 개별화된 학습지원으로 학습 결손을 줄이고 학교 출석의 부담감을 최소화하여 학업을 지속할 수 있도록 지원하는 것이다. 또한 또래관계 유지 및 심리정서적 지원 등을 통해 치료 효과를 증진해 이후의 학교생활에 잘 적응할 수 있도록 학교복귀를 지원하는 것을 목적으로 한다. 교육지원의 목적을 정리하면 다음과 같다.

- 관련 법령에 따른 무상 의무교육 제공
- 질병으로 인해 학교에 출석하지 않아도 병원학교, 원격수업, 순회교육 등 다양한 방법을 이용한 개별화된 교육지원
- 심리적 요구에 따른 프로그램 운영과 심리정서적 적응 지원
- 대안적 교육 방법(병원학교, 원격수업, 순회교육 등)을 이용한 출석일수 확보로 상급 학교 및 학년 진급 지원

그러나 최근 연구들(김정연, 박은혜, 김유리, 2014, 2015)은 현재 병원학교나 원격수업의 교육지원 목적에 대해 개선이 필요함을 지적하고 있다. 2005년 이후 건강장애 학생들의 교육에 대한 필요성이 제기되고 교육 정책이 수립되어 이들의 교육 정상화에 대해 이바지한 바는 크지만, 질적인 수준에서의 교육 정책에 관한 논의가 필요한 시점이다. 건강장애 학생의 궁극적인 교육지원의 목적은 교육의 질 향상이므로, 좁은 의미의 학년 유예라는 최소한의 목적만으로 만족하지 않고 폭넓은 특수교육 서비스가 제공되어야 한다. 학력 수준에 적합한 교육지원과 함께 다양한 교육 콘텐츠 개발 및 활용을 통해 질적인 수준의 교육을 지원하고 교육지원 체계와 유형이 다양화되어야 한다.

향후 건강장애 학생의 교육지원의 목적은 건강장애 학생들의 학교적응(김진주, 박재국, 구신실, 2009; 박은혜, 이정은, 2004; 진주혜, 2000; 류신희, 김정연, 2008), 학교복귀(Sexson & Madan-Swain, 1993), 사회적응 등 장기적인 교육지원과 교육권을 확보하는 데 초점을 두어야 한다(김정연, 2010; 김정연, 박은혜, 김유리, 2015; 박은혜, 박지연, 노충래, 2005).

2) 건강장애 교육 전달체계

건강장애 학생의 교육배치는 매우 다양하며 유연하다. 건강장애 학생으로 선정되었다 하더라도 갑자기 특수학급이나 다른 학급, 학교에 배치되는 것은 아니다. 현재 소속된 일반학교의 학급에 소속이 그대로 유지되며, 학생의 질병 특성에 따라 대안적 교육 방법을 이용할 수 있다. 필요에 따라 병원, 가정, 학교 어디에서든 교육을 받을 기회를 제공하며, 특수학급이나 병원학교, 가정에서의 원격수업이나 순회교육을 이용할수 있다. 건강장애를 가진 특수교육대상자는 관련 법령에 따라 무상 의무교육의 대상이 된다.

그러나 건강장애 학생은 질병 자체로 인한 어려움 외에도 학교생활 적응의 어려움을 갖기 때문에 개별화된 교육지원 및 심리정서적 지원이 필요하다. 학교의 정규 교육과정을 통해서 교육적 요구가 충족될 수 없는 경우 병원학교 교육과 원격수업을 통해 개개인의 학력 수준에 맞는 학습지도가 이루어지도록 지원하고 있다. 병원학교 및 원격수업기관의 교육과정은 초·중등학교의 공통교육과정, 선택중심교육과정과 같으며, 건강장애 학생의 특성을 고려하여 학생의 심리적 이완이나 요구에 따른 다양한 프로그램을 포함한다. 대안적 교육 방법은 병원학교, 원격수업, 순회교육 등을 말한다.

(1) 병원학교

병원학교란 건강장애 학생의 교육기회 확대를 위한 방안으로 입원 중인 학생을 위한 개별화된 학습지원, 심리정서적 지원 등을 통해 학업을 지속할 수 있도록 도와주며, 학교생활 적응을 도모하고 치료 효과를 증진하기 위한 목적으로 설치되었다. 만성질환으로 인해 3개월 이상 입원치료나 잦은 통원치료로 인해 학교 출석을 제대로 할 수 없는 학생을 위해 병원에 설치된 학급을 말하며, 정식학교가 아닌 위탁교육기관이다.

병원학교라는 교육 형태는 학교 교육 내실화를 추진하기 위해 교육하는 환경, 장소, 시간의 융통성을 확대하고, 교육과정 운영의 유연성을 발휘할 수 있도록 한 대안적 조치이다. 대부분의 병원학교는 교사 1인이 운영하는 파견학급 형태나 여러 학교급, 학년의 학생이 함께 공부하기 때문에 병원학교라는 용어로 통칭하여 부른다. 전국에서 운영되고 있는 병원학교는 전국 병원학교 사이트를 참고하기 바란다(http://hoschool. ice.go.kr). 병원학교에 대한 상세한 내용은 제7장에서 다루고자 한다.

(2) 원격수업

원격수업이란 장기입원이나 통원치료로 인해 학교 교육을 받을 수 없는 학생들이 가정이나 병원 등 어디에서나 인터넷을 이용한 원격수업으로 학습지체 및 유급 문제를 해소할 수 있도록 지원하는 교육 형태를 말한다. 원격수업은 병원학교에 입원해 있거나 퇴원한 이후에라도 감염이 우려되거나 요양이 필요하여 학교 출석이 어려운 건강장애 학생이 이용할 수 있다. 인터넷을 통해 수업에 참여하며 이러한 수업 참여는 학교 출석으로 인정받을 수 있다. 국내에서는 건강장애 학생으로 선정되지 않는 학생도 3개월 이상의 입원, 통원치료 또는 요양이 필요하다는 진단서를 근거로 이용할 수 있다. 원격수업에 대한 상세한 내용은 제7장에서 다루고자 한다.

(3) 순회교육

순회교육이란 장애로 인해 장단기의 결석이 불가피하여 학교에서 교육을 받기 곤란하거나 불가능한 학생의 교육을 위해 의료기관 또는 가정 등에 교사가 직접 방문하여 특수교육대상자의 교육을 지원하는 교육 형태를 말한다. 순회교육은 특수교육대상자의 장애 정도와 교육 요구 등에 대한 정확한 진단·평가를 통해 학교로 등교하여 교육받는 것이 어려운 학생들이 학교 교육에서 배제되지 않도록 개별학생의 학습권을 보장하기 위한 교육 형태이다.

순회교육 여부는 특수교육운영위원회에서 종합적으로 판단하여 결정하되, 부모의 동의를 포함하도록 한다. 학생 소속학교의 일반교사와 특수교사가 순회교육을 담당하거나 해당 교육청에서 건강장애 학생 순회교육 협력학교를 지정하여 운영하며, 일반학교, 교육청, 특수교육지원센터 등에서 순회교육 내용을 관리 감독하여 운영한다.

병원학교의 건강장애 학생을 위한 순회교육 교사는 특수교사 자격증을 소지한 정규교사나 강사 등을 배치하며, 지원 범위 및 내용은 시·도교육청 여건에 따라 결정된다. 최근에는 순회교사 및 건강장애 학생을 담당하는 교사 외에도 순회교육 및 건강장애 특수교육대상자 관련 통합학급 교사 연수를 강화하여 건강장애 학생의 교육지원을 강화하고 담당 교원의 전문성을 확보하려는 정책이 마련되고 있다.

병원학교와 원격수업, 순회교육 등은 만성질환으로 인해 치료 중인 학생들의 출석 일수를 확보해 줌으로써 상급 학교나 학년에 진급할 수 있게 한다. 궁극적으로는 치료 종료 후에 일반학교로 복귀하거나 일반학교에 배치되어 교육을 받게 되는 건강장애 학생의 교육의 연속성을 확보하며 건강장애 학생들의 교육 기회를 확대하는 데 이바지한다.

5. 건강장애 학생 교육지원 고려 사항

1) 교사의 책무성과 교육지원 역량

특수교육 분야에서는 장애 학생의 학습할 권리와 학교 및 교사들의 교육적 책무성에 관한 관심이 크게 확대되고 있다. 미국의「학습부진아방지법(No Child Left Behind)」(2001)과「장애인교육법(IDEA)」(2006)의 영향으로 장애 학생의 학업, 행동 문제의 과학적 해결을 강조하는 교육 서비스 모형에 관한 연구가 활발히 진행되고 있다(Fuchs & Deshler, 2007; Vaughn & Fuchs, 2003).

건강장애 학생의 교육지원을 위해서는 일반학교 교사의 역할과 책무성이 중요하다. 건강장애 학생의 학교생활 적응에 영향을 미치는 결정적 변인은 담임교사이다. 담임교사의 이해 및 지원 정도에 따라 학생들의 적응 여부가 영향을 받는다. 건강장애 학생들의 특성상 특수교육대상자로 선정되었어도 이들은 소속이 바뀌지 않으며 원래 다니던 일반학교에 그대로 배치된다. 또한 특수교육대상자임에도 불구하고 건강장애로 진단, 선정된 이후에 학교에서 학생들이 주로 만나게 되는 사람은 특수학급 교사가 아닌 일반학교의 교사일 가능성이 크다. 병원에 입원해 있는 동안에 학생들과 연락하는 사람도 일반학교의 교사이며, 치료 종료 후 학교로 복귀한 후에도 일반학교의 교사와 주로 접하게 되기 때문에 학생을 담당하게 될 교사들의 이해와 인식이 매우 중요하다. 교사는 교실 상황에서 학생의 신체적 피로감, 빈약한 학업 수행력과 학교생활 적응의 어려움을 가장 먼저 발견할 수 있다. 또한 일과 속에서 질병으로 인해 나타나는 과다한 의존성, 대인관계의 회피, 자존감 저하 등의 어려움도 교사에 의해 발견되기 쉽다.

건강장애 학생의 교육지원 내용과 절차에 대한 교사들의 지식이 부족하면 부모에게 정확한 교육지원 절차를 안내하지 못하게 되며, 정확한 지원 방법을 안내받는 것이 지연될 경우 상당히 소모적인 시간을 보내게 된다. 박재국, 김혜리, 서보순과 김진주의 연구(2012)에서는 일반교사들은 건강장애 교육지원의 공유된 책임의식을 가지고 교육지원 임무를 수행해야 하며, 학부모에게 건강장애 관련 행정절차와 지원을 안내해야 하지만, 건강장애 학생의 교육에 대한 교사들의 인식과 이해가 부족하다고 지적하고 있다.

건강장애에 관한 지식과 기술, 교수전략 등 일반학교 교사들의 준비도는 학생의 학교생활 적응과 교육지원의 질에 중요한 역할을 미친다. 그런데도 건강장애 학생의 학적이 변경되는 것이 아님에도 불구하고 일부 일반 교사들은 본인의 담당이 아니라고 인식하기도 하며, 교육지원의 담당자 부재로 인해 학생과 학부모의 학교 교육 접근성이 방해되기도 한다(인천광역시교육청, 2016).

담임교사는 학기 초 건강장애 학생의 현황을 파악하고 학부모와 긴밀한 협력관계를 통해 학생과 학부모에게 교육지원 정책을 안내하고 교육계획을 수립하는 역할을 담당한다. 학생의 교육배치 및 현재 상황을 파악하여 필요하면 개별화된 교육과정을 제공하며, 평가와 관련하여 안내와 지원, 진급을 위한 역할 등을 수행한다. 학교는 건강장애 학생의 특성을 고려하여 교육환경을 조성하고, 교사들은 건강장애 교육지원에 관한 연수를 통해 상담자와 코디네이터 등의 역할 수행을 준비한다. 건강장애 학생들이 치료 종료 후 학교로 복귀하였을 때, 안전하고 빠르게 적응하도록 지원하기 위해서는 건강장애 학생 교육에 대한 교사들의 교육 책무성을 강화하고 연수를 실시하여 지원 역량을 강화해야 한다(김정연, 황지현, 2015).

2) 건강장애 담당교사의 역할

교사의 질은 곧 교육의 질을 결정한다. 건강장애 학생의 교육지원을 위해서는 교사를 위한 지원 방안도 고려되어야 한다. 병원학교나 원격수업기관의 교사는 초ㆍ중등학교의 교육과정을 운영해야 하며, 동시에 학생들의 질병에 관한 의학적 지식도 갖추어야 한다. 교사가 갖추어야 하는 전문성의 범위는 매우 광범위하다. 건강장애 학생을 담당하는 교사는 다음의 임무를 수행해야 한다.

첫째, 건강장애 학생의 담당교사는 학생의 질병에 관한 최소한의 의료지식을 갖추어야 한다. 질병에 대한 인식의 부족은 개별학생의 건강상태를 고려한 교육계획 수립 및 실행을 방해하며, 학생들의 건강관리를 지원하기 어렵게 한다. 예를 들어, 소아암 학생의 경우에는 소아암의 종류와 특성을 이해해야 하며, 치료과정 및 예후, 변화 등 다양한 의학적 상황을 이해해야만 개별화된 교육계획 수립이 가능하다.

둘째, 심리정서적으로 학생을 지원할 수 있는 상담 역량을 갖추어야 한다. 전문적인 상담을 필요로 하는 학생은 외부의 상담기관에 연결하여 지원을 받도록 하지만, 교사는 기본적인 상담 기술과 역량을 갖추어야 한다. 학생들에게 상담이 가장 필요한 시기는 건강장애로 진단 선정된 후 병원학교나 원격수업기관을 이용하기 시작하는 초기이다. 이 시기의 학생들은 심리적 지원 요구가 크므로, 필요한 시기에 적절한 상담이 바로 제공될 수 있도록 병원학교 교사는 상담 지원 역량을 갖추어야 한다(김정연, 2015).

셋째, 건강장애 학생의 교육지원과 관련한 협업능력이 요구된다. 건강장애 학생을 담당하는 교사의 협업능력은 건강장애 학생의 교육 계획과 실행을 위해 요구되는 필수 역량이다. 병원학교 교사는 건강장애 학생을 처음 담당하게 되면 매우 다양한 임무를 수행하게 된다. 수업 등의 교육지원 업무 외에 관련 행정 업무, 학생의 소속학교에서의 학적 및 평가 관리, 진급 및 진학 상담 등 업무의 범위는 매우 광범위하다.

이러한 일들은 교사 혼자서 하는 일이 아니며 대부분은 팀으로 수행해야 한다. 병원학교 교사는 원격수업기관의 교사, 일반학교 교사, 특수교사, 보건교육교사 등 협력팀을 구성하여 운영할 수 있어야 한다. 협력팀의 구성원들이 교육지원의 책임과 역할을 명확하고 원활하게 수행할 수 있도록 지식과 정보를 공유하고 소통하여 협력적 관계를 촉진할 수 있어야 한다. 건강장애 학생들의 교육을 담당할 교사의 구체적인 역할과 역량에 관한 내용은 제9장에서 좀 더 상세히 다루고자 한다.

3) 건강장애 담당교사 양성 정책

건강장애 학생의 학습권을 보장하고 좋은 수준의 교육을 제공하기 위해서는 모든 교사의 인식 개선이 우선이다. 건강장애라는 용어를 사용하고 교육지원을 제공하기 시작한 것은 2005년이다. 그러나 아직도 건강장애라는 용어를 생소해하는 교사가 다수이다. 건강장애 학생들을 지도하는 교사를 양성하는 방법은 두 가지로 접근할 수 있다.

첫째, 현직교사들을 대상으로 건강장애 학생의 교육에 관한 체계적인 연수를 시행한다. 건강장애 학생의 진단 선정 단계 및 교육의 전 과정에서 침해와 차별을 방지하기 위해 일반 교사 대상의 건강장애 이해 및 교육지원 연수를 시행한다. 예를 들어, 통합교육 이해를 위한 교원 연수에 건강장애 학생의 이해와 관련한 내용을 포함하여 운영한다. 또한 기존의 보건교육교사 연수과정에 건강장애 학생의 심리적 지원과 학교에서의 건강관리에 관한 내용을 포함하여 건강장애 학생의 이해 및 상담 지원 방안을 모색해 볼 수 있다.

둘째, 교원양성과정의 모든 예비교사 교육에 건강장애와 관련한 내용을 포함하도록 권고한다. 현직교사들이 가지고 있는 기존의 교육관을 바꾸는 것보다 더 쉬운 것은 교원양성과정에서 예비교사를 하는 것이다. 선행연구들에 따르면, 예비교사가 현직교사보다 더욱 능동적으로 새로운 지식과 신념을 받아들이는 경향이 있으며(허유성, 정은희, 이우진, 2009), 예비교사 기간에 형성된 장애, 장애인, 통합교육에 대한 긍정적 인식은 대체로 유지되는 것으로 나타났다(이은주, 2006).

　교육부는 일반학교 교사의 교원 양성과정에서 특수교육 관련 교과목을 교직 필수 과목으로 이수하도록 하고 있으며(교육부, 2013), 특수교육에 대한 기초 이해와 인식을 다루고 있다. 이러한 노력의 성과로 고시 개정 전 23%에 불과하던 사범대학 특수교육 관련 교과목 및 교직 소양 과목 편성비율이 고시 개정 후 100%로 늘어났으며(박성일, 2010), 통합교육에 대한 예비교사의 인식이 긍정적으로 변화되었음을 밝혔다(이영선, 권정민, 2010). 그러나 건강장애에 관한 지식과 기술을 다루는 교육과정 운영 여건은 현실적으로 매우 미흡한 수준이다.

　교사의 기본적인 신념과 가치관은 교원양성과정 중 정규 교육과정과 잠재적 교육과정을 통해 형성되기 때문에 교사양성기관인 대학은 예비교원을 대상으로 통합교육 및 건강장애와 관련한 지식과 기술에 대한 교육을 제공할 필요가 있다.

　이 장에서는 제2장부터 제시되는 건강장애 교육지원에 대한 이해를 돕고자 주요 용어에 대한 설명을 간단하게 제시하고자 한다.

- **건강장애 학생**: 만성질환으로 인하여 3개월 이상 장기입원 또는 통원치료 등 계속된 의료적 지원이 필요로 하여 학교생활 및 학업 수행에 어려움이 있는 초·중·고등학생 중 건강장애로 선정된 학생을 말한다.
- **외상적 부상 학생**: 건강장애 선정대상자는 아니지만 3개월 이상의 치료를 요하는 화상, 교통사고 등의 심각한 외상적 부상으로 불가피하게 장기결석이 예상되는 학생을 말한다. 시·도교육청에 따라 보호필요 학생이란 용어를 사용한다.
- **정신장애 학생**: 건강장애 선정대상자 기준에 충족되지는 않으나 정신적 질환으로 인해 불가피하게 장기결석이 예상되는 학생을 말한다.
- **병원학교**: 만성질환으로 인해 3개월 이상 입원치료나 잦은 통원치료로 인해 학교 출석을 제대로 할 수 없는 학생을 위해 병원에 설치된 학급을 말한다. 교사 1인이 운영하는 학급 형태나 여러 학교(급), 학년의 학생이 함께 공부하기 때문에 병원 학교로 통칭한다.

- **정신장애 학생을 위한 병원학교**: ADHD 등 정서 · 행동발달장애, 중증 정신질환으로 인해 장기입원 치료가 필요한 학생의 교육을 지원하기 위한 병원학교를 말한다.
- **원격수업기관**: 만성질환을 앓고 있는 초 · 중 · 고 건강장애 학생들이 인터넷상 실시간 양방향 원격수업을 통해 교사와 학생들이 만나 공부하는 학교를 말한다. 예를 들어, 꿀맛무지개학교, 인천사이버학급, 꿈빛나래학교, 꿈사랑학교, 한국교육개발원의 원격수업 등을 말한다.
- **소속학교**: 건강장애 학생과 3개월 이상 외상적 부상 학생의 학적이 있는 학교를 말한다. 원적학교라고 불리기도 한다.
- **협력학교**: 병원학교 교사가 소속된 학교를 말한다.

요약

이 장에서는 건강장애 학생의 교육지원의 계기와 건강장애 교육의 법적 기초를 살펴보았다. 건강장애 학생들의 교육 정책은 만성질환을 가진 학생들의 교육 요구에 적절한 교육을 지원하기 위한 조치로 시작되었다. 특수교육대상자의 범위에 포함하게 된 과정과 우리나라의 법적 근거에 대해 살펴보았다. 또한 교육현장에서 사용하고 있는 건강장애의 선정기준과 대안적 교육제도에 대해 소개하였다. 건강장애 학생의 교육지원 목적은 건강장애로 인하여 장기치료를 받는 학생들에게 개별화된 학습지원으로 학습 결손을 줄이고 학교 출석의 부담감을 최소화하여 학업을 지속할 수 있도록 지원하는 것이다. 국내에서는 건강장애를 가진 학생들을 구체적인 병명이 아닌 개별학생의 의료적 진단 및 교육적 진단을 고려하여 선정하고 있다. 또한 병원학교, 원격수업, 순회교육 등 언제 어디서나 참여 가능한 형태의 대안적 교육방법을 통해 학교 교육을 지속하도록 지원하고 있다.

그러나 건강장애 학생 교육지원의 역사가 길지 않기 때문에 여전히 해결해야 할 과제들이 많다. 건강장애를 가진 특수교육대상자의 교육지원이 이루어진 이후 국내에서는 건강장애 학생의 권리와 학교 및 교사들의 교육 책무성에 관한 관심이 꾸준히 확대되고 있다. 교사의 책무성을 확인하고 건강장애 학생들에 관한 교사의 교육지원 역량을 높이기 위한 방안들이 제기되고 있다. 특히 이 장에서는 건강장애 학생을 담당하게 될 특수교사, 일반교사를 대상으로 교육 및 연수의 확대, 예비교사를 대상으로 한 교원양성기관의 교육과정 등 향후 건강장애 학생의 학습권을 지속적으로 보장할 수 있는 몇 가지 주제에 대해 다루었다.

1. 만성질환을 가진 학생들에게 건강장애라는 용어를 사용하는 것에 대해 여러분의 생각은 어떠한가요?

2. 건강장애를 가진 특수교육대상자를 선정할 때 구체적인 병명을 기준으로 하지 않는 이유는 무엇인가요?

3. 「장애인 등에 대한 특수교육법 시행령」 제10조(특수교육대상자의 선정 기준)에서 '3개월 이상'이 의미하는 것은 무엇인가요?

4. 건강장애 학생의 교육지원에서 일반학교 교사의 역할과 책무성이 중요한 이유는 무엇인가요?

5. 사범대학 등 교원양성기관의 교육과정에 건강장애 학생의 교육지원역량 내용을 포함하기 위한 방안은 무엇인가요?

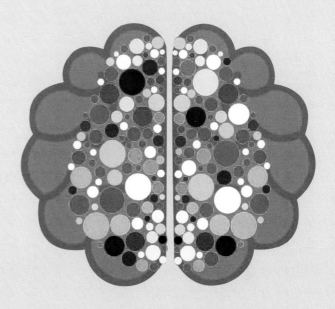

제2장

소아암의 이해와 교육지원

1. 소아암의 이해

1) 개념

소아암은 국내의 건강장애 학생 중 가장 많은 수를 차지하는 질환이다. 암은 여러 가지 질환을 통칭하여 일컫는 용어이다. 인체 내부의 세포 안에 있는 DNA(deoxyribo nucleotic acid)가 손상되어 비정상적인 세포 활동을 하는 세포를 암세포라고 하고, 암세포의 덩어리를 종양이라고 부른다. 종양은 양성종양과 악성종양이 있고 흔히 말하는 암은 악성종양을 의미한다(Bowe, 2000). 소아암은 아동·청소년기에 발생하는 암을 말한다.

소아암은 크게 백혈병, 림프종, 고형종양 등으로 분류된다. 백혈병은 몸속의 혈액세포에 암이 생겨 증식하는 질환으로 조혈세포에 발생하는 종양이고, 림프종은 림프계에 발생하는 종양이다. 고형종양은 몸속의 세포 중 일부가 악성 변화를 일으키는 질환으로 뼈, 근육, 뇌, 장기 또는 다른 신체 조직에 발생한다(소아암센터, 2013).

암은 단일 질병이 아니라 많은 형태가 있다. 소아암의 가장 일반적인 형태는 백혈병(leukemia)과 뇌종양(brain tumor), 연부조직육종(soft tissue sarcomas), 신경계종양(neuroblastoma) 등이다(Stiller, Allen, & Eatock, 1995).

2) 출현율

한국백혈병소아암협회에 따르면 우리나라에서는 매년 1,000~1,200명 정도가 새로 소아암 진단을 받고 있다. 전 세계적으로 발생 빈도는 비슷하며, 소아 10만 명당 매년 약 16명이 발생한다. 소아암의 발생은 5세 미만의 소아와 청소년기에서 정점을 보인다. 보건복지부 보도자료(2015. 2. 12.)에 의하면 소아암 진료 인원이 2010년 약 1만 3천 명에서 2014년 약 1만 6천 명으로 증가하였다. 소아암 연령대별 발생률은 〈표 2-1〉과 같다. 소아암은 2014년 기준으로 10~14세 구간이 전체 인원의 31.5%로 가장 높은 비중을 차지하였으며, 15~17세 구간은 28.9%, 5~9세 구간은 22.1%, 5세 미만이 17.5% 순으로 나타났다.

표 2-1 | 소아암 연령대별 발생률

구분	진료 인원(명)					연령별 점유율(%)				
	2010년	2011년	2012년	2013년	2014년	2010년	2011년	2012년	2013년	2014년
5세 미만	2,335	2,528	2,710	2,825	2,862	17.3	18.3	18.6	19.9	17.5
5~9세	3,137	3,136	3,232	3,161	3,611	23.2	22.6	22.2	22.2	22.1
10~14세	4,415	4,548	4,621	4,335	5,147	32.7	32.8	31.8	30.5	31.5
15~17세	3,619	3,638	3,971	3,895	4,712	26.8	26.3	27.3	27.4	28.9
계	13,506	13,850	14,534	14,216	16,332	100	100	100	100	100

출처: 보건복지부 보도자료(2015. 2. 12.).

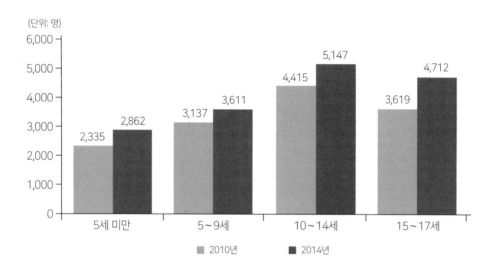

그림 2-1 | 소아암 연령대별 발생률 비교(2010, 2014년)

출처: 보건복지부 보도자료(2015. 2. 12.).

소아암의 발생은 모든 연령대에서 증가하였으며, 2010년과 비교해 볼 때 2014년에 소아암으로 진단받은 학생의 수는 약 1만 6천 명으로 연평균 3.1%의 증가율을 보였다. 소아암은 연령대에 따라 자주 발생하는 암이 있다. 1세 미만에서 잘 발생하는 종양은 신경모세포종, 윌름스종양(신장종양), 망막모세포종 등이며, 2~5세 사이에서는 급성 림프모구백혈병, 비호지킨 림프종, 신경아교종 등이다. 청소년기에는 골육종, 연부조직육종, 호지킨병, 생식세포종양 등의 발생 빈도가 증가한다(박경덕, 이지원, 2012). 매년 소아암의 출현율이 높아지는 것은 신규 발생 인원이 증가하는 것도 있지만, 암 진단 기술과 치료 기술의 발달, 조기발견율이 증가하는 것도 영향이 있다.

보건복지부 보도자료(2015. 2. 12.)에 의하면 2014년에 소아암으로 진료받은 학생 중 가장 큰 비중을 차지하는 것이 '백혈병'으로 나타났다. 전체 소아암의 22.1%는 백혈병으로 나타났으며, 이어 뇌 및 중추신경계 종양이 11.0%, 비호지킨 림프종이 10.0%의 순으로 높게 나타났다. 비호지킨 림프종은 백혈병과 같이 혈액암의 일종으로 소아암에서는 혈액암의 비중이 높은 것으로 나타났다(〈표 2-2〉 참조).

표 2-2 자주 발생하는 소아암

순위	상병명	진료 인원(명)	상병별 점유율(%)
1	백혈병	3,484	22.1
2	뇌 및 중추신경계	1,728	11.0
3	비호지킨 림프종	1,576	10.0
4	갑상선	413	2.6
5	신장	363	2.3
6	난소	324	2.1
7	간	237	1.5
8	입술, 구강 및 인두	168	1.1
9	고환	153	1.0
10	호지킨 림프종	152	1.0

출처: 보건복지부 보도자료(2015. 2. 12.).

2. 소아암의 종류

1) 백혈병

백혈병(leukemia)은 국내의 건강장애 학생 중 가장 많은 수를 차지하는 소아암의 한 종류이다. 백혈병은 어느 연령층에서나 발견되지만 3~6세 사이에 가장 많이 발생하며, 15세 이하의 소아암 중 1/3에 해당할 정도로 가장 일반적이다(Bowe, 2000). 백혈병이란 미성숙한 림프세포(lymphocytes)가 통제할 수 없을 정도로 성장하고 증식하여 적혈구의 수는 감소하고 백혈구의 수가 증가하는 질병이다. 백혈병에 걸리면 감염으로부터 신체를 보호하는 림프세포들이 적당히 자라나는 수준이 아니라 혈액과 골수에 과다하게 많아진다. 백혈병은 혈액 속의 백혈구의 악성 증식으로 생기는 질환이다. 백혈구의 이상으로부터 생기는 암세포가 혈액에 많이 증가한다고 하여 백혈병이라 부른다(서울특별시교육연구정보원, 2006).

백혈병의 기전을 좀 더 살펴보면, 백혈병을 일으키는 암세포가 백혈구의 성장을 방해한다. 암세포로 인해 미성숙한 백혈구는 수적으로만 증식하여 골수 내에 꽉 차게 된다. 골수는 정상적인 조혈세포가 있어야 적혈구, 백혈구, 혈소판을 만들 수 있으나, 미성숙한 백혈구가 정상 골수를 차지하게 되므로 정상 골수에서는 적혈구, 백혈구, 혈소판을 생성하지 못하게 된다. 이러한 결과는 적혈구 감소로 인한 빈혈, 혈소판 감소로 인한 출혈, 백혈구 감소로 인한 감염을 유발하게 된다.

백혈병 암세포는 혈액을 따라 전신에 퍼지게 되므로, 폐, 신장, 비장, 간 등에 전이가 생겨 조직을 손상한다. 백혈병 암세포는 혈액뿐만 아니라 뇌, 척추와 같은 중추신경계에도 침범할 수 있다. 백혈병이 진행하게 되면 출혈이 심해지고 미약한 감염이나 손상에도 치명적인 상태에 이르게 된다. 만약 치료를 안 하면 3~4개월 만에 사망하게 된다(박경덕, 이지원, 2012).

백혈병은 혈액에 생기는 암으로 세포의 형태와 경과에 따라 급성과 만성으로 나뉘며, 림프구성 백혈병과 골수성 백혈병으로 분류된다. 아동의 경우 급성 림프구성 백혈병이 전체 백혈병의 약 2/3를 차지하며, 이 경우에는 항암치료만으로도 80% 이상이 완치된다. 급성백혈병의 증상은 매우 다양하나 초기에 발열, 출혈, 창백, 구토, 피로, 식욕부진 등의 증세를 보이며, 간과 비장, 림프샘이 커지는 예도 있다(세브란스 어린이병원학교, 2007).

아동에게 발생하는 소아 백혈병의 원인은 아직 확실히 밝혀지지 않았으나, 다운 증후군과 같이 염색체 이상을 동반하는 질환과 선천성 면역결핍 증후군(congenital immunodeficiency syndrome)에서 더 자주 발생하며, 형제 중에 같은 백혈병이 있으면 발생 빈도가 증가하는 것으로 알려져 있다(국훈, 2010).

■ 백혈구

　백혈구는 총 혈액량의 1% 이하를 차지하며, 혈액 내에서 유일하게 핵과 세포기관을 가진 완전한 세포이다. 백혈구는 우리 몸에서 면역체계를 담당하는 세포들로, 세균이나 바이러스 등의 감염에 대항하는 기능을 한다. 백혈구는 골수 내 조혈모세포에서 생성되며, 성숙하면 혈액 중으로 방출되어 감염이나 외부 물질에 대항하여 신체를 보호하는 면역기능을 수행하는 5가지 세포로 구성되어 있다.

- 호중구(neutrophil): 백혈구의 40~70%를 차지하며, 박테리아와 진균 감염에 대해 방어하며 모든 염증 반응에 있어 초기 반응을 빠르게 수행한다. 호중구 수치가 낮으면 감염에 취약해진다.
- 호산구(eosinophil): 기생충 감염 및 알레르기 반응에 관여한다.
- 호염구(basophil): 알레르기 반응 및 항원에 대한 반응으로 염증 부위로 혈관을 확장하는 히스타민을 분비한다.
- 림프구(lymphocyte): 미생물이나 항원 등과 같은 다른 외부침입체와 결합하여 이들을 몸 밖으로 제거하는 면역세포를 도우며, T-림프구, B-림프구, 자연살생세포로 이루어져 있다.
- 단핵구(monocyte): 조직 내에서 외부 물질에 대한 탐식 작용을 수행하며, 만성 감염 기간 동안 수가 증가한다.

　백혈구의 생성에 문제를 유발하는 질환이 의심되거나 감염 시, 백혈병을 진단할 때, 골수의 기능이나 치료상태를 감시하기 위해 검사한다. 백혈병에 걸리면 백혈병 세포가 비정상적으로 증가하면서 백혈구 수치가 비정상적으로 증가하거나 혹은 감소할 수 있다(서울아산병원 인체정보, http://www.amc.seoul.kr/asan/healthinfo/body/bodyDetail.do?bodyId=99).

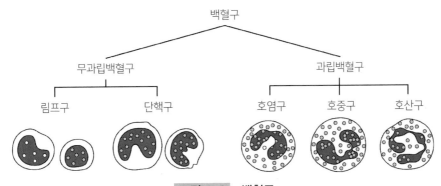

그림 2-2　백혈구

출처: 박경덕, 이지원(2012), p. 16.

2) 뇌종양

뇌종양은 소아암의 약 20%이며 고형종양의 약 40~50%를 차지한다(대한소아혈액종양학회 의료정책위원회, 2016). 뇌종양은 백혈병 다음으로 많이 발생하는 소아암이다. 여아보다 남아에게 더 많이 발생하며, 5~12세의 나이에서 가장 많이 생긴다(Bowe, 2000).

뇌종양의 증상은 뇌압 상승으로 인하여 나타나는 증상과 종양의 위치에 따라 나타나는 국소 증상의 2가지 기전으로 나누어 볼 수 있다.

첫째, 뇌압이 상승하여 나타나는 증상으로는 두통, 구토, 의식장애 등이다. 이는 종양 자체가 커져서 나타나는 경우와 종양으로 인해 수두증이 발생하여 나타나는 증상이다. 그러나 1세 이전의 아동은 머리뼈가 완전히 닫혀 있지 않아 이러한 증상이 늦게 나타날 수도 있다. 두통은 아침에 일어났을 때 더 심한 편이며 구역질과 관계없이 구토 증상이 생긴다. 쉽게 피곤해하며 수면 시간이 길어지고 일상생활에서 전반적으로 활동이 감소한다. 성격의 변화로 행동의 변화가 나타날 수 있다(소아암센터, 2013).

둘째, 종양의 위치에 따라 증상이 다르게 나타날 수 있다. 대뇌 반구에 종양이 있는 별아교세포종(astrocytoma)은 경련, 마비, 실어증, 눈 일부분의 시력장애 등의 증상이 나타난다. 뇌하수체 주변부에 생기는 종양인 머리인두종(craniopharyn gioma)은 호르몬 결핍으로 인한 내분비 증상이 주로 나타난다. 대표적 증상으로는 여러 차례 소변을 보는 증상인 요붕증이나 시신경 압박에 의한 시력 감퇴, 시야 결손 등이다. 또한 내분비 이상으로 성장발육 지연이나 비만, 이차 성징 발달의 지연 등이 나타날 수 있다. 종양이 커지면 수두증을 일으키기도 한다.

종양의 위치에 따라 시신경 부위에 생기는 종양은 시력을 감소시키며, 송과체에 생기는 종양은 안구의 운동장애와 수두증(hydrocephalus)을 일으킨다. 뇌간에 종양이 생긴 경우는 뇌신경장애를 일으켜서 물체가 둘로 보이는 증상이나 안면마비를 유발한다. 소뇌의 종양은 어지럼증, 안구진탕, 섬세한 운동장애 등을 발생시킨다. 그 밖의 증상으로는 쉽게 피곤해하거나 언어장애, 불안정한 보행 자세, 안구운동장애, 안면신경마비, 청력 저하 등을 나타내기도 한다(서울특별시교육연구정보원, 2006).

뇌종양의 치료는 수술적 방법으로 종양을 완전하게 절제하는 것이 가장 바람직한 치료 방법으로 알려져 있다. 그러나 종양의 종류와 위치, 침범된 범위 등에 따라서는 수술을 통한 접근이 불가능한 예도 있다. 또한 종양이 악성인 경우는 주위의 정상 조직으로 불규칙하게 침습되어 있어 종양을 완전히 떼어 내는 것이 불가능하다. 따라서 이런 경우에는 방사선치료와 항암제치료가 필요하다. 뇌종양의 종류에 따라서는 수술로 절제한 후에 방사선치료와 항암제치료가 반드시 동반되어야 하는 경우가 있다.

뇌종양의 치료로 과거에는 수술적 제거와 방사선치료가 주된 치료 방법이었으나, 최근에는 효과적이고 부작용이 적은 항암제가 개발되고 있어 항암제만으로 치료가 이루어지기도 한다. 또한 조혈모세포 이식과 유전자치료 등 새로운 치료법이 연구되고 있다. 소아 뇌종양의 치료 결과는 뇌종양의 종류만큼 다양하며, 종양의 악성 정도, 진단 당시의 나이, 종양의 제거 정도, 종양의 발생 위치와 주위 조직의 침습 정도, 전신상태에 따라 차이가 크다(박경덕, 이지원, 2012).

적절한 치료를 받고 학교로 복귀한 학생의 경우, 특별히 신경 써야 할 부분은 없지만 발작이나 신체의 마비, 평형의 문제로 보행장애가 남아 있는 경우에는 특수교육 지원이 필요하다. 학생 중에는 항암제나 약물의 영향으로 면역력이 저하되는 예도 있다.

3) 악성림프종

악성림프종은 아동기에 세 번째로 많이 생기는 종양이다. 호지킨병(Hodgkin disease)과 비호지킨 림프종(non-Hodgkin lymphoma)의 두 가지로 나뉜다. 두 질환은 같은 림프조직에서 발병되나, 임상 증상, 경과, 치료 방법 등이 완전히 다르다.

악성림프종 중에서 호지킨병은 비교적 치료 예후가 좋은 편이다. 호지킨병은 진단 당시 림프샘 조직에 국한되어 있는 경우, 발생한 림프조직이나 주위 조직에 대한 방사선치료만으로도 완치율이 매우 높다.

그에 비해 비호지킨 림프종은 완치율이 높지 않다. 비호지킨 림프종은 처음부터 전신 증상과 여러 장기의 침범이 발생하므로 국소 치료만으로는 완치율이 높지 않기 때문에 반드시 항암제를 복합적으로 투여해야 한다. 심장의 근육이 침범당하는 병으로 그 원인은 아직 확실치 않다. 어린이 돌연사의 원인이 되는 것으로 알려져 있다. 악성림프종은 여자아이보다 남자아이들에게 자주 발생한다(소아암센터, 2013).

서양과 비교해 볼 때 국내에서 악성림프종의 전체적인 발생 빈도는 비슷하나, 서양에서는 호지킨병의 발생 비율이 높고, 국내에서는 비호지킨 림프종의 발생이 월등하게 더 많다. 국내 악성림프종의 약 90%가 비호지킨 림프종이며, 전체 소아암의 약 10%에 해당한다(박경덕, 이지원, 2012). 최근에는 항암제치료의 발달로 완치율이 많이 증가하였다.

악성림프종은 생기는 부위에 따라 다양한 증상을 보인다. 가장 흔한 증상은 통증을 동반하지 않은 채 목, 흉부, 겨드랑이, 복부, 사타구니 등의 림프샘이 서서히 커지는 것이다. 때로는 가슴 부위가 답답하거나, 통증이 생기거나, 기침과 호흡곤란 등이 나타나기도 한다. 심하면 복부에 림프종이 생기면서 덩어리가 만져지거나 복부 팽만, 복통, 장폐쇄 등이 나타날 수도 있다.

4) 신장종양

신장종양은 윌름스종양(Wilms tumor)이라고도 부른다. 신체 내부의 양쪽 신장(콩팥)에서 생기는 암이다. 소아에서만 생기며 성인에게 생기는 신세포암종(renal cell carcinoma)과는 종류가 다른 질환이다. 신장종양은 신장 일부에서 생겨서 정상적인 신장 조직을 압박하는 형태로 커지게 된다. 약 80%가 5세 미만에서 발병하며, 2~4세에 주로 발생하는 것으로 알려져 있다. 대부분은 증상 없이 건강하던 아동의 복부에서 종양이 만져지면서 진단된다. 약 20~30%의 아동에게서 복통, 열, 빈혈, 혈뇨, 고혈압 등의 증상이 나타난다(대한소아혈액종양학회 의료정책위원회, 2016).

5) 골육종

골육종(osteosarcoma)은 소아청소년기에 발생하는 가장 흔한 악성종양이다. 골육종이란 뼈에 생기는 악성종양을 뜻하는데, 아주 드물게는 뼈 이외의 조직에서 발생하기도 한다([그림 2-3] 참조). 뼈 어디에서든 발생할 수는 있지만, 주로 장골(긴 뼈)의 말단 부위에 생기는 경우가 많다. 골육종은 약 50%는 무릎 관절 주변에서 발생하며, 그다음으로는 골반과 대퇴부위인 고관절 부위, 어깨 관절 주위의 순으로 발생한다(소아암센터, 2013). 발생 시기는 주로 10세 이상의 연령에서 많이 발생하며, 일반적으로 남아의 발생률이 여아보다 약 1.5~2배 정도 높다(박경덕, 이지원, 2012).

골육종 증상은 일반적으로 통증이 나타난다. 암이 생기게 되면 발생 부위가 부어오르거나 통증을 호소하는데, 대개는 놀다가 다쳐서 그러는 것으로 지나치기 쉽다. 암이 생긴 뼈는 크게 다치지 않은 경우라도 쉽게 골절될 수 있는데, 근본적인 원인을 모르고 지나가게 된다면 진단이 늦어진다. 이럴 때 뼈 자체의 이상 여부를 살펴보아야 한다. 이러한 증상이 발생하는 시기로 인해 성장통으로 오인할 수도 있다(서울특별시교육연구정보원, 2006). 골육종은 성장통과는 달리 통증이 점점 악화하고 진행되며 부종도 생기는 것이 가장 큰 차이이다. 중학생들에게서 흔히 생기는 골육종은 학교에서 운동하면서 다친 병력으로 인하여 진단이 늦어져서 폐로 전이가 된 후에 발견되기도 한다. 운동하다가 다쳐서 붓거나 아플 때, 손으로 만져서 고통이 심하게 느껴진다면 좀 더 상세한 진단이 요구된다.

골육종은 방사선치료보다는 수술과 항암치료를 받게 된다. 진단 시 전이가 없는 경우에는 약 70%는 장기 생존이 가능하다(소아암센터, 2013). 수술 시에는 암뿐만 아니라 주변의 정상 조직을 포함해 넓게 제거한다. 과거에는 절단하는 수술을 하였으나 최근에는 사지 보존술(limb salvage surgery)을 시행한다. 사지 보존술이란 사지를 절단하지 않고 완치율을 낮추지 않는 범위 내에서 신체의 기능을 보존하기 위한 것으로 최근에 보편화된 수술 방법이다. 종양 부위를 광범위하게 절제한 후 뼈 이식과 인공관절 삽입 등을 통해 손실된 뼈와 관절 재건술을 시행하는 수술 방법이다(소아암센터, 2013).

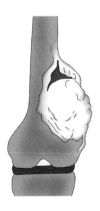

그림 2-3 **골육종**

출처: 서울아산병원 질환백과(http://www.amc.seoul.kr/asan/healthinfo/disease/diseaseDetail.do?contentId=32616).

소아암의 종류는 매우 다양하다. 그 밖에 건강장애로 진단되는 소아암 학생의 유형으로는 신경모세포종, 횡문근육종, 망막모세포종 등이 있다. 신경모세포종은 자율신경계의 하나인 교감신경에서 발생하는 종양이며, 횡문근육종은 근육세포에 생기는 것으로 신체 어느 부위에나 발생하는 종양이다. 망막모세포종은 눈의 망막의 시신경세포에서 발생하는 종양이다.

앞에서 설명한 소아암의 종류와 특성을 정리하면 〈표 2-3〉과 같다.

표 2-3　소아암의 종류와 특성

구분	특성
백혈병	소아 백혈병은 혈액에 생기는 암으로 국내의 건강장애 학생 중 많은 수가 해당한다. 악성 백혈구의 증식으로 생기는 질환으로 어느 연령층에서나 발견되지만 3~6세에 가장 많이 발생한다. 골수에서 만들어져야 하는 적혈구, 백혈구, 혈소판이 정상적으로 만들어지지 못하기 때문에 빈혈, 출혈, 발열 등이 나타나게 된다. 현재는 완치율이 80% 정도로 매우 높다.
뇌종양	뇌종양은 백혈병 다음으로 많이 발생하는 소아암이다. 소아암의 약 20%를 차지하며, 5~12세의 학생에게 많이 발생한다. 뇌 안의 종양으로 인해 뇌압이 높아지기 때문에 두통, 구토, 의식장애 등의 증상이 나타난다. 쉽게 피곤해하거나 언어 문제, 시야 이상, 시력 및 청력 저하를 보일 수 있다.
악성림프종	림프계는 혈관과 같이 우리 신체의 '순환계'로 각 세포에 산소와 영양소를 공급하고 세포로부터 노폐물과 이산화탄소 등의 이물을 걸러내는 필터 역할을 한다. 악성림프종은 복부, 흉부, 목이나 겨드랑이 등 림프조직이 많은 신체 부위에 발생하는 종양이다.
신장종양	신장(콩팥)에서 생기는 종양이다. 신장(콩팥)에서 발생하는 소아암으로 보통 2~4세에 많지만, 신생아와 청소년에게도 발견된다. 신장종양은 반신 비대, 무홍채증, 선천성 비뇨생식기계 기형 등의 선천성 기형을 동반하는 때도 있는데, 이 경우 정기적으로 초음파 등의 검사를 해야 한다.
골육종	성장이 활발한 사춘기에 생기는 종양으로 주로 뼈에 발생한다. 뼈의 통증이나 아픈 부위가 붓거나 그 부위에 열이 날 수 있으며, 밤중에도 아파서 깨거나 혹이 만져지는 예도 있다.
신경모세포종	자율신경계의 하나인 교감신경에서 발생하는 종양이다. 약 80%가 복부에서 발병하며 15~20%가 가슴 부위의 기관지 내에서 발생한다. 아무런 증상 없이 우연히 배에 덩어리가 만져지거나 가슴 X-선 검사에서 발견되는 경우가 가장 흔하다. 때로는 뼈의 통증, 발열, 빈혈, 호흡곤란 등의 증상을 호소하기도 한다.
횡문근육종	근육세포에 생기는 것으로 신체 어느 부위에나 발생하는 종양이다.
망막모세포종	망막의 시신경세포에서 발생하는 종양이다.

3. 소아암의 원인과 특성

1) 원인

소아암의 원인은 아직 정확하게 밝혀지지 않았다. 소아암은 대부분 그 원인을 찾기 힘들다. 소아암은 전염되는 질병이 아니며, 특정 음식이나 첨가물이 원인이 되는 것도 아니다. 소아암의 발생은 유전적 요인과 환경적 요인이 복합적으로 작용하여 암을 일으키는 것으로 추정된다. 성인 암과 달리 소아암은 환경에 직접적인 영향을 받지 않으며 조기에 발생하는 경향이 높다.

전문가들은 소아암의 원인에 대해 전체의 10~15%는 유전이나 가족력 등의 유전적 원인에 의한 것으로 유추한다(Quesnel & Malkin, 1997). 유전적 요인으로는 특정 유전자(예: RB1 유전자, NF1 유전자 등)의 변이가 있는 경우에는 특정 암의 빈도가 증가할 수 있다. 다운 증후군(Down syndrome)이나 누난 증후군(Noonan syndrome) 등은 유전적으로 암이 발생할 수 있는 소인이 높으며, 이 질환에서는 종양의 발생 빈도가 높은 것으로 나타났다(소아암센터, 2013).

그러나 대부분은 유전적 원인을 찾기 어려운 경우가 더 많으며, 유전적 소인으로 발병하는 예는 드물다. 실제로 대부분의 백혈병 환자는 백혈병의 가족력이 없으며, 백혈병 환자의 자손에서 백혈병이 더 많이 발생한다는 증거는 없다. 또한 소아암에 걸렸다고 해서 그 형제나 자매도 소아암에 걸릴 가능성이 큰 것은 아니다(박경덕 외, 2014).

환경적 요인으로는 방사선의 과다 노출, 특정한 약물의 장기간 사용, 여러 종류의 바이러스 감염이 암의 발생과 연관이 있는 것으로 알려져 있다. 환경 또한 소아암의 출현에 큰 역할을 하는 것으로 설명하고 있으나, 환경적 요인의 결과로 밝혀지는 경우는 아주 드물다. 성인에게 생기는 암과 비교할 때, 소아암은 비교적 환경적 요인의 역할이 크지 않다(Quesnel & Malkin, 1997).

■ RB1 유전자

RB1 유전자는 염색체 13번에 위치하여 종양의 세포주기에 있어서 성장 제어 기능을 하는 종양 억제 유전자이다. 세포의 전사촉진인자의 활성을 차단하고 각종 유전자 발현을 억제하여 암으로 진행되는 것을 막아 낸다. RB1이 변이를 일으키면 종양이 진행된다. 뇌종양, 망막모세포종, 골육종 이외의 많은 종양에서 RB1 유전자 이상이 관찰되고 있다 (Bowe, 2000).

■ NF1 유전자

NF1 유전자는 염색체 17번에 위치하는 유전자이다. NF1 유전자는 뉴로파이브로민 (neurofibromin)이라는 단백질을 발현시킨다. 뉴로파이브로민은 ras라는 종양 유전자 (oncogene)를 억제하여 종양의 발달을 막는 기능을 한다. 그러나 NF1 유전자의 돌연변이가 나타나면 기능을 상실하여 발암 유전자가 지속해서 활성화한다. 이 유전자는 종양의 발생 및 성장을 촉진한다(Bowe, 2000).

■ 누난 증후군(Noonan syndrome)

1968년 J. A. Noonan에 의해 명명된 염색체 이상 질환이다. 누난 증후군은 출생 후 성장지연으로 인한 저신장, 양안 격리, 안검하수, 비정상적 귀의 위치, 목덜미 이상 등의 특징적 얼굴 형태를 보인다. 짧은 목과 흉곽의 이상, 폐동맥협착증, 잠복고환 등의 특징을 가지는 유전질환이다. 증상과 심각도는 개인마다 매우 다양하게 나타난다. 신체표현으로 발현되는 양상은 터너 증후군과 유사하나 전혀 다른 질환이다. 터너 증후군은 염색체 이상으로 여성에게만 나타나지만, 누난 증후군의 염색체는 정상이며, 남녀 모두에게 나타난다. 발생 빈도는 신생아 1,000~2,500명당 1명의 비율로 알려져 있다(서울아산병원 질환백과).

2) 소아암의 초기 의심 증상

소아암은 성인과 달리 건강검진으로 암을 발견할 기회가 거의 없다. 소아암은 주로 혈액이나 세포 등에서 발생하기 때문에 증상이 없는 경우가 많아 조기발견이 어렵다. 따라서 소아암으로 의심할 수 있는 징후의 관찰이 중요하다. 소아암의 조기발견은 어렵지만, 소아암의 일반적인 징후를 숙지하여 건강상태를 주의 깊게 살펴본다면 적극적인 치료로 완치율을 높일 수 있다. 증상은 종류에 따라 다양하며, 초기에는 발열, 출혈, 구토, 뼈의 통증, 피로, 식욕부진 등의 증상이 나타난다.

일반적인 징후를 살펴보면 다음과 같다(소아암센터, 2013).

- 얼굴이 창백하고 빈혈이 지속됨
- 피가 잘 멎지 않음
- 온몸에 멍이 있는 경우 잘 없어지지 않음
- 원인을 알 수 없는 발열이 3주 이상 지속됨
- 신체의 각 부위에서 통증이 3주 이상 지속됨
- 지속해서 두통을 호소하거나 구토가 나타나며 이러한 증상은 특히 새벽에 심해짐

3) 성인 암과 구별되는 소아암의 특성

소아암은 성인 암과 구분되는 차이점이 있다. 소아암은 암의 종류와 성질, 원인, 진단, 치료과정 및 예후에서 성인 암과 다른 양상을 보인다.

첫째, 소아와 성인에게 나타나는 암의 종류는 다르다. 성인 암은 주로 암종(상피세포성)이며 소아암은 주로 육종(비상피세포성)이라는 특성이 있다. 암종이란 피부, 점막 등 상피세포에서 생긴 악성종양을 말한다. 육종은 근육, 결합조직, 뼈, 혈관, 연골 등 비상피성 세포에서 생긴 악성종양을 말한다. 소아암에서는 백혈병의 비중이 가장 높게 나타나고, 뇌종양, 림프종, 연부조직육종, 골육종 등이 높게 나타난다. 그러나 매우 드물게는 성인과 마찬가지로 폐암, 유방암, 대장암, 위암이 나타나기도 한다(Miller, Young, & Novakovic, 1994). 소아와 성인에게 흔히 발생하는 암의 종류는 [그림 2-4]와 같다.

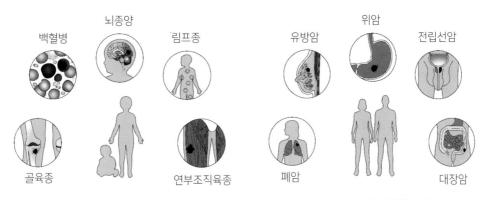

그림 2-4   소아와 성인에서 발생하는 암

출처: 서울대학교암병원(2016), p. 76.

둘째, 소아암은 조기발견이 쉽지 않다. 성인 암에서는 조기암을 시사하는 종양표지자(암세포가 있다는 것을 나타내는 물질을 총칭하는 말)가 많지만, 소아의 경우에는 성인과 달리 건강검진 등의 집단 선별검사로 발견할 기회가 거의 없다. 또한 발생 부위가 주로 혈액이나 세포 등이어서 무증상이므로 조기발견이 어렵고, 조직이나 장기의 깊숙한 곳에서 발생하기 때문에 증상을 관찰하기 어렵다. 대부분 발병 초기에 발열, 림프샘 비대, 복부 종괴, 뼈의 통증, 빈혈, 혈소판 감소에 의한 출혈, 두통과 구토 등 비특이적 증상을 보이기 때문에 진단과 치료가 늦어지게 된다.

셋째, 소아암은 성장이 빠르고 빨리 진행된다. 소아암 세포는 기본적으로 매우 빨리 자라서 병의 시작부터 진단까지 걸리는 시간이 보통 약 3개월에서 6개월 정도이다. 소아암은 암이 상당히 진행될 때까지 증상이 나타나지 않으며 진단 당시에 이미 80% 정도 원격 전이가 일어난 상태에서 발견된다. 그러나 다행히 치료는 비교적 쉽다. 성인 암이 조기에 발견되면 치료가 잘 되듯이 소아암 역시 조기에 발견할 경우 치료가 더 쉽고 예후도 좋다. 소아암은 평균 완치율이 70~80%에 달한다. 급성백혈병일 경우에는 생존율이 80~90%에 이른다. 소아암은 성인 암과 달리 발암 물질에 노출된 병력이 거의 없으므로 예방이 어렵지만, 항암 화학요법에 반응이 좋아 치료 효과가 훨씬 좋다(박경덕, 이지원, 2012).

넷째, 소아암의 치료 기간은 길고 치료과정이 복잡하다. 소아암은 발병에서 완치까지 3~5년의 장기간 치료가 필요하다. 그러나 다행히 꾸준히 치료를 받는 경우 80% 정도의 완치율을 보인다.

4. 소아암의 치료와 예후

1) 치료

소아암은 의학과 과학의 발달로 다양한 화학요법, 향상된 진단 기법, 그리고 효과적인 중추신경체계에 대한 예방치료로 인해 완치될 가능성이 큰 만성적 질병으로 인식되고 있다. 소아암의 치료는 항암 화학요법, 수술치료, 방사선치료, 조혈모세포 이식, 면역치료 등이 있다.

(1) 항암 화학요법

항암 화학요법은 소아암에 가장 많이 사용하는 치료이다. 호르몬제, 알킬화제, 항대사제, 식물성 알칼로이드, 국소 이성화 효소 억제제 등 암세포를 죽이는 세포독성 약제를 사용하여 치료하는 것을 말한다(대한소아혈액종양학회 의료정책위원회, 2016).

소아암은 거의 모두 항암제치료가 필요하다. 정상 세포들은 성장과 사망이 잘 조절되지만, 비정상적인 암세포는 정상적인 조절이 되지 않아 더 많은 세포로 분열되거나 형성된다. 항암제는 세포주기의 어느 하나 이상의 단계에서 성장과 증식을 정지시켜 암세포를 파괴하는 역할을 한다.

항암 화학요법에서 사용하는 항암제는 암의 종류에 따라 다르다. 정맥주사로 주입하는 경우가 가장 많으며, 척수강 내 주사나 근육주사로 약제를 주입하기도 하고, 먹는 약도 사용하기도 한다. 약제는 단일 약제보다 하나 이상의 약물을 함께 사용하는 병합요법을 쓸 때 더 좋은 효과를 보인다(소아암센터, 2013). 그러나 항암제는 그 약제의 특수성으로 인해 여러 가지 부작용이 나타날 수 있으며, 부작용의 정도는 개인별로 차이가 있어서 일률적으로 예측하기 어렵다. 아동의 경우 암세포가 빠르게 분화하기 때문에 항암제는 빠르게 자라는 세포를 공격하도록 만들어졌다. 그러므로 정상 세포에도 영향을 미칠 수 있어 부작용이 발생한다. 부작용은 세포주기가 빠른 기관인 골수, 구강 및 장 점막과 피부, 간, 생식세포 등에 주로 발생한다. 항암 화학요법의 경우 치료기간은 약 3년 정도가 필요하며, 처음 한 달간은 입원한 뒤에 주로 외래에서 통원치료를 받게 된다.

(2) 수술치료

소아 종양치료의 기본 원칙은 종양을 완전히 절제하는 수술이다. 그러나 모든 소아암이 수술의 대상이 되는 것은 아니다. 수술 부위의 기능 및 신체장애를 최소화하면서 수술을 결정하게 된다. 따라서 종양의 신체기관 전이 여부와 영향 정도를 미리 판단해야 한다. 종양이 너무 큰 경우에는 항암 화학요법과 방사선치료를 통해 종양의 크기를 줄인 후에 수술을 시행해야 할 경우도 있다(대한소아혈액종양학회 의료정책위원회, 2016).

특히 골육종(osteosarcoma), 유잉 육종(ewing sarcoma) 등의 팔다리에 종양이 발생한 경우에는 과거에는 주로 절제 수술 후 의수족을 사용하게 했으나, 최근에는 종양이 발생한 팔이나 다리의 기능을 최대한 보존시키는 사지 보존술로 치료하고 있다(김한수, 2015).

(3) 방사선치료

방사선은 에너지를 가진 입자나 파동의 흐름이 공간이나 매질을 통해 전파된다. 방사선치료는 방사선으로 암 덩어리에 충격을 주어 암세포를 제거하는 치료 방법이다. 치료에 사용되는 전리 방사선은 암치료 장비에서 발생시키는 인공 방사선으로 물질에 흡수되면 물질의 이온화를 유발할 수 있는 고에너지 방사선이다. 암치료에 많이 사용되는 방사선은 감마선, X-선, 전자선, 양성자선, 중성자선 등이다(국가암정보센터).

방사선은 세포의 생존에 필수적인 기관인 DNA와 세포막에 직간접적으로 작용하여 세포를 죽이는 역할을 한다. 방사선치료를 받는다고 해서 금방 암이 제거되는 것은 아니며, 치료 이후 세포 분열을 할 때 죽거나 일부 세포는 노화되어 정상적으로 수명을 다하면서 서서히 없어지게 된다. 방사선은 정상 조직과 암 조직 모두에게 영향을 주나 정상 조직은 일정 시간이 지나면 회복된다. 방사선치료는 장기간 분할치료를 통해 정상 세포는 최대한 보호하면서 암세포를 파괴하기 위해 시행한다. 방사선치료는 때로는 치료가 더는 가능하지 않거나 증상 완화, 암세포의 성장 억제를 위해 사용하기도 한다. 방사선치료의 효과는 몇 달 후 컴퓨터 단층 촬영(Computer Tomography: CT)이나 자기공명영상(Magnetic Resonance Imaging: MRI) 검사를 통해 평가한다(소아암센터, 2013).

(4) 조혈모세포 이식

조혈모세포는 골수, 혈액, 탯줄에서 발견되는 특수 세포로서 우리 몸에 항상 일정한 수의 혈액 세포를 존재하게 하는 역할을 한다. 일반적으로 골수이식이라 불린다. 조혈모세포는 겉으로 보아서는 혈액과 구별하기 어려우며, 산소를 운반하는 적혈구, 우리 몸에 침입하는 균들을 막아 내는 백혈구, 지혈을 담당하는 혈소판 등을 생산해 내는 세포를 말한다. 조혈모세포의 기능은 자기와 같은 세포를 만들 수 있는 자기복제능력을 갖추고 있다. 또한 혈구 분화능력을 갖추고 있어 일생 동안 지속적인 조혈이 가능하다. 과거에는 조혈모세포를 골수에서 주로 얻었으나 최근엔 말초혈액이나 제대혈에서도 얻을 수 있다(서울아산병원 질환백과).

조혈모세포 이식(hematopoietic stem cell transplantation: HSCT)은 백혈병과 같이 세포 분화과정에서 이상이 생긴 경우나 재생불량성빈혈과 같이 조혈모세포의 숫자가 줄어들어 이상이 생긴 경우에 치료하기 위하여 사용하는 방법이다. 조혈모세포 이식술은 조혈능력을 회복시키기 위해 이식 전에 환자에게 고용량 항암요법과 전신 방사선치료

를 시행하여 암세포를 모두 제거하는 전 처치가 필요하다. 전 처치 후 골수를 완전
히 비운 후에 자가나 공여자의 조혈모세포를 이식하여 생착하고 분화 증식하도록 치
료하는 방법이다. 조혈모세포 이식의 종류는 〈표 2-4〉와 같다(김태형, 나영신, 이미정,
2013).

표 2-4 조혈모세포 이식의 종류

구분		내용
공급원에 따른 분류	골수 조혈모세포 이식	주로 골반뼈의 장골능(illiac crest)*에서 채취하여 사용함
	말초혈액 조혈모세포 이식	백혈구의 성장을 촉진하는 약을 투여한 후 3~5일에 걸쳐 채집함
	조혈모세포 이식	태반과 탯줄에서 모인 조혈모를 이식하는 방법으로 양이 적어 성인에게서는 드물게 사용하며, 현재는 주로 소아에게 시행되고 있음
공여자 (조혈모세포를 주는 사람)에 따른 분류	자가 조혈모세포 이식	환자 자신의 조혈모세포를 채집하여 냉동보관 했다가 필요한 시기에 이식함
	동종 조혈모세포 이식	조직 적합 항원(human leukocyte antigen: HLA)이 일치하는 타인의 건강한 조혈모세포를 뽑아 혈관을 통해 수혈하듯이 주입함

* 장골능은 골반의 위쪽으로 산의 능선처럼 만져지는 가장 높은 위쪽 부분을 말한다.

자가 조혈모세포 이식은 고용량 항암을 목적으로 하는 치료법이다. 즉, 자신의 조혈
모세포를 이식하는 것이다. 자가 조혈모세포 이식은 주로 신경모세포종, 림프종, 뇌종
양 등의 치료에 이용된다(박현진, 이수현, 유은승, 2015). 일부 고위험군의 고형종양이나
림프종은 통상적인 용량의 항암치료만으로는 예후가 불량한 경우가 있다. 이런 경우
고용량의 항암을 시도할 수 있는데, 강력한 항암제에 의해 골수 생성이 심하게 억제될
수 있으므로 골수 회복을 도와주기 위해 미리 환자로부터 모아 두었던 자가 조혈모세
포를 이식하게 된다. 이를 자가 조혈모세포 이식이라 한다.

동종 조혈모세포 이식이란 백혈병, 중증 재생불량성빈혈, 일부 면역결핍 질환, 유전
성 대사질환 등에서 강력한 항암요법 혹은 방사선요법으로 암세포와 환자 자신의 조
혈모세포를 제거한 다음 건강한 타인의 조혈모세포를 이식하는 방법을 말한다. 즉, 환
자의 골수를 건강한 골수로 치환시키는 것이다(박경덕, 이지원, 2012).

(5) 면역치료

면역이란 세균이나 바이러스 등의 병원체로부터 몸을 지키려는 시스템이다. 인체의 면역계는 질병을 일으킬 수 있는 외부 물질로부터 인체를 보호하는 기능을 하며 이 기능을 담당하는 면역세포를 가지고 있다. 면역을 담당하는 것은 혈액 중 백혈구 무리로 림프구(T세포, B세포, NK세포), 과립구(호중구, 호산구, 호염구) 등이다. 자신의 몸에 속하지 않는 이물(항원)이 몸 안에 들어오면 먼저 대식세포나 호중구가 이물을 먹고, NK세포가 이물을 파괴한다. 이런 초기 방어 시스템을 자연면역이라고 한다.

림프구의 B세포와 T세포는 외부 항원을 감지하여 면역 항체를 만들어 내거나 면역반응 조절에 관여한다. 우리 몸에 선천적으로 존재하는 자연살생세포(natural killer cell: NK 세포)는 바이러스에 감염된 세포나 암세포를 선택적으로 인식한 후 즉각적으로 파괴한다. 자연살생세포와 대식세포는 인체가 감염되었을 때, 바이러스나 암세포를 인식하여 혈액 내 비정상적인 물질, 건강하지 못한 조직, 노화된 세포 또는 암세포 등을 파괴하는 역할을 한다(국가암정보센터).

면역치료는 항암 화학요법이나 방사선치료 등 치료 부작용을 최대한 줄이면서 인체의 면역기전을 이용하여 암세포를 제거하는 치료 방법이다. 면역치료는 능동면역과 수동면역의 두 가지 방법을 사용한다. 능동면역은 종양 백신 등을 통해 개인 스스로가 항체와 감작 림프구를 능동적으로 생산하도록 하는 방법이다. 수동면역은 다른 사람이나 동물의 신체 내에서 이미 만들어진 면역 반응 성분을 받는 방법이다(박현진, 이수현, 유은승, 2015).

2) 치료의 부작용

항암 화학요법과 방사선요법을 받을 때 부작용을 경험할 수 있다. 부작용으로 골수의 백혈구가 감소할 수 있어서 발열, 오한, 기침, 호흡곤란, 설사, 통증, 피부 자극 등과 같은 감염 증상이 나타날 수 있다. 또한 출혈을 막아 주는 기능을 하는 혈소판이 감소하여 온몸에 멍이 쉽게 든다거나 점상 출혈, 코와 잇몸의 출혈, 흑변 또는 토혈(위 또는 내장의 출혈) 등의 증상을 경험할 수 있다. 그 외의 부작용으로는 구토, 탈수, 변비, 체중의 증가 또는 감소, 구강 문제, 탈모, 피로 등이 있다. 암치료가 끝나고 수년이 지난 후에도 부작용으로 인해 신장, 간, 폐, 심장, 뇌, 생식기관에 손상을 줄 수 있고, 이차암이 발생할 수 있다. 따라서 암치료 후에도 지속해서 정기적인 추후관리가 필요하다.

　방사선치료는 암세포뿐 아니라 정상 세포에도 영향을 준다. 방사선을 받은 정상 조직은 빠르게 회복하므로 치료 종료 후 1~2주가 지나면 정상적으로 회복한다. 정상 세포의 손상을 최소화하면서 암세포를 죽일 수 있는 방사선량을 사용하고, 여러 번 나누어서 조사하기 때문에 부작용은 나타날 수밖에 없다. 다만 방사선의 양과 치료받는 부위의 상태, 환자의 상태에 따라 영향은 다양하게 나타날 수 있다. 방사선을 조사하는 부위에 따른 치료의 부작용은 [그림 2-5]와 같다.

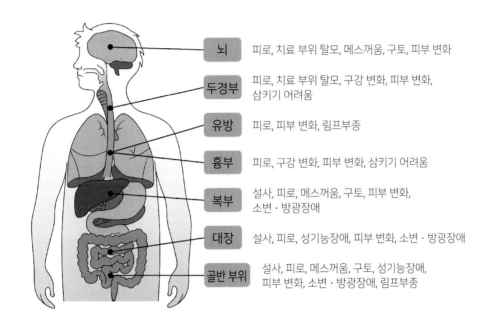

그림 2-5　방사선치료의 부위에 따른 부작용

출처: 소아암센터(2013), p. 37.

3) 예후

　1990년대 이후 소아암 발생률은 극적으로 감소하고 있으며, 생존율은 높은 수준으로 증가하고 있다(Ries et al., 1997). 예를 들어, 백혈병 아동의 생존율은 1960년대 말 약 5%에서 지금은 80%에 달한다. 5년 이상 생존하는 암의 경우 치료율은 지난 20년 동안 극적으로 증가하는 것으로 나타났다(Lukens, 1994).

　소아암은 종류가 매우 다양하여 일률적으로 완치율을 이야기하기는 어렵다. 다만 최근 들어 소아암의 치료 성적이 크게 향상되어, 소아암의 생존율은 70~80% 이상이

다. 국내에서는 소아암의 5년 생존율이 약 77%로 향상되었다고 보고하였다(중앙암등
록본부, 2012). 소아암 중 소아 림프구성 백혈병의 경우 치료 성적이 매우 좋아 완치율
이 80~90%가량 된다. 급성 골수성 백혈병 역시 약 70%의 완치율을 보인다. 그러나
아직 예후가 좋지 않은 종양들도 있어서, 뇌간신경아교종(brainstem glioma) 혹은 비정
형 유기형/간상 종양(atypical teratoid rhabdoid tumor) 등의 경우에는 불량한 예후를 보
인다(박경덕, 이지원, 2012). 국내의 소아·청소년 암의 치료 성적은 [그림 2-6]과 같다.

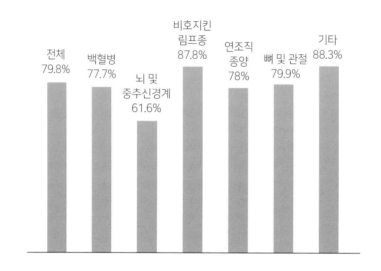

그림 2-6   **국내의 소아·청소년 암의 치료 성적(5년 생존율)**

출처: 대한소아혈액종양학회 의료정책위원회(2016), p. 8.

국제 소아암 분류에 의한 주요 소아암의 연도 구간별 환자 수와 생존율을 살펴보면
〈표 2-5〉와 같다. 주요 소아암 모두에서의 5년 생존율이 이전 연도 구간보다 높아졌
음을 알 수 있다. 2009~2013년의 기간 동안 모든 암의 5년 생존율은 80.5%로 나타났
다. 소아에게 많이 발생하는 백혈병의 5년 생존율은 77.5%이며, 뇌 및 중추신경계는
60.6%, 비호지킨 림프종은 87.9%로 가장 높게 나타났다. 〈표 2-5〉에서 '5년 생존율'
이란 암으로 치료를 받은 학생 중 치료를 시작한 날부터 5년 이내에 해당 암으로 사망
한 수를 제외한 학생 비율을 말한다. 이때 재발하거나 진행하고 있더라도 생존해 있는
한 생존율에 포함된다.

표 2-5   주요 소아암의 5년 상대 생존율 추이(0~17세)   (단위: 명, %)

암종	1993~1995년		2001~2005년		2009~2013년	
	환자 수	5년 생존율	환자 수	5년 생존율	환자 수	5년 생존율
모든 암	3,555	54.6	6,855	71.6	7,008	80.5
뼈 및 관절, 연골	298	48.8	475	65.8	453	77.0
중피성 연조직	170	54.3	313	73.0	393	74.8
뇌 및 중추신경계	525	48.5	1,010	58.6	924	60.6
비호지킨 림프종	295	60.2	681	80.6	862	87.9
백혈병	1,231	44.2	2,199	64.9	1,956	77.5
기타 암	1,036	70.4	2,177	82.6	2,420	89.7

출처: 국립암센터(2015).

> **🔯 조금 더 자세히!**
>
> ■ '5년 생존율'과 '암의 완치'
>
> 　5년 생존율은 암 진단 또는 치료를 받은 사람 중 몸속의 암 존재 여부와 상관없이 5년의 세월이 지나간 후에 몇 퍼센트의 사람이 살아 있는지를 뜻한다. 반면에 완치란 암이 성공적으로 치료가 되어 다시 발생하지 않는 것을 의미한다. 암은 다른 질병과는 달리 여러 방법으로 눈에 보이는 암 덩어리를 모두 성공적으로 제거하더라도 작은 암세포가 남아 있다가 상당한 시간이 지난 후에 다시 재발하는 경우가 있다. 따라서 치료 직후에는 완치라고 판정하기 어렵다. 대신 암치료가 끝난 후 일정 기간 이상 주기적인 검사를 통하여 재발하지 않고 지내는 경우 완치 판정을 하는데, 일반적으로 5년을 기준으로 한다. 이는 일반적으로 치료 후 약 5년이 지나면 통계적으로 암 재발 위험이 낮다고 판단되기 때문이다. 하지만 암에 따라서는 5년 이후에 재발하는 때도 있다. 즉, 5년이 완치의 절대적인 기준은 아니지만, 일반적으로 5년 동안 재발하지 않고 생존한다면 완치의 가능성이 크다고 볼 수 있다.

출처: 서울대학교암병원(2016), p. 15.

4) 후기 합병증

　소아암의 치료는 성인 암에 비해 기간이 길고 집중적으로 이루어진다. 따라서 완치된 후에도 이차 종양, 만성 건강 문제, 내분비장애, 시각장애, 성장장애, 비만, 불임 등 치료에 의한 합병증이 남을 수 있다. 어떤 합병증은 수년간 지속되기도 한다. 성장기 아동에게 항암제를 투여하고 방사선치료를 시행하면 학습장애와 기억력장애 등 신경인지장애를 유발할 수 있으며, 치료과정의 경험은 치료 종료 후에도 불안과 우울, 외상 후 스트레스 장애 등 정서적 장애를 겪을 수 있다(대한소아혈액종양학회 의료정책위원회, 2016).

　후기 합병증의 위험은 치료의 종류와 강도에 따라 다르다. 합병증은 치료의 종류와 기간, 치료 당시의 나이, 성별, 전반적인 건강상태 등에 영향을 받을 수 있다. 따라서 치료 후에도 정기적인 관리가 필요하며 성인이 되어서도 지속적인 관리가 필요하다. 치료에 따른 후기 합병증의 위험은 〈표 2-6〉과 같다.

표 2-6　소아암의 후기 합병증

구분	후기 합병증
항암치료	• 피로 • 성장지연 • 갑상선 기능 이상 • 심장 이상(만성 심질환 등) • 폐 손상(급성 호흡부전, 만성 폐질환 등) • 난청 • 백내장 • 골다공증 • 뼈, 관절 통증 • 말초신경병증 • 대퇴골 무혈성 괴사(고관절 치환술이 필요할 수 있음) • 불임, 조기 난소부전, 조기 폐경 • 남성 호르몬 부족, 정자 수 감소 • 이차 암(급성 골수성 백혈병, 골수형성이상 증후군, 뇌종양, 유방암, 골육종 등)
방사선치료 (머리, 목 부위)	• 성장호르몬 결핍 • 갑상선 기능저하증, 부갑상선 기능저하증 • 난청 • 눈의 문제(백내장, 녹내장 등) • 치아의 이상 • 이차 암(뇌종양 혹은 갑상선암) • 사춘기 지연 또는 조기 사춘기
방사선치료 (흉부)	• 폐 손상(급성 호흡부전, 만성 폐질환 등) • 심장 손상(관상동맥질환, 만성 심질환 등) • 이차 암(골육종, 골종양, 유방암, 갑상선암) • 갑상선 기능저하증, 부갑상선 기능저하증

출처: 대한소아혈액종양학회 의료정책위원회(2016), pp. 97-99에서 요약 발췌함.

이차 암이란 암치료가 끝난 후 새로운 암이 다른 부위에 발생한 것을 의미한다. 예를 들어, 흉부에 방사선치료를 받은 여아와 30세 미만의 여성 완치자는 치료 종료 15～20년 후에 유방암의 위험이 커진다. 따라서 조기 검진을 철저히 시행해야 한다. 남자도 이차 암의 위험이 있으나, 여성의 유방암 위험보다는 낮다(대한소아혈액종양학회 의료정책위원회, 2016).

5. 교육지원

소아암은 의학 분야의 진단 및 치료방법의 발전으로 생존율 및 완치율이 꽤 높은 수준으로 향상되었다. 따라서 치료목표 또한 생존뿐만 아니라 치료 이후 발생 가능한 여러 가지 합병증에 대한 인식과 대처가 중요하다. 소아암은 청소년기 학생들에게 치료 과정에서 많은 변화를 경험하게 하며, 이러한 생활의 변화는 학생들과 가족 모두를 매우 혼란스럽게 만든다. 또한 완치되어 학교로 복귀한다 해도 합병증으로 인해 많은 어려움에 직면하게 한다.

1) 소아암 학생과 부모의 이야기

소아암 학생과 부모가 말하는 소아암에 대한 경험은 다음과 같다.

- "나를 불쌍히 여기거나 너무 많은 관심을 가지면서 이것저것 물어보는 것은 좀 곤란해. 내가 아프다고 다르게 생각하면서, 또 외모가 다르다고 이상하게 생각하면서 놀리지 않았으면 좋겠어."
- "항암치료로 머리카락이 빠지거나 실내에서 모자를 쓰는 것, 몸무게가 늘어나는 것 등 외모 변화에 대해 호기심과 놀림의 대상이 되지 않도록 해 주세요."
- "치료 후 우리 아이는 잘 걷지 못하게 되었어요. 학교에 다니게 되면 계단을 못 내려가기 때문에 교실을 1층에 배치해 주거나 엘리베이터를 편하게 이용할 수 있게 해 주면 좋겠어요."
- "학교는 잘 다니고 있어요. 그런데 학교를 오가고 하는 게 체력적으로 힘든가 봐요. 조금만 걸어도 숨을 몰아쉬고 헉헉거려요."

- "뇌종양 치료 후에 이해하는 게 부족해진 것 같아요. 말하는 건 괜찮은데 무슨 말을 했을 때 그게 무슨 의미인지 파악하지 못해요. 쉬운 수학 문제는 푸는데 조금만 어려워도 안 하려고 해요. 예전 같지 않아요."

- "항암치료를 여러 차례 받고 난 이후에 갑자기 이상한 증상을 보였어요. 불안해하고 이상한 소리도 하고, 행동도 변하고 그랬어요. 집중이 안 되는 것 같기도 하고 대화하기가 힘들 때도 있었어요."

- "선생님이 참 잘해 주셨던 게 너무 고마워요. 아이가 책 읽는 것을 좋아하니까 칭찬도 많이 해 주시고, 글 쓴 것을 보면서 이야기도 해 주시고, 그것만으로도 참 감사해요."

2) 학교에서의 건강관리

(1) 건강 특성

신체적 어려움은 질병과 치료로 인한 체력의 소진이 가장 큰 문제로 나타난다. 고통과 피곤함은 건강장애 학생들의 공통적인 부작용이다. 또한 장기입원과 정기적인 통원치료 일정은 학생들을 무기력하게 만든다. 질병으로 인한 면역력 저하는 신체적 활동을 감소시키기 때문에 특별히 개인위생에 유의해야 한다. 약물의 부작용으로 나타나는 신체적 증상은 식욕을 떨어뜨리거나 무기력 등 심리적인 변화에도 영향을 미친다. 특히 약물의 이차적인 부작용은 외모를 변화시키기 때문에 청소년 시기에 이러한 현상은 심리적으로 위축하게 만드는 주요 원인이 된다.

소아암으로 인한 신체 변화는 다음과 같다.

- 항암치료의 부작용에 따른 얼굴의 부기, 체중의 증가
- 과다하게 마르거나 피부의 창백함
- 항암치료로 인한 탈모와 머리카락 색, 굵기의 변화
- 수술로 인한 흉터나 치료 흔적(뇌 부분의 흉터는 머리카락이 자라지 않아 그 선이 더욱 뚜렷하게 보일 수 있음)
- 질병에 대한 면역력 저하
- 뼈나 관절 부위의 통증
- 보행과 이동의 어려움(일부 학생들은 보행이 어려워 휠체어 등의 이동수단을 이용하기

도 함)
- 항암제 사용의 후유증으로 인한 청력 손실
- 장기간 치료로 인한 체력 소모와 지속적인 피로감

(2) 건강관리 및 지원

소아암 학생들은 가능한 일상생활 속에서 자신의 질병을 관리하고 조절하면서 모든 활동에서의 참여를 높이고 독립성을 증가시키기 위한 자기관리능력이 요구된다. 필요한 경우 재활 서비스를 제공하여 이들의 독립성을 증가시킬 수 있도록 지원한다(Marciniak, Sliwa, Spill, Heinemann, & Semik, 1996). 특수교육 관련서비스에는 학업적인 것 외에 자기관리(self-care), 걷거나 휠체어를 이용하는 등 생활 속에서의 운동, 그리고 독립적 이동 지원이 포함된다.

소아암 학생의 치료는 병원에서 이루어지지만, 의학적 조치 이후에도 꾸준한 건강관리 수칙을 통해 발병 이전의 생활로 돌아갈 수 있도록 자기관리 능력을 지도해야 한다. 소아암치료 후 정상적인 생활로 돌아가기 위해서 건강관리 수칙을 지켜야 한다. 균형 잡힌 식습관, 지속적 운동, 건강한 체중 유지, 흡연 및 간접흡연 피하기, 건강한 치아관리, 예방접종, 정기적인 건강검진, 긍정적이고 적극적인 생활 등이 포함된다(가토 다다아키, 니시마키 겐고, 하라다 쇼헤이, 2010).

소아암 학생에게 운동은 매우 필요하다. 1주일에 5일 이상 적어도 60분 정도의 중등도 또는 강한 활동이 필요하다. 운동 시간은 처음에는 10분에서 20분, 30분으로 증가해 나간다. 운동의 강도는 개인이 주관적으로 약간 힘들다고 느끼는 정도의 강도가 적절하다. 운동은 준비 운동과 정리 운동을 실시하여 안전하게 하도록 지도한다. 준비 운동은 운동 전 체온과 근육의 온도를 높이기 때문에 호흡, 순환, 근육, 골격계 및 신경계가 본 운동을 대비하여 갑작스러운 피로와 상해를 방지하는 효과가 있다. 준비 운동으로는 스트레칭과 관절 운동 등이 있다. 본 운동은 계속적이고 율동적인 운동으로 크게 힘들지 않으면, 운동의 강도를 조금씩 높인다. 운동을 마칠 때, 정리 운동을 하는 것은 근육의 경화나 근육통을 유발하는 젖산 제거에 도움이 된다. 또한 심한 운동 때문에 항진되어 있던 생리적 기능을 가벼운 보행이나 체조로 정리 운동을 하는 것이 피로를 막는 방법이다.

구체적인 운동 시 주의 사항은 다음과 같다.

- 운동은 식사 후 30분 이상 지난 다음에 한다.
- 단시간에 강한 운동은 삼간다.
- 운동 중 관절이나 근육에 손상이 가지 않도록 주의한다.
- 발에 상처가 나거나 무리한 압력이 가해지는 것을 방지하기 위해 양말과 신발을 꼭 착용한다. 신발은 편한 운동화를 신도록 한다.
- 적절한 준비 운동 및 마무리 운동을 한다.
- 운동 중이나 운동 후 충분한 수분 섭취를 한다.

그 밖에 건강관리에 관한 상세한 내용은 제10장을 참고하기 바란다.

3) 학습지원

(1) 인지 특성

소아암은 단기간의 치료로 완치되는 것이 아니라 장기간의 입원 및 치료가 필요하다. 지속적인 치료과정을 겪으면서 방사선치료와 항암 화학요법으로 인해 인지 기능의 문제가 발생하기도 한다. 진단 후 몇 주에서 한 달 이상 입원하기도 하며, 그 후의 치료과정에서 매달 몇 시간씩 치료에 전념해야 하고, 화학요법 치료를 받는 학생들은 낮잠 욕구나 계속되는 피로감 등의 체력 소모를 호소한다. 백혈병 학생과 방사선치료를 받는 림프종 학생들은 인지 기능이 손상될 수 있으며(Dongen-Melman, De Groot, Van Dongen, Verhulst, & Hahlen, 1997), 항암 화학요법은 감염, 빈혈증, 피로, 메스꺼움, 그리고 구토, 탈모 증상, 설사, 변비 등의 부작용을 유발하여 일상생활 참여를 방해할 수 있다.

겉으로 볼 때는 큰 어려움이 없는 듯 보이나 인지 기능의 장애는 중추신경계를 포함한 암치료를 마친 학생들에게 가장 많이 발생하는 후기 합병증이다. 소아암에 관한 문헌(김태형, 나영신, 이미정, 2013; 대한소아혈액종양학회 의료정책위원회, 2016; 서울대학교암병원, 2016; 소아암센터, 2013)에서 언급한 소아암 학생들에게 나타날 수 있는 인지능력의 변화를 정리하면 다음과 같은 몇 가지 특성을 찾을 수 있다.

첫째, 어린 나이에 치료를 시작할수록 인지장애의 위험이 크다. 계산능력, 공간지각력, 문제해결력, 집중력, 읽기, 암기력, 정보분석력, 계획/조직력, 글씨를 쓸 때 소근육 운동능력 등이 또래 아동보다 떨어질 수 있다. 인지장애는 뇌신경계 종양, 백혈병이나 비호지킨 림프종에서 항암치료와 방사선치료를 병행한 경우, 눈이나 안면부 종양, 국소 방사선치료를 받은 경우, 그리고 이식을 받았을 때 발생 위험이 크다.

많은 뇌종양 환아의 IQ가 60~70 또는 그 이하로 떨어지는 예도 있다. 인지능력의 저하를 피하기는 어렵지만 그렇다고 모든 영역에서 학습능력이 떨어지는 것은 아니다. 뇌의 발달은 출생부터 단계적으로 이루어지므로 뇌종양이 몇 세에 발생했는지, 그리고 방사선치료를 어느 시기에 받았는지에 따라 학습능력에 미치는 영향은 다르다 (김태형, 나영신, 이미정, 2013).

둘째, 방사선치료 시에 사용하는 용량에 따라 인지장애의 정도가 달라진다. 백혈병으로 예방적 방사선치료를 받은 경우에 비해 중추신경계에 백혈병이 침범하여 치료적 방사선요법을 받았을 때 인지장애의 위험이 더 크다. 뇌종양은 대부분 방사선치료를 받게 되는데, 뇌종양 경험자들은 치료가 종료된 후에도 시간이 지날수록 지능지수(IQ)가 지속해서 감소하는 것으로 확인되었다. 특히 4세 이전에 머리 전체에 고용량 방사선치료를 받은 뇌종양 아동은 인지장애가 생길 위험이 크다. 그러나 방사선치료를 받는다고 항상 인지장애가 발생하는 것은 아니며, 발생 여부를 예측할 방법도 없다. 따라서 인지 기능의 평가는 개인별 상황을 고려해야 한다.

셋째, 인지장애는 비언어적 영역의 장애가 더 두드러지게 나타난다. 비언어적 영역이란 단기 기억력, 실행속도, 시공간 지각력, 순차 배열능력, 집중력 등으로 학교생활, 학습이나 사회 활동에 영향을 줄 수 있다. 문제를 해결하고 마무리하는 데 시간이 더 걸리며, 설명이나 판서를 받아쓰거나 요약하기에 어려움을 겪을 수 있다. 글씨를 쓰거나 수학 문제를 풀 때 자릿수 맞추기를 어려워하기도 한다. 복합적인 인지장애가 있으면 읽기, 언어습득, 복잡한 수학 문제와 연산을 어려워한다. 미국에서 소아ㆍ청소년 백혈병 경험자들을 대상으로 한 연구에 따르면 건강한 형제자매에 비해 이들은 성적이 낮고 특수교육을 받는 경우가 많았으며 같은 과정을 이수하는 시간도 더 오래 걸리는 것으로 보고되었다(Bowe, 2000).

넷째, 인지능력 저하는 치료 직후에 가장 두드러진다. 뇌종양 아동을 대상으로 한 연구에 따르면, 치료 전에 갖고 있던 인지능력은 치료 후에도 어느 정도 유지되었다. 다만 나이가 어려서 뇌 기능이 발달하지 않은 상태에서의 치료는 이후 발달과정에 영향을 줄 수 있다(김태형, 나영신, 이미정, 2013). 이러한 영향은 질병 및 치료 등에 따라서 다양하게 나타나므로, 필요하다면 지능검사 및 각종 심리검사를 통해 상태를 객관적으로 파악하고 개별적인 상담을 받을 것을 권장한다.

소아암 아동의 생존율이 높아지면 높아질수록, 치료과정으로 인해 장기적으로나 단기적으로 인지와 사회정서 및 행동의 문제가 발생하게 되며, 이로 인해 전체적인 기능이 저하되는 현상이 나타난다. 또한 인지 기능의 변화는 치료 후 학업 수행에 영향을 미친다. 질병으로 인한 신체적인 어려움과 치료로 인해 발생하는 결석과 조퇴 등은 정규 교육과정을 이수할 수 있는 시간을 제한하므로 학업능력의 저하를 유발한다(김은주, 2008). 병원학교 및 원격수업에서 이수해야 하는 시수가 많지 않아 출석일수를 채우는 것에는 문제가 없지만 실제로는 학습의 보완이 필요한 경우도 많다.

수업 상황에서 학업 성취를 떨어뜨리는 학습 능력의 문제는 치료 직후에 시작되는 예도 있고, 수년이 지난 후에 나타나는 예도 있다. 소아암 학생들은 다음과 같은 학습 문제를 겪을 수 있다.

- 집중력을 유지하기가 어렵다.
- 정보를 기억해 내기가 어렵다. 기억력이 줄어든다.
- 읽고 내용을 이해하고 요약하기 어렵다.
- 단기 기억력이 필요한 곱셈이나 표를 이용한 연산 등 수학 계산이 어렵다.
- 손으로 빠르고 정확하게 쓰기 어렵다.
- 눈으로 본 내용을 손으로 옮겨 쓰기 어렵다.
- 일을 빠르게 마치기 어렵다.
- 새로운 정보에 뒤처지지 않고 따라잡기 어렵다.
- 계획하고 조직하는 것이 어렵다.
- 글을 읽거나 듣는 것으로 의미와 내용 파악이 어렵다.
- 정확한 발음으로 말하기 어렵다.
- 수업 시간에 졸음이 자주 나타난다.
- 문제를 해결하는 데 어려움을 느낀다.
- 타인의 표정이나 목소리, 행동을 보고 상대방의 기분을 짐작하거나 주변 상황을 파악하지 못하고 사회적인 대화를 하는 데 문제가 있다.

(2) 교수적 수정 및 참여 수준의 조정

앞에서 언급한 인지 특성은 종양 자체에 의한 것도 있으나 수술 후에 나타나는 사지마비 등의 신체장애, 방사선치료 후에 나타나는 내분비 계통의 장애와 성장지연 등으로 인해 나타날 수 있다. 다양한 방해 요인으로 인해 학습 진도를 따라가지 못하면 학업 성취가 낮아지게 되며 결국 학습에 흥미를 잃으면서 악순환이 될 수 있다.

학교 교육을 성공적으로 지속하도록 돕기 위해서 교수적 수정 및 환경 개선의 노력이 요구된다. 치료과정에 있는 건강장애 학생들은 학교의 모든 교육과정과 수업 일정에 완벽하게 참여하기 어렵다. 치료로 인한 체력적인 문제와 약물로 인한 부작용 등을 고려하여 교사는 융통성 있는 과제제시와 과제 시간을 추가로 허용한다(Deasy-Spinetta, 1993). 학교 환경 내에서 필요한 경우 충분한 휴식과 수업 참여 시간 조정 시 이용할 수 있는 공간을 확보한다.

☆ 교육현장 & 공감

왜 과제와 학습 시간을 조정해 줘야 할까요?

방사선치료나 장기간 약물 복용 등 치료과정은 학업 수행과 주의 집중력을 방해하며 기억력 감퇴도 유발한다. 때때로 알아듣기 어려운 불분명한 발음이나 수업 시간에 졸음과 같은 특성은 병과 치료로 인한 부작용일 수 있다.

아프더라도 건강장애 학생들은 치료와 함께 병원학교와 원격수업을 통해서 학업을 지속하려는 노력을 꾸준히 이어 나간다. 그러나 치료 종료 후 학교를 다시 다니다 보면 체력이 많이 떨어지게 되므로, 학습동기가 높더라도 예전과 같은 학습 태도를 보이기는 어렵다. 개별적인 체력 여건에 맞는 참여 수준의 조정이 필요하다.

---

4) 정서적 지원

(1) 정서 특성

사춘기 학생들에게 오랜 시간 동안의 병원생활은 자기인식 및 또래와 교사 등 사회적 관계에 영향을 미친다. 학생들은 질병 자체도 두려움의 대상이지만 병원이라는 낯선 환경, 각종 처치와 질병 과정에 대한 무지, 돌이킬 수 없는 장애, 죽음 등에 두려움을 느낀다. 병원에서의 치료는 제한된 공간에서 발생하는 소음, 통증, 불편감 등으로 인해 다양한 스트레스를 유발하여 소극적이거나 공격적 행동 문제를 일으킬 수 있다(오진아, 2004). 또한 장기결석과 장기간의 입원, 병원생활로 인한 가족구성원의 기능과 역할 변화 등과 같은 경험으로 인해 사회정서적 어려움을 가지게 된다. 치료가 종료되어 학교로 복귀한 후에도 본인의 학습능력이 부족하다는 것을 느끼게 되면 좌절감과 불안을 겪게 되고 학교생활에서도 흥미를 잃게 된다.

소아암 학생의 정서 · 행동 면에서 나타날 수 있는 어려움은 다음과 같다.

- 달라진 외모로 인한 우울 및 불안
- 치료과정의 어려움과 신체적 고통에 의한 공격적 성향
- 장기간의 치료과정으로 인한 사회적 고립
- 질병으로 인한 의욕상실과 자아 정체감 혼돈
- 청각장애로 인한 대인관계의 어려움
- 시각장애(보기, 읽기 등)로 인한 대인관계의 어려움

(2) 심리 및 정서 지원

소아암 학생들에게는 자신의 질병과 상황을 수용할 수 있도록 심리 및 정서 지원이
필요하다. 암 진단을 받았던 아동과 청소년들은 자신의 질병에 대해 생각하고 이해할
수 있는 시간과 안내, 교육이 주어지지 않아 혼란의 시기에 처할 수밖에 없다(김정연,
2018). 본인이 왜 암에 걸렸는지, 진단받은 질병을 어떻게 수용할 것인지 등 자신의 감
정을 표출하거나 이해하는 방법을 가르치는 것은 매우 중요하다.

암을 진단받는 것은 충격적인 일이고 개인의 자아상을 변화시킬 만한 큰 사건이다.
질병의 진단은 예전부터 자신을 무적같이 생각해 온 아동들과 청소년들을 불확실한
삶과 죽음에 직면하게 만든다. 5년간의 생존 기간을 잘 보낸 후에도 감각능력이 매우
둔감한 수준으로 변화하기도 하며, 대부분의 학생은 우울증을 보이기도 한다(Frank,
Blount, & Brown, 1997). 그렇기 때문에 학생들에게는 피할 수 없는 상황에 대한 대처
기술(coping skills)의 학습이 필요하다. 건강장애 학생들의 정서적 지원에 관한 상세한
내용은 제11장의 사회정서적 지원과 자립 지원에서 다루고자 한다.

5) 학교에서의 식사지도

치료가 종료된 후에 학교로 복귀한 학생들은 대부분 별도의 식사 준비가 필요한 것
은 아니다. 대부분은 학교의 급식을 같이 할 수 있으며, 건강하고 균형 잡힌 식습관 등
기본적인 식사지도 방법은 일반 학생들과 같다. 다만 좀 더 건강한 식습관을 학생과
가족이 함께 갖도록 하는 것이 바람직하다.

식품을 선택할 때는 라벨을 잘 읽고 선택하는 습관을 지도한다. 가공식품보다는 되도록 자연식품을 선택하고 염분, 설탕과 지방이 많은 것을 피한다. 규칙적인 운동은 암의 재발을 예방하고 다른 만성질환을 예방하는 데 도움을 준다. 균형적인 식습관과 규칙적인 운동은 적정 체중을 유지하는 데 도움을 준다. 신체건강 외에 정신건강을 위한 전문가의 상담과 서비스의 도움으로 긍정적이고 적극적인 생활 태도를 갖도록 지도한다. 구체적인 식사지도와 관련한 내용은 제10장에서 다루고자 한다.

그 밖에 소아암과 관련한 정보는 관련 사이트를 찾아보기 바란다.

- 한국어린이백혈병재단(http://www.kclf.org)
- 한국백혈병소아암협회(http://www.soaam.or.kr)
- 한국소아암재단(http://www.angelc.or.kr)
- 초록우산어린이재단(http://www.kwf.or.kr)

요약

이 장에서는 국내 건강장애 학생들 중 가장 높은 비율을 차지하는 소아암에 대해 살펴보았다. 국내에서 소아암은 모든 연령대에서 꾸준히 증가하고 있어 이들에 대한 협력적인 교육지원 방안과 실행에 관한 적극적인 논의가 필요하다. 소아암 학생의 교육 요구를 이해하기 위해서 소아, 청소년 시기에 자주 발생하는 백혈병, 뇌종양, 악성림프종, 신장종양, 골육종 등의 의학적 기제를 살펴보았다. 소아암의 발생 원인은 유전적 요인과 환경적 요인 중 어느 한 요인으로만 설명할 수 없으며 두 요인이 복합적으로 작용하여 암을 일으키는 것으로 추정할 뿐이다. 비교적 환경적 요인의 역할이 크지 않으며 조기에 발생하는 경향이 높은 질병이다. 그러나 소아암은 성인과 달리 건강검진으로 암을 발견할 기회가 거의 없으므로 소아암으로 의심할 수 있는 징후와 건강상태를 주의 깊게 살펴보아야 한다. 소아암의 치료는 항암 화학요법, 수술치료, 방사선치료, 조혈모세포 이식, 면역치료 등을 사용한다. 그러나 부작용이 매우 다양하게 나타나 학생의 어려움에 대한 주변의 이해와 배려가 필요하다. 다행히 소아암의 생존율은 높은 수준으로 증가하고 있다. 그러나 재발이나 후기 합병증의 영향이 나타날 수 있으므로 발생 가능한 여러 가지 합병증에 대한 인식과 대처가 중요하다.

소아암 학생들은 완치되어 학교로 복귀한다 해도 많은 어려움이 나타날 수 있다. 교사는 개별학생의 건강 특성에 따라 필요한 건강관리와 학습지원을 통해 학교에 적응할 수 있도록 준비해야 한다. 모든 소아암 학생이 인지적 어려움을 갖는 것은 아니지만, 치료로 인해 발생하는 어려움의 여부를 파악하여 교수적 수정 및 학교환경을 개선하는 노력을 함께 해야 한다. 또한 학생 스스로 자신의 질병과 상황을 수용하고 이겨 내 자기주도적으로 건강을 관리할 수 있도록 심리 및 정서적인 지원 방안을 마련해야 한다.

함께 나누는 질문

1. 소아암에 대해 새롭게 알게 된 지식은 무엇인가요?

2. 아동기에 발생하는 가장 흔한 암은 무엇인가요?

3. 소아암과 성인 암의 차이는 무엇인가요?

4. 국어교과 수업에서 예측할 수 있는 소아암 학생들의 어려움은 무엇일까요?

5. 소아암 학생들에게 권장할 수 있는 운동량은 어느 정도일까요?

6. 소아암 학생들의 정서, 행동 면의 변화는 어떠한가요? 이러한 변화는 왜 생길까요?

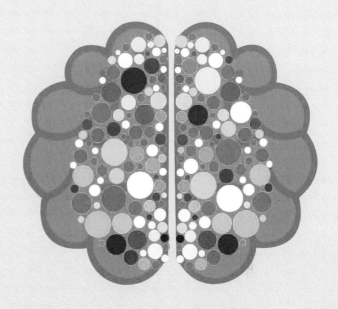

1. 신장장애

만성 신장장애란 일반적으로 신장의 기능을 원상태로 회복시키는 치료를 할 수 없는 상태를 말한다. 평생에 걸쳐 투석과 신장 이식을 통한 신장 대체요법이 필요하며 불확실한 상태에 머물게 된다. 신장질환이 있는 학생의 사망률은 신장질환이 없는 학생의 경우보다 30배가 높다(서울특별시교육연구정보원, 2006). 치료하는 과정에서도 잦은 입원과 감염으로 인해 성장과 발달 지연, 뼈 질환 등의 합병증이 자주 발생한다.

미국의 경우에는 투석하는 학생이 매년 약 1,500만 명이며, 일반적으로 인구 10만 명당 30명 이상이 신질환을 일으키고 발생률은 나이가 많아질수록 증가한다. 이러한 신질환은 며칠, 몇 주 또는 몇 개월에 걸쳐 급성이나 만성으로 발생할 수 있다. 신장 손상은 일반적으로 '침묵'하므로 조기에 눈에 띄지 않으며, 진단될 때는 이미 시급한 주의가 필요한 상태가 된다(Elsayed, El-Soreety, Elawany, & Nasar, 2012). 이 장에서는 신장장애의 개념과 종류, 특성을 살펴보고 교육지원 방안을 다루고자 한다.

1) 개념

신장, 즉 콩팥은 약 10cm 정도 길이의 기관으로 횡격막 아래, 복막 뒤에 위치하며 몸의 좌우에 1개씩 있다. 무게는 125~170g 정도로 어른 주먹 크기 정도이다([그림 3-1] 참조).

신장은 3가지 주요 기능을 하고 있다. 첫째, 배설 기능을 한다. 배설 기능은 혈액을 걸러서 노폐물을 소변으로 배설시켜 주는 기능을 말한다. 하루에 약 200l의 혈액을 깨끗하게 걸러 주는데, 이 때문에 콩팥을 사람의 정수기, 생명의 필터라고 부르기도 한다. 혈액의 잉여 액체, 광물 및 폐기물을 제거하고 청소하는 것이다. 신장 중 하나는 정맥에 있는 노폐물을 걸러 내고 나머지 하나는 동맥에 있는 노폐물을 걸러 내는 역할을 한다. 둘째, 체액량과 구성 성분을 균형 있게 조절하는 기능을 한다. 신장은 소변을 만들어 인체의 체액을 일정한 상태로 유지하고 조절하는 역할을 한다. 수분과 전해질 농도, 산 염기를 조절하는 기능을 한다. 셋째, 혈압을 조절하고 조혈 호르몬을 생산하여 적혈구를 만들고, 비타민 D를 활성화하여 뼈를 튼튼하게 만드는 내분비 기능을 한다(대한소아신장학회, http://www.kspn.org).

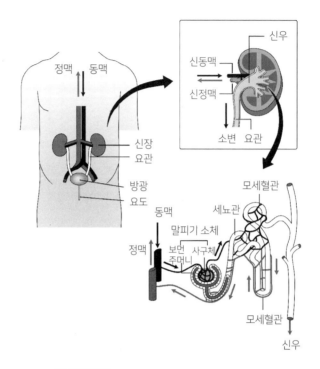

그림 3-1 **신장의 해부학적 구조와 기능**

출처: 질병관리본부 국가건강정보포털 홈페이지(http://health.cdc.go.kr/health/HealthInfoArea/HealthInfo/
View.do?idx=1740&page=1&sortType=date&dept=&category_code=&category=1&searchField=titleAndS
ummary&searchWord=%EC%8B%A0%EC%9E%A5&dateSelect=1&fromDate=&toDate=).

신장의 역할은 다음과 같다.

- 몸속의 물의 양과 이온 농도를 적절하게 조절한다.
- 노폐물(요소, 요산, 크레아티닌 등)을 소변으로 내보낸다.
- 독성 물질이나 약물, 그리고 대사산물의 독을 없앤 뒤 내보낸다.
- 여러 호르몬의 작용으로 세포 밖에 있는 수분의 양과 혈압을 조절한다.
- 적혈구를 만드는 데 관여한다. 즉, 조혈 기능을 한다.
- 간과 더불어 뼈를 만드는 내분비 기능을 한다.
- 인슐린, 글루카곤, 부갑상선 호르몬, 칼시토닌 등 호르몬을 분해하거나 대사시킨다.

신장장애란 신체 내의 노폐물을 제거하여 적절한 수분과 전해질을 보유할 수 있도
록 조절하는 기관인 신장의 기능 이상으로 인해 일상생활 활동에 어려움을 가져오며

장기간 신장 기능을 대신하는 치료가 필수적인 상태를 말한다.

「장애인복지법 시행령」 제2조 제1항에서는 신장장애인을 신장의 기능부전으로 인하여 혈액투석이나 복막투석을 지속해서 받아야 하거나 신장의 기능에 영속적인 장애가 있어 일상생활 활동에 현저한 제한을 받는 사람으로 정의하고 있다.

2) 종류와 특성

만성 신부전이라는 용어는 2002년 이후 만성 신질환(chronic kidney disease)이라는 용어로 바꾸어 사용하기 시작하였으며, 만성 콩팥병으로도 불린다. 만성 콩팥병은 사구체 여과율의 감소 여부와 상관없이 신장의 구조 또는 기능의 이상이 3개월 이상 지속하는 경우와 신장의 손상이 없더라도 사구체 여과율이 3개월 이상 일정 기능 이하인 경우를 말한다(이주훈, 2009).

만성 콩팥병은 여러 가지 신장질환, 예를 들면 만성 사구체신염, 당뇨병성 신증, 고혈압성 신경화증 등과 같은 질환으로 인하여 신장이 정상적으로 가지고 있는 배설, 조절, 대사 및 내분비적 기능이 전체적으로 저하되거나 이상이 초래된 상태를 뜻한다. 신장의 기능이 정상의 20~30% 이하로 저하된 상태를 말하며, 아동의 경우에는 사구체질환이나 선천성 신장 기형, 유전성 신장질환 등이 주원인이다(대한신장학회, http://www.ksn.or.kr).

소아기 만성 콩팥병은 약물치료로 인한 식욕부진, 식이 제한 등으로 성장과 발달에 부정적 영향을 미친다. 열량 공급 부족, 만성 빈혈, 각종 내분비 장애 등으로 인한 신체적 성장장애를 일으키며, 요독증에 걸릴 확률이 높으므로 지능발달의 지연 등 심각한 부작용이 나타날 수 있다. 청소년기 학생은 호르몬 조절에 이상이 생겨 사춘기의 지연, 성적 성숙이 지연되며, 이러한 신체적 미성숙과 성장장애는 심각한 정신과적 문제를 일으킬 수 있다.

(1) 만성 사구체신염

만성 사구체신염(chronic glomerulonephritis)이란 신장의 여과 부위인 사구체에 염증반응이 생겨 발생하는 신장질환이다. 혈뇨나 단백뇨가 장기간 계속되는 질환으로, 신장 조직의 이상이 있어서 만성적인 경과를 보이는 신염으로 정의된다(가토 다다아키, 니시마키 겐고, 하라다 쇼헤이, 2010). 사구체신염은 신장염으로 불리기도 한다.

일반적으로는 학교의 신체검사 중 소변검사에서 발견할 수 있다. 신장의 기능이 정상이고 고혈압이나 부종 증상 없이 혈뇨나 단백뇨를 보일 때는 무증후성 혈뇨, 무증후성 단백뇨라고 부른다. 일상생활에서 증상은 없으나, 감기 등 질병 상태에서는 육안으로 확인할 수 있을 정도의 혈뇨나 부종이 나타나기도 한다.

만성 사구체신염은 원인이 되는 질환이 무엇인지 찾아내는 것이 중요하다. 만성 사구체신염 자체를 치료하기 위한 근본적인 치료법은 없다. 다만 발병의 원인이나 질환을 악화시키는 요인을 찾아서 약물요법으로 증상을 개선하는 치료를 한다. 증상이 장기화할 경우 문제가 발생할 수 있다.

만성 사구체신염 중에서 가장 많이 나타나는 것은 사구체에 면역글로불린 A(immunoglobulin A)를 포함하는 면역복합체가 쌓여서 나타나는 IgA 신증(Iga Nephropathy)이다. IgA 신증은 10~15%가 소아기에 신질환으로 진행되며, 소아기의 신질환으로 진단된 50~80%는 성인기 만성질환으로 이어진다(가토 다다아키, 니시마키 겐고, 하라다 쇼헤이, 2010). 전 연령층에서 발생할 수 있으나 10대와 20대에 가장 흔하고, 남자가 여자보다 2~6배 더 많이 발견된다(서울대학교병원 의학백과사전).

전신 증상 없이 현미경적 혈뇨와 간헐적인 육안적 혈뇨가 있으면서 단백뇨를 동반하기도 하며, 일부에서는 신증후군 또는 급성 신염, 고혈압의 형태로 발현되고 모르고 지내다가 만성 콩팥병으로 발견되기도 한다(서울아산병원 질환백과).

(2) 신증후군

신증후군(nephroitic syndrome)이란 소변으로 대량의 단백질이 나오는 질환이다. 심한 단백뇨의 지속적인 배설, 저알부민혈증, 고지혈증, 전신부종 등의 증상이나 증후가 복합된 증후군이다. 성인의 경우에는 다른 질병으로 인한 이차성 신증후군이 많지만, 아동의 경우에는 신장 이상으로 인한 특발성 신증후군이 전체의 90%를 차지한다(서울대학교병원 의학백과사전). 소변에서 대량의 단백질이 빠져나와 저단백뇨증이 된다. 얼굴이나 팔다리의 부종이 자주 나타나며, 몸이 나른해지고 고콜레스테롤혈증을 동반한다. 소아기 신증후군은 만성질환의 하나로 질환의 증상을 조절하고 신장에서 단백이 빠져나가는 것을 조절하는 것이 치료의 목적이다.

신증후군을 가진 학생은 활동에 큰 제한은 없으나 또래와 달리 식습관과 운동 처방 등의 관리가 필요하다. 신장에서 단백이 빠져나가는 것을 조절하기 위해 스테로이드제를 사용하게 되는데, 스테로이드제를 복용하게 되면 면역력이 떨어지기 때문에 수

두와 같은 전염병을 조심하고 사람이 많은 곳의 외출을 삼가는 등의 관리가 필요하다.

대부분은 장기적인 예후가 좋은 편이며, 85~90%는 청소년기가 되면 호전된다. 그러나 신증후군 중 국소 분절 사구체 경화증(focal segmental glomerulosclerosis: FSGS)은 스테로이드 저항성을 보이며, 만성 콩팥병으로 진행되는 경우가 많다(가토 다다아키, 니시마키 겐고, 하라다 쇼헤이, 2010).

3) 진단과 치료

(1) 초기 증상

만성 콩팥병은 병이 상당히 진행되어도 자각 증상이 없는 경우가 많다. 전신 쇠약, 빈혈, 다뇨증 등의 자각증상이 나타나서 전문의를 찾았을 때는 신장 기능이 상당히 저하되어서 약물요법이나 식이요법만으로는 치료할 수 없고 투석요법 같은 신 대체요법이 필요하게 된다.

만성 콩팥병의 증상은 두통, 피로감, 불면증, 요독성 악취, 딸꾹질, 가려움증, 오심, 구토, 식욕부진, 부종, 소변량의 감소, 근육 경련, 근력 약화 등이다. 검사에서 전해질 이상, 고혈압, 폐부종, 빈혈 등이 발견될 수 있다. 처음 증상은 학교에서 실시하는 소변 검사에서 이상이 있어서 발견되거나 일상생활 속에서 증상을 발견하기도 한다. 다음과 같은 증상으로 신장질환을 의심해 볼 수 있다(대한신장학회, 대한소아신장학회, 보건복지부, 질병관리본부, 2013).

- 소변에 단백이나 피가 섞여 나올 경우
- 몸이 붓거나 소변 보는 횟수가 줄어든 경우
- 선천적으로 발견된 수신증이나 신장 요로계의 기형이 있을 때
- 요로감염이 있는 경우
- 급격하거나 만성의 신기능 장애가 있을 때

(2) 식이요법과 약물요법

치료는 원인질환에 대한 치료와 함께 증상 및 합병증에 대해 치료를 하게 된다. 만성 콩팥병은 신장 기능이 오랜 시간에 걸쳐 서서히 나빠져서 원래 상태로 호전되지 않으므로, 식이요법과 보존적 약물치료로 신장 기능이 저하되는 속도를 최소화하는 데

초점을 둔다.

① 식이요법

식이요법을 통해 만성 콩팥병을 고칠 수는 없다. 그러나 식이요법을 통해 신장 기능의 악화를 막을 수 있으며 요독증으로 인한 증상 악화를 방지할 수 있다. 특히 염분을 적게 섭취하고 단백질 섭취를 줄이는 것이 도움이 된다. 단백질을 과량 섭취하면 신장에 부담을 주게 되어 신장 기능의 악화가 빨라진다. 그러므로 투석이나 이식 전에는 1일 단백질 섭취량을 체중 1kg당 0.6g 정도로 제한하는 저단백식이를 하되, 양질의 단백질을 섭취한다(대한신장학회 외, 2013). 만성 콩팥병 아동은 정기적으로 영양상태와 성장을 평가하고 전문적인 영양 상담을 받아야 한다. 유아의 경우 신장과 체중, 신체질량지수(body mass index), 머리둘레(3세 이하일 경우) 등을 측정하여 성장 속도를 보면서 에너지 공급이 충분하게 이루어지도록 관리한다(이주훈, 2009).

② 수분과 전해질 관리

다뇨가 있는 만성 콩팥병 아동은 수분과 염분을 적절하게 보충해 주어야 한다. 고혈압이 있는 아동은 염분과 수분을 제한하고, 소변 감소증 또는 소변을 보지 않는 아동은 수분을 제한해야 한다.

③ 고혈압 관리

만성 콩팥병 아동에게는 고혈압이 흔하게 동반될 수 있다. 소아기부터 장기간 고혈압이 지속할 경우 심혈관질환 등의 합병증이 생길 위험성이 높아지므로 정상 범위의 혈압관리가 필요하다(가토 다다아키, 니시마키 겐고, 하라다 쇼헤이, 2010).

④ 성장 지연의 관리

대사성 산증과 영양 섭취의 부족, 신장 골형성 장애 등의 원인에 의해서 성장이 지연된다. 단백질과 열량을 충분히 섭취하여 권장량을 충족시킬 수 있도록 한다.

⑤ 약물요법

약물치료는 혈압을 조절하고, 원인질환을 치료하기 위한 기본적인 치료 방법이다. 남아 있는 신장 기능의 정도와 원인은 개인에 따라 다르므로 증상에 따른 약물치료가 이루어진다. 만성 콩팥병은 심장, 혈관, 소화기, 뼈, 신경, 혈액 등 신체의 여러 부위에 영향을 줄 수 있으므로, 합병증을 최소화하기 위한 약제를 같이 사용한다.

(3) 신대체요법

신장 기능이 10% 이하가 되면 식이요법, 약물요법만으로는 충분하지가 않기 때문에 신대체요법이 필요하다. 신대체요법이란 신장 기능이 크게 저하되어 수분이나 전해질 균형 등 신체의 평형상태를 유지할 수 없을 정도로 악화되고, 체내에 노폐물이 축적되어 각종 증상이 발생할 때 사용하게 되는 신장을 대체하는 치료법이다. 신대체요법에 사용되는 방법으로는 복막투석, 혈액투석 및 신장 이식 등이 있다. 이 중 복막투석, 혈액투석은 평생 반복하여 시행해야 한다.

① 복막투석

복막투석(peritoneal dialysis)은 복부에 복강으로 이어지는 카테터(도관)를 삽입하고 이를 통해 수분과 노폐물을 제거하는 투석 방법이다([그림 3-2] 참조). 관을 통해 하루에 3~4회 투석액을 주입하고 배액함으로써 체내 노폐물과 수분을 걸러 내는 방법으로 투석 시간은 30~40분 정도 소요된다. 혈액투석과 비교하면 식사나 수분 섭취의 제한은 적은 편이다. 그러나 복막이 도관을 통해 외부와 직접 노출되어 복막염에 걸릴 위험이 커서 청결한 공간에서 실시하는 등 감염 및 청결유지에 주의해야 한다.

어린 아동의 경우에는 집에서 손쉽게 시행할 수 있으며, 식이 제한이 비교적 덜 심

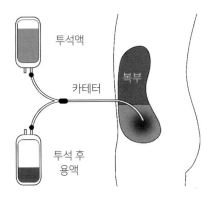

투석액

카테터

복부

투석 후 용액

그림 3-2　복막투석

출처: Daum 검사시술백과(https://100.daum.net/encyclopedia/view/127XXXE000284).

한 복막투석을 혈액투석보다 상대적으로 더 선호하는 편이다. 복막투석은 한 달에 한 번 정도 병원을 방문하여 혈액검사를 하면서 건강상태를 점검받는다.

② 혈액투석

혈액투석(hemodialysis)은 몸 밖에서 혈액을 필터링하는 방법이다([그림 3-3] 참조). 투석장치를 이용하여 혈액 속의 노폐물과 수분을 제거하고 전해질의 균형을 유지한다. 팔의 안쪽에 동맥과 정맥을 연결하여 만든 동정맥루를 시술하여 동맥과 정맥에 각각 바늘을 삽입한 후 투석기에 연결된 투석막을 통해 노폐물과 수분을 제거하는 방법이다. 동정맥루가 없는 경우에는 목 부위의 정맥에 카테터(도관)를 삽입하여 한다. 투석기에 혈액을 통과시켜서 노폐물, 수분, 전해질 등을 제거하고 부족한 성분은 투석액에서 혈액으로 유입되도록 하는 장치이다.

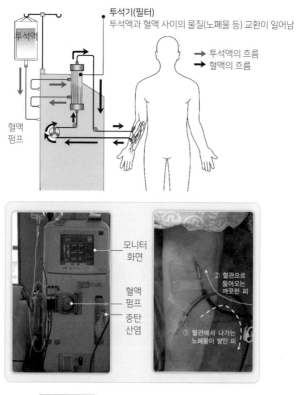

그림 3-3 **혈액 투석과정과 투석 기계**

출처: 질병관리본부 국가건강정보포털 홈페이지(http://health.cdc.go.kr/health/HealthInfoArea/HealthInfo/View.do?idx=1740&page=1&sortType=date&dept=&category_code=&category=1&searchField=titleAndSummary&searchWord=%EC%8B%A0%EC%9E%A5&dateSelect=1&fromDate=&toDate=).

혈액투석은 정해진 일정에 따라 주 2~3회 시행한다. 투석을 간헐적으로 진행하므로 복막투석보다 식이요법을 철저히 지켜야 한다. 식이를 제대로 조절하지 못한 경우에는 체내에 수분이 과도하게 증가하여 심장과 폐에 합병증이 발생할 수 있으므로, 질병에 대한 자기관리 교육이 필요하다. 콩팥 공여자가 있는 경우에는 투석 대신 이식을 할 수 있으며, 공여자를 기다려야 하는 경우라면 이식을 할 때까지 투석으로 콩팥 기능을 대신한다(대한소아신장학회, http://www.kspn.org).

혈액투석과 복막투석은 모두 신장 기능 대체요법이다. 혈액 안에 쌓인 노폐물을 제거하고 과도한 수분을 제거하는 방법으로 두 방법에 대한 비교는 〈표 3-1〉과 같다.

표 3-1 혈액투석과 복막투석 비교

구분	혈액투석	복막투석
수술 (통로)	• 투석을 시작하기 전에 팔에 혈관 장치인 동정맥루를 만들어야 함 • 동정맥루가 준비되지 않은 상태에서 응급으로 혈액투석을 하려면 목이나 어깨의 정맥에 플라스틱관을 삽입해야 함	• 복막투석 도관을 복강 내에 삽입하는 수술을 함 • 이 도관은 영구적으로 복강 내에 남아 있음
방법	• 인근 혈액투석실(병·의원)에서 보통 일주일에 3회, 매회당 4~5시간 동안 시행	• 집이나 회사에서 투석액을 교환함 • 대부분 하루에 3~4회, 6~8시간마다 교환함 • 새로운 투석액을 복강 내에 주입 • 약 6시간 후에 투석액을 빼고 새 투석액으로 교환(이 교환과정은 30~40분 정도 걸림)
장점	• 병원에서 의료진이 치료해 줌 • 자기관리가 어려운 노인이나 거동이 불편한 사람에게 가능함 • 주 2~4회 치료 • 동정맥루로 투석을 하는 경우, 통목욕이 가능함	• 주삿바늘에 찔리는 불안감이 없음 • 한 달에 1회만 병원 방문 • 혈액투석보다 신체적 부담이 적고 혈압 조절이 잘됨 • 식사 제한이 적음 • 교환 장소만 허락되면 일과 여행이 자유로움
단점	• 주 2~3회 투석실에 가야 하므로 수업이나 직장생활에 지장을 줌 • 식이나 수분의 제한이 심함 • 빈혈이 좀 더 잘 발생함 • 쌓였던 노폐물을 단시간에 빼내므로 피로나 허약감을 느낄 수 있음	• 하루 4회 청결한 환경에서 투석액을 갈아 주어야 하는 번거로움이 있음 • 복막염이 생길 수 있음 • 복막투석 도관이 몸에 있어 불편함 • 간단한 샤워만 가능하며, 통목욕은 불가능함

출처: 질병관리본부 국가건강정보포털 홈페이지(http://health.cdc.go.kr/health/HealthInfoArea/HealthInfo/View.do?idx=3280).

③ 신장 이식

신장 이식(kidney transplant)은 건강한 신장을 체내에 이식하는 외과적 수술이다. 만성 콩팥병의 근본 해결책은 병든 신장을 제거하고 건강한 신장을 이식받는 것이다. 하지만 이식 후에도 이식받은 신장의 기능이 떨어지면 다른 신장으로 교체해야 한다. 신장 이식을 받은 아동은 보통 평생에 걸쳐 2~3회의 신장 이식을 받아야 한다. 우리나라에서는 신장 이식을 받은 아동의 10년 생존율이 90%로 나타났다(서울대학교병원 모바일 홈페이지 기사, 2015. 2. 24.). 소아기의 만성 콩팥병은 정상적인 성장과 발육 및 생식능력을 저하하므로 조기에 신장 이식을 시도하는 것이 바람직하다. 골 연령이 12세가 지나서 이식할 때는 성장이 저조하므로 정상적인 성장을 위해서는 발육의 가능성이 충분한 어린 시기에 할 것을 권장한다. 6세 이전에 신장 이식을 받으면 거의 정상적인 성장이 가능하다. 신장 이식은 신장의 모든 기능을 대치할 수 있다는 점에서 가장 이상적인 치료법이지만 적합한 신장 공여자가 제한되어 있어 필요한 모든 사람이 이식을 받을 수는 없다.

(4) 치료의 부작용

신증후군과 같은 부신피질 스테로이드제를 사용하여 치료하는 학생의 경우 약의 부작용이 문제가 된다. 스테로이드는 단백질이 빠져나가는 것을 막아 주는 도움을 주지만 부작용이 있다. 그러나 부작용이 있다고 약을 마음대로 줄이거나 갑자기 끊어서는 안 되며, 의사의 처방에 엄격히 따라야 한다(서울대학교병원 의학백과사전). 나타날 수 있는 부작용과 그에 따른 대처는 다음과 같다(서울대학교병원 의학백과사전).

- **면역력 저하**: 양치질, 손 씻기 등의 예방 대책 지도가 필요함
- **혈압상승**: 고혈압이 흔하게 동반될 수 있음. 장시간 고혈압이 지속할 경우 심혈관 질환 등의 합병증이 생길 위험성이 높아짐
- **비만 체형, 외모의 변화**: 얼굴이 붓거나 복부 비만, 튼 살이 생기고, 전신의 털이 짙어짐
- **저신장**: 대사성 산증과 영양 섭취의 부족, 신장 골 형성 장애 등의 원인에 의해서 성장이 지연됨
- **골다공증**: 장기간 복용할 경우 골다공증이 동반될 수 있으므로 골밀도 검사가 필요함

- **빈혈**: 신장에서 생성되어야 할 적혈구 생성 촉진 인자의 부족에 의해 빈혈이 생김
- **식욕증가 및 위장장애**: 음식을 과량 섭취할 수 있으므로 식이조절이 필요함
- **백내장**: 3개월 이상 스테로이드 사용 시 안과 검진이 필요함
- 기타 불규칙한 월경주기, 과다행동, 감정 기복

4) 교육지원

(1) 신장장애 학생과 부모의 이야기

신장장애 학생과 부모가 말하는 신장장애에 대한 경험은 다음과 같다.

- "갑자기 건강이 안 좋아져서 15일 넘게 결석한 적도 있어요."
- "병원에 가기 위해 일주일에 두세 번 정도 조퇴해요. 그래서 일주일에 두 번은 오후 수업을 못 해요. 오후 시간에 시간표가 있는 과목은 수업을 거의 듣지 못하죠."
- "수업 말고는 학교 활동은 거의 다 빠져요. 수련회 활동 같은 것도 빠지고, 현장학습은 하루 일정이니까 몸상태 봐서 가기도 하고. 체육대회도 빠지고, 어울림마당이라는 행사도 빠지고, 축제도 빠지고."
- "체육은 전혀 못 해요. 건강이 안 좋은 애들은 성격 자체도 소극적으로 되고 말아요. 스스로 그렇게 돼요. 체육 시간에 나가서 운동장이라도 돌아도 되는데, 다른 학생들은 다 뛰는데 자기는 못 뛰니까 아예 교실에 있는 거죠. 자신도 수업에 참여할 방법을 못 찾는 거예요."
- "제일 걱정되는 게 우리 아이는 단짝 친구가 없다는 거예요. 우리 애는 '단짝' 하면 딱 떠오르는 얼굴이 없다는 것 그게 가장 속상해요."
- "모든 활동의 참여도가 떨어져요. 투석 때문에 학교에 가지 못하는 날이 많아요. 치료가 중요해서 학습은 뒷전일 수밖에 없죠. 예민해지고 집중력도 떨어져요. 그러다 보니 성적도 떨어지죠. 모든 수업 내용을 이해하는 데 힘들어해요. 뭘 하든 속도도 느리고요."

(2) 학교에서의 건강관리

만성 콩팥병 학생들은 생애주기에 걸쳐 지속적으로 자신의 건강관리에 책임을 지고 참여해야 한다. 이를 위한 체계적인 건강관리 교육이 필요하다. 대부분의 만성 콩팥병

은 합병증을 관리하기 위해 지켜야 할 생활 수칙들이 많다. 이로 인해 학교 및 일상생활에서 제한이 많다. 수분 및 염분 조절 등의 식이조절을 하며, 규칙적으로 약물을 복용하고, 정기적인 검사 일정도 지켜야 한다. 또한 치료 기간이 장기화되기 때문에 생활 수칙을 잘 지킨다 하더라도 자신의 역할에 대해 위축되며, 합병증이나 질병의 예후 등의 문제로 인해 적응의 어려움이 발생한다.

만성 콩팥병은 질병을 가진 학생들에게는 모든 생활을 제한할 만큼의 어려움을 주지만 학교에서는 그 어려움이 겉으로 드러나지 않으며 주변에서 알아차리기 어렵다. 그러므로 본인이 질병을 밝히기 전에는 또래나 교사의 이해와 배려를 받기 어렵다. 자신의 병을 편안하게 밝히고 이야기하게 될 때 학교생활에 더 잘 적응할 수 있다. 질병에 대한 자기 이해와 수용이 이루어지면 건강에 대한 자기관리가 쉬우므로 스스로 병을 밝힐 수 있도록 주변의 수용적 태도와 준비가 필요하다.

청소년기는 발달 특성상 또래로부터 튀어 보이거나 다르게 보이는 것을 싫어한다. 특히 학생들은 아프다는 이유로 교사나 또래들이 과다한 친절을 보이는 것도 불편해할 수 있다(박은혜, 박지연, 노충래, 2005). 가능한 한 또래와 같은 방식으로 대해 주되, 질병으로 인한 한계를 인식하고 도움이 필요할 때 요청할 수 있도록 지도한다.

건강관리 교육은 청소년기 만성질환 학생들에게 매우 중요하다. 투석치료를 받는 청소년에게 질병의 정의, 원인, 임상 사진(clinical picture), 식이 방법, 합병증, 치료, 관리에 관해 교육하는 것은 삶의 질에 대한 인식을 변화시키는 데 효과적이다. 건강관리 교육은 질병에 대한 올바른 의학 지식을 갖게 하여 스스로 질병을 잘 관리할 수 있도록 하므로 삶의 질 향상과 건강의 유지에 매우 중요하다(Elsayed et al., 2012).

(3) 신체 활동 및 참여 수준의 조정

만성 콩팥병을 가진 대부분의 학생은 학교에 다닐 수 있으며, 모든 일상적인 활동을 할 수 있다. 그러나 혈액 투석치료가 필요한 학생은 대개 주 2~3회, 매 4~5시간 동안 투석치료를 하게 되며, 복막투석을 하는 학생은 복막에 시술된 복막관을 통해 하루 3~4회, 6~8시간마다 30~40분 정도 투석액을 교환해야 하므로 생활에 제한이 많다. 잦은 입원과 통원 치료로 결석이나 조퇴를 하게 되므로 교육과정에 따른 학업 수행의 어려움이 있다. 또한 피로하지 않아야 하므로 수업 일정에 모두 참여하지 못하는 경우도 발생한다. 따라서 학업 결손에 대한 부담을 줄일 수 있도록 교사의 적절한 교수적 수정 지원이 필요하다.

만성 콩팥병 학생들은 일상생활에서 피곤하지 않도록 활동량을 조절해 주어야 하므로 학습 및 활동 참여에 관한 조정이 필요하다. 신장의 기능이 계속 약화하여 정상 기능의 20~30% 이하가 되면 신장이 본래의 기능을 다 하지 못하게 된다. 노폐물이 완전히 제거되지 않으며 염분과 수분이 충분히 배설되지 않아 혈액 내의 전해질 균형이 깨져 여러 가지 신체적 증상이 나타난다. 불쾌감과 함께 계속된 피곤함, 무기력증을 느끼게 되며, 손 떨림이나 저림, 두통이나 구토 증상, 빈혈을 보인다. 강도가 높은 움직임, 과격한 신체 활동은 질병과 감염에 대한 저항력을 약화할 수 있다.

특히 과도한 운동은 체력 저하나 정신적 스트레스의 원인이 될 수 있으므로 제한해야 한다. 가벼운 운동에서 강한 운동으로 단계에 따라 변화시켜 가며 운동하도록 한다. 적당한 운동은 땀을 흘려서 과잉된 수분을 조절하고 피부를 통해서 독소를 내보내는 데 도움을 준다. 걷기나 근력 운동 등 규칙적인 운동은 뼈를 튼튼하게 하고 하지불안증후군이나 다른 신경계통의 문제를 해소할 수 있으며 신체 기능과 삶의 질을 향상할 수 있다. 그러므로 체육 시간에 무조건 배제하기보다는 학생의 상태를 고려하여 참여시킨다. 적정 수준의 참여 정도를 결정하기 위해서는 학생과 부모, 전문가와 상의해야 한다. 단, 부신피질 스테로이드제의 부작용인 골다공증의 우려가 있는 경우에는 신체 부위를 격렬하게 부딪치는 운동은 피해야 한다(가토 다다아키, 니시마키 겐고, 하라다 쇼헤이, 2010).

부신피질 스테로이드제를 장기간 복용하는 학생은 세균이나 바이러스 등에 감염되기 쉽고, 혈액 중 나트륨과 칼륨 등의 전해질의 균형이 무너지거나 혈압 조절에 이상이 발생하기 쉽다. 따라서 학교에서 학생의 신체상태가 좋지 않을 때는 안정을 취하게 한 뒤 체온과 혈압을 측정하고 신속하게 보호자나 주치의에게 연락을 취한다(가토 다다아키, 니시마키 겐고, 하라다 쇼헤이, 2010).

(4) 정서적 지원

만성 콩팥병을 가진 학생들의 사회정서적 적응의 어려움은 매우 다양하다.

첫째, 어려움의 많은 부분은 약물의 부작용으로 인해 나타난다. 스테로이드제의 약물은 외모의 변화와 성장과 발달에 부정적 영향을 미친다. 스테로이드제의 대표적인 부작용은 얼굴이 둥그렇게 변하며, 복부의 체중 증가로 비만 체형이 되며, 몸 전체의 털이 짙은 색으로 변하는 것이다. 약물의 부작용은 신체적 미성숙 외에도 우울증, 수면장애, 백내장, 골다공증, 작은 키 등 여러 문제를 일으킨다.

둘째, 장기간에 걸친 투석치료 과정은 정서적 · 심리적 스트레스를 높인다. 일주일에 적어도 두세 번 수행해야 하는 혈액투석은 신체적 피로와 집중력 부족으로 이어지고 학교 출석과 성적에 부정적 영향을 미친다. 신장질환은 자기 이미지(self image)와 또래 및 가족과의 관계에 영향을 미치고 신체적 · 심리적 문제를 유발한다. 청소년기 학생은 인공적인 방법에 따라 생명을 연장하고 있다는 점으로 인해 우울 및 자살 기도, 불안, 공포, 강박적 사고와 신체개념의 왜곡 등의 부정적 정서 반응을 나타낸다.

교사는 치료과정에서 어려움을 겪고 있는 학생들의 변화에 관심을 가지고 적절한 심리적 지원을 제공해 주어야 한다. 학생들에게 질병으로 인해 생기는 어려움을 혼자서 겪지 않고 표출할 수 있도록 기회를 제공한다. 신장장애가 있는 다른 청소년들과 만날 수 있도록 신장협회 등을 통해 모임을 갖게 하는 것도 도움이 된다. 교사는 학생과 대화하여 학교생활 전반에 필요한 도움이 무엇인지를 찾는다. 예를 들어, 투석으로 인해 커진 혈관 때문에 반소매 옷을 피한다면 교칙에 어긋나더라도 긴소매 교복을 입도록 허용한다.

연령에 적합한 건강관리 교육이 학생들을 정서적 안정을 도울 수 있다. 선행연구들은 혈액투석 중 정서적 지원과 교육이 학생의 불안과 스트레스 수준을 감소시킬 수 있으며 자존심을 향상할 수 있다고 설명한다. 질병의 본질과 관리 방법을 더 잘 이해하면 심리적 상태를 개선하고 스트레스를 감소시켜 결국 학생의 삶의 질을 향상할 수 있다(Elsayed et al., 2012). 만성 콩팥병 학생들의 예후 및 삶의 질은 질병 조절로 인한 의학적 상태에 영향을 받는다. 최적의 치료로 신체적 · 정신적 · 사회적 상태를 안전하게 느끼고 정상적인 생활과 활동을 즐기게 될 때 삶의 질을 높일 수 있다.

(5) 학교에서의 식사지도

만성 콩팥병을 가진 학생들은 생활 속에서 지켜야 할 생활 수칙들이 많다. 의학적으로 지켜야 할 생활 수칙은 병원에서 진단 시 안내를 받기 때문에 학생과 부모가 숙지하고 있다. 다뇨가 있는 만성 신질환 학생은 수분과 염분을 적절하게 보충해야 하며, 고혈압이 있는 학생은 염분과 수분을 제한해야 한다. 칼륨 소실형 만성 신질환 학생은 칼륨을 보충해야 하고, 고칼륨혈증의 위험성이 있는 학생은 칼륨 섭취를 제한해야 한다(이주훈, 2009).

대부분의 만성 사구체신염이 있는 학생은 학교 급식을 먹어도 문제는 없다. 그러나 신기능에 이상이 있는 경우에는 주치의 식사지도에 따라 도시락을 지참해야 한다(가토 다다아키, 니시마키 겐고, 하라다 쇼헤이, 2010). 학생들은 가정 밖에서도 식사할 기회가 있으므로 학교에서의 급식, 간식 등 집 밖에서 음식을 섭취하게 될 때 스스로 관리할 수 있도록 주변에서의 인식과 지도가 필요하다. 일반적으로 알려진 만성 콩팥병의 식생활 관리 방법은 다음과 같다(대한신장학회 외, 2013).

- 음식은 싱겁게 먹고 단백질 섭취는 될 수 있는 대로 줄인다. 지나친 염분의 섭취는 체액을 증가시켜서 혈압을 높이는 원인이 된다. 신장에 문제가 있는 경우 양념 소금이나 음식에 포함된 모든 형태의 소금 섭취를 제한해야 하며, 콩팥의 기능에 따라 단백질 섭취량을 조절해야 한다.
- 콩팥의 기능이 저하된 만성 콩팥병을 가진 경우 칼륨 배설능력이 떨어져 있으므로 과일이나 채소의 섭취량을 조절해야 한다. 지나친 칼륨 섭취는 고칼륨혈증을 유발하여 근육 쇠약, 부정맥, 심장마비 등을 일으킬 수도 있다. 칼륨, 일명 포타슘(potassium)의 함유가 높은 오렌지 주스, 바나나, 토마토케첩, 건포도, 멜론 등은 피하는 것이 좋다.
- 콩팥의 기능에 따라 수분 섭취량을 조절해야 한다. 만성 콩팥병이 있는 경우 지나친 수분 섭취는 체액을 증가시키므로 혈압을 높이는 원인이 된다. 또한 물을 너무 많이 마실 때 저나트륨혈증이 발생해 의식장애를 일으킬 수 있으므로 수분을 적절히 섭취한다. 특히 학교에서 음료수를 과다하게 마시는 것은 피해야 한다.

신장장애에 관한 정보는 관련 사이트를 찾아보기 바란다.

- 대한소아신장학회(http://www.kspn.org)
- 대한신장학회(http://www.ksn.or.kr)
- 대한신장학회에서 운영하는 "건강을 위한 투석 지기": 투석에 대한 교육, 온라인 상담실 운영, 자신의 신기능 확인
- 한국신장장애인협회(http://www.koreakidney.or.kr): 신장장애인 의료, 복지 정보, 장애 복지 정보, 취업 정보
- 한국다낭신환우회의 다낭사랑(http://www.pkdkorea.co.kr)

2. 심장장애

어린이 심장병은 종류에 따라 증상이 다양하며 관리의 방향에도 많은 차이가 있다. 따라서 어떤 종류의 심장병이며 어느 정도인가를 올바르게 진단하는 것이 중요하다. 태어날 때부터 심장이나 폐동맥, 대동맥 같은 큰 혈관의 모양이 정상과 다른 선천성 기형이 가장 많은 부분을 차지한다. 심장장애는 20세 이하의 아동에서 두 번째로 유병률이 높은 만성질환이다. 전체 선천성 심장질환 원인의 약 16%는 염색체 이상과 유전자 결함, 나머지 약 83%는 임신 중 질병 및 임신 초기 모체 감염, 다인자 유전 등의 유전-환경 상호작용으로 보고 있으나 많은 경우가 원인이 분명하지 않다(한국심장재단, 2018). 선천성 심장질환의 대부분이 수술로 교정할 수 있고, 경증이면 비수술적 치료로 고칠 수도 있다. 이 장에서는 심장장애의 개념과 종류, 특성을 살펴보고 교육지원 방안을 다루고자 한다.

1) 개념

심장은 보통 주먹만 하고, 크기는 약 12cm이며, 무게는 300g 정도이다. 심장은 심내막, 심근, 심외막 등 3층의 벽으로 구성되어 있으며, 중격에 의해 좌우로 나누어지고 2개의 방과 2개의 실로 되어 있다. 심장의 각 방과 실은 인체의 혈액순환에 아주 중요한 역할을 한다. 각각의 방과 실을 연결하는 곳은 혈액이 거꾸로 흐르지 않도록 여닫는 문의 역할을 하는 판막이 있다([그림 3-4] 참조).

심장은 몸에서 혈액순환을 담당하는 기관이다. 심장은 혈액 공급이 필요한 전신의 장기에 혈액을 규칙적으로 보내 주는 역할을 한다. 심장박동은 성인의 경우 분당 평균 60~70회를 뛰며, 운동을 하거나 격렬할 때는 더 빨라지고 평상시보다 8배나 많은 혈액이 순환된다. 심장이 펌프질을 하는 이유는 우리 몸 구석구석에 혈액을 공급하기 위해서이다. 심장이 수축, 이완할 때의 압력에 의해 혈액이 혈관을 따라 움직이게 되는데, 1분에 5*l*의 혈액을 뿜어내고 운동을 할 때는 최대 30*l*까지 방출된다. 심장은 수축할 때 심실의 혈액이 동맥을 통해 심장 밖으로 나가고, 심장이 이완될 때 정맥을 통해 혈액이 심방으로 들어오게 되며, 이러한 과정을 평생 쉬지 않고 한다.

심장장애(cardiac conditions)란 관상동맥 질환인 협심증, 심근경색, 심부전, 선천성

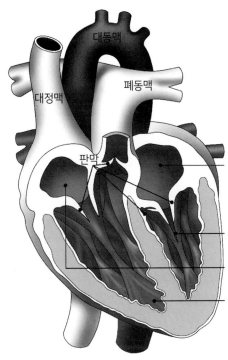

폐정맥

좌심방: 폐를 지나온 산소가 풍부한 혈액이 폐정맥을 통해 들어온다. 수축하여 혈액을 좌심실로 보낸다.

판막: 심방과 심실 사이, 심실과 동맥 사이에서 혈액이 거꾸로 흐르지 않도록 한다.

좌심실: 좌심방으로부터 혈액이 흘러들면 수축이 일어나 대동맥을 통해 온몸으로 혈액을 내보낸다.

우심방: 온몸의 조직세포로부터 이산화탄소와 노폐물을 운반해 온 혈액이 대정맥을 통해 들어온다.

우심실: 우심방으로부터 혈액이 흘러들면 수축이 일어나 폐동맥을 통해 폐로 혈액을 내보낸다.

그림 3-4　심장의 구조

심장기형, 심장판막증, 부정맥 등으로 심장이 더는 정상적인 기능을 하지 못하는 상태를 말한다. 「장애인복지법 시행령」 제2조 제1항에서는 심장장애인을 심장의 기능부전으로 인하여 일상생활 정도의 활동에도 호흡곤란 등의 장애가 있어 일상생활 활동에 현저한 제한을 받는 사람으로 정의하고 있다.

2) 종류와 특성

(1) 선천성 심장병

선천성 심장병(congenital heart disease)은 출생 시에 알 수 없는 원인으로 심장의 발육이 늦거나 기형 및 기능 장애가 나타나는 것을 말한다. 임신 중 태아의 심장이 발달하는 시기에 이상이 생기는 것으로 태아기에 진단되기도 하고, 출생 후 수년 후에 진단되는 예도 있다.

심장은 임신 2~3개월경에 형태가 갖추어지는데, 이때 어떤 원인에 의해 심장에 기형이 생긴다. 좌우 쪽 벽이 완전히 막혀야 하는데 그것이 완전히 막히지 않아 구멍이 생기기도 하고 혈관이 좁아지거나 막히는 등 여러 가지 기형이 생길 수 있다. 구멍의 위치, 크기, 혈관의 형태에 따라 병의 종류, 증상, 심한 정도가 다르다.

선천성 심장병은 가벼운 경우에는 아무런 증상이 나타나지 않으며 다른 진료로 인해 우연히 발견되기도 한다. 그러나 중등도 이상의 심장병에서는 숨이 차거나 호흡기 감염에 자주 걸리며, 가슴이 두근거리고, 식은땀을 흘리는 등의 특성을 보인다. 심하면 움직이지 않을 때도 숨이 차거나 신체적 활동이 불가능한 때도 있다.

선천성 심장병은 일부 유전적인 경우나 바이러스 감염, 약물에 의한 특수한 예를 제외하고는 대부분은 뚜렷한 원인을 찾을 수 없다. 선천성 심장병 중 유전적 원인에 의한 것으로 알려진 경우는 약 8% 정도이다. 대부분은 정확한 인과관계를 밝히기 어렵다. 대개는 유전적 경향과 환경 요인의 상호작용으로 보고 있다. 태아기의 임신 초기에 이루어지는 심장 발생의 시기 동안 기형들이 발생하는데, 그 원인을 추정할 수 있는 경우는 약 15% 정도에 불과하다. 대부분은 원인을 알 수 없다(서울특별시교육연구정보원, 2006).

알려진 바에 의하면 다운 증후군 등의 염색체 이상을 가진 아동에게 선천성 심질환이 발생할 확률이 높으며, 당뇨병, 전신성 홍반성 낭창(systemic lupus erythematosus), 페닐케톤뇨증(phenylketonuria: PKU) 등 모체의 질환과도 관계가 있다. 임신 중 저산소혈증이나 풍진과 같은 모체의 바이러스성 질환, 지나친 음주 또는 흡연을 한 경우 태아의 심장 이상을 초래할 가능성이 있다. 그 밖에 산모가 항경련제나 스테로이드 등의 약물을 복용한 때도 심장 이상을 초래할 수 있다. 마르판 증후군(Marfan syndrome), 결절성 경화증(tuberous sclerosis) 등의 심질환이 자주 동반되는 유전성 질환이 원인으로 작용할 수도 있고 가족력과도 관련이 있다(서울특별시교육연구정보원, 2006).

선천성 심장병은 혈액순환의 장애나 심장 음의 이상이 두드러지며, 호흡장애나 부종이 나타날 수도 있지만, 자각 증상은 거의 없다. 간혹 학교의 집단검진에서 발견되기도 한다. 발육지연에 의한 것은 발육과정에서 고칠 수도 있으며, 증세와 경과는 개인차가 크다. 일부는 외과적 처치의 대상이 된다(서울아산병원 질환백과).

선천성 심장병은 태어날 때부터 병으로 인해 정상적인 신체 발달이 지체되며, 잦은 호흡기질환 등 건강상태를 취약하게 만든다. 이로 인해 일상적인 학교생활을 하는 데 많은 어려움을 갖는다. 등·하교, 체육 수업, 이동 수업 등 학교에서의 활동에 제약이 되며, 신체적인 참여 제한으로 인해 수동적 또래관계, 학습 수행의 어려움 등을 유발할 수 있다.

(2) 류머티즘성 심장병

류머티즘성 열의 후유증으로 생기는 심장병이다. 심장의 판막이 침범되어 협착으로 인해 혈액이 통하기 어렵거나 역류를 일으키게 되는데, 이로 인해 충분한 혈액을 보낼 수 없게 되어 생기는 질환이다. 류머티즘성 심장병은 연쇄상구균 감염으로 인한 인두염을 치료하지 않았을 때 발생하는 질환으로 연쇄상구균 감염 후에 생기는 일종의 후유증이다. 심장, 관절, 중추신경계, 피하 조직을 침범하는 염증성 질환이며, 우리나라에서는 1980년대 이후 현저히 감소하는 경향을 보인다. 류머티즘성 심장병은 증세가 가벼운 경우에는 수술이나 운동 제한이 필요하지 않지만, 증세가 심하면 수술과 운동 제한이 필요하다. 류머티즘성 열이 한번 걸린 아동이 재발하면 판막의 이상이 악화되므로 재발을 막기 위해서 장기간 페니실린 주사를 맞아야 한다. 증상이 심하거나 합병된 경우에는 인공판막술이 필요하다.

(3) 심근병증

심근병증은 심장이 적절한 양의 혈액을 방출하지 못하여 신체의 대사성 수요를 충족시키지 못하는 상태를 말한다. 이러한 심장에 심장 허혈, 감염, 부정맥 등 어떤 이유에서든 이상이 오면 심장의 펌프 기능이 제대로 작동하지 못하게 되고, 우리 몸의 여러 곳에서 필요로 하는 피를 제때 보낼 수 없게 된다. 이로 인해 각 기관의 기능 이상 및 전신 쇠약, 산소공급의 부족, 대사 이상 등이 나타난다.

심근병증은 심장의 근육이 침범당하는 병으로 원인은 확실치 않다. 어린이 돌연사의 원인이 되기도 한다. 주요 증상은 빠른 맥박, 빠른 호흡, 심 비대 및 체중 증가 부진, 운동 시 호흡곤란, 발한, 피로감 등이다(서울아산병원 질환백과).

(4) 부정맥

부정맥은 심장의 박동이 고르지 않고 불규칙하게 뛰는 상태로 맥박의 리듬이 빨라졌다가 늦어졌다가 하는 불규칙한 상태를 말한다. 아동들에게 특히 많이 나타나는 것은 호흡성 부정맥이며, 이러한 증상은 건강한 아동에게도 나타나며, 크게 문제가 되지는 않는다. 그러나 어떤 경우에는 심장이 갑자기 빨리 뛰기 시작하여 1분 동안에 200번 이상 뛰기도 하는데, 이러한 증상이 오래 지속되면 심부전증으로 발전할 수 있다. 심부전은 여러 원인으로 인해 심장이 신체 조직이나 기관에서 필요한 혈액(특히 산소)을 공급할 수 없는 병리학적 상태를 말한다. 부정맥도 경중에 따라 약물요법, 수술 여부가 결정된다(서울특별시교육연구정보원, 2006).

소아의 심한 발작성 부정맥은 그것이 빠른맥이든 느린맥이든 간에 심박출량의 감소, 실신, 사망을 일으킬 수 있고, 지속적인 빠른맥은 서서히 심장 기능을 저하해 심부전을 일으킨다. 같은 종류의 빠른맥이라도 나이에 따라 증상이 다르게 나타난다. 영유아는 증상이 매우 비특이적이기 때문에 진단이 늦어지는 경우가 많다. 사춘기 전후의 청소년에게는 가슴 두근거림이나 흉통, 실신 등의 증상이 나타난다.

3) 진단과 치료

(1) 검진과 진단

심장장애의 진단은 의사가 심장을 청진함으로써 심장병의 유무를 알 수 있으며 자세한 진단은 심장전문의의 진찰이 필요하다. 흉부 X-ray로 심장의 크기, 모양을 더 자세히 알아볼 수 있다. 심전도 검사는 선천성 심장병과 류머티즘성 심장병뿐만 아니라 부정맥, 전해질 이상, 급성감염성질환을 진단하는 데 도움이 된다. 초음파 검사는 대부분 심장병을 대략 진단할 수 있는데, 환자에게 고통 없이 방사선을 쪼이지 않고 진단할 수 있어 좋은 방법으로 추천된다(서울아산병원 질환백과).

선천성 심장병의 진단 시기는 빠르면 빠를수록 좋다. 아기에게서 선천성 심장병이 의심되면 즉시 소아 심장 전문가에 의한 진찰 및 검사를 통하여 정확한 진단을 받아야 한다. 왜냐하면 증세의 여부와 상관없이 즉각적인 수술이 필요한 때도 있으며, 시기를 놓치면 수술할 수 없어질 수도 있기 때문이다. 특히 신생아나 영유아에게 선천성 심장질환으로 인한 청색증이 나타나면 매우 위험하며, 즉각적인 처치가 필요한 응급상황이 된다. 다운 증후군 아동에게 심장기형이 동반된 경우에는 폐동맥 고혈압이 일찍 생기기 때문에 빠른 진단과 치료가 필요하다. 진단명과 증상이 유사하더라도 개인마다 적절한 수술 시기가 다르므로 조기 진단이 필수이며, 향후 적절한 치료방침을 결정해 두는 것이 안전하다(서울특별시교육연구정보원, 2006).

(2) 수술

모든 심장병이 수술을 필요로 하지는 않는다. 증상이 심하지 않은 비청색증형 선천성 심장병은 약물치료나 수술이 필요 없고 정기적인 검진만 받아도 된다. 그러나 심부전증 등의 증상이 나타나면 강심제, 이뇨제 등의 약물치료가 필요하며, 치료를 통해 증상이 개선되지 않고 발육 불량 등의 증상이 계속되면 수술이 필요하다.

심부전증, 발육부전, 호흡곤란 등의 증상이 없어도 판막 등 주위 조직의 합병증이 동반된 경우나 폐동맥 고혈압, 청색증이 동반된 심장병, 복잡 기형 등에는 반드시 수술이 필요하다. 특히 청색증형의 선천성 심질환을 가진 영유아는 대부분 조기수술이 필요하다.

선천성 심장병 중 가장 흔한 심실중격 결손(ventricular septal defect)이나 심방중격 결손(atrial septal defect) 등은 그 구멍의 크기가 작을 때에는 아무런 증상 없이 일상생활이 가능하며 자연 폐쇄도 가능하다. 이 경우에는 수명에 전혀 지장이 없어 대개는 수술하지 않아도 되지만 증상이 심할 때는 수술이 필요하다. 최근에는 수술하지 않고 도관을 이용해 심실중격 결손 부위를 막아 주는 비수술적 치료가 시도되고 있다. 그러나 비수술적 방법은 시술이 가능한 수가 극히 제한적이며 현재 개발된 기구가 완벽하지 못하여 시술에도 어려움이 있어서 현재로는 이 방법이 수술보다 오히려 위험도가 더 높을 수도 있다(서울아산병원 질환백과).

(3) 영양 및 식이요법

심장장애 아동의 치료는 약물치료, 식이요법, 운동의 조합에 의해서 가장 잘 치료될 수 있다. 운동은 콜레스테롤 수치를 낮추고 심장의 용량을 증가시킨다. 약물치료는 혈압을 낮추기 위한 혈압강하제와 불필요한 수분 배출을 도와주는 이뇨제, 그리고 혈관을 통해 혈액 흐름을 증가시키기 위한 혈관 확장제와 같은 약물을 사용한다. 식이요법은 포화지방 대신에 고도 불포화지방을 섭취하고, 소금 섭취를 줄이고 적당한 체중을 유지하는 것이 필요하다. Kersting과 Schoch(1992)는 기름진 고기와 육류제품을 피하는 것과 당도가 높은 식품을 적게 먹고 곡류, 감자, 채소를 많이 먹는 식이요법 표준을 제안하였다. 심장병이 있는 사람에게는 과체중이 문제가 된다. 비만은 심장의 과부하 상태를 유발한다. 비만도가 높을수록 고혈압이 되기 쉬워서 결국 심장의 작업량을 증가시키고 동맥에 손상을 주게 된다. 콜레스테롤 및 포화지방산의 섭취를 줄이고 운동량을 증가시켜 체중을 감량해야 한다.

4) 교육지원

(1) 심장장애 학생과 부모의 이야기

심장장애 학생과 부모가 말하는 심장장애에 대한 경험은 다음과 같다.

- "애는 아픈 애니까 선입견이 많아요. 어떤 때는 체육수업같이 활동적인 수업은 아예 안 시킨다고 그러더라고요. 그냥 앉아 있으라고만 한대요. 그럴 땐 걱정이 되죠. 어차피 또래들과 같은 사회구성원으로 클 텐데 조금이라도 같이 참여할 수 있게 해 주면 좋을 텐데요."
- "수술받기 전에는 수술이 잘못되면 어쩌나 했는데, 이젠 이 병 자체가 애를 힘들게 하면 어떡하나 하는 걱정이 항상 있죠."
- "남자아이들은 초등학교 고학년부터는 건강하고 힘이 센 것이 또래관계를 좌우하더라고요. 우리 애는 항상 힘이 없고 주눅 들어 있고 하니까 걱정이 돼요."
- "제일 힘든 건 친구관계 같아요. 10시면 무조건 자야 하니까 공부를 많이 못하죠. 학교에서도 오래 있지 못하고 몸이 피곤하거나 병원 가는 날 이런 날은 조퇴하기도 하고 결석도 하게 되고요. 본인 스스로가 몸도 조그맣고 이러니까 공부라도 잘해야지 애들한테 무시를 안 당한다고 생각하는 것 같아요."
- "심장 수술하고 단백뇨가 많이 나와서 한 달 정도 입원하고 또 갑자기 상태가 안 좋아져서 두 달 정도 입원한 적도 있었어요. 학교를 지속해서 다니기가 참 어려워요. 갑자기 악화되기도 하니까요."
- "백혈병이나 암이나 이런 거는 사람들이 많이 알고 있으니까 학교에서도 대충 양해도 해 주고 이해해 주고 있지만, 심장병은 딱 뚜렷하게 나타나는 것도 아니고 오늘내일 죽을병도 아니고 그렇다고 해서 나을 수 있는 병도 아니니까 아이도 심리적으로 갈등을 많이 겪는 거 같아요."

(2) 학교에서의 건강관리

일반적으로 모든 아동에게 고열은 위험을 나타내는 신호이다. 선천성 심장병을 가진 학생들에게 고열은 위험하다. 수술이 필요하지 않은 대부분의 심장병을 가진 학생은 또래와 특별하게 다른 것은 없으나 심장병으로 인하여 증상이 있거나 수술이 필요할 정도의 심각한 경우에는 고열을 잘 견디지 못한다. 특히 평소에 청색증이나 심부전증이 있다면 그 증상이 더욱 심해질 수 있다.

고열 외에도 기침, 발열, 가래, 호흡곤란, 피곤함 등의 감기 증상은 단순한 감기일 수도 있으나 좀 더 심각한 문제의 초기 증상일 수도 있다. 특히 어린 아동일 경우 자각 증상을 정확하게 표현하지 못하기 때문에 교사는 이러한 증상을 관찰하게 된다면 보건교육실과 학부모에게 신속히 알리고 전문의의 진찰을 받도록 안내해야 한다.

선천성 심장병의 거의 모든 종류와 류머티즘성 심장병과 같은 후천성 심장 판막질환이 있는 학생은 혈류에 균이 들어가게 되면 위험한 합병증인 심내막염(endocarditis)이 생길 수 있으므로 주의가 필요하다. 심내막염의 원인균은 치아를 통해 혈류로 들어가게 되므로 평소에 충치를 예방해야 한다. 정규적인 치아검진과 불소 처치와 같은 효과적인 충치 예방으로 심내막염의 위험으로부터 관리가 필요하다.

(3) 신체 활동 및 참여 수준의 조정

심장질환을 가지고 있는 학생들 대부분은 학교생활을 할 수 있으며, 모든 일상적인 활동에 참여할 수 있다. 그러나 청색증이 심한 학생은 추위에 잘 적응하지 못하므로 추운 날씨에 야외나 운동장에서 이루어지는 수업 활동은 특별한 조치가 필요하다.

개인적인 건강상태에 따라 호흡곤란이 심한 학생은 정규 수업 중이라도 힘들어하면 휴식을 취하게 한다. 학생들은 일반적으로 본인의 신체적 한계를 잘 알고 있으므로 학생과 대화하여 체력을 고려한 참여 수준을 정한다. 그러나 모든 학생이 체육 수업이나 신체 활동을 하지 못하는 것은 아니다. 힘든 운동을 제외하고 적당량의 운동은 꼭 필요하다. 빠르게 걷기, 가볍게 달리기, 자전거 타기, 수영, 가벼운 등산, 계단 오르기 등의 유산소 운동이 권장된다. 다만 대동맥 협착, 폐동맥 고혈압 또는 비후형 심근병증 등이 있는 학생은 상급학교에 진학해서도 스포츠나 태권도, 유도 및 조정 등은 피하는 것이 바람직하다.

인공심장박동기(pacemaker)를 장착한 학생의 경우에는 타박 등에 의해서 장치가 끊어질 수 있으므로 복부, 흉부에 강한 타박이 예상되는 스포츠에는 참가하지 않도록 지도한다. 부정맥은 자각증상이 없으므로 학생 본인도 알아차리기 어렵고, 주위에서도 이상 징후를 알기 어렵다. 학생이 참여하고 싶어 해도 운동 제한이 필요한 경우에는 엄격히 제한해야 한다. 교사와 또래들도 이러한 상황을 이해하고 배려하며 준수해야 한다(가토 다다아키, 니시마키 겐고, 하라다 쇼헤이, 2010).

심장 수술을 받고 퇴원한 후 2~3개월 정도는 일상생활을 할 수는 있으나 격렬한 운동은 제한해야 한다. 이러한 주의 사항에 대해 담임교사 외에 학교의 모든 교사가 알아야 한다. 그러나 심장 수술을 받은 후에는 많은 경우가 일상생활에 무리 없을 정도로 회복되므로 수술 후에 안정되었을 때에는 일반 학생처럼 대한다. 물론 이러한 조치는 개별학생에 따라 다르므로 부모, 학생과 상담한 후에 수업 참여의 정도, 교육지원의 정도를 결정한다.

☆ 조금 더 자세히!

■ 인공심장박동기

인공심장박동기는 심장의 내부에 전기리듬을 발생시키는 기기로 부정맥을 치료하는 방법에 사용된다. 인공심장박동기는 시술을 통해 상흉부 또는 복부에 이식되어 심장 고유의 활동을 지속해서 감지하여 심장의 수축 활동이 감지되지 않을 때는 전기적인 에너지를 내보내어 심장을 자극해 수축하도록 설계된 특수 장치이다. 이 장치는 박동기와 박동유도 전극 선으로 구성된다. 박동기는 작은 고성능 컴퓨터로 전기회로와 배터리로 구성되어 전기적인 자극을 생성하는 역할을 하고, 박동유도 전극선은 심장에 삽입되어 심장 활동을 감지하여 박동기에서 생성된 에너지를 심장에 전달하는 역할을 한다(고려대학교안산병원).

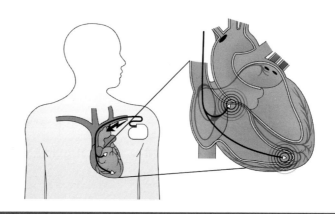

출처: 질병관리본부 국가건강정보포털 홈페이지(http://health.cdc.go.kr/health/HealthInfoArea/HealthInfo/View.do?idx=2230).

---

(4) 정서적 지원

심장 수술을 받은 초등학생 105명을 대상으로 주관적 건강상태를 살펴본 결과 자신의 건강상태가 '나쁨'이라고 응답한 비율은 34.9%로 나타났다. 주관적 행복감에 대해 불행하다고 응답한 비율은 24.0%로 나타났다. 초등학생의 정신건강에 대한 조사에서는 질병으로 인한 스트레스에 대한 인지도는 낮은 비율로 나타났다. 최근 12개월 동안

2주 내내 일상생활을 중단할 정도로 슬프거나 절망감을 느낀 비율은 3.9%로 나타나 이들의 심리적 어려움은 심각한 수준은 아닌 것으로 나타났다. 그러나 경도 또는 중등도의 우울증이라고 의심되는 비율이 5.7%, 주요 우울증으로 진단되는 비율이 6.7%로 나타났다. 심장 수술을 받은 초등학생들은 신체 활동 면에서 달리기에 어려움이 있는 경우가 18.1%였으며, 기분과 정서 면에서 20.9%, 또래관계에 대해서는 11.5%가 어려움이 있는 것으로 나타났다(한국심장재단, 2018).

중·고등학생 총 97명 대상의 삶의 질 조사 결과에서는 초등학생과 달리 자신이 건강상태가 '나쁨'이라고 응답한 비율은 56.7%로 나타났다. 주관적 행복감에 대해 불행하다고 응답한 비율은 24.0%였으며, 중·고등학생의 정신건강 중 스트레스 인지율은 남학생이 70.1%, 여학생이 77.8%로 나타났다. 중·고등학생의 우울증은 초등학생보다 훨씬 높게 나타났으며, 최근 1년 동안 심각하게 자살을 생각한 적이 있다고 응답한 학생도 3.1%로 나타나 매우 심각한 수준임을 알 수 있다(한국심장재단, 2018).

만성질환을 가지고 있는 건강장애 학생들은 의료적 치료와 함께 심리적 두려움을 극복하고 긍정적인 자아 정체감을 형성할 수 있도록 심리적 지원이 필요하다. 심리치료를 통하여 학생의 자존감을 높일 수 있는 방안이 필요하다. 이러한 심리 지원은 심리적 어려움을 자유롭게 표현할 수 있도록 1:1로 운영하는 것이 바람직하며, 학생의 건강상태를 고려하여 병원학교 및 가정에서 이루어질 수 있도록 강사를 파견하여 지원한다.

건강장애 교육의 최종 목표는 학생들의 학교복귀를 도와 건강하게 생활하고 사회에 통합되도록 지원하는 것이다. 교육의 역할은 이들이 낙인되지 않으며 차별받거나 소외되지 않도록 학교와 지역사회 문화를 건강하게 만드는 것이다. 학교 교육과정에 건강장애와 관련한 내용을 포함하여 만성질환을 이해하고 서로의 다양성을 유연하게 수용하도록 교육한다면 심리사회적 문제들을 예방할 수 있다. 교육과정 안에서 교과지도를 통한 심리정서적 지원 사례는 제6장에서 다루고자 한다.

(5) 학교에서의 식사지도

심장병 학생의 식이는 잘 짜인 식단과 식사관리가 필요하다. 필요한 식이요법은 각 가정에서 학부모가 인지하고 있으며 학생들도 교육을 받는다. 다만 학부모에 의해 의뢰된 내용은 학교 급식을 통해 지키도록 하는 협력이 필요하다.

식사지도 방법은 다른 학생들과 같다. 다만 기름기가 많은 식품이나 과다한 열량을 섭취하지 않도록 조절한다. 영유아에게는 정상적인 성장을 위해 지방질이 필요하지만, 청소년기에 접어들면 기본적으로 콜레스테롤 및 포화지방산의 섭취를 줄이고 비만 학생의 경우에는 운동량을 증가시켜 체중을 감량하도록 한다. 너무 많은 식염과 당분은 피한다. 대부분의 간편식은 많은 식염, 당분 및 동물성 지방을 함유하고 있으므로 제한한다. 그 대신 가공되지 않은 곡류로 만든 음식, 채소, 과일, 생선, 기름기 없는 육류와 불포화지방이 많이 든 음식을 섭취하도록 한다. 식사지도 외에도 부정맥을 가진 학생은 꾸준하게 약을 복용하는 것이 중요하므로 잊지 않고 약을 먹도록 지도한다.

✿ 조금 더 자세히!

■ **지방**

지방은 크게 포화지방(saturated fat), 불포화지방(unsaturated fat), 트랜스지방(trans fat) 세 종류로 나눌 수 있다. 포화지방은 몸에 별로 좋지 않은 나쁜 지방으로 육류의 기름덩어리나 우유, 치즈 등의 유제품에 들어 있다. 불포화지방은 몸에 좋은 지방으로 동물성 불포화지방과 식물성 불포화지방으로 나뉜다. 식물성 불포화지방은 콩, 두부, 참기름, 올리브유, 옥수수기름, 해바라기 기름, 견과류(아몬드, 호두, 땅콩, 잣 등)에 함유되어 있다. 동물성 불포화지방은 고등어, 꽁치, 참치, 연어 등 생선에 많이 함유되어 있다. 트랜스지방은 식물성 기름을 가공한 것으로 흔히 튀김기름으로 많이 사용되고 있다.

심장의 건강을 위해 마가린 등의 트랜스지방이나 삼겹살 등의 포화지방을 줄이고, 몸에 유익한 다불포화지방(polyunsaturated fat)이 많이 든 음식을 먹는 바른 식습관을 지도한다.

출처: 대한심부전학회(2020).

(6) 재활 운동과 치료 지원

물리치료과 작업치료는 심장질환에 도움이 될 수 있는 건강한 생활습관 유지 방법과 체력에 적절한 운동에 관한 정보를 제공해 준다. 적당한 운동과 식이요법 등의 자기관리 기술은 선천성 심장병 학생들의 건강한 습관을 키우기 위해 매우 중요하다. 식이요법과 신체 기능을 강화하는 심장 재활 프로그램은 학생들의 스트레스 관리와 건강한 습관을 만드는 데 도움이 된다. 필요에 따라서는 신체 움직임을 최소화하기 위해 전동 휠체어를 이용할 수도 있으며, 생활 속에서 움직임이 제한되는 경우 무거운 물건을 조작하거나, 들어 올리거나, 나르는 데 도움을 줄 수 있는 보조기기를 이용할 수 있다(Bowe, 2000).

심장장애와 관련한 정보는 관련 사이트를 찾아보기 바란다(한국심장재단, http://www.heart.or.kr).

요약

이 장에서는 신장장애, 심장장애의 개념과 종류, 진단과 치료 방법, 교육지원 방안에 관해 살펴보았다. 신장장애와 심장장애는 평생에 걸쳐 지속적인 치료와 건강관리가 필요한 만성적인 질병이다. 청소년기 학생들에게 만성질환은 그 종류와 정도에 상관없이 또래관계와 학교 적응 등 전반적인 생활에 영향을 미친다. 교사는 만성질환에 관한 기본적인 지식을 갖추어야 하며, 질병이 학생에게 미칠 수 있는 영향을 이해하고 학교 교육에서 지원할 수 있는 방안에 대해 적극적으로 준비해야 한다.

이 장에서는 학생들의 어려움을 이해하기 위해 생소하기는 하지만 의학적 원인과 기전, 진단과 치료 방법에 대해 살펴보았다. 학생들은 어린 시절 중대한 수술을 받기도 하고, 매주 병원을 다니며 지속적인 치료와 검사를 받기도 한다. 그 과정에서 치료와 약물로 인한 부작용은 다른 사람들에게는 크게 드러나지 않지만 평생에 걸쳐 학생들을 방해할 수 있다. 또한 정기적인 치료 외에도 생활 속에서 지켜야 하는 식이요법과 약물요법, 진행 정도에 따라 신대체요법이 필요하기도 하다. 학생들은 학업을 지속하면서 동시에 이러한 치료를 받아야 하기 때문에 이들의 교육을 지원하기 위해서는 심리적·정서적 이해와 지원 또한 중요하다. 매우 적은 수이긴 하지만, 신장과 심장 기능의 어려움을 가진 학생들도 학교에서 또래들과 함께 학업을 지속할 수 있도록 교사와 학교의 구성원들은 이들을 지원할 수 있는 역량을 강화해야 한다.

함께 나누는 질문

1. 신장장애, 심장장애에 대해 새롭게 알게 된 지식은 무엇인가요?

2. 소아기 만성 콩팥병이 아동 발달에 미치는 영향은 무엇인가요?

3. 만성 콩팥병 학생의 신체 활동과 참여 수준을 조정하기 위해 고려할 사항은 무엇인가요?

4. 혈액투석과 복막투석의 차이점은 무엇인가요?

5. 부정맥 학생의 체육 활동 참여를 엄격히 제한해야 하는 경우는 어떤 때인가요?

6. 심장질환을 가지고 있는 학생들의 체육 활동 시 주의 사항은 무엇인가요?

7. 신장장애, 심장장애 학생의 정서적 지원 시 강조해야 할 사항은 무엇인가요?

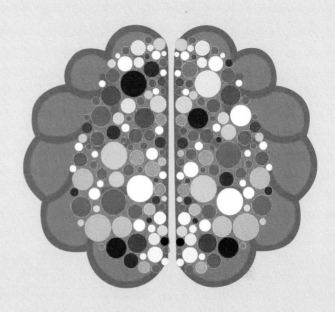

제4장

소아천식의 이해와 교육지원

1. 소아천식의 이해

1) 개념

소아천식(asthma)은 호흡기 증상을 일으키는 알레르기 질환이다. 천식은 아동기에 자주 발생하는 알레르기질환 중 하나로, 식생활이 서구화되고 대기오염이 날로 심각해져 감에 따라 빠른 속도로 증가하는 추세를 보인다. 특히 대도시의 학생들에게 더 많이 발생하는 것으로 알려져 있다(Bowe, 2000). 호흡 기도는 크게 점막과 기관지 평활근이라는 근육으로 이루어져 있다. 점막에서는 많은 분비샘이 있어서 끊임없이 필요한 분비물들을 만들어 내고 있으며, 기관지 평활근이 수축하게 되면 호흡 기도가 좁아진다. 이러한 호흡 기도에 여러 가지 자극으로 인하여 염증 반응이 일어나면, 분비물이 증가하여 기도를 막는다. 이때 점막이 기도 안쪽으로 부어오르면서 기도가 좁아지고, 여기에 기관지 평활근이 수축하면서 기도는 더욱 좁아진다([그림 4-1] 참조). 이런 문제들이 오래 지속하거나 자주 일어나면 기도의 구조도 어느 정도 변화하여 영구적인 문제를 남기기도 한다(대한소아알레르기 호흡기학회, 2008).

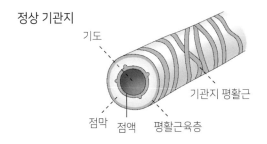

정상 기관지

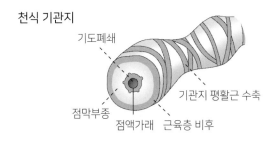

천식 기관지

그림 4-1 **정상인의 기관지와 천식 환자의 기관지**

출처: 대한소아알레르기 호흡기학회(2008), p. 5.

소아천식이란 천식으로 숨 쉴 때 들어오는 여러 가지 자극 물질에 대한 기관지의 과민반응으로 인해 나타나는 소아기 만성질환이다. 호흡의 통로인 기도 점막에 염증이 생겨 부어오르면서 기관지가 좁아지고 기침과 가래로 인해 호흡곤란이 발작적으로 나타난다. 천식은 평소에는 아무 일도 없는 것처럼 증상이 나타나지 않지만, 갑자기 숨이 가빠지거나 약물이 필요한 위급 상황이 되기도 하며 호흡기 증상이 반복적이며 갑작스럽게 나타난다. 일단 호전이 되면 대부분은 거의 정상 상태로 회복되나 반복적으로 자주 재발하는 특징을 가진 호흡기질환이다(박은혜, 김정연, 표윤희, 2018).

소아천식의 특징은 기도의 과민반응과 광범위한 기도폐색 증상으로 설명된다. 과민반응이란 곰팡이나 동물의 비듬, 운동 등의 유발 자극에 대해 매우 쉽게 발현되며, 과다하게 기도가 좁아지는 증상을 말한다. 기도폐색은 기도가 협착되어 숨을 쉴 때 천명이라 불리는 쌕쌕거리는 호흡음, 숨이 차고 가슴이 답답함, 기침 등의 증상이 나타나는

🕮 조금 더 자세히!

■ **천명**

천명(wheezing)이란 기도가 좁아져서 숨을 내쉴 때 쌕쌕거리거나 가랑가랑한 호흡음이 나타나는 것을 말한다. 어떤 원인에 의한 기관지 점막의 부종, 기도 내에 점액, 기관지 평활근의 수축, 외부에서의 기관지 압박 등으로 기도가 부분적으로 막히게 되면 천명음이 들리게 된다.

■ **기침과 가래**

기도의 자극과 분비물의 증가로 인하여 기침이 나오게 되고, 잦은 기침(cough) 때문에 복통이 동반되는 경우가 많다. 특히 천식이 한밤중에 나타나는 경우가 많으므로 잘 자다가 한밤중에 기침으로 깨는 경우도 자주 있다. 기침은 천식 발작이 가라앉아 갈 시기에 더욱 심해지는데, 이것은 이 시기에 가래(sputum)의 점조성이 감소하고 분비량이 증대되기 때문이다. 가래는 백색이나 점액성으로 좀처럼 쉽게 뱉어지지 않는 경우가 많다.

■ **호흡곤란**

호흡곤란(dyspnea)은 숨을 들이쉬는 것보다 내쉬는 것이 먼저 힘들어지고 심해질수록 숨을 들이쉬는 것도 힘들어지게 되는 증상이다. 대부분 호흡곤란의 증상이 가벼울 때는 가슴의 답답함을 느끼게 된다. 호흡이 힘들어지면 숨은 가빠지고 숨을 들이쉴 때마다 늑골 사이가 함몰되는 모습을 보인다. 증상이 심해지면 누울 수도 없을 정도의 호흡곤란이 나타난다(대한소아알레르기 호흡기학회, 2008).

것을 말한다. 이러한 2가지 조건을 충족시키면서 기도의 염증성 반응을 보이는 질환을 천식이라고 한다.

2) 출현율

천식은 우리나라에서도 만성질환 중 질병 부담이 여섯 번째로 큰 질환으로 조사되었다. 천식의 유병률은 아직 많은 국가에서 지속해서 증가하는 추세이다. 소아천식은 이전에 보였던 빠른 유병률 증가가 꺾이면서 증가 추세가 완화되고 있지만, 여전히 국내에서는 대표적인 아동기의 폐질환이다. 기관지 천식은 어느 연령대에서나 발생하지만, 최근에는 발생 연령이 낮아지고 있으며 기관지 천식 아동은 5~10%에 이르고 있다(서울특별시교육연구정보원, 2006). 대한천식알레르기학회, 대한소아알레르기 호흡기학회와 근거창출임상연구국가사업단(2015)에 의하면 우리나라 소아 청소년 연령층에서 천식의 유병률은 5~9%대로 계속 조금씩 증가하고 있으나 점차 증가 추세가 완화되는 것으로 보고 있다.

천식은 학령기 학생들의 장기결석을 유발하는 원인 중 하나이다(Bowe, 2000). 국내에서는 소아천식이 건강장애가 있는 특수교육대상자의 선정 기준에 포함되는 사례가 적지만 천식에 의한 천명, 기침과 가래, 호흡곤란 등의 증상은 일상생활 및 학교생활을 어렵게 하는 요인임은 분명하다. 성인기까지 이어질 만성질환이 된다면 향후 천식이 지금보다도 더 큰 사회적 부담으로 다가올 가능성이 있다(장윤석, 2016).

2. 소아천식의 종류

천식은 유발 인자에 따라 정도와 특성은 다르게 나타난다. 가벼운 천식은 약간의 스트레스를 보일 정도로 증상이 거의 나타나지 않으나, 심하면 무호흡과 천식 발작을 나타내기도 한다. 천식은 증상이 매우 빠르게 진행되는 특징이 있다. 그래서 기관지 천식 증상이 갑자기 나타나는 현상을 천식 발작이라고 부른다.

천식의 발작은 정도에 따라 소발작, 중발작, 대발작의 3가지로 구분할 수 있다. 소발작은 쌕쌕거리는 호흡음과 가벼운 천명이 들리는 정도이지만 일상생활에서는 불편함이 거의 없다. 대발작은 쌕쌕거리는 거친 숨소리와 함께 호흡곤란이 뚜렷하여 입술이

창백해지고 청색증(cyanosis)을 보이기도 한다. 중발작은 소발작과 대발작의 중간이다.

천식은 유발 인자에 따라 외인성 천식, 내인성 천식, 혼합성 천식, 직업성 천식으로 구별된다.

1) 외인성 천식

외인성 천식은 가장 흔한 천식이다. 일반적으로 주위 환경의 알레르기 항원이 천식을 일으키기 때문에 알레르기성 천식이라고도 한다. 본인의 기왕력, 가족력에 알레르기성 비염과 아토피성 피부염 등 알레르기성 질환을 보인 경우가 많고, 유전적인 경향을 나타낸다. 아동기 후기 혹은 성인기까지도 그 증상이 계속되기도 한다.

알레르기성 천식은 알레르기 혈액검사와 피부반응검사 등에 양성을 보이기 때문에 원인을 어느 정도 짐작할 수 있다. 알레르기성 천식을 일으키는 원인은 집먼지나 먼지진드기가 많고 고양이 털, 꽃가루, 바퀴벌레, 곰팡이, 호흡기 감염, 담배 연기, 대기오염 물질, 찬 공기, 특정 식품이나 약물 등도 천식을 유발한다. 이러한 원인 물질의 흡입이 직접 유인이 되며, 맑은 콧물, 재채기, 눈물, 눈의 가려움증 등의 증상을 동반하는 경우가 많다.

✿ 조금 더 자세히!

■ 항원

우리 몸에 들어와 질병을 일으키는 병원체에는 바이러스, 세균, 곰팡이, 원생동물 등이 있다. 또한 병원성 생물체가 만들어 낸 독성 물질이나 외부에서 들어오는 단백질, 당 등도 질병을 일으킬 수 있다. 이처럼 외부에서 몸 안으로 들어왔을 때 면역계에 인식되거나 면역계와 상호작용을 할 수 있는 생물체나 물질을 '항원(antigen)'이라고 한다. 항원이 몸 안으로 들어오면 항원에 대해 항체가 생성된다.

■ 항체

'항체(antibody)'란 항원의 자극 때문에 몸 안에서 만들어지고 그 항원과 결합하여 항원을 비활성화시키는 면역 관련 단백질이다. 즉, 항체로 작용하는 면역글로불린(immunoglobulin: Ig)을 말한다.

출처: Daum 질병백과 '항원'과 '항체'(https://100.daum.net/encyclopedia/view/35XXXH002505).

2) 내인성 천식

내인성 천식은 아동기의 바이러스성 호흡기 감염이나 질환에 의한 천식으로 감염성 천식이라고 한다. 알레르기 혈액검사에도 별다른 이상이 없고 피부반응검사에서도 알레르기를 의심할 만한 반응이 없는데도 천식 증상이 나타나는 비알레르기성이다. 만성 기관지염이나 폐기종 환자가 급성 호흡기 감염과 함께 호흡곤란과 천명을 나타낼 때 발작이 유발된다. 유전적인 경향은 없으나 외인성 천식과 비교하면 증상이 심하고 천식의 지속상태(status asthmaticus)가 자주 발생한다. 스트레스나 분노와 같은 감정적 요인에 의해 급성 천식 대발작을 일으킬 수 있다.

🏛 조금 더 자세히!

■ 폐기종

폐기종(emphysema)은 폐포(허파꽈리)의 벽이 망가져서 복수의 폐포가 하나의 주머니가 되는 상태가 폐기종이다. 흡연이나 오염 물질이 원인이다. 만성 기관지염을 동반하는 일이 많아서 만성 폐색성 폐 질환(Chronic Obstructive Pulmonary Disease: COPD)이라고 한다. 폐포가 커져서 폐포막이 망가지고 복수의 폐포가 하나의 주머니가 된다.

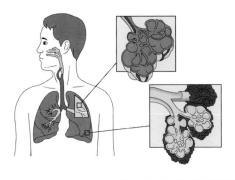

출처: Daum 질병백과 '폐기종'(https://100.daum.net/encyclopedia/view/35XXXH002505).

3) 혼합성 천식

내인성 및 외인성 요인이 혼합되어서 천식이 발생하는 경우를 말한다. 임상적으로 순수한 내인성이나 외인성 천식보다는 혼합성 천식이 더 많다.

4) 직업성 천식

작업장의 유발 인자에 일정 기간 노출된 후에 발생한 천식을 말하며, 이전에 있던 천식 증상이 비특이적 자극으로 악화되는 경우는 포함하지 않는다. 원인 물질에 감작되는 시간이 필요하므로 처음 얼마 동안은 무증상으로 지내다가 수개월 혹은 수년 후에 천식 증상이 나타나게 된다. 주말이나 휴가 시에 완화되고 직장에 복귀하면 증상이 악화하는 특징이 있다.

최근에는 천식을 위에서 제시한 분류가 아닌 여러 표현형을 가지는 다양한 질환이 모여 있는 질환군으로 이해하고 있다. 그래서 천식을 기존에 잘 알려진 외인성 천식, 내인성 천식 정도의 간단한 분류가 아닌 최소 5~6개 이상의 질환으로 나누어 설명하고 있다. 천식의 분류는 분류에 따라 적합한 치료를 하기 위한 것이며, 최근에는 이러한 표현형에 따른 맞춤치료를 개발하는 노력이 이루어지고 있다(장윤석, 2016).

3. 소아천식의 원인과 특성

1) 원인

천식은 종류와 특성이 매우 다양하며 복합적인 증상을 나타내기 때문에 아토피와 같이 다양한 양상으로 설명되며, 하나의 질병이 아닌 증후군으로 인식된다. 천식의 원인은 단일 요인이 아니라, 유전적 요인과 환경적 요인의 복합적인 결과로 본다.

(1) 유전적 요인

천식의 가장 중요한 원인은 알레르기이다. 그러나 알레르기의 유전 여부는 확실하지 않다. 부모 모두가 알레르기 질환을 가지고 있을 때 자녀들의 50~70%, 한쪽 부모만 알레르기면 35~50%, 부모 모두가 알레르기 질환이 없는 경우에는 자녀들의 15% 정도가 알레르기 질환이 나타날 수 있다. 따라서 천식도 유전적인 소인이 있다고 말할 수 있다(서울특별시교육연구정보원, 2006).

(2) 환경적 요인

환경적 요인은 천식을 일으키는 중요한 역할을 한다. 천식은 알레르겐과 유발 요인에 의해서 생길 수 있다. 알레르겐이란 알레르기를 일으키는 원인 물질을 말한다. 일반적으로 알레르기성 천식이면 어떤 물질에 대한 과민반응으로 생기는데, 대표적인 환경 유발 인자는 집먼지진드기, 집먼지, 꽃가루, 동물의 털, 곰팡이, 우유, 달걀, 견과류, 생선, 복숭아, 메밀 등이다. 유발 요인은 비항원성 천식 유발 자극으로 감기, 운동, 찬 공기, 오염된 공기, 담배 연기나 페인트, 향수와 같은 진한 냄새, 스트레스, 흥분, 고함지르기, 식도 역류, 약물, 임신, 술 등이 될 수 있다. 이러한 요인들은 알레르겐과 구별하여 유발 요인이라고 하며, 알레르기성이 아닌 기관지 천식일 경우에는 원인으로 작용한다. 감기와 같은 호흡기 감염은 기도의 과민도가 높아져 기관지 염증이 심해지면서 천식 발작을 일으킨다. 정신적 스트레스를 주는 감정적 · 정서적 요인도 증세를 악화시킨다. 천식은 알레르겐(항원)과 유발 요인에 의해서 생길 수 있는데, 어떤 이는 이 중 2~3가지가 합쳐져야만 증세를 보이기도 한다.

☆ 조금 더 자세히!

■ 알레르겐

알레르겐(allergen) 또는 알레르기 항원은 알레르기를 유발하는 물질이다. 자연상태에서 생성된 물질일 수도 있고 인공으로 합성된 물질일 수도 있다. 꽃가루, 곰팡이 포자, 먼지, 동물의 털 또는 비듬, 곤충의 조직 파편, 음식물, 혈장, 약물 등이다. 알레르겐의 종류는 증상이 나타나는 부위와 증상이 일어나는 시기로 알 수 있다. 증상이 나타나는 부위는, 예를 들면 눈 · 코 · 기관지 등에 영향을 주는 흡입제, 손과 얼굴 등의 피부에 영향을 주는 화장품 등이다. 증상이 일어나는 시기에 따른 것은 꽃가루의 계절적 알레르기 등을 말한다.

출처: 서울아산병원 질환백과(http://www.amc.seoul.kr/asan/healthinfo/disease/diseaseSubmain.do).

(3) 기타 요인

천식을 유발하는 요인은 매우 다양하다. 유아기 폐 기능의 상태가 천식 발병의 원인이 될 수 있다. 산모의 저연령, 산모의 영양 결핍, 임신 중 흡연 등 산모와 관련한 변인들이 천식의 원인이 될 수 있다. 미성숙, 저체중 등 신생아 관련 사항도 천식의 고위험 요인에 해당한다(Heller, Forney, Alberto, Best, & Schwartzman, 2009). 그 밖에 항생제 사용의 증가가 천식의 발병과 관련이 있는 것으로 알려져 있다(한진형 외, 2011).

2) 진단

천식은 의학적 병력검사, 신체검사, 폐기능검사 등을 통해 진단한다. 그러나 소아천식의 경우 성인과 같은 폐기능검사 등의 절차로 정확하게 진단하기 어렵다. 소아천식 아동의 상당수가 폐기능검사를 시행할 수 없는 연령에 발병한다. 이로 인하여 소아천식의 진단과 감별진단은 쉽지 않다. 소아천식의 경우에는 호흡기계를 통한 호흡의 저항 측정, 비침습적 염증검사, 백혈구 수치를 확인하는 등의 검사가 필요하다. 일반적인 진단 내용은 다음과 같다.

(1) 의학적 병력과 진찰

기관지 천식에 대한 자세한 병력을 알아본다. 알레르기 질환의 유무, 가족력, 호흡기 증상의 정도와 치료 경력 및 치료 시 상태의 호전 정도 등의 병력검사를 한다. 그러나 병력검사만으로도 천식의 진단이 가능하지만, 확진을 위해서는 추가 검사가 필요하다.

천식의 주요 증상은 기침, 호흡곤란, 천명, 가슴 답답함 등이다. 이러한 증상은 만성적일 수도 있고, 반복적인 급성 악화의 형태로 나타날 수도 있다. 증상의 악화가 호흡기 바이러스 감염과 동반되는 경우가 많다. 천명이 반복적이거나 지속적일 때 천식일 가능성이 커진다. 천식이 지속하고 악화하면 호흡곤란이 동반될 수 있고 운동으로 호흡곤란이 유발되기도 한다. 알레르기비염이나 아토피피부염이 동반되거나 알레르기 질환의 가족력이 있는 경우 천식 진단의 가능성이 높다(대한천식알레르기학회 외, 2015).

(2) 신체검사

신체검사는 호흡기 계통, 흉부, 피부 등을 검사한다. 알레르기 피부반응검사는 알레르기의 원인을 찾아내는 검사 방법으로 알레르겐, 즉 집먼지진드기, 꽃가루, 곰팡이, 각종 털 종류들의 성분을 잘 정제하여 시약으로 만든 후 이것을 몸에 바르고 바늘로 긁은 후 과민반응 정도를 검사한다. 혈액검사는 알레르기 체질 여부를 확인할 수 있으며, 빈혈증이나 감염의 여부도 확인할 수 있다. 혈액검사를 통해 알레르기의 발생과정 중에 나타나는 특수항체인 면역 글로불린(immunoglobulin)을 측정해서 알레르기 성향을 알아보고 피부반응검사로 확인이 되지 않는 알레르겐에 대한 특수항체를 측정할 수 있다.

(3) 폐기능검사

6세 이상의 아동과 청소년의 천식 진단 방법은 성인과 같다. 병력과 진찰에서 천식이 의심된다면 최대호기를 측정하는 폐기능검사(pulmonary function test: PFT)를 시행한다. 폐기능검사는 호흡곤란의 원인을 찾고 폐에 질병이 있는지 살펴보는 검사이다. 천식이 되면 기관지의 만성 염증으로 기관지가 예민해지고 수축하여 폐활량이 낮아지게 되어 폐 기능이 떨어진다. 숨을 내쉴 때 공기의 흐름, 힘, 반응성 등 폐 기능의 정도를 알아보며, 폐 기능 상태가 수술에 견딜 수 있는지를 판정하기 위해 실시한다. 평균의 결과보다 3/4 이하로 떨어지면, 천식으로 진단된다. 폐 기능은 X-ray나 CT 촬영 등의 검사를 통해 폐의 비정상성을 관찰할 수 있다(대한천식알레르기학회 외, 2015).

그 밖에 천식유발검사, 알레르겐 특이항체검사, 기도과민반응검사 등이 있다.

소아천식의 진단은 다른 질환 동반 여부를 확인하는 것이 매우 중요하다. 대표적으로 동반하는 질환은 잦은 감기, 알레르기비염, 세균성 비부비동염 등이다. 천식 이외에 이런 질병을 함께 가지고 있다면 동반질환의 관리가 필요하다. 동반질환이 적절하게 관리되지 않으면 소아천식의 조절에도 나쁜 영향을 미칠 수 있고, 조절되는 정도를 정확하게 평가할 수 없다.

☆ 조금 더 자세히!

■ 최대호기

최대호기는 폐기능검사를 하기 위해 측정하는 것을 말한다. 최대호기유속이란 말 그대로 가능한 최대로 숨을 들이마신 후에 가장 빠르고 최대한 힘 있게 숨을 내쉬었을 때의 속도를 의미한다.

최대호기유속량(Peak Expiratory Flow: PEF) 측정기는 매일매일의 천식 증상 변화를 살펴보기 위해 이용한다. 최대호기는 흡입제를 사용하기 전에 측정하며, 하루 두 번 아침과 저녁에 측정한다. 예상 기대치는 성별, 연령, 신장에 따라 다르다.

사용법은 다음과 같다.
① 바늘을 '0'에 오게 한다.
② 바로 선 자세에서 입을 벌리고 숨을 깊게 들이마신다.
③ 입술로 기계의 입구를 막아 공기가 새지 않도록 한 후 최대한 빠르고 힘차게 숨을 내뱉는다.

④ 바늘이 움직인 곳의 수치를 읽고, ①~④의 과정을 2회 더 반복한다. 정확한 측정값을
   위해 1분 간격으로 3회 반복한다.
⑤ 가장 높은 수치를 기록한다.

그림 4-2   최대호기유속기 사용법

• 최대호기유속 측정치의 해석

최대호기유속	신호체계	대처 방법
예상 기대치의 80% 이상	녹색 구역	• 천식이 잘 조절되고 있음 • 현재의 치료 및 약물 유지
예상 기대치의 60~80%	황색 구역	• 천식이 악화되고 있음 • 속효성 기관지 확장제를 흡입하고 진료 필요
예상 기대치의 60% 미만	적색 구역	• 천식이 악화되고 있음 • 속효성 기관지 확장제를 흡입하고 진료 필요

출처: 한국천식알레르기협회(2005), pp. 28-29에서 수정 발췌함.

3) 특성

천식은 평소에 조절을 잘하더라도 날씨 변화, 운동, 자극성 가스, 감염 등의 여러 요
인에 의해 갑자기 증상이 악화되기도 한다. 때로는 생명까지 위험해질 수 있으므로 천
식 발작을 일으키는 증상과 증상을 악화시키는 원인, 천식 악화의 위험 신호를 평소에
잘 파악해야 한다.

천식 발작의 첫 증상은 평소에 사용하던 약제의 효과가 잘 나타나지 않는 것으로 시
작한다. 평소보다 기관지 확장제를 사용하는 횟수가 늘어나며, 숨 쉬는 데 어려움을
더 자주 호소한다. 기침이 나오고 쌕쌕거리는 숨소리(천명)가 들리며, 잦은 숨을 쉬며

숨쉬기조차 불편해진다. 어깨를 들썩거리거나 코를 벌렁거리고 가슴의 아래 명치 부분이 쑥쑥 들어가기도 한다. 앉아 있거나 걸을 때도 숨이 차고 말을 잘 잇지 못하며, 앉아 있는 것조차 힘들어한다. 심하면 입술이나 손끝이 파래지기도 하며 피곤하고 지쳐 보인다. 이러한 증상이 지속하면 발작이 나타나고 심하면 발작이 멈추지 않는 응급사태가 발생한다. 학교에서 천식 발작이 일어났을 때의 조치 사항은 '5. 교육지원'의 부분에서 다루고자 한다.

4. 소아천식의 치료와 예후

1) 치료

소아천식은 증상에 따라 주로 약물치료를 하지만 단시일 내에 완치되는 질병이 아니므로 증상을 체계적으로 경감하기 위해 치료과정에서 주의할 사항이 있다. 모든 질환이 그렇지만 천식의 경우 조기 진단과 그에 따른 적절한 치료를 가능한 빠르게 시작하는 것이 중요하다. 조기에 천식을 유발하는 요인을 찾아내어 염증을 치료하고 동시에 예방해야 한다. 특히 소아천식은 조기에 적극적으로 치료하여 천식 발작의 횟수를 줄이고 발작 정도를 경감해야만 완치할 수 있다. 천식을 오랫동안 방치하면 기관지 점막에 흉터가 생기게 되는데 이것은 회복할 수 없으며, 이로 인하여 천식이 더 악화될 수 있다. 따라서 초기 치료가 중요하며, 증상이 없어지더라도 기관지 점막의 염증은 계속 진행되어 시간이 지나면 돌이킬 수 없는 손상을 초래하기 때문에 철저한 치료를 받아야 한다. 치료 시 증상이 일시적으로 호전되었다가도 재발할 수 있으므로 꾸준한 치료가 필요하다. 의사, 학생과 가족의 유대관계를 잘 유지해야 하며, 천식에 대한 주변인들의 이해가 필요하다. 그러므로 천식을 제대로 치료하려면 장기적으로 가족들이 천식을 이해하고 치료를 돕는 노력을 해야 한다.

천식 발작을 예방하기 위해서는 유발 인자를 찾아내야 한다. 피부반응검사나 혈액 검사로 알레르겐이 무엇인지를 밝혀내며, 유발 인자가 무엇인지 알게 되면 적절한 중재를 통해 염증을 일으키는 물질이나 알레르겐을 피할 수 있다. 소아천식의 치료 방법은 다음과 같다.

(1) 환경요법

천식은 대부분 환경 요인에 의한 알레르기가 발병 원인이다. 따라서 가정은 물론 학교와 지역사회 환경에서 원인이 되는 알레르기 항원을 피할 수 있도록 생활환경을 개선하고 조절하는 것이 효과적인 예방법이다. 환경요법은 증상을 유발하는 인자들을 제거하거나 회피하는 방법이다. 현재 추천하고 있는 효과적인 방법은 다음과 같다.

표 4-1 회피요법과 환경관리

알레르기 항원	환경관리 방법
집먼지진드기	• 물걸레 등을 이용하여 집안 청소를 자주 한다. • 이불과 담요는 주 1회 55℃ 이상의 물로 세탁 후 햇볕에 말린다. • 침대를 사용할 때는 항원이 통과할 수 없는 천으로 매트리스를 싼다. • 베갯속은 합성수지 제제를 사용한다. • 실내 습도는 40~50%로 유지한다. • 실내에서 카펫을 사용하지 말고 커튼도 자주 세탁한다. • 소파 등은 가죽이나 비닐 제품을 이용하고 가구나 장식은 가능하면 줄인다. • 공기청정기를 사용할 때는 헤파 필터[1]를 사용한다.
애완동물의 털 및 비듬	• 애완동물을 집에서 기르지 않는다.
바퀴벌레	• 서식을 줄이기 위해 독성 미끼나 덫을 이용하여 잡는다.
수목, 목초, 잡초의 화분(꽃가루)	• 꽃가루가 유행하는 시기에는 외출을 삼간다. • 실내에서는 창문을 잘 닫아 둔다.
곰팡이	• 곰팡이의 성장과 연관된 모든 습기 찬 곳을 없애거나 곰팡이가 있는 표면을 청소한다.
흡연	• 천식 학생의 가족은 금연을 권하며, 특히 실내에서는 절대로 담배를 피우지 않도록 한다. • 청소년의 경우 금연하도록 지도한다.
실내 혹은 실외 자극제	• 자극제(방향제, 정화제, 스프레이)의 사용을 피한다. • 환기를 자주 시킨다.

출처: 한국천식알레르기협회(2005), p. 13.

---

1) 헤파 필터(HEPA Filter)란 공기 중의 미세한 입자를 제거하는 고성능 필터를 말한다. 헤파(HEPA)는 '고효율 미립자 공기 필터(High Efficiency Particulate Air Filter)'의 줄임말이다.

(2) 약물치료

천식치료에 사용되는 약물은 흡입 약물과 먹는 약물이 있다. 흡입 약물은 기관지에 직접 전달되어 적은 양으로도 효과가 빠르다. 장기간 사용하더라도 부작용이 훨씬 적게 나타난다. 흡입 약물은 흡입 방법에 따라 치료 효과가 달라지므로, 바른 사용법을 알고 사용해야 한다. 천식치료는 천식 조절제와 증상완화제의 두 종류의 약물을 구분하여 사용한다. 천식 조절제는 기관지 염증을 가라앉히기 위해 매일 규칙적으로 사용하는 것으로 증상이 없어도 꾸준히 사용해야 한다. 한국천식알레르기협회(2005)는 "잘 못된 편견 때문에 많은 환자가 흡입제를 피하고 경구제를 선호하고 있어, 천식을 제대로 치료하기 쉽지 않다."라고 지적하였다. 또한 "천식은 증상이 없을 때도 꾸준히 관리해 급성 악화와 입원을 예방하는 것이 가장 중요하기 때문에, 진료지침에 따른 흡입제 치료로 천식을 적극적으로 관리해야 한다."라고 강조하였다.

약물은 천식 발작을 예방하고 갑작스러운 천식 증상이 나타나지 않도록 매일 장기간 투여해야 한다. 증상완화제는 증상이 악화하였을 때 사용하는 속효성 약물이다. 천식 증상이 갑자기 심해질 때만 사용하며, 흡입 시 효과가 몇 분 내 정도의 짧은 시간 동안 나타난다. 약물은 정량식 흡입기나 네불라이저(nebulizer)를 이용하여 흡입한다. 네불라이저는 작은 크기의 모터를 이용한 압축공기로 약물을 마치 안개같이 작은 입자 형태로 뿜어내는 기구로 호흡기를 통해 약물을 흡입하도록 도와주는 기기이다. 약물을 직접 기관지 내로 투여하므로 부작용 없이 빠르고 확실한 효과를 기대할 수 있다. 흡입 시에는 약물이 직접 폐로 흡입되어 10분 이내에 효과가 나타난다. 그러나 네불라이저를 사용하는 흡입치료의 경우에는 사전 교육 및 기술이 필요하다. 5세 이하의 아동에게는 사용하기가 어려우므로 입과 코를 덮는 마스크 형태의 보조 흡입기를 사용하는 것이 안전하다. 상세한 사용 방법의 지도는 '5. 교육지원'에서 다루고자 한다.

(3) 면역요법

면역요법은 알레르기질환을 치료하는 안전하고 효과적인 방법이다. 원인 항원이 밝혀지면 항원을 적은 농도에서 점차 증량 주사하여 면역력을 키우는 치료법이다. 일종의 예방치료법이자 체질개선법이다.

(4) 체력단련요법

운동을 통하여 체력을 단련시키고 자율신경의 실조를 개선하는 방법이다. 여기에는 달리기, 줄넘기, 수영 등 전신 운동을 통하여 심폐 기능을 훈련하는 방법, 건포마찰, 냉수마찰, 냉수욕 등을 통해 피부를 자극하는 방법, 가벼운 천식 체조로 골격근이나 복근을 훈련하는 방법 등이 있다. 가장 적절한 운동은 수영이다. 수영은 습도가 높은 조건에서 호흡 운동을 할 수 있으므로 수분 손실이 적고 폐활량을 증가시킬 수 있다.

(5) 식이요법

영양관리를 통해 저체중 또는 비만, 합병증을 예방해야 한다. 규칙적인 식사와 균형 잡힌 식사로 면역력을 높여 준다.

2) 예후

천식은 세월이 지남에 따라 증상이 가벼워져서 자연적으로 완화되는 예도 있다. 그러나 어린 시절 천식으로 진단된 아동들의 대다수는 성장한 이후에도 그 증상이 지속된다. 천식 병력을 가진 아동의 약 25%는 성인이 되어서도 그 증상이 나타나며 계속해서 재발한다(Beers, Porter, & Jones, 2006). 천식 증상의 대부분은 유발 인자를 회피하는 것과 직접적인 약물치료를 통해서 관리된다. 문제가 되는 알레르겐을 찾아 탈감작을 해 주며, 환경을 개선하고 적절한 치료를 할 경우에 대부분의 천식은 치료 및 조절이 가능하다. 청소년기가 되면 기도가 덜 민감해지며 자극을 피하는 것을 배우게 된다. 또한 기도가 성장하여 아동기의 작은 기관으로 인해 막혔던 방해 요소들이 더 이상 막히지 않아 천식이 사라지기도 한다. 반면에 어떤 경우에는 청소년기에 첫 진단을 받은 이후에 정신적 화학작용의 문제로 천식이 재발하기도 한다. 그중 일부는 만성적 부비강염과 같은 질병을 갖게 된다. 천식 증상이 계속된다면 가슴의 모양이 새가슴처럼 확장되는 흉곽 이상이나 호흡곤란 등의 만성적인 변이들이 나타나게 된다(Heller et al., 2009).

5. 교육지원

학생들의 천식 증상이 통제되지 않을 때 학교 결석은 일관되게 증가하는 것으로 나타났다(Gustafsson, Watson, Davis, & Rabe, 2006). 부모는 학교 교직원과의 의사소통이 필수이지만, 천식이 있는 학생에 대한 오해는 학교 교사뿐만 아니라 일반인들에게도 마찬가지이다. 앞의 연구에서 대부분의 교사는 학생들의 천식 징후가 제대로 통제되지 않을 때 거의 인식하지 못한다고 보고하였다. 교사들은 학생의 증상을 발견할 때, 학교 출석을 제한하거나 감염의 위험이 있는 것으로 오해할 수 있다. 특히 체육 시간 참여와 관련하여 의료진이나 가족이 생각하는 것보다 훨씬 제한하려고 할 수 있다. 그러나 천식 학생은 적절한 치료와 교육을 받으면 학교생활 참여에 제한은 없다. 흡입기와 개인 약물 사용 방법을 익힌 학생들은 거의 모든 학교 활동에 참여할 수 있다.

학령기 학생들이 또래와 함께 어울리고 긍정적인 또래관계를 유지하는 것은 성장과 발달에 필수적이다. 교사와 부모는 또래 모임을 적극적으로 준비하여 소아천식에 대한 오해를 없애고 인식을 개선하도록 노력해야 한다. 또래들에게 소아천식 학생이 왜 약을 먹어야 하는지, 흡입기는 왜 사용하는 것인지에 대해 충분하게 설명한다. 천식이 전염성이 아니며, 유년기의 가장 흔한 만성질환 중 하나라는 설명을 통해 학교에서의 심리적 환경을 안전하게 구성한다(Allen, Vessey, & Schapiro, 2010).

1) 소아천식 학생과 부모의 이야기

소아천식 학생과 부모가 말하는 소아천식에 대한 경험은 다음과 같다.

- "이 병은 아이보다는 부모가 더 예민해지는 병이에요. 천식 발작이 밤이나 새벽에 주로 일어나기 때문에 항상 긴장하고 살펴봐야 해요. 그래서 저는 아이를 항상 데리고 자요. 귀를 열고 자야 하니까 깊게 잘 수가 없죠."
- "학교에서 특별히 다른 아이들과 다르거나 학교 수업을 따라가지 못하거나 그런 것은 아니어서 별문제는 없어요. 그런데 한 달에 한 번씩 주사를 맞으러 갈 때 일찍 조퇴해야 해요. 천식에 대한 이해가 없으면 우리 아이한테 무슨 큰 병이 있나, 특별히 어디가 안 좋은가 그렇게 생각하시죠. 매번 설명해 드려야 하는 것이 어렵죠."
- "한창 뛰어놀고 스포츠에 관심이 많은 나이인데 운동능력이 떨어져서 뛰어놀지 못하는 것이 안타까워요."
- "캠프나 수학여행 갈 때 보내야 할지 말아야 할지에 대해 고민이 많아요. 선생님께 일일이 부탁해야 하니까 미안하지요. 천식은 전조가 있는 것도 아니어서 판단하기 어려워요. 엄마들이 정서적으로 매우 예민할 수밖에 없는데, 온실 속에서 애

를 키운다는 비판을 받기도 하죠."

• "천식은 클수록 좋아진다는데 이렇게 지내다가 나중에 커서 친구가 없으면 어떡하나, 밤늦도록 나름대로 공부도 열심히 하는데 그러다 탈이 나면 어쩌나 걱정도 되고요. 의사도 나을 것이라는 확신을 주지도 않고, 그냥 두고 보자고만 해요. 경제적으로도 환자 전용 침구가 너무 비싸고 다 수입품이고 비용도 부담돼요. 청소도 자주 해야 하고, 모든 용품을 삶아야 하니까 그것도 힘들어요. 삶이 고단해요."

2) 학교에서의 건강관리

(1) 천식 자가관리교육

소아천식 아동의 가족과 보호자에게는 모두 천식 자가관리교육이 필요하다. 교육 프로그램에는 천식에 영향을 미치는 요인에 대한 기본적 설명, 올바른 흡입기 사용법, 약물치료 순응도의 중요성, 천식 행동지침 등이 포함된다. 행동지침에는 증상 조절이 안 될 때 보호자가 아는 방법, 투여할 수 있는 약물, 응급 시 연락할 전화번호, 진료를 받아야 할 시기와 방법, 가정에서 할 수 있는 치료 등이 포함된다(대한천식알레르기학회 외, 2015). 교사는 소아천식 아동과 가족의 천식 자가관리교육이 이루어졌는지 확인하고 학교생활에서 필요한 건강관리계획을 수립한다.

(2) 건강관리계획

교사는 사전에 학생의 건강 문제에 대해 대비해야 한다. 교사는 부모, 학교 보건교사와 상의하여 식사지도 시 주의 사항을 파악하고 교실환경의 유해 자극을 평가하여 줄인다. 필요시에는 학교 보건교사와 연계하여 위급한 상황을 대비한 응급대처계획을 수립한다. 건강관리계획은 부모와 상호 합의된 방법으로 필요한 정보를 기록한다. 특히 긴급 상황에 대한 사전 합의한 대처계획은 교실 상황에서 갑작스러운 상황이 발생해도 두려워하지 않고 적절하게 반응할 수 있도록 돕는다.

건강관리계획에는 구체적인 학생의 정보와 상황에 대한 요소를 포함해야 한다. ① 누가 아동과 함께 있을 것인가, ② 어떻게 도움을 요청할 것인가, ③ 누가 약물 복용과 의료적 처치를 수행할 것인가, ④ 구체적인 중재 기술은 무엇인가, ⑤ 부모(보호자)에게 어떻게 연락을 취할 것인가 등의 내용이 포함되도록 작성한다(서울특별시교육연구정보원, 2006).

　한국천식알레르기협회(2005)에서는 학교에서 천식 학생의 관리를 위해 자체적인 정책과 절차를 개발하도록 안내하고 있다. 〈표 4-2〉의 9단계 지침은 천식 학생의 관리를 위한 최선의 안내서이다. 실제로는 현재 학교의 법률, 실무, 관리기관의 업무 지침을 고려하여 수행할 것을 제안하였다.

표 4-2　천식관리 수행에 관한 단계적 지침

■ 천식관리 수행에 관한 단계적 지침
① 모든 학생/교직원은 천식에 대해 알고 있다.
- 모든 학생/교직원은 매년 천식 교육을 받는다.
- 모든 학생/교직원은 천식 관리에 대한 현장교육에 참여할 기회를 갖는다. 현장교육을 위해 한국천식알레르기협회에 연락하거나 지역 내 전문의를 초청할 수 있다.
② 천식 학생의 학부모는 자녀에 대한 정보를 제공한다.
- 천식 학생을 파악하기 위해 가정통신문을 보낸다.
- 천식 학생의 천식 기록카드를 작성하기 위해 부모에게 협조를 요청한다.
③ 천식 학생의 천식 기록카드를 작성하여 보관한다.
- 파악된 모든 천식 학생의 천식 기록카드가 작성되었는지 확인한다.
- 보건교사/교직원들이 실제로 목격하거나 증상을 관리하는 데 도움이 되었던 방법을 문서로 기록한다.
- 각각 작성된 천식 기록카드를 쉽게 사용할 수 있도록 정리해 놓거나 생활기록부 또는 건강기록부에 첨부해 놓는다.
④ 천식 발작 응급 상황 대처법의 포스터를 비치한다.
- 보건실 안에서 눈에 잘 띄는 곳에 붙여 놓는다.
⑤ 천식 관련 기구 사용법을 숙지한다.
- 흡입 약물, 최대호기유속기의 사용법과 기구의 관리법에 대한 지침서를 보건실에 비치한다.
⑥ 천식 증상을 예방하는 방법을 숙지한다.
- 실내 환경관리 방법을 알고 관리한다.
- 천식 학생 각각의 유발 물질 및 기여 인자와 회피요법을 알고 있다.
- 운동 유발성 천식이 있는 학생이 예방법을 알고 지키는지 확인한다.
⑦ 천식 학생이 다른 학생들과 똑같이 생활하도록 도움을 준다.
- 천식 학생이 안전하고 편안함을 느끼도록 도와주기 위해 긍정적이고 수용적인 태도를 보여 준다.
- 천식 학생이 흡입 약물을 편안하게 사용할 수 있도록 다른 학생들에게 교육한다.
- 천식 학생이 다른 학생들과 함께할 수 있는 운동에 대한 정보를 제공한다.
⑧ 천식이 의심되는 학생에게 도움을 준다.
- 보건교사/교직원들이 학생들의 천식 증상을 인지하면 천식이 아닐지라도 학부모에게 병원을 방문하여 진단을 받아 볼 것을 권해야 하며, 천식 진단을 받게 되면 그에 대해 문서로 기록한다.
⑨ 천식 학생 기록카드를 정기적으로 확인한다.
- 천식 발작의 응급 상황 사례와 증상을 통한 천식 발견 사례 등을 기록으로 남긴다.

출처: 한국천식알레르기협회(2005), p. 19.

(3) 천식 발작이 나타났을 때의 응급대처

학생이 교실에서 갑자기 숨을 내쉬는 시간이 상당히 길어지는 호흡곤란 증상을 보인다면 호흡을 편하게 해 줄 수 있는 응급처치가 필요하다. 다음은 천식 증상이 악화되어 천식 발작이 나타날 때의 징후이다(한국천식알레르기협회, 2005).

표 4-3   천식 발작이 나타나는 징후

1. 앉아 있거나 천천히 걸을 때도 호흡곤란이 있다.
2. 호흡곤란 증상이 속효성 기관지 확장제로 전혀 좋아지지 않는다.
3. 숨이 차서 말을 잇기가 어렵고 하던 일을 계속하지 못한다.
4. 밤에 기침이 나고 숨이 차서 잠을 잘 수가 없다.
5. 최대호기속도가 예상 기대치의 60% 미만이다.
6. 호흡과 맥박이 빨라진다.
7. 숨 쉴 때 쌕쌕거림이 심해지거나, 숨을 얕게 쉬면서 아예 쌕쌕 소리가 들리지 않게 되고, 가슴과 목이 부풀어지고, 숨 쉴 때 들썩거린다.
8. 입술, 혀, 손끝과 발끝이 파래진다.
9. 식은땀이 나고 정신이 몽롱해진다.
10. 호흡할 때 가슴과 목이 부풀어지고 들썩거린다.
11. 하던 활동을 중단하고 다시 시작하지 못한다.

출처: 한국천식알레르기협회(2005), p. 16.

천식 발작이 나타날 때 도와줄 수 있는 것은 호흡하기 좋은 환경을 만들어 주는 것이다. 방 안을 환기해 신선한 공기를 마시게 한다. 미지근한 물을 마시게 하거나 호흡을 천천히 길게 내쉬도록 한다. 사용하는 천식 치료약이 있다면 사용하게 한다(가토 다다아키, 니시마키 겐고, 하라다 쇼헤이, 2010; 서울아산병원 질환백과).

다음은 호흡하기 좋은 자세를 취하게 해 준다. 발작이 나타나면 숨 쉬는 데 에너지를 다 소모하게 되며, 평평한 곳에 누워 있거나 앉아 있기도 힘들어한다. 이때는 벽에 기대어 서서 고개를 숙여 보도록 한다(a). 또는 옆으로 누운 자세를 취하는 것도 호흡에 도움이 된다(b). 약간 무릎을 벌리고 팔꿈치에 기대어 앞으로 숙인 자세(c)와 베개를 껴안듯이 앞으로 몸을 숙이는 자세(d)도 호흡하기 편한 자세이다. 의자에 앉히고 편안한 자세를 취하게 한다. 상체를 비스듬히 세워 주어 안정을 취하게 하면 숨이 덜 차게 된다. 편하게 숨 쉴 수 있는 자세를 취하게 하면서 천천히 깊게 숨을 쉬도록 해 준다. 소아천식 학생을 안심시켜 마음을 평온하게 한다. 구체적인 자세는 [그림 4-3]과 같다.

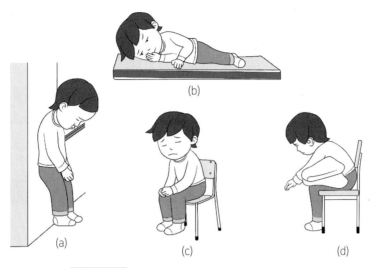

그림 4-3　천식 발작 때 취하면 좋은 자세

　응급 상황에서는 천식 학생의 처치도 중요하지만 다른 학생들도 함께 있으므로 침착하고 차분하게 대처한다. 식사하거나 옷을 입거나 일상생활 중에도 급성으로 천식 발작이 나타날 때는 아무 일도 하지 못하게 된다(Bowe, 2000). 심할 땐 생명을 잃을 위험도 있으므로 만일 발작 시간이 길어지거나 약을 먹어도 좋아지지 않는 등 중발작 이상의 증상이 계속되는 경우에는 구급차를 불러 의료기관으로 이동한다. 즉시 병원에 가야 하는 상황은 다음과 같다(대한소아알레르기 호흡기학회, 2008).

- 이전에 극심한 발작으로 중환자실에 입원한 경험이 있는 경우
- 기관지 확장제 투여 후에도 즉시 반응이 없고 1시간 동안 반응이 지연되는 경우
- 호흡곤란이 심하고 입술이나 손끝이 파랗게 되는 경우
- 경구 스테로이드 투여 후 시간이 지나도 증상이 좋아지지 않는 경우
- 속효성 기관지 확장제 투여 후에도 최대호기속도가 예측치의 60% 미만인 경우

　증상은 몇 분에서 며칠간 나타나기도 하고 그 이상 지속될 수도 있다. 이러한 증상이 지속하지 못하도록 조기에 충분한 치료와 중재를 제공하고 해로운 상황을 피할 수 있도록 하는 것이 중요하다. 응급처치 후에도 천식치료 흡입약이 잘 듣지 않거나 말하기 힘들고 입술이나 손톱이 파르스름한 색으로 변할 때, 호흡으로 인해 갈비뼈 사이가 함몰될 때, 심장 박동이나 맥박이 매우 빨라지거나 걷기 힘들 때는 병원으로 가야 한다.

(4) 천식 조절 점검표를 통한 건강관리

전문가들은 다음의 20가지 항목의 점검표에서 하나라도 해당 사항이 있으면, 현재 학생이 사용하고 있는 천식치료 약물을 사용하면서, 동시에 천식을 전문으로 치료하는 의료기관에 상담이 필요하다고 지적한다. 일상생활 속에서 천식이 잘 조절되고 있는지를 확인하는 항목은 〈표 4-4〉와 같다.

표 4-4 천식 조절 점검표

구분	항목	예	아니요
활동 관련	• 걷거나 간단한 일을 해도 숨쉬기가 힘들거나 기침이 난다.		
	• 언덕이나 층계를 오를 때, 좀 힘들다 싶은 일을 하면 숨이 차고 기침이 난다.		
	• 운동하면 숨이 차고 기침이 나서 건강달리기, 테니스, 에어로빅 같은 운동을 하기 싫다.		
	• 밤에 기침이 나고, 숨이 차서 잠을 깊이 이룰 수 없다.		
	• 기침이 나서 깊게 숨을 들이마시기가 힘들 때가 있다.		
	• 숨을 쉬면 가슴속에서 쌕쌕거리는 소리가 나는 때가 있다.		
	• 종종 가슴이 답답하거나 숨이 차다.		
	• 가끔 기침을 몰아서 할 때가 있다.		
유발 인자 관련	• 먼지를 마시거나, 꽃가루가 날리는 계절, 애완동물을 만진 후에 천식이 심해져서 기침이 나고 숨쉬기가 불편하다.		
	• 찬 공기에 노출되면 천식 증상이 나빠진다.		
	• 담배 냄새를 맡거나, 매연, 자극성 냄새를 맡으면 천식 증상이 나빠진다.		
	• 감기가 들면 천식이 악화된다.		
병원 방문 관련	• 지난 한 해 동안 천식 증상이 악화되어 응급실에 간 적이 있다.		
	• 지난 한 해 동안 천식 악화로 입원한 적이 있다.		
사용하는 약물 관련	• 응급 흡입제의 사용 횟수가 늘고 있다.		
	• 평상시는 효과적이던 처방 약제를 사용해도 증상이 계속된다.		
	• 천식 약제를 사용하면 부작용이 생긴다.		
불안감 관련	• 숨찬 증상이나 천식 때문에 내가 하고 싶은 일을 하지 못한다.		
	• 천식을 앓고 있다는 생각 때문에 스트레스를 받는다.		
	• 천식 증상으로 인해 다른 건강 문제가 생길지 걱정이 되고, 이 병으로 일찍 죽는 것은 아닐까 하는 걱정이 있다.		

출처: 대한소아알레르기 호흡기학회(2008), pp. 108-109.

3) 신체 활동 및 참여 수준의 조정

소아천식에 관한 교사와 또래들의 이해와 인식이 부족할 경우 학생들은 학교생활의 적응이 어려워진다. 일반학교의 교사들은 소아천식에 대한 증상과 어려움에 대해 이해할 수 있는 교육과 연수의 기회가 거의 없다. 스스로 질병관리를 할 수 있을 정도의 학생들이라도 학교구성원의 이해 부족으로 학업을 중단하게 되기도 한다. 학교는 소아천식을 가진 학생이 입학할 경우, 질병에 대한 지식과 지원할 수 있는 구체적인 방안에 대한 교사연수를 실행해야 한다.

소아천식은 평소에는 신체 활동이나 참여 수준에 제한이 될 만큼의 신체적 어려움이 발생하지는 않는다. 오히려 적절한 운동은 비만을 막고 건강을 유지하기 위해 중요하다. 그러나 격렬한 활동에 참여하는 것은 조심해야 한다. 소아천식 학생들을 가장 어렵게 하는 신체 증상은 발작적인 기침과 호흡곤란, 마른기침과 흉부 압박감 등이다. 심할 때는 호흡곤란으로 인하여 입술이나 손톱이 새파랗게 되는 청색증이 나타나기도 한다. 이러한 증상들은 갑자기 발작적으로 나타나기도 하고 발작이 끝나고 나면 자연스럽게 사라지기도 하여 꾀병으로 오인되기도 한다.

학생의 신체 활동 정도나 참여 수준은 매일의 개인적 여건이나 상황에 따라 다르다. 그러나 특별한 상황이 아니라면 모든 일과에 참여할 수 있도록 한다. 체육 교사는 천식 학생들의 체력상태를 점검하여 적절한 수준의 참여를 권장하는 것이 바람직하다. 천식 증상의 유발을 방지하기 위한 유의사항은 다음과 같다(서울아산병원 질환백과).

- 격렬한 활동은 피한다.
- 날씨가 너무 춥거나 건조할 때는 신체 활동을 피한다.
- 신체 활동 전에는 항상 준비 운동을 한다. 준비 운동은 5~10분간의 스트레칭과 가벼운 운동으로 몸을 따뜻하게 한 후 시작한다.
- 필요한 경우 의사가 처방한 흡입제를 신체 활동 15분 전에 흡입한다.
- 만약 신체 활동 후 천식 증상이 나타나면 운동을 즉시 중단하고 처방받은 흡입제를 사용한다.

4) 정서적 지원

소아천식은 신체에 미치는 영향 외에 감정상태와 정서상태에 따라서도 매우 많은 영향을 받는다. 천식 자체가 직접 학습에 문제를 일으키는 것은 아니지만, 반복된 천식 증상은 타인으로부터 부정적인 감정과 사회적 고립감을 느낄 수 있다. 그렇기 때문에 다양한 활동과 동아리 활동을 통해 사회적 관계를 격려할 필요가 있다.

질병으로 인해 학교에 결석을 자주 하거나, 학교에 갔을 때도 기분이 불쾌하거나, 집중을 할 수 없으며 심한 피로감을 느낀다. 치료제인 스테로이드 약물은 단기기억장애, 불안, 혼란 등의 정신적인 변화를 일으킨다. 무산소증으로 인한 뇌상해, 청각장애를 일으킬 수 있는 귀의 감염, 수면 부족 등은 학교생활에서의 어려움을 경험하게 한다. 이러한 어려움은 학업의 실패 위험을 높이기 때문에 이에 대한 지원이 필요하다.

소아천식 학생들의 학업 성취 수준과 질병 간의 상관관계는 뚜렷하지 않으나, 주의집중장애와 천식의 관련성은 보고되고 있다(가토 다다아키, 니시카미 겐고, 하라다 쇼헤이, 2010). 학생의 만성질환은 신체적 건강관리 외에 학업적 성취와 심리사회적 적응을 촉진할 수 있는 지원이 필요하다. 학교는 학생의 요구 사항을 최대한 존중하여 지원하되 증상으로 인한 과보호가 되지 않도록 주의한다.

소아천식은 호흡의 문제와 천식 발작 등으로 인해 신체적인 어려움도 있지만, 심리적인 어려움이 더 크다. 또한 천식을 통제하는 지속적인 약물의 사용은 집중을 방해하거나 기분을 불쾌하게 하는 등 심리적인 적응을 어렵게 하여 학교생활에서의 많은 어려움을 일으킨다. 소아천식 학생의 경우 신체적 증상으로 인해 스스로 위축되어 또래와 거리감을 두게 되고 결국 고립되기 쉽다. 그러므로 학교에서는 학생들이 느끼는 이질감과 소외감에서 벗어날 수 있도록 관심을 가지고 가능한 한 정상적인 생활을 할 수 있도록 도와주어야 한다.

다음은 교사가 알아야 할 몇 가지 지침이다.

- 학생 스스로 책임감을 가질 수 있도록 지도한다.
  천식 발작이 나타날 때마다 누군가가 옆에 있을 수는 없으므로 스스로 몸의 상태를 조절하고 증상에 대처할 수 있도록 약물에 대한 사용법을 충분히 알고 숙지하도록 지도한다.
- 자신의 질병에 대해 학생의 수준에 맞게 상세히 설명한다.

천식으로 인해 나타날 수 있는 증상, 흡입 약물의 사용과 약물을 스스로 복용할 수 있도록 자기관리 방법을 지도한다.

• 독립심을 키워 주고 과보호하지 않는다.

교사는 천식과 관련한 갑작스러운 증상에 필요 이상의 과보호를 하기도 한다. 그러나 과보호는 오히려 학생들에게 해롭다. 교사의 과도한 걱정과 근심은 학생들을 더욱더 위축시키며, 쉽게 포기하게 만들 수 있으므로 다른 학생들과 동등하게 대해 주는 것이 바람직하다.

• 육체적 · 정신적 건강을 위해 운동을 권장한다.

운동은 건강한 성장을 유도하고 폐활량을 키우는 데 도움을 준다. 천식 발작을 예방하기 위해 흡입 약물을 사용하더라도 적절한 운동은 꾸준히 하도록 지도한다. 이러한 생활 속에서의 습관은 가정과 연계하여 지도한다.

5) 학교에서의 식사지도

소아천식을 가진 모든 학생의 영양관리는 중요하다. 그러나 단체로 이루어지는 학교 급식 상황에서 식이요법을 지키는 것은 어렵다. 다만 일상생활에서의 바른 식사법은 천식 증상의 악화를 예방할 수 있으므로 가정과 연계하여 지도한다.

알레르기성 천식을 가진 학생은 호흡기 건강을 위해 매일 따뜻한 물을 충분히 섭취하고 증기를 들이마실 것을 권장한다. 이러한 행동은 가래를 묽게 하여 기도에서 가래가 쉽게 배출될 수 있게 한다. 기관지 내에 가래가 가득 차 있을 때는 가슴의 윗부분을 오므린 손으로 쳐 주어 기침을 하면서 뱉어 낼 수 있게 한다. 깊게 호흡하는 방법과 편안하게 이완하는 방법을 익혀서 천식이 일어날 때의 두려움을 줄이게 하는 것도 좋은 방법이다(Heller et al., 2012).

과식이 발작의 원인이 되기도 하므로 적당량의 음식을 섭취하도록 지도하며, 알레르기성 천식은 음식물 섭취 후에 발작이 나타나기도 하므로 주의 깊은 관찰이 필요하다. 또한 알레르기를 일으킬 수 있는 우유, 밀가루, 달걀, 초콜릿, 첨가물이 많이 든 가공식품과 너무 차고 뜨겁거나 짜고 매운 자극적인 음식은 피한다(Heller et al., 2009).

6) 천식치료 기구 사용지도

대부분의 학생은 갑작스러운 발작 증상이 일어나기 전에 스스로 감지할 수 있다. 그러므로 책임감을 느끼고 자신의 의료적 상태에 따른 행동과 관리를 스스로 할 수 있도록 지도한다. 건강관리에 대한 책임감을 갖게 하려면 약물을 복용해야 하는 이유와 질병에 관한 지식, 천식 발작의 징조나 증상, 대처하기 위한 흡입기(bronchodilators) 및 네뷸라이저(nebulizer)의 사용 방법 등을 익혀 스스로 관리할 수 있도록 지도한다.

학생들은 천식으로 진단받게 되면 병원에서 기본적인 수칙에 대한 안내와 교육이 이루어진다. 어린 아동의 경우에는 흡입기나 네뷸라이저를 올바르게 사용할 수 있도록 교육하거나 도움을 받도록 하고, 학생의 경우에는 스스로 사용할 수 있도록 교육한다(서울특별시교육연구정보원, 2006). 그러나 학교에서는 수업 중에도 갑작스러운 발작 증상이 나타날 수 있으므로 언제 어디서든 의료적 조치를 할 수 있도록 여건을 조성해야 한다. 흡입기 등의 의료 기구는 교실 이동수업이나 현장학습 등 학교 외부로 이동할 때에도 언제든지 사용할 수 있도록 늘 소지하게 한다. 수업 중 천식 발작이 나타날 때는 교실 상황과 관계없이 흡입기를 사용할 수 있도록 '숨 쉴 권리'에 대한 인식 개선 교육이 필요하다(Heller et al., 2009). 약물이 필요한 때에 사용하지 못하는 학생이 발생하지 않도록 주의한다.

흡입기를 사용할 때는 졸음, 손떨림, 흥분, 과다활동, 주의력 결핍 등의 증상이 나타날 수 있으며, 과다하게 사용할 경우 부작용은 더욱 크게 나타날 수 있다. 교사는 흡입기 사용법을 익혀 학생이 바르게 사용할 수 있도록 한다(가토 다다아키, 니시마키 겐고, 하라다 쇼헤이, 2010).

천식 증상이 심할 때는 의사의 처방에 따라 천식 흡입기를 사용한다. 천식 조절 흡입기는 크게 3가지 종류가 있다. 네뷸라이저(nebulizer), 스페이서를 부착한 정량식 흡입기(metered dose inhaler: MDI), 건조 분말 흡입기(dry powder inhaler: DPI)이다. 각 흡입기별 사용 방법에 대한 동영상은 한국천식알레르기협회(http://www.kaaf.org)에서 확인할 수 있다.

(1) 네뷸라이저 사용지도

연무기, 즉 네뷸라이저는 가정에서도 쉽게 사용이 가능한 제품들이 있다([그림 4-4] 참조). 그러나 네뷸라이저를 사용할 때에는 반드시 약액의 종류나 흡입 시간, 흡입 횟

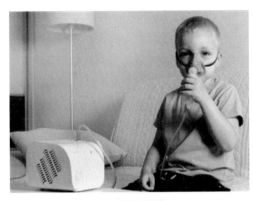 

그림 4-4   네뷸라이저를 사용한 약물 흡입

왼쪽 사진 출처: https://www.123rf.com/photo_80081207_boy-making-inhalation-with-nebulizer-at-home-
child-asthma-inhaler-inhalation-nebulizer-steam-sick-co.html

오른쪽 사진 출처: https://www.indiamart.com/proddetail/compressor-nebulizer-19200846555.html

수 등을 의사의 처방과 지시에 따라 사용해야 한다.

(2) 정량식 흡입기 사용지도

정량식 흡입기는 약통을 누르면 일정량의 약물이 추진 가스와 함께 분무되는 흡입기로, 약물의 성분에 따라 소염 스테로이드제, 장시간형 기관지 확장제, 속효성 기관지 확장제 등이 포함되어 있다. 정량식 흡입기만으로 기도에 약물이 전달하기 어려운 경우 정량식 흡입기에 흡입보조기구인 스페이서를 끼워서 사용한다([그림 4-5] 참조). 스페이서를 끼워서 사용하면 구강에 약물이 침착하는 것을 줄일 수 있어 스테로이드제 사용 시 함께 사용한다. 아동의 경우 약물 분사와 흡입을 동시에 하기 어려우므로 스페이서를 부착하면 흡입 효율을 높일 수 있다는 장점이 있다.

학생들은 병원에서 진단을 받고 나면 본인이 사용하는 흡입기의 사용 방법에 익숙하도록 훈련을 받는다. 그러나 병원 외의 장소에서 정확하게 사용할 수 있도록 지속적인 점검이 필요하다. 정량식 흡입기를 사용할 때에는 밸브를 누르는 동작과 공기를 흡입하는 동작이 일치해야 하고 공기를 흡입할 때 느린 속도로 천천히 흡입해야 한다. 아동의 경우 2초 이상 천천히 흡입하며 흡입 후 10초 이상 숨을 참아 약물 침착을 최대한 유도한다. 흡입과 동시에 밸브를 눌러 정확한 타이밍이 일치하도록 교육하는 것이 중요하다. 정량식 흡입기의 사용법은 [그림 4-6]과 같다.

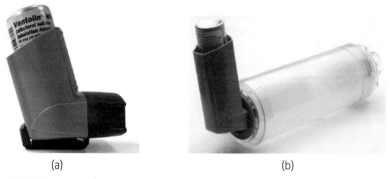

(a)   (b)

그림 4-5   정량식 흡입기(a)와 스페이서를 부착한 정량식 흡입기(b)

왼쪽 사진 출처: https://www.sympatec.com/en/particle-measurement/dosing-units/inhaler/
오른쪽 사진 출처: https://www.aaaai.org/conditions-and-treatments/library/asthma-library/spacers-asthma

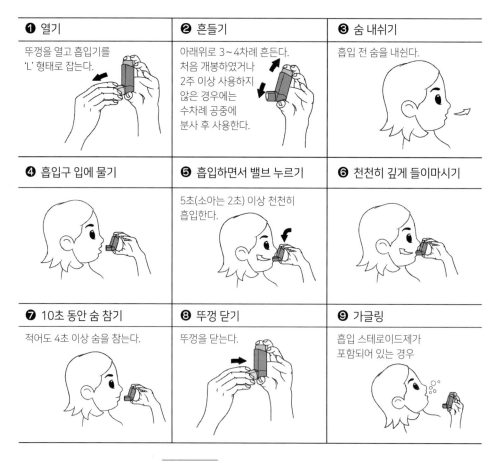

그림 4-6   정량식 흡입기 사용법

출처: 대한천식알레르기학회 외(2015), p. 131.

🔷 조금 더 자세히!

■ 흡입기의 잔여 용량 확인과 청결 절차

• 잔여 용량을 확인하는 방법은 흡입기 속의 금속 통을 물에 띄워 보는 것을 통해 알 수 있다. 금속 통이 물 위에 누우면 다 사용한 것으로 확인한다.

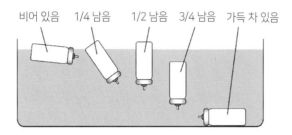

비어 있음　1/4 남음　1/2 남음　3/4 남음　가득 차 있음

• 청소는 주방세제를 풀은 따뜻한 물로 씻고, 공기 중에서 완전히 건조한다. 보조 흡입기는 주 1~2회, 흡입기통은 주 1회 청소한다.

(3) 건조 분말 흡입기 사용지도

건조 분말 흡입기는 약물과 부형제가 혼합된 분말을 직접 마시는 것으로 추진제가 따로 없으므로 흡입할 때 세고, 빠르게 들이마셔야 하는 호흡기이다. 캡슐을 장전하는 기구의 경우 2회에 걸쳐 흡입해야 정확한 약물이 전달되기 때문에 강하고 빠르게 2회를 흡입한다. 이러한 사용법으로 인해 아동이 사용하기 어렵다는 단점이 있다.

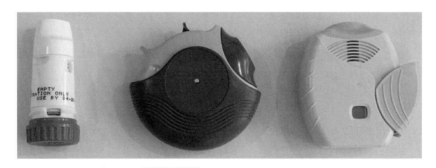

그림 4-7　건조 분말 흡입기

출처: https://en.wikipedia.org/wiki/Dry-powder_inhale

(4) 응급 약물과 흡입 약물의 보관

학교마다 학생들의 약이나 흡입 약물은 쉽게 꺼낼 수 있는 장소에 보관한다. 필요한 경우에는 주변에 있는 다른 학생들이 약을 가져다줄 수 있도록 쉬운 장소에 보관하는 것이 좋다. 현장학습이 있거나 야외수업이 있는 날, 갑자기 날씨가 추울 때는 천식 발작이 나타날 수 있으므로 항상 소지하고 다니도록 한다. 교사는 학생이 필요한 응급 약물을 휴대할 수 있도록 점검한다.

교실에서는 응급 약물을 보관하는 곳을 지정하고 투약 횟수와 사용 방법을 기록해 놓는다. 이러한 준비와 대처 방안에 대해 공유해야 학생들도 두려움 없이 안정된 학교생활을 할 수 있다(대한소아알레르기 호흡기학회, 2008).

7) 교육환경의 수정

천식이나 알레르기 질환의 증상을 줄이고 예방하기 위한 환경의 개선은 모든 학생의 건강관리에도 도움이 된다. 환경 수정을 통해 천식 발작의 원인 물질을 줄이고 유발 인자로부터의 노출을 감소시키는 환경 수정 전략이 필요하다. 천식의 유발 인자와 환경 간의 상호작용을 파악하여 환경을 수정해 주는 것이 증상을 예방할 수 있다. 교실에서 천식 증상의 유발을 방지할 수 있는 환경관리법은 〈표 4-5〉와 같다(서울특별시 교육연구정보원, 2006).

표 4-5   교실 환경관리법

- 교실 청소를 할 때는 먼지 청소를 철저히 하고 청소할 때는 먼저 환기를 한다. 걸레를 사용해서 먼지가 날리지 않게 주의하며, 진공청소기를 이용한다.
- 교실의 습도는 50% 이하로 낮춘다. 집먼지진드기는 온도 25~28도, 습도가 75~80%인 환경을 가장 좋아하므로 실내 습도를 50% 이하로 유지하면 집먼지진드기의 증식이 급격히 저하된다.
- 가습기는 실내 습도를 높여 곰팡이와 집먼지진드기의 서식을 늘릴 수 있으므로 사용하지 않는 것이 좋다.
- 공기청정기는 공기 중에 떠다니는 고양이 털, 곰팡이, 각종 연기를 제거하는 데에는 도움이 되지만, 집먼지진드기나 바퀴벌레 알레르겐은 입자가 커서 대부분 실내 바닥에 쌓여 있어 별 도움이 되지 않는다.
- 환풍기는 먼지를 순환시킬 수 있으므로 주의한다.
- 카펫은 사용하지 않는 것이 좋다.
- 커튼은 먼지가 많이 쌓이므로 수직 블라인드가 좋다.
- 봉제 인형, 직물 소재의 교재교구의 사용은 줄인다.
- 교재교구는 자주 소독한다.
- 책꽂이나 교재교구장의 먼지는 자주 제거한다.

소아천식과 관련한 정보는 관련 사이트를 찾아보기 바란다.

- 한국천식알레르기협회(http://www.kaaf.org)
- 경기도 아토피 · 천식 교육정보센터(http://www.e-allergy.org)
- 대한천식알레르기학회(http://www.allergy.or.kr)
- 대한소아알레르기 호흡기학회(http://www.kapard.org)

요약

이 장에서는 아동기의 호흡기 증상을 일으키는 알레르기 질환인 천식에 관하여 살펴보았다. 국내에서는 소아천식이 건강장애가 있는 특수교육대상자의 선정기준에 포함되는 사례가 매우 드물다. 소아천식은 평소에는 신체 활동이나 참여 수준에 제한이 될 만큼의 신체적 어려움이 발생하지는 않으며, 외관상 학생들의 어려움도 크게 드러나지 않는다. 그러나 소아천식은 증상이 매우 빠르게 진행되는 특징이 있다. 또한 평소에 학생 스스로 조절을 잘 하더라도 날씨 변화, 운동, 자극성 가스, 감염 등의 여러 요인에 의해 갑자기 증상이 악화하기도 한다. 때로는 생명까지 위험해질 수 있으므로 교사는 천식 발작을 일으키는 증상과 증상을 악화시키는 원인, 천식 악화의 위험 신호를 평소에 잘 파악해야 한다. 또한 소아천식은 신체에 미치는 영향 외에 감정상태와 정서상태에 따라서도 매우 많은 영향을 받는 만성질환이다.

이 장에서는 소아천식의 개념과 종류, 원인과 특성, 치료와 예후를 살펴보았다. 교사는 학생들이 가지고 있는 모든 질병에 대한 의학적 지식을 알 수는 없다. 그러나 학생들의 일상생활 및 학교생활을 어렵게 하는 요인에 대한 이해를 바탕으로 소아천식 학생과 가족의 천식 자가관리교육이 이루어졌는지 확인하고 학교생활에서 필요한 건강관리계획을 수립해야 한다. 구체적으로는 천식 발작이 나타났을 때의 응급대처 방안, 질병의 정도에 따른 신체 활동 및 참여 수준을 조정해 주고, 필요한 상황에서 천식 치료기구를 바르게 사용하도록 지도해야 한다.

함께 나누는 질문

1. 소아천식 학생의 건강관리계획에 포함되어야 할 내용은 무엇인가요?

2. 천식 발작이 나타났을 때의 응급대처 방안은 무엇인가요?

3. 소아천식 학생의 스포츠 활동이나 체육 수업 시 유의해야 할 사항은 무엇인가요?

4. 소아천식 학생의 정서적 지원에서 강조해야 할 사항은 무엇인가요?

5. 정량식 흡입기 사용 방법과 유의할 사항은 무엇인가요?

6. 천식이나 알레르기 질환의 증상을 줄이고 예방하기 위한 교실환경 관리법은 무엇인가요?

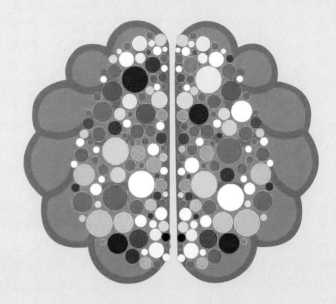

1. 당뇨병의 이해

1) 개념

우리 몸은 정상적으로 음식물을 섭취하게 되면 대부분 흡수되어 포도당 형태로 혈액을 통해 운반된다. 이때 혈중의 포도당이 세포로 이동하려면 인슐린이 필요하다. 인슐린은 췌장에서 분비되는 호르몬으로, 몸속의 당분을 열량원으로 변환시켜 에너지로 쓸 수 있게 한다. [그림 5-1]과 같이 일반적으로는 음식을 섭취하면 음식으로 섭취하는 당분으로 인해 혈당이 올라가므로 자동으로 몸에서 인슐린이 분비된다. 인슐린은 포도당을 세포 내로 들어가게 하고 간에도 저장하게 하여 혈당을 정상적으로 유지하는 작용을 한다. 그러나 인슐린이 부족하면 고혈당이 나타나고 단백질과 지방 대사에 이상이 생기며, 여러 가지 이상 증상이 나타난다.

당뇨병(diabetes)은 췌장의 베타세포가 90% 이상 파괴되어 인슐린은 분비 이상으로 포도당이 세포 내로 들어가지 못해 혈당 농도가 비정상적으로 높아지는 질병이다. 당뇨는 인슐린 분비의 장애, 또는 인슐린 작용의 장애로 발생하는 대사질환이다.

아동기에 발생하는 제1형 당뇨는 청소년기와 어린 시절에 나타나는 가장 흔한 내분비 신진대사 장애이다. 인슐린을 분비하는 세포가 유전적인 인자와 환경적인 인자가

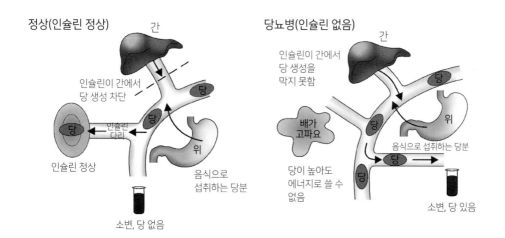

그림 5-1 정상과 당뇨병에서의 인슐린 작용

출처: 한국소아당뇨인협회 홈페이지(http://www.iddm.kr/diabetes/diabetes).

같이 작용하게 되는 어떤 원인에 의해 파괴되어 인슐린을 분비하지 못하게 된다. 결국, 식사 후 높아진 영양소들의 처리가 불가능해져서 포도당 대부분이 세포 내로 흡수되지 못하고 혈당치가 증가하게 된다. 혈액 속의 고혈당이 특징이며, 당, 단백질 및 지질 대사의 장애가 동반된다. 체중 감소와 케톤혈증 등의 증상과 그 밖의 심각한 합병증을 일으킬 수 있다.

당뇨병은 완치될 수는 없으나, 매일 인슐린 주사를 맞으면서 열량 처방에 의한 식사요법, 적당한 운동과 정규적인 병원 진찰을 통하여 조절할 수 있다. 특히 일반적인 당뇨병의 원인과 치료 방법이 다른 제1형 당뇨병은 일생 인슐린 주사를 계속해서 맞아야 하므로 인슐린 의존성 당뇨병이라고도 불린다. 소아연령에서 발생하는 당뇨병의 90%가 인슐린 의존성인 제1형 당뇨여서 소아당뇨라 불렀다. 이 장에서는 아동기에 발생하는 제1형 당뇨를 중심으로 다루고자 한다.

✿ 조금 더 자세히!

■ 인슐린(insulin)이란?

- 이자의 랑게르한스섬의 베타(β)세포에서 분비되는 호르몬이다. 랑게르한스섬은 척추동물의 이자에 있는 섬 모양의 불규칙하게 생긴 내분비샘 조직을 말한다.
- 인슐린은 우리 몸의 신진대사 체계에 중요한 역할을 하는 호르몬 중 하나이다. 이자의 랑게르한스섬 베타세포에서 분비되며, 혈액 속의 포도당 수치인 혈당량을 일정하게 유지하는 역할을 한다. 혈당량이 일정 수준 이상으로 높아지면 인슐린이 분비되며, 혈액 내의 포도당을 세포 내로 유입해 다시 다당류(글리코겐)의 형태로 저장하는 작용을 촉진한다. 이러한 인슐린의 분비에 이상이 있는 경우에는 포도당을 소변으로 배출하는 당뇨병에 걸리기 쉽다.
- 인슐린이 혈당량을 낮추는 작용은 두 가지로 이루어진다. 먼저, 간세포에서 포도당을 글리코겐으로 저장시키는 작용을 한다. 그리고 혈액 내의 포도당을 세포 내로 이동시켜 포도당의 산화를 촉진한다.
- 인슐린은 대표적인 당뇨병의 치료제로 쓰이며 이외에 대량으로 주사할 경우 환자가 혼수상태에 빠지는 것을 이용하여 정신질환 치료 시 인슐린쇼크 요법에 쓰이기도 한다. 또한 비만과 간장병 등의 치료제로도 쓰인다.

출처: Heller et al. (2009).

2) 출현율

제1형 당뇨는 주로 11~20세 사이의 청소년들에게서 발생하며, 미국에서는 소아 650명당 1명꼴로 소아당뇨가 생기는 것으로 보고되었다. 미국 당뇨병 연합회(American Diabetes Association, 2007b)에서는 아동과 청소년 400~600명당 1명 정도가 이 병을 가지고 있고 전체 인구의 7% 정도가 당뇨라고 보고하였다. 소아연령에서 발생하는 당뇨병의 90% 정도가 제1형 당뇨였으나 최근에는 성인기에 나타나는 제2형 당뇨가 점차 증가하여 소아연령의 20~30%에 이르고 있다(김덕희, 2007). Boland와 Grey(2004)는 당뇨병이 있는 아동과 청소년에게 가장 많이 나타나는 유형은 제1형 당뇨로 약 60~70%를 차지하며, 그다음으로 흔한 유형은 제2형 당뇨로 약 30~40%로 차지한다고 밝혔다.

2. 당뇨병의 종류

당뇨는 일반적으로 인슐린 의존성 당뇨병(insulin-dependent diabetes mellitus)과 비의존성 당뇨병으로 분류된다. 인슐린 의존형은 제1형 당뇨를 말한다. 제1형 당뇨는 자가면역이라는 구조가 인슐린을 만들어 내는 세포를 파괴하여 인슐린이 거의 분비되지 않기 때문에 발병한다(가토 다다아키, 니시마키 겐고, 하라다 쇼헤이, 2010). 인슐린 비의존형은 제2형 당뇨를 말한다. 제2형 당뇨는 비만 등이 원인으로 성인에게 많이 나타나며 성인형 당뇨병으로도 불린다. 제1형 당뇨를 가지고 있는 아동이 성장하면서 제2형 당뇨로 바뀌거나, 제2형 당뇨병이 제1형 당뇨로 바뀌지는 않는다. 당뇨병의 종류별 특성은 다음과 같다.

1) 제1형 당뇨

제1형 당뇨(type 1 diabetes)는 인슐린 의존형 당뇨로 체내에서 혈당을 조절하는 인슐린이 거의 분비되지 않아 인슐린 주사에 의존해야 하는 경우를 말한다. 소아비만증과는 관계없이 필요한 인슐린이 자기 몸에서 분비되지 않거나 부족하여 당이 세포 내로 흡수되지 못하여 고혈압과 산독증(acidosis)에 빠지게 되므로 인슐린 의존성 당뇨병이라고 부른다. 산독증이란 신진대사의 장애로 체내 산의 형성이 병적으로 왕성해져서 혈액의 산 중화 능력이 감소한 상태를 말한다(김덕희, 2007).

　인슐린 주사를 맞지 않으면 살 수 없는 심한 당뇨병이다. 제1형 당뇨가 아동에게 생기면 증상의 경과가 빨라서 바로 인슐린 치료를 해야 한다. 19세 미만 소아당뇨의 많은 비율이 인슐린 의존형으로 주로 10~13세 또는 6~8세에 많이 생기며, 한번 발병하면 평생 인슐린 주사를 맞아야 한다(서울특별시교육연구정보원, 2006).

　고혈당과 목이 심하게 말라 수분을 대량으로 섭취하고 소변량이 과다하게 증가하는 증상을 보인다. 식사량이 많은데도 불구하고 체중이 감소하고 전신의 나른한 상태를 보인다.

2) 제2형 당뇨

　제2형 당뇨(type 2 diabetes)는 인슐린 비의존형으로 인슐린은 생산되지만, 적절히 사용되지 않아 발생한다. 제2형 당뇨는 인슐린을 맞지 않아도 생명을 유지하는 데 크게 지장이 없다. 비의존형은 비만 등으로 인슐린 작용이 감소하는 것으로 체중을 줄이거나 식이요법 등으로 조절할 수 있다. 성인 당뇨병의 대부분 여기에 해당하며, 일부 아동들에게 발생하기도 한다.

　제2형 당뇨의 환경적 요인으로는 비만과 신체 활동의 부족함이다. 비만증으로 인슐린 저항선과 인슐린 분비가 상대적 감소로 발병된다. 운동요법, 또는 먹는 약, 혈당강하제로 혈당 조절이 가능하며 인슐린을 꼭 주사해야 하는 것이 아니므로 인슐린 비의존성 당뇨병이라고 한다. 최근 당뇨병을 포함한 고혈압, 심혈관 및 뇌혈관질환과 같은 대사질환의 핵심에는 비만 요인이 있다고 알려져 있는데 여기서 말하는 비만은 '대사적 비만', 즉 '복부비만'을 의미한다.

　그 밖의 다른 형태의 당뇨병은 임신성 당뇨병과 신생아 당뇨병 등이 있다. 임신성 당뇨병은 고혈당의 정도와 무관하게 임신 중 발견되는 당뇨병이다. 신생아 당뇨병은 태어난 지 6개월 이전의 아기에 발병하는 당뇨병으로서 인슐린으로 적절히 치료하면 2주 내지 1년 반 후에는 정상으로 회복된다(Muhlendah & Herkenhoff, 2004).

3. 제1형 당뇨의 원인과 특성

소아당뇨인 제1형 당뇨는 비만이나 간편식 사용 등의 원인에 의해서 생기는 것이 아니다. 많은 사람이 잘못된 식습관에 의해 발생하는 것으로 오해하기도 한다. 자가면역질환에 의한 제1형 당뇨는 유전적 요인도 가지고 있으며 유전적으로 취약한 경우 환경적 요인에 의해 그 증상이 심화할 수 있다. 제1형 당뇨는 유전적인 요인, 환경적 요인, 면역학적 요인이 함께 작용하여 발생한다.

1) 원인

(1) 유전적 요인

제1형 당뇨는 당뇨병이 잘 걸리는 유전적 소질을 가진 아동들에게 바이러스가 감염되어 췌장이 손상됨으로써 생긴다고 알려졌지만 정확한 것은 아니다. 췌장의 베타세포가 망가져서, 아동기나 청소년기에 발병한다. 면역체계의 문제가 췌장의 랑게르한스섬의 베타세포를 죽게 하는 요인으로 추정된다. 유전적인 영향은 성인당뇨인 제2형 당뇨보다 훨씬 적은 것으로 알려져 있다. 당뇨병이 왜 생기는지의 자세한 기전에 대해서는 아직 확실하게 밝혀진 것이 없다. 현재로서는 당뇨병이 생길 수 있는 유전적 소인, 즉 가족 중에 부모, 형제, 자매, 조부모 심지어는 사촌 등이 당뇨병을 가지고 있는 사람이 후천적으로 당뇨병을 잘 일으키는 환경적 요소에 노출될 때 생길 수 있다. 부모가 모두 당뇨병이면 자녀의 당뇨병 발병률은 약 30%이고, 한 사람만 당뇨병이면 15% 정도이다(서울특별시교육연구정보원, 2006).

(2) 환경적 요인

제1형 당뇨는 유전적으로 취약하면서 환경적 요인에 노출될 경우 발생할 수 있다. 여러 가지 후천적인 환경적 요인에 노출될 때 환경적인 요인이 작용하여 발생한다. 그러나 유전과 환경적 요인에 노출된 사람이라도 당뇨병을 유발하거나 악화시키는 원인을 제거하고 혈당 조절을 잘하면 당뇨병 예방은 물론 당뇨병으로 진단받더라도 합병증을 예방하고 병의 진행을 지연시킬 수 있다.

(3) 면역학적 요인

제1형 당뇨는 항체가 췌장의 베타 세포를 병원체로 오인하고 공격해서 인슐린을 분비하지 못하게 만들어서 발생하는 질환이다. 병원체를 정상적인 세포들과 구별하는 면역체계(immune system)가 너무 활발해서 정상적인 자기 세포를 공격하는 문제가 발생하는데, 이를 자가면역질환(autoimmune disease)이라 한다. 당뇨병의 임상 증후는 대략 80~90%의 세포가 파괴되었을 때 시작된다(Alemzadeh & Wyatt, 2004). 바이러스 감염은 베타세포를 파괴할 수도 있으며, 우유의 단백질과 식수의 질산염, 그리고 비타민 D의 섭취 부족 등은 당뇨의 발생 원인 중 하나로 알려져 있다. 풍진, 거대세포 바이러스, 엡스타인바(Epstein-Barr) 바이러스, 그리고 유행성 이하선염 등의 바이러스 또한 발병을 일으킨다. 천식 및 알레르기성 질환에 사용하는 부신피질 호르몬제, 혈압을 내리고 이뇨작용을 하는 강압 이뇨제, 경구용 피임약, 소염진통제, 갑상선 호르몬제 등의 과다 복용도 당뇨의 원인이 될 수 있다(김덕희, 2007).

2) 특성

학령기 및 청소년기 학생이 당뇨를 잘 조절하지 못하면 인슐린의 부족으로 인해 학교에서는 고혈당과 저혈당이라는 2가지 의학적인 상황이 발생할 수 있다. 즉, 충분한 인슐린 공급을 받지 못했을 경우 당뇨병성 케톤산증(ketoacidosis)을 유발하는 고혈당(hyperglycemia)과 인슐린이 과다분비되어 혈당치를 위험한 수준까지 떨어뜨리는 경우 저혈당(hypoglycemia)이 발생할 수 있다.

(1) 고혈당증

고혈당증이란 혈중 포도당의 수치가 과도하게 높게 나타나는 증상이다. 포도당의 농도가 200mg/dl보다 높은 상태를 말한다(마리안느 트랑블레, 2013). 췌장의 베타세포 상당 부분이 파괴되었을 때 인슐린이 더는 생산되지 않으면서 인슐린 부족으로 혈당이 올라가는 당뇨병의 초기 증상이다.

고혈당증의 증상은 한 시간이나 하루, 혹은 일주일에 걸쳐 나타날 수 있다. 만약에 학교에서 인슐린 부족으로 고혈당증이 나타나면 학생은 스스로 인슐린을 투약하여 관리한다. 교사는 이에 대해서 잘 이해하고 있어야 한다. 또한 학생이 인슐린 주사를 언제 투여하는지 기록하도록 지도하여 고혈당증이 나타날 때를 대비해야 한다.

고혈당증의 증상은 일반적으로 다뇨, 다음, 다식의 특징이 나타난다(질병관리본부 국가건강정보포털, http://health.cdc.go.kr/health/HealthInfoArea/HealthInfo/View.do?idx=2230).

- **다뇨**: 제일 먼저 나타나는 증상으로 소변량이 많아진다. 인체가 혈액에서 과도한 포도당 수치를 감지하면 소변의 노폐물을 통해 포도당을 방출하여 포도당의 양을 줄이게 된다.
- **다음**: 소변이 과도하게 배출되면서 갈증을 느끼고 탈수증상을 막기 위해 과도한 수분을 섭취한다. 제1형 당뇨의 경우 소변으로 당이 배설되고 많은 수분을 동반하기 때문에 많은 양의 소변을 보게 되며 이로 인한 신체 내의 수분 부족으로 많은 양의 물을 섭취하는 증상을 보인다.
- **다식**: 소변을 통해 소모된 열량을 보충하기 위해 음식을 과도하게 섭취한다. 혈액 속에는 많은 양의 당이 있지만, 세포 내에는 당이 부족해서 에너지 부족과 영양소 결핍으로 인한 심한 공복감을 느끼게 되어 많은 양의 음식물을 섭취하게 된다. 그 밖의 증상으로 체중 감소, 피로감, 의욕상실이 나타난다. 에너지원인 당질이 소변을 통해 빠져나가므로 몸이 쉽게 피로해지며, 탈수 현상과 체중 감소가 나타난다. 만약 아동들의 음식물 섭취가 소변으로 소모된 열량을 보충하지 못한다면 체지방이 감소하여 체중이 감소한다. 예를 들어, 당뇨병이 있는 10세 아동의 경우 적절한 치료를 받지 못한다면 소변으로 하루 섭취 열량의 절반을 소모할 수 있으며, 탈수증이 발생할 수 있다.
- **피로와 허약**: 조직의 영양소 저장 부족 및 세포의 에너지원 결핍으로 지방조직이 분해되고 근육에 존재하는 단백질도 분해되어 체중이 감소하며 세포의 활동 부족으로 인해 심한 피로를 느낀다.

(2) 저혈당증

저혈당증이란 혈당이 정상 수치 이하로 내려가면서 신체기관에 공급되는 포도당의 양이 감소하여 다양한 증상을 나타내는 상태를 말한다. 인슐린 반응(insulin reaction)이라고도 하며, 이러한 증상은 매우 급작스럽게 응급 상황을 유발한다.

저혈당의 초기 증상은 식은땀, 두근거림, 떨림, 두통이나 현기증, 두려움 등이며, 공복감, 메스꺼움, 졸림, 시간의 몽롱함 등의 증상이 나타난다. 자기표현력과 조절력이 떨어지는 저학년 학생의 경우에는 증상과 신호에 대한 경험을 말로 표현하는 것을 어려워한다. 학생이 교실 안에서 갑자기 버릇없이 굴거나 이유 없는 짜증, 울음, 공격성 등의 행동을 보일 때에는 당뇨 증상과 관련이 있음을 알고 학생의 행동 변화를 관찰해야 한다. 저혈당의 증상은 매우 다양하며, 졸림, 집중력 저하 등의 일부 증상은 고혈당 증상과도 비슷하다.

저혈당은 외부 여건에 의해서도 발생할 수 있다. 땀을 흘리면서 장시간 뛰어놀거나 감기에 걸려 식사량이 줄어들었을 때 저혈당이 급격히 올 수 있다. 이러한 증상들은 중도의 저혈당증을 발생시키며 처치가 이루어지지 않고 지속할 경우 경련이나 발작, 쇼크 상태가 초래되어 사망으로 이어지기도 한다(Alemzadeh & Wyatt, 2004). 정확한 증상은 혈당 체크를 하여 확인한다. 저혈당 증상을 정리해 보면 다음과 같다(마리안느 트랑블레, 2013).

- 머리가 아프다.
- 배가 심하게 고프다.
- 땀이 나고 몸이 떨린다.
- 피부가 창백해지거나 축축해진다. 몸에 힘이 없다. 피곤하다.
- 맥박이 빨라진다. 숨소리가 거칠어진다.
- 현기증이 난다. 물체가 흐릿하게 보인다.
- 집중되지 않는다. 신경이 예민해지거나 화를 잘 낸다.
- 경련을 일으킨다. 의식을 잃는다.

저혈당증의 응급처치 방법은 음식을 섭취하여 혈당을 증가시키는 것이다. 저혈당증이 발생하면 빨리 당질이 함유된 음식을 먹게 하고 휴식을 취하도록 한다. 혈당 회복을 위한 음식으로는 주스나 음료, 사탕, 설탕, 포도당 알약 등이 좋다. 학생에 따라 저혈당 증상에 유용한 간식 종류를 가지고 다니게 하며 교사는 이를 알고 있어야 한다. 수업 중이라도 증상이 보일 때는 주저하지 않고 섭취할 수 있고 그러한 행동이 교사와 또래의 오해를 일으키지 않도록 인식교육이 필요하다. 만약 의식이 소실되었을 때는 위험해질 수 있으므로 응급실로 이송하여 포도당 수액을 공급해야 한다. 혼수상태이거나 의식이 혼미한 상태에서는 음식을 먹게 해서는 안 된다. 의식이 없는 상태로 억지로 음식이나 음료수를 먹이려 하면 기도가 막혀 더 위험해질 수 있다(American

Diabetes Association, 1999).

가정이나 학교에서 갑자기 저혈당에 의해 상황이 급변했을 때에는 다음과 같이 대처한다(가토 다다아키, 니시마키 겐고, 하라다 쇼헤이, 2010). 보건교육실 등에 상비하고 있는 당분을 보충함으로써 대처할 수 있다.

- **공복감, 초조함, 손의 떨림 등의 가벼운 증상이 나타날 때**: 사탕 10g, 가능하면 흡수가 빠른 글루코스(glucose) 2정을 먹인다.
- **평소와는 상당히 다른 모습 즉, 말을 하지 않음, 식은땀, 안면 창백, 이상 행동이 나타날 때**: 글루코스 2정을 먹인 후 비스킷이나 쿠키 2~3개 등 40~80kcal 정도를 추가로 먹게 한다. 그 후 보건교육실에서 휴식을 취하게 하면서 상태를 관찰한다. 바로 보호자나 주치의에게 연락한다.
- **의식장애, 경련과 같은 고도의 저혈당 증상이 나타날 때**: 보호자, 주치의에게 긴급 연락을 하고 구급차로 주치의가 있는 곳 또는 가까운 병원으로 옮긴다. 구급차를 기다리는 동안 사탕 등을 입속의 점막에 대고 문지르면 다소 흡수되어 효과가 있다. 의식이 없을 때 음료를 무리하게 먹이다 잘못하면 오히려 해가 되므로 주의한다.

저혈당증은 식사 시간이 늦어지거나 평소보다 음식을 너무 적게 섭취한 경우, 혹은 장기간 격렬한 운동을 할 때 나타날 수 있으므로 생활 속에서 식습관, 운동 등의 건강 관리가 필수적이다. 한번 저혈당이 생긴 학생은 다시 발생할 가능성이 크므로 주의한다. 저혈당이 자주 발생하는 것은 매우 해로우며 뇌 기능 저하를 일으킬 수 있다. 그러므로 저혈당이 발생하여 회복한 후에는 왜 저혈당이 발생했는지 원인을 주의 깊게 생각하여 더는 저혈당이 발생하지 않도록 대책을 세워야 한다. 인슐린 또는 경구 혈당 강하제의 양을 식사량과 운동의 정도에 맞추어 균형 있게 투여함으로써 저혈당을 예방할 수 있다. 예를 들어, 평소와 다르게 심한 운동을 하게 될 때는 당의 소모가 심하므로 거기에 맞추어 음식 섭취량을 늘리거나 당뇨병 치료 약물의 양을 늘려 저혈당을 예방하도록 유의한다(김덕희, 2007).

> ## ✿ 조금 더 자세히!
>
> ■ **글루코스(glucose)란?**
>
>   탄수화물 대사의 중심적 화합물로서 글루코스를 흔히 포도당이라고 부른다. 글루코스는 탄소 6개에 알데하이드기를 가지는 단당류이며 분자식은 $C_6H_{12}O_6$이다. 즉, 탄소가 6, 수소가 12, 산소가 6개 있다는 뜻이다. 포도당은 곡류나 과일 같은 탄수화물 음식을 먹으면 소화기관을 거치면서 체내에 흡수되기 위해 잘게 분해되는데 이렇게 분해된 물질이 뇌, 신경, 폐 조직의 주된 에너지원으로 사용된다. 뇌, 신경, 폐 조직에 있는 글루코스는 에너지원으로 필수적이며, 혈중 글루코스 농도에 민감하게 반응하여 결핍증이 되면 즉각 경련을 일으키게 된다.

출처: Heller et al. (2009).

(3) 당뇨병성 케톤산증

고혈당이 생기면 목이 마르거나 피곤함을 느끼고, 물체가 흐릿하게 보인다. 이때는 빨리 인슐린 주사를 맞아야 하는데, 인슐린 주사를 맞지 않으면 케톤산증이 나타날 수 있다. 케톤산증이란 혈중에 케톤체가 축적하고 산증을 나타내는 상태를 말한다. 세포에서 부족한 포도당을 보충하기 위해 간에서 포도당을 분해할 때 부산물로 산성의 케톤을 생산하게 되는데, 이때 케톤이 축적되면 케톤산증의 증상이 나타난다.

케톤산증의 초기 증상은 복통, 구역질, 구토 등이며, 이때 소모된 수분을 보충할 능력이 떨어져 탈수증이 가속화된다. 케톤산증이 진행되면 의식장애가 발생할 수 있다. 케톤산증이 발생하면 적절한 응급처치와 인슐린 관리, 그리고 정밀 검사가 필요하다. 아동 중 약 20~40%의 경우에서 당뇨병으로 진단되기 전에 케톤산증이 진행된다(Alemzadeh & Wyatt, 2004).

당뇨는 신체 운동량과 인슐린의 양, 음식을 통한 당의 섭취가 서로 균형을 이루는 것이 중요하다. 〈표 5-1〉은 고혈당증과 케톤산증, 저혈당증의 증상과 원인, 처치에 대해 정리한 내용이다.

표 5-1 고혈당증과 케톤산증, 저혈당증의 증상 및 원인과 처치

유형	증상	원인	처치
고혈당증과 케톤산증	• 혈당 수준이 높게 나타남 • 증상이 서서히 나타남 • 고혈당의 초기 증상: 다뇨, 다음, 다식, 피로와 허약 • 케톤산증의 증후: 구토, 입에서의 냄새, 가쁘고 깊은 호흡, 주의집중 문제와 혼란, 당뇨성 혼수	• 인슐린 부족 • 질병, 상해, 심리적 스트레스	• 인슐린 투여 • 치료 이행
저혈당증	• 포도당의 수치 저하 • 증상이 빠르게 나타남 • 경도의 저혈당증: 땀, 발작, 허기, 두통, 어지러움과 현기증, 행동 변화 • 중등도의 저혈당증: 성격 변화, 언어 문제, 나른함, 혼란 • 심한 저혈당증: 발작과 당뇨성 혼수	• 인슐린 과다 • 식사 시간 지연 • 심한 운동	• 포도당 섭취 • 치료 이행

출처: Heller et al. (2009), p. 342.

4. 제1형 당뇨의 치료와 예후

대부분의 제1형 당뇨 학생은 특수교육적 지원이 필요하지 않기 때문에 우리나라에서 건강장애를 가진 특수교육대상자로 선정되는 사례는 드물다. 그러나 학교 교사는 당뇨병을 가진 학생들을 지원하기 위해서는 학생의 질병을 이해하고 치료방법과 혈당검사, 식이요법, 운동요법 등에 관한 내용을 정확히 이해해야 한다.

1) 치료

제1형 당뇨는 선천적인 것으로 근본적으로 완치될 수 없다. 치료의 목적은 질병 조절에 있다. 따라서 '치료'라는 말 대신에 '조절' 또는 '관리'라고 말한다. 소아 청소년의 당뇨병은 병과 더불어 일생을 살아가야 하므로 진단 후 일시적인 치료로 끝나는 것이 아니라 지속적인 조절을 통한 관리가 필요하다. 질병 조절의 목적은 정상적인 혈당(80~130mg/dl)을 유지하는 것이며, 인슐린 주사와 혈당검사 등의 약물치료, 식이요법, 그

리고 적당한 운동요법이 병행되어야 한다.

(1) 인슐린 주사

인슐린 주사는 췌장의 베타세포에서 인슐린 분비를 자극, 촉진하거나 말초에서 인슐린 감수성을 증가시켜서 혈당 조절에 도움을 주는 방법이다. 제1형 당뇨 학생은 췌장에서 인슐린이 만들어지지 않으므로 외부에서 인슐린을 넣어 주어야 한다. 인슐린은 다른 사람이 주사를 놓거나 직접 투여하는데, 최소한 매일 2회(아침 식사 전과 저녁 식사 전) 주사한다.

인슐린의 양과 주사 방법은 의사의 지도를 받아야 하지만 의료진이 항상 옆에 있는 것이 아니므로 부모와 교사가 인슐린 사용법을 익혀야 한다. 초등학교 저학년 학생은 부모가 도와주어야 하나, 이후 아동이 성장함에 따라 스스로 배워서 할 수 있도록 교육한다. 초등학교 고학년이 되면 약간의 도움이 필요할 수 있으나 청소년기 연령이 되면 스스로 수행할 수 있다. 인슐린은 복부, 상완부, 대퇴부와 같은 피하층에 투여하는 것을 원칙으로 하며, 스스로에게 인슐린을 투여하도록 교육한다.

약물은 식사 30분 전에 복용하며, 정기적으로 혈당을 측정하여 약제가 잘 작용하는지 확인한다. 부작용은 드물지만, 간혹 식욕부진, 가려움증, 피부발진, 소화 장애, 두통, 독성 감염 등이 나타날 수 있다.

인슐린을 매일 여러 차례씩 장기적으로 주사하는 것은 상당히 힘든 일이다. 가능한 통증이 적은 인슐린 주사 방법에 관한 연구들이 소개되고 있으나 학령기 학생들이 사용할 수 있는 방법은 매우 제한적이다. 일반적인 인슐린 주사 외에 사용되는 방법은 다음과 같다.

- **인슐린 펜 주사기**(insulin pen): 펜 모양의 주사기로 잉크 대신 인슐린을 저장하고 펜촉 대신 바늘을 낀 주사기이며, 휴대하기 간편하고 쉽게 주사할 수 있다.
- **압력주사기**(jet injector): 바늘 없이 높은 압력의 힘으로 피부를 거쳐서 몸속으로 약을 전달하는 방법으로 주사기 바늘은 사용하지 않으나 통증은 바늘과 유사하다.
- **테플론 부착**: 테플론 카테터 한쪽이 찰고무막으로 되어 있어서 고무 부위로 주사하는 것으로 1회 삽입한 카테터는 4~5일 사용하기 때문에 통증 없이 사용할 수 있다.

- **인슐린 펌프**: 기존의 인슐린 요법이 합병증 예방에 큰 효과가 없다는 결점을 보완한 것이 휴대용 인슐린 펌프이다. 인슐린 펌프는 췌장과 같은 구실을 하는 의료기기로 몸 밖에 부착하여 인슐린을 적절히 공급해 정상 혈당을 유지하고 췌장 기능을 서서히 회복시키는 역할을 한다. 인슐린 펌프는 사용자에게 맞도록 설정된 상태에서 기초 대사량에 맞추어 인슐린이 주입된다. 주입 방법은 24시간 정상 혈당유지를 위해 기초주입량(basal rate)을 지속해서 주입하는 것과 식사로 인한 혈당상승을 막기 위해 식사량(meal bolus)을 식사 전에 주입하는 2가지 방법으로 주입된다(대한당뇨병학회).

만성질환에 대한 의학적 지식을 교사가 다 인지하기는 어렵지만, 인슐린 펌프를 사용하는 학생이 교실에 있으면 교사는 최소한 인슐린 펌프에 대한 기본 지식과 펌프 알람음의 의미 정도는 이해할 수 있어야 한다. 당뇨 학생은 일상생활 속에서 지켜야 할 식이요법 외에 혈당을 검사하고 인슐린을 투여하는 방법에 대해 교육을 받는다. 8세경에는 스스로 혈당을 검사하는 방법을 배우며, 13세경에는 스스로 인슐린을 관리하도록 교육받는다(Gretch, Bhukhanwata, & Neuharth-Pritchett, 2007).

(2) 혈당검사

혈당검사는 혈액 속에 당이 얼마나 많은지를 알아보는 검사이다. 검사 결과에 따라 식사량과 주사량을 상태에 맞게 조절하게 된다. 혈당검사는 채혈침으로 손가락 끝의 혈액을 채혈하여 혈당측정기로 혈당을 측정하는 방법이다([그림 5-2] 참조). 1일 3∼4회 하는 것이 이상적이나 잦은 혈당검사는 정신적인 고통을 증가시킬 수 있으므로 개인에 따라 융통성 있게 한다. 의료진들은 혈당을 적절하게 유지하기 위해서는 아침 식전, 점심 식전, 저녁 식전, 잠자기 전 1일 4회의 규칙적인 혈당검사를 하도록 권고한다. 규칙적인 검사 외에도 저혈당 시, 새벽, 간식 전, 운동 전 · 중 · 후, 아픈 날 등에는 추가 검사가 필요하다. 최근에는 적외선 혈당 측정 장치가 개발되어 손가락을 넣으면 채혈 없이 혈당측정이 가능해졌다(김덕희, 2007).

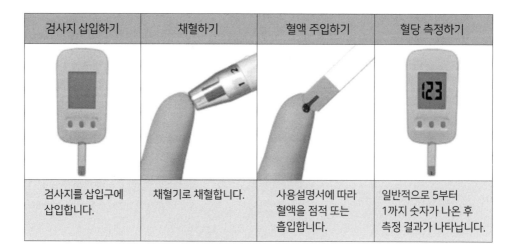

검사지 삽입하기	채혈하기	혈액 주입하기	혈당 측정하기
검사지를 삽입구에 삽입합니다.	채혈기로 채혈합니다.	사용설명서에 따라 혈액을 점적 또는 흡입합니다.	일반적으로 5부터 1까지 숫자가 나온 후 측정 결과가 나타납니다.

그림 5-2   자가혈당 측정방법

출처: 질병관리본부 국가건강정보포털 홈페이지(http://health.cdc.go.kr/health/HealthInfoArea/HealthInfo/
View.do?idx=15120).

(3) 식이요법

인슐린관리는 당뇨병을 단기적으로 조절할 뿐이므로 식생활을 개선하는 식이요법
이 필요하다. 식이요법은 음식의 양을 줄이는 것이 아니라 혈당 조절이 잘될 수 있도
록 식사를 조절하는 것이다. 당뇨병을 가진 아동도 건강한 아동들과 마찬가지로 적절
한 포도당 수치를 유지하고 정상적인 성장과 발육을 할 수 있도록 충분한 영양을 섭취
해야 한다. 식이요법의 목적은 혈당의 상승을 최대한 억제하여 혈당을 유지하고 합병
증의 발생을 지연시키며 좋은 영양상태를 유지하는 것이다. 개인의 상태에 따라 의사
로부터 적정한 음식의 양, 종류 및 섭취 시간에 관한 식이요법을 처방받지만 여러 번에
나누어 식사하여 과식을 피한다.

저혈당증을 막기 위해서는 규칙적인 식사가 필요하다. 정확한 시간에 정해진 열량
의 식사와 간식을 먹어야 한다. 저혈당 증상을 학생이 자각할 때에는 간식을 먹을 수
있게 하며, 간식은 일반적으로 오전 10시 30분경, 오후 3시경으로 2회 정도 먹는 것을
추천한다. 식사요법을 지키지 못하고 과식할 때는 음식물로부터 섭취한 포도당을 신
체에서 원활히 사용할 수 없게 되어 혈당이 상승하고 합병증이 나타난다. 특히 지방
섭취를 줄이는 것이 중요한데, 혈액 내 지방이 증가하면, 인슐린의 저항성을 증가시킬
위험이 크기 때문이다(Heller et al., 2009).

식이요법은 열량이 많은 음식보다는 채소류나 단백질이 많은 영양가 있는 음식을

권한다. 제한해야 하는 것은 음료수, 아이스크림, 사탕 등과 같이 다량의 당분이 함유
된 식품이다. 어린 연령의 아동에게 엄격한 식이요법을 강요할 경우 치료에 대한 자발
적 동기가 떨어질 수 있다. 그러므로 단맛을 제한하는 것만 지키도록 하고 가능한 일
정 시간 간격으로 필요한 열량을 균형 있게 섭취하도록 지도한다.

(4) 운동요법

규칙적인 운동은 혈당을 조절하는 데 도움이 된다. 운동은 심폐 기능을 강화하고 심
혈관계의 합병증을 감소시키기 때문에 혈당 조절을 위해서는 적당한 운동이 필요하
다. 제1형 당뇨 학생에게 운동요법은 여러 가지 치료적 측면의 장점이 있다.

- **인슐린 저항성(insulin resistance) 감소**: 운동을 하면 혈당이 낮아지며 혈당을 사용하
  는 신체능력이 향상된다. 즉, 몸속에서 필요로 하는 인슐린 요구량이 감소하게 된
  다. 비만하게 되면 인슐린에 대한 감수성이 떨어져 인슐린 저항성이 생기게 되는
  데 운동을 하면 이러한 인슐린 저항성이 감소한다.
- **고혈당 개선**: 운동을 통해 혈액 속의 포도당 이용도를 높이고 인슐린 민감성을 향
  상해서 인슐린 용량이나 경구 혈당강하제 용량을 줄일 수 있다.
- **심혈관계 질환 예방**: 폐 기능을 향상하고 혈압을 낮추어 관상동맥 심질환의 위험성
  을 감소시킨다.
- 체중 감소
- 체력, 심폐 기능, 유연성 향상
- 스트레스 감소, 당뇨병에 동반된 우울증 개선

혈당치가 높을 때는 운동량을 증가하여 열량을 소모하게 한다. 그러나 운동요법의
장점에도 불구하고 다음과 같은 상황에서는 운동을 피해야 한다. 첫째, 공복일 때 격
렬한 운동은 피한다. 둘째, 당뇨가 조절되지 않고 고혈당증이나 케토산증이 나타날 때
운동을 금한다. 셋째, 혈당치가 낮은 저혈당 상태에서도 운동을 금한다. 체육 시간 등
체력이 소모되는 신체 활동을 할 때는 활동 전에 간식을 먹게 하면 저혈당을 예방하는
데 도움이 된다.

2) 예후

제1형 당뇨는 인슐린이 분비되지 않아 인슐린치료와 식이요법, 운동요법을 엄격하게 지키며 관리해도 정상적인 혈당 수준을 지키고 조절하는 것이 매우 어렵다. 또한 질병의 관리가 오랜 기간 지속되면 고혈당증과 관련된 여러 가지 합병증이 나타난다. 당뇨의 합병증은 위험 요인을 잘 관리한다 해도 자주 나타나며, 다른 여러 장애의 주된 원인이 된다. 당뇨병을 오래 앓을수록 일반적으로 다른 건강 면에도 영향을 미친다. 당뇨병의 합병증은 혈관과 신경계를 손상시킨다.

혈관의 손상은 심장, 뇌, 팔다리를 포함한 신체 모든 부위에 나타나며, 동맥경화증, 관상동맥질환, 심장병 등을 유발한다. 또한 망막증, 당뇨병성 신증 및 심근병증 등의 합병증을 유발한다. 이 중 망막증은 심한 경우 망막경색, 망막출혈, 망막박리 혹은 초자체 출혈(vitreous hemorrhage) 등으로 시력장애 또는 완전 실명상태에 이를 수 있다. 초자체란 안구 내부를 대부분 채우고 있는 젤리처럼 탄력 있고 투명한 유리체를 말한다. 혈관 손상으로 인한 당뇨병성 신증은 점차 만성 신부전증 등으로 진행하기도 한다. 제1형 당뇨의 약 98% 정도가 이러한 위험에 처하게 된다. 교사는 학생들의 학습 태도와 행동을 관찰함으로써 시각적인 어려움이나 증상들이 없는지 점검한다. 시각적인 어려움이 발견되지 않더라도 평소에 눈 건강을 지키기 위해 정기적인 점검이 필요하다.

제1형 당뇨를 가진 사람들은 당뇨가 없는 사람에 비해 수명이 10년 정도 짧다(Alemzadeh & Wyatt, 2004). 신경장애 또는 신경체계의 손상도 부수적인 증상이다. 당뇨는 감염질환이 아니므로 전염의 위험은 없다. 그러나 완치는 아직 불가능하다. 치료는 예방이 아니라 질병을 조절하는 정도이므로 꾸준한 관리가 요구된다.

5. 교육지원

1) 제1형 당뇨 학생과 부모의 이야기

제1형 당뇨 학생과 부모가 말하는 당뇨병에 대한 경험은 다음과 같다.

- "일반적으로는 감기 정도야 조심하면 될 텐데, 우리 아이는 감기에 한 번 걸리면 치료 회복이 더디고, 몸에 상처가 있거나 염증이 있을 땐 혈당 조절에 더 신경 써야 해요."
- "그냥 복잡해요. 중학교 때까지는 잘 관리하고 그랬는데, 고등학교에 들어가고 나서부터 일부러 주사하지도 않고 그걸로 인해 응급실에 간 것도 몇 번이에요. 건강한 아이들보다 사춘기 반항 행동이 더 강하고 길게 오는 것 같아요. 위험한 걸 알면서도 지키지 않아요."
- "식사를 규칙적으로 하라고 해도 쉽지 않아요. 학교에 있을 때는 친구들과 함께 행동하니까 음식을 자주 먹어야 하는 사실을 알아도 친구들 눈에 띄지 않으려고 먹지 않아서 저혈당이 오기도 해요. 인슐린 주사, 혈당, 소변검사를 규칙적으로 해야 하는데, 환경이 여의치 않은 거죠. 잘하다가도 한 번씩 반항해요. 위험을 자초하는 거죠."
- "겉으로 보기엔 아무런 문제는 없어요. 다만 매일 밥을 먹을 때마다 병을 생각하게 된다는 것이 힘든 일이에요. 평생 밥 먹을 때마다 조심해야 한다는 것은 쉽지 않아요. 일정한 식사를 평생 지속해야 하니까요."

2) 학교에서의 건강관리

(1) 자기관리와 자기치료

당뇨병은 자기관리(self-monitoring)와 자기치료(self-medicating)가 매우 중요한 만성질환이다. 학생들은 치료를 받는 것이 아니라 스스로 자신을 간호하고 계속해서 점검하고 주도적으로 식사요법과 운동요법을 병행해야 한다. 자기관리가 이루어지지 않으면 병에 대한 비관이나 치료 지침에 대한 거부 행동으로 이어지게 되므로 자기의 질병에 대한 긍정적인 수용과 적극적인 관리를 할 수 있도록 자신감을 키워 주어야 한다. 학교에서의 건강관리 경험은 부모 의존에서 벗어나 독립성과 책임감을 가질 좋은 기회가 된다. 학교에서도 혈당검사 및 인슐린 주사를 스스로 할 수 있도록 교육하며, 저혈당에 대해 이해하고 대처할 수 있도록 지도한다. 학생 스스로 책임감을 갖고 당뇨병을 조절할 수 있도록 교육이 필요하다.

학교에서 인슐린 주사나 혈당검사를 해야 할 때 교사의 도움이 필요하다. 당뇨 학생 중에는 다른 사람들에게 병이 알려지는 것을 꺼려 남의 눈에 띄지 않는 학교의 화장실 같은 곳에서 인슐린 주사나 혈당검사를 하기도 하며, 아예 학교에서 혈당검사와 주사 맞기를 포기하기도 한다. 자신의 질병 공개를 꺼리는 학생들에게는 주사와 검사를 위해 보건교육실을 자유롭게 이용하고 비밀이 유지되도록 해 준다.

(2) 저혈당관리

학교에서 가장 주의해야 할 것은 저혈당에 대한 예방과 대처이다. 저혈당 증상은 한 번 발생하면 재발 우려가 크며 뇌 기능 저하를 일으키기도 한다. 교사는 수업 시간이나 학교 활동 중 발생할 수 있는 저혈당에 대한 기초적인 지식과 정보를 갖추어야 한다. 학기 초에 필요한 정보를 수집하여 건강관리계획을 세운다. 학급에 당뇨 학생이 있는 경우 증상에 따른 대처 방안과 실행계획을 수립해 놓는다면 도움이 된다. 새 학기가 시작될 때에 부모, 학생, 의사, 간호사, 교사가 함께 계획을 수립한다. 계획에는 저혈당 시 보이는 증상, 저혈당이 일어나기 가장 쉬운 시간, 저혈당 시 가장 효과적인 당분, 간식의 종류 및 먹는 시간 등에 대한 정보와 저혈당 상황이 발생했을 때 올바른 대처 방안에 관한 내용을 포함한다.

학생이 수업 중 저혈당 증상을 자각할 경우 바로 자신의 저혈당증을 알릴 수 있도록 해야 한다. 저혈당 증세를 느끼더라도 수업 분위기 때문에 사탕을 바로 꺼내 먹지 못하거나 대처를 못하면 심한 저혈당 혼수상태에 빠지게 된다. 학교에서는 저혈당 시 대처 방법을 미리 마련해야 한다. [그림 5-3]은 저혈당에 대한 학교 교사의 이해를 돕기 위한 안내문이다(서울특별시교육연구정보원, 2006).

선생님께 '저혈당증'에 대한 대비를 부탁드립니다.

- 이럴 때 저혈당이 나타날 수 있어요

  일반적으로 혈당 조절이 잘되는 학생일수록 저혈당의 빈도가 높습니다. 이것은 피 속의 당분이 너무 적은 상태로 인슐린 과량, 너무 많은 운동, 또는 너무 적은 음식물 섭취의 불균형 때문에 일어납니다. 혈당이 일정 수준 이하보다 적어지면, 몸이 경고 사인을 보냅니다. 식사 시간이 늦어지지 않도록, 과다한 운동을 갑자기 하지 않도록 지도해 주세요.

- 간단한 저혈당을 느낄 때는 간식 먹는 것을 허용해 주세요

  주의 깊은 관리에도 불구하고 학생들은 혈당이 낮아질 수 있습니다. 일반 사람들은 혈당이 낮아지면 인슐린 분비가 줄어들고, 글루카곤, 스트레스 호르몬 등이 분비되어 혈당을 일정 수준 이상으로 유지합니다. 그러나 인슐린 주사를 맞는 학생들은 인슐린 흡수를 줄일 방법을 찾아야 합니다. 방법은 간단해요. 간식 등을 섭취하고 운동량을 줄이며 쉬게 해 주시면 됩니다. 당뇨인은 연령이 어리더라도 이런 경고 증상을 느낄 수 있어, 준비된 사탕, 초콜릿 등으로 당분을 섭취하여 저혈당을 치료할 수 있습니다. 일반적으로 당뇨 학생은 스스로 저혈당 증세와 대처 방법을 잘 숙지하고 있습니다. 학생이 저혈당을 느껴 간식을 먹어야 한다고 호소할 때 간식을 먹을 수 있도록 해 주세요.

- 응급 시에는 이렇게 도와주세요

  제1형 당뇨 학생이 올바로 대처하지 못할 때는 경련을 일으키고 혼수상태에 빠지게 되며, 드물게는 사망할 수도 있습니다. 저혈당을 느껴서 간식을 먹고 난 이후에는 15분 후에 다시 혈당을 측정해야 합니다. 단, 의식이 없을 때는 절대로 입으로 먹여서는 안 되고, 보건교육실 등에 비치된 글루카곤을 일단 사용하시고 가까운 병원으로 데려가시면 됩니다. 보건교육실에서 주사를 놓기가 어려운 경우에는 보관하고 계신 글루카곤을 가지고 학생과 함께 병원에 가셔서 주사를 놓도록 하시면 됩니다.

  이러한 조치로도 호전이 없을 때는 경련, 구토, 의식 상실 등의 심각한 증상이 나타날 것입니다. 이럴 때 즉시 가까운 병원 응급실로 옮겨 그가 소아당뇨병이 있음을 밝히고, 글루카곤 주사를 맞혀야 합니다. 이런 증상은 사람마다 다르나 식사시간 1시간 전(오후 12시 30분 식사면 오전 11시 30분쯤부터 식사 전까지)에, 그리고 격렬한 운동 중이나 후에 일어날 수 있습니다.

- 평소에는 이렇게 해 주세요

  보통 당뇨 학생은 어릴지라도 자신의 저혈당에 대처하는 방법을 알고 있어 그렇게 심한 저혈당증에 자주 빠지지는 않습니다. 그러나 만약의 경우에 대비해서 선생님은 당뇨 학생을 위해 사탕이나 설탕을 준비해 두거나 학생이 저혈당 간식을 잘 준비하여 학교에 다니는지 확인해 주시기 바랍니다. 그리고 저혈당증 대처 시 당뇨 학생이 자신의 병에 대해 또래 앞에서 의식하지 않도록 심리적인 상태를 고려하여 대처할 수 있게 도와주시길 부탁드립니다.

그림 5-3 **저혈당에 대한 안내문**

출처: 박은혜, 박지연, 노충래(2005)에서 수정 발췌함.

3) 신체 활동 및 참여 수준의 조정

제1형 당뇨는 정기적인 병원 진찰이 필요한 만성질환이긴 하지만, 수업 결손이 많이 발생하는 질환은 아니다. 일반적으로 소아 · 청소년과 외래 진찰은 1~2개월에 1회 정도이다. 다만 정기적인 진찰로 인한 수업 결손은 또래 관계에 영향을 줄 수 있으며 학업의 어려움이 될 수 있다. 당뇨 학생들에게 조기에 합병증이 발생한 경우에는 더 많은 수업 결손이 생기기 때문에 이로 인한 학업의 어려움이 나타난다. 당뇨는 결석률이 높고 학년이 낮을수록 관리가 적절하게 이루어지지 않는 것으로 나타난다(Yu, Kail, Hagen, & Wolters, 2000). 그러나 당뇨 학생의 경우 지적장애나 학습장애를 나타내는 경우는 드물다. 미세한 신경학적 결함은 발견되었으나, 대부분은 일반적인 지적 수준을 가지고 있으며 학업 수행에 영향을 미치지는 않는 것으로 나타났다(McCarthy, Lindgren, Mengeling, Tsalikian, & Engvall, 2002).

그러나 학생에 따라서는 혈당 조절의 어려움으로 인해 극심한 피로감, 집중의 어려움 등 다양한 신체적 증상이 나타나기 때문에 참여가 어려울 수도 있다. 학업 수행과 집중의 어려움은 질병 자체에 기인하기도 하지만, 치료과정에서 치료로 인해 생기는 경우가 많다. 당뇨가 조절되지 않을 때 나타나는 고혈당증과 저혈당증의 증세가 주의 집중을 방해할 수 있다. 그러므로 신체 상황에 따른 활동 수정이 필요하다.

혈당 조절의 문제가 발생한 경우를 제외하고는 제1형 당뇨는 수업 및 학교 활동 참여에 큰 영향을 미치지는 않는다. 따라서 질병으로 인해 학교 활동에서 배제되지 않도록 유의한다. 캠프, 수학여행, 현장학습 등과 같은 학교 행사는 사전 일정만 알려 주면 충분히 건강관리를 해서 참여할 수 있다. 교사는 제1형 당뇨 학생들이 모든 학교 활동에 참여할 수 있고, 다른 학생들과 다르게 인식되지 않도록 학교구성원의 인식 개선을 위해 노력해야 한다. 당뇨 학생에게도 자신이 당뇨병 환자임을 의식하여 자신을 스스로 차별하지 않도록 지도한다.

학교 밖에서의 활동이나 생활에서도 저혈당으로 인한 쇼크가 발생할 수 있으므로 당뇨가 있음을 알리는 신분증을 착용하여 응급 시 다른 사람의 도움을 받을 수 있도록 지도한다. 어떤 경우에는 고혈당증과 저혈당증의 증상이 너무 빠르게 나타나서 다른 사람에게 알릴 수 없는 상황이 발생할 수도 있기 때문이다.

4) 정서적 지원

소아당뇨는 성인당뇨와는 달리, 인슐린 생산이 되지 않기 때문에 적절한 혈당상태 관리를 위해 하루에도 수차례 혈당검사 및 인슐린 주사를 해야 한다. 또한 적정 영양 수준을 고려한 규칙적인 식사와 매일 꾸준한 운동 등 철저한 자기관리를 필요로 하기 때문에 다른 어떤 질환보다도 학생의 심리적 적응을 어렵게 만든다.

아동기나 청소년기에 발생하는 제1형 당뇨는 감염질환이 아니므로 전염의 위험이 없으나, 완치는 불가능하다. 또한 적절한 혈당상태 관리를 위해 철저한 자기관리를 해야 하기 때문에 개인의 삶을 위축시킬 가능성이 크다. 제1형 당뇨는 신체적ㆍ정신적으로 미성숙한 시기에 발병하고, 당뇨관리가 일생 끊임없이 이루어져야 하므로 건강의 여러 측면에서도 부정적 영향을 미치며 자아존중감이 낮아지게 한다. 다른 만성질환보다 매일의 질병관리를 조금이라도 소홀히 하면 여러 가지 합병증이 나타날 수 있으므로 질병에 대한 심리적 손상이 심하다. 질병의 부작용이나 합병증에 대한 우려와 불안에 따른 우울과 스트레스 수준도 높다(Hood et al., 2006). 또한 질병에 대한 사람들의 무지와 편견, 이해 부족 등으로 인해 학교생활에서 소외감을 느끼기 쉽고, 외로움과 좌절감 등 많은 심리적인 어려움을 겪게 된다.

자아개념 형성의 민감한 시기인 학령기 및 청소년기 학생들은 주로 성인에게 나타나는 당뇨가 자신에게 생겼다는 것에 대한 수치심과 분노, 좌절감 등으로 인한 심리적 갈등이 더욱 심해진다. 이와 같은 이유로 교사나 또래에게 자신의 병을 숨기려고 하므로 응급 상황 시의 올바른 대처가 이루어지지 않아 위험해질 수도 있다. 교사는 가능한 학생들이 자신의 병을 공개할 수 있도록 수용적인 교실 분위기를 만든다. 제1형 당뇨 학생들의 정서적 지원은 진단받는 연령대에 따른 심리적 변화가 다르게 나타날 수 있으므로 이에 대한 고려가 필요하다(김덕희, 2007; 〈표 5-2〉 참조).

제1형 당뇨의 조절을 위해서는 자기관리에 대한 필요성과 책임감을 느끼게 하는 것이 중요하며, 매일의 규칙적인 운동이 필요하다. 운동은 심폐 기능을 강화하고 혈당을 조절할 수 있으며, 심혈관 계통의 합병증을 예방하는 데 필요하다. 제1형 당뇨는 근본적인 완치가 불가능하나 잘 조절될 경우 일상생활에서 정상적인 생활을 유지할 수 있으며, 규칙적으로 식사하고 약만 잘 먹는다면 특별한 도움 없이도 건강을 유지할 수 있다.

그 밖에 학생들의 정서적 지지를 위해 교사가 알아야 할 내용은 다음과 같다.

표 5-2　제1형 당뇨 진단 시 연령별 심리적 변화와 특성

연령	심리적 변화	행동의 특성
1~2세	• 긴장감과 불편함을 느낌 • 말, 운동능력, 소변 가리기에 퇴행성 변화가 나타남	• 먹는 것에 민감한 반응을 보임 • 고집이 세며 주의가 산만해짐
3~6세	• 행동이 퇴행하며 엄마에게만 매달리게 됨	• 신체적인 질병에 대해 낙심하게 됨 • 인슐린 주사와 검사 자체를 벌로 간주함
7~11세	• 학교나 사회 활동에 빠지며, 퇴행성 우울증이 생김 • 친구들과 다르다는 생각에 질병을 숨기고 싶어 함 • 학교에서 성적이 떨어짐	• 호기심, 운동의 관심이 늘어남 • 지적·사회적 기술이 발달함
12~17세	• 또래로부터 격리되는 느낌이 듦 • 슬픔을 느낌 • 당뇨병 자체를 이해하며 합병증에 관해 염려함	• 자아 형성과 신체적 변화에 민감함 • 성적 호기심, 관심이 나타남 • 부모로부터 독립심과 의존심으로 갈등을 느낌 • 치료를 거부하기도 함

출처: 김덕희(2007), pp. 154-162의 내용을 요약 발췌함.

• 소아당뇨에 대한 무지와 편견에 대한 주변 사람들의 인식을 개선한다.
  - 제1형 당뇨 학생들은 혈당 조절을 위한 질병 관리가 많은 절제를 요구하므로 심리적인 어려움에 부딪히기 쉽다. 이때 또래 학생들의 부정적 태도나 이해 부족으로 인해 학교생활에서 소외감을 느끼지 않도록 심리적으로 수용적이고 안정된 긍정적 환경을 만든다.
• 제1형 당뇨 학생의 개별적 의견을 존중하여 질병 공개 여부를 결정한다.
  - 제1형 당뇨 학생 중에는 자신의 병에 대해 알리는 것을 꺼리기도 한다. 학생이 원한다면 학생의 병은 학생이 직접 말한 사람 이외의 다른 사람에게 알려지지 않도록 유의한다. 자신의 질병에 대해 또래들이 수군거리거나 놀림을 당할 것을 두려워한다면 그에 대한 상담도 지속한다.
• 학생 스스로가 제1형 당뇨에 대한 자기관리를 잘 할 수 있도록 격려한다.
  - 제1형 당뇨는 다른 질병보다 일상생활에서의 꾸준한 관리가 필요하다. 학교생활 중 또래 관계에 어려움이 생겨서 학교생활의 부적응, 소외감이나 고립감을 겪게 된다면 자신의 질병에 대한 비관으로 이어질 수도 있다. 이 경우 교사의

정서적인 격려와 이해가 필요하다. 또래 학생들의 긍정적 시각이 형성될 수 있
도록 제1형 당뇨 학생에 대한 이해교육과 도움을 줄 수 있는 구체적인 방법 등
을 교육한다.
- 필요할 때 사용할 수 있는 학교의 공간을 마련한다.
  - 학생이 학교 교실 외에 주사와 혈당검사를 위해 사용할 수 있는 조용한 장소를
    마련한다. 학교의 보건교육실을 편안하고 자유롭게 이용하도록 해 준다.
- 학교 활동의 참여 정도는 학생과 부모의 의견을 최대한 존중한다.
  - 학생들의 학교 활동 참여 정도는 개별학생에 따라 다르다. 그러나 기본적으로
    건강상의 특별한 어려움이 없다면 가능한 모든 활동에 참여할 수 있도록 안내
    하는 것이 바람직하다. 일부 학생들의 경우 오히려 배려해 준다는 의미로 학교
    활동에서 제외할 때 더 많은 소외감을 느낄 수 있다.

그 밖에 제1형 당뇨 학생들의 정서적 지지 방안은 다음과 같다.

- 당뇨병에 대한 정보와 책의 소개는 학생을 지지해 줄 수 있다.
- 협회와 단체를 통해 필요한 도움을 논의하고 받게 한다.
- 같은 질환을 가진 또래들과 만날 기회를 제공한다.
- 보건교육수업의 한 부분으로 당뇨에 대해 학습하거나 당뇨협회의 초청 강연을 듣
  는다.
- 우울감이나 행동상의 문제를 해결할 수 있는 상담을 받게 한다.
- 엄격한 건강관리 수칙을 지킬 수 있도록 신뢰하고 격려한다.

5) 학교에서의 식사지도

제1형 당뇨 학생들에게 식이요법은 매우 중요하다. 식이요법은 당뇨 학생들의 치료
방법이기도 하다. 그러므로 개별학생이 준수해야 하는 식이요법을 잘 지킬 수 있도록
격려한다. 그러나 무조건 음식을 제한해서는 안 되며 나이에 맞는 성장과 발달이 이루
어질 수 있도록 적절한 양의 음식을 골고루 섭취해야 한다(한국소아당뇨인협회). 당뇨
병이 있더라도 일반적으로 연령에 따른 영양 요구량은 같다. 그러므로 학교의 급식 상
황에서는 다음의 몇 가지만 주의하도록 지도한다.

- 혈당을 급격히 올리는 간식류는 너무 많이 먹지 않도록 한다.
- 배식 시 정해진 식단의 열량보다 너무 많이 먹지 않도록 한다.
- 배식 시 반찬이 부족하여 식사량이 부족하지 않도록 한다.
- 급식은 정해진 시간에 할 수 있도록 한다.
- 학생이 개별적으로 지키고 있는 간식, 식사, 주사 시간이 지연되지 않도록 한다.

제1형 당뇨와 관련한 정보는 관련 사이트를 찾아보기 바란다.

- 한국소아당뇨인협회(http://www.iddm.kr/)
- 대한영양사협회(http://www.dietitian.or.kr)
- 작은 손의 1형 당뇨 카페(http://cafe.naver.com/dmtype1/)
- 대한당뇨병학회(http://www.diabetes.or.kr)

요약

이 장에서는 아동기에 발생하는 제1형 당뇨에 대해 살펴보았다. 대부분의 제1형 당뇨 학생은 특수교육적 지원이 필요하지 않기 때문에 우리나라에서는 건강장애를 가진 특수교육대상자로 선정되는 사례는 드물다. 그러나 제1형 당뇨는 적절한 혈당관리를 위해 하루에도 수차례 혈당 검사 및 인슐린 주사를 해야 하며, 적정 영양 수준의 식이 조절과 운동을 일생 동안 지속해야 하는 만성질환이다. 또한 학생들이 스스로 책임감을 가지고 잘 관리한다 해도 갑작스러운 고혈당증, 저혈당증 상태가 발생될 수 있다. 다행히 제1형 당뇨는 완전히 나을 수는 없지만 잘 관리하면 건강하게 성장할 수 있다. 그렇기 때문에 당뇨병을 가진 학생들을 지원하기 위해서 교사는 학생의 질병을 이해하고 치료방법과 혈당검사, 식이요법, 운동요법 등에 관한 정확한 지식을 갖추어야 한다. 또한 질병의 부작용이나 합병증에 대한 우려와 불안에 따른 우울과 스트레스를 이해하고 학생들이 스스로 자기관리와 자기치료를 지속할 수 있도록 신뢰하고 격려하는 역할을 해야 한다. 만약을 대비하여 학교 활동 중 발생할 수 있는 저혈당에 관한 기초적인 지식과 정보를 갖추고, 협력을 통해 건강관리계획을 수립하여 실행해야 한다. 교사는 만성질환에 관한 무지와 편견에 대한 인식을 개선하여 수용적인 학교환경을 만드는 데 적극적인 역할을 해야 한다.

1. 제1형 당뇨와 제2형 당뇨의 차이는 무엇인가요?

2. 저혈당의 주요 증상은 무엇인가요?

3. 학교에서 제1형 당뇨 학생의 저혈당증은 어떻게 예방할 수 있을까요?

4. 수업 중 저혈당증을 보인 학생의 응급처치 방법은 무엇인가요?

5. 제1형 당뇨 학생에게 운동이 주는 치료 측면의 장점은 무엇인가요?

6. 제1형 당뇨 학생의 식이요법을 위해 학교 급식에서 주의해야 하는 것은 무엇인가요?

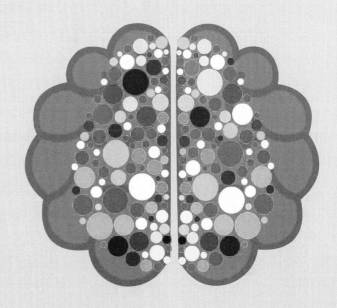

1. 건강장애 학생의 특성

1) 건강장애 학생의 학습 특성

(1) 교육과정 접근의 제한성

건강장애 학생들은 만성질환으로 인해 병을 치료하는 과정에서 다양한 변화와 예측할 수 없는 문제들로 인해 학습의 어려움을 겪는다. 치료과정에서 나타나는 인지적인 어려움과 병원 치료로 인한 신체적 어려움, 치료과정에서 나타나는 학업 결손 등이 가장 두드러지는 문제이다. 건강장애로 진단받은 학생 중에는 치료과정에서 인지적인 손상을 경험하기도 한다. 학생들은 만성적인 피로감을 자주 느끼며 이러한 피곤함은 학업 수행에 지장을 주고, 학교생활의 적응을 방해하는 요인이 된다.

인지적 어려움은 질병 자체에 기인하는 경우와 치료과정에서 발생하는 것으로 나누어 볼 수 있다. 제1형 당뇨 학생이 학업 수행에 집중하지 못하는 문제를 갖는 것은 질병 자체에 기인하는 경우이다. 백혈병 학생의 인지능력이 손상되는 것은 방사선 치료나 화학요법과 같은 치료로 인해 생기는 경우이다. 건강장애 학생들은 장기적인 치료과정에서 스테로이드제 등의 약물 복용으로 인해 불면증, 주의력 결핍 및 인지처리과정의 손상이 유발되어 인지적 어려움이 나타난다(Thies, 1999).

건강장애의 원인이 되는 만성적 질병은 단기간의 치료로 완치되는 것이 아니라 장기간의 입원 및 치료과정이 필요하므로 정규적인 학교생활 참여를 방해한다. 신체적인 어려움과 치료로 인해 발생하는 결석과 조퇴 등의 문제는 정규 교육과정을 이수할 수 있는 시간을 제한하므로 학업 지체를 유발하기 쉽다. 건강장애 학생의 장기결석은 학업능력의 저하를 설명하는 직접적인 이유가 될 수 있다(김은주, 2008).

(2) 생활환경의 제한성

병원학교에서 교육을 받는 학생 중 가장 비율이 높은 질병은 소아암이다. 소아암의 경우 발생 연령이 5~10세경인 것을 고려한다면 병원학교를 이용하는 학생들의 대부분은 유치원이나 초등학교에 다니다가 발병한 것으로 볼 수 있다. 건강하게 학교에 다니다가 병원학교라는 곳에서 학업을 지속하는 경험은 매우 제한적인 상황이 될 수 있다.

병원학교는 장기입원이나 장기치료로 인해 학교 교육을 받을 수 없는 학생들을 위해 병원 내에 설치된 학교이지만(교육부, 2020a), 병원 안에 설치된 일부 공간을 학교로 인식하고 생활하는 것은 매우 낯선 경험이 된다. 병원학교마다 운영 특성은 다양하지만, 병원에서 치료를 받으면서 공부할 수 있도록 최소한의 교육환경으로 구성되어 있어 일반적인 학교와는 큰 차이가 있다. 국내의 병원학교는 여러 학교급, 학년의 학생이 함께 공부하는 공동 교실 형태로 운영하며, 교사 1인이 운영하는 파견학급 형태로 운영된다(서울 지역의 병원학교의 경우에는 병원 자체에서 운영하기 때문에 교육청으로부터 교사가 파견되지 않는다. 이와 관련한 상세한 내용은 제7장을 참고하기 바란다). 그러므로 학생들의 학년 단위에 적합한 교육과정이 충실하게 운영되기 어려운 구조이다. 대부분 교과 활동은 학생의 교육 요구에 따른 우선순위로 지도되고 있지만, 개별화된 교육 요구에 적절한 모든 교과의 교육과정을 운영하는 것은 어려운 실정이다.

병원학교에 재학 중인 건강장애 학생들 대부분은 유치원 과정과 초등학교 과정에 해당하며, 학생들은 외부 환경으로부터 감염을 예방하고 집중적인 치료를 받기 위해 병원에 입원해 있다. 이 시기에는 발병 전 생활환경의 경험과는 다른 특정 상황에 놓이게 되므로 주변 환경이 변화되는 것만으로도 큰 스트레스가 될 수 있다. 가정과 학교라는 주된 환경에서 병원이라는 공간으로의 변화는 가족구성원의 역할 혼동을 일으키며, 가족의 심리적 적응 정도가 학생에게 영향을 주게 된다. 가족마다 질병에 대한 수용 태도도 다르므로 학생에게 미치는 생활의 변화와 영향이 다양하게 나타난다. 가족의 우선순위가 교육이 아닌 치료에 집중하게 되므로 학습 측면에서의 생활환경은 열악한 조건에 놓이기 쉽다.

(3) 경험의 제한성

건강장애 학생들의 만성질환은 일상적인 생활 속에서 늘 해 오던 일들조차도 상당히 많은 제약이 발생한다. 학생들의 경험을 제한시키고 방해하는 것은 단지 신체적인 어려움이나 수업 결손뿐만이 아니다. 만성질환은 일상생활 속에서도 꾸준히 건강을 관리하고 유의해야 할 사항들이 많으므로 청소년기 학생들의 활동 참여를 제한한다. 조퇴와 결석 등은 지속적인 또래관계를 방해하며, 체력적인 어려움은 스포츠와 같은 방과 후 여가 활동 및 또래관계에 부정적 영향을 미친다. 사춘기 학생들에게는 또래 간의 사회적 관계는 심리정서적 건강에 매우 큰 영향을 미친다. 이러한 문제는 학교생활의 적응과 학습의 어려움에도 직면하게 만든다는 것은 잘 알려진 사실이다. 건강장애 학생들에게 병원생활과 치료과정은 자신의 신체와 정서상의 균형을 가능하게 했던 일상으로부터 소외시키며(오진아, 2004), 치료에 따른 고통과 재발에 대한 염려는 모든 활동에서 소극적으로 만든다. 이러한 생활의 변화는 스트레스가 되며 장기결석과 장기간의 입원, 가족구성원의 기능 변화 등으로 인해 어려움이 증폭된다(Brown & Madan-Swain, 1993).

2) 건강장애 학생의 심리 특성

(1) 연령에 따른 심리적 반응

학생의 연령에 따라 심리적 반응은 다르게 나타난다. 초등학생의 경우에는 질환에 대한 인식은 없으나 눈앞에 보이는 것에 대한 불안 수준은 매우 높다. 병원, 병실, 주사, 바늘, 피, 약 등을 이해하지 못한 채 계속되는 병원생활에 짜증이 많아지며, 어렴풋이 본인의 질환을 인지할 수 있다. 주변 사람들의 격려와 대화를 통해 질병을 이겨 내기 위해 치료를 받아야 하는 이유를 이해할 수 있으므로 주변 사람들의 반응과 대처가 중요하다.

중·고등학생은 10대 청소년들의 불안한 특성과 질병이라는 문제가 중복되면서 매우 다양한 어려움을 갖는 시기이다. 심리적 불안감, 자아정체성, 치료 예후 등 긍정적인 심리상태와 부정적인 심리상태가 반복되는 매우 불안정한 상태를 나타낸다. 다음의 내용은 건강장애로 진단받아 완치를 한 학생들과 학부모들의 인터뷰 내용이다.

🐾 교육현장 & 공감

■ **완치된 학생들의 진단 초기의 경험**
- "치료 초반에는 저도 우울해서 누워 있기만 했어요."
- "치료받을 당시에는 암이 뭔지도 몰랐어요. 그냥 너무 아파서 '내가 뭘 잘못한 거지, 왜 이렇게 살아야 하나.'라는 생각만 했어요."
- "사실 지금도 떠올리고 싶지 않은 기억이에요. 항상 걱정이 많고 부정적인 생각을 많이 했는데 그럴수록 더 힘들었거든요."

■ **자녀의 진단 초기 부모의 경험**
- "일단 몸이 아프니까 누구를 받아들일 준비가 안 되어 있는 거죠. 자기의 병도, 병 때문에 나타나는 변화도, 남들이 궁금해하고 관심을 가져 주는 것도 받아들이

기 힘들어해요. 일단 모든 사람을 회피하게 되지요."
- "과연 병을 이기고 살아갈 수 있을까 하는 것은 매일 수천 번 반복되는 고민이지요. 아이들도 그런 고민을 계속할 거예요. 표현하지 않는다뿐이지."

　　　　　　　　　- 건강장애 학생의 어머니 인터뷰 중에서(인천광역시교육청, 2016)

(2) 질병에 대한 심리적 반응

건강장애 학생들의 심리적 반응은 치료와 병원생활 등 생활 변화와 함께 나타난다. 치료에 대해 포기하지 않고 충분한 치료를 받을 수 있고, 치료과정의 어려움을 잘 이겨 내어 건강한 사회인으로 성장하도록 지원이 필요하다.

불안, 좌절, 우울 등의 심리적 상태는 흔하게 나타나는 특성이다. 부정적 심리를 무시하거나 억누르기보다는 그럴 수 있다고 공감해 주며, 오히려 부정적 심리를 이겨 내도록 해 주는 것이 바람직하다. 필요한 경우 분노, 고통, 슬픔 등을 솔직하게 나눌 수 있는 심리상담을 받게 한다.

건강장애 학생들이 경험하는 심리 특성은 다음과 같다.

첫째, 우울감을 느낀다. 갑자기 찾아온 질병, 병원이라는 낯선 환경, 각종 치료와 질병 과정을 모르는 채 겪는 상황, 죽음 등에 두려움을 느끼는 것은 자연스럽고 당연한 현상이다. 오랜 치료와 병원생활, 달라진 외모는 학생들을 우울하게 만든다.

둘째, 좌절감과 불안감을 느낀다. 장기간의 병원생활은 학습에 대한 자신감을 떨어뜨리고 좌절하게 만든다. 학교를 떠난 병원생활과 장기결석은 학업에 대한 불안감을 갖게 하며, 성공적으로 치료를 마치고 학교복귀를 앞둔 학생들의 경우에는 그 불안감이 더 커질 수 있다.

🖋 교육현장 & 공감

"아이들 얼굴을 보면 평온해 보여도 그게 다는 아닙니다. 혼자 쓴 글에서 보면 '살고 싶다' 이런 글도 있고, 죽고 싶다는 글도 있고. 아이들 자신도 갈등을 많이 느껴요. 자기 병은 딱히 뚜렷하게 나타나는 것도 아니고 오늘내일 죽을병도 아니고, 그렇다고 나을 수 있다고 안심할 수 있는 병도 아니니까요."

　　　　　　　- 건강장애 학생의 어머니 인터뷰 중에서(박은혜, 김미선, 김정연, 2005)

셋째, 정신질환 및 정신적 어려움을 갖는다. 약물을 장기 복용하는 경우 성격 변화가 나타나기도 한다. 성격 변화의 흔한 증상으로 지나친 흥분으로 감정이 불안정하고 기분이 변하며 불쾌해지고, 소리에 민감해지기도 한다. 또는 주의산만, 근심, 환상, 기억력 장애 등의 증상을 보이기도 한다.

넷째, 공격성을 보인다. 치료과정의 어려움과 신체적 고통, 피로감에 대한 짜증 등의 감정을 억제하지 못해 과도하게 화를 내거나 때리고 발로 차는 등의 공격적 성향을 나타내기도 한다. 병원이라는 새로운 공간에서 발생하는 소음, 통증, 불편함 등은 다양한 스트레스를 유발하여 공격적인 행동을 유발할 수 있다. 또한 주변인들의 과잉보호로 인해 감정조절이 미숙하거나 참을성이 부족한 모습을 나타낼 수 있다. 폭력적인 행동 대신에 학생이 감정을 표현할 방법에 대해 마음을 터놓고 이야기하도록 도움이 필요하다.

다섯째, 심리적으로 위축, 고립된다. 청소년 시기는 감정적으로 매우 불안정한 시기이다. 이 시기에 질병에 대한 걱정까지 겹쳐서 심하게 위축되고 자신의 병이 치료가 쉬운 병이 아니라는 것을 직감할 때 심각한 걱정을 하거나 심지어 죽음을 생각하기도 한다. 항암제 투여, 방사선치료 등의 치료로 인해 외모의 변화가 나타나면서 학생들은 일부러 자신을 고립시키기도 한다. 외모의 변화가 놀림거리가 되거나 자신의 질병에 관해 친구들에게 설명해야 하는 것을 매우 불편해하며 고민한다. 이러한 과정에서 또래와의 사회적 관계가 멀어지게 된다. 병원에 입원해 있는 동안은 외부와 단절된 생활을 하면서 친했던 또래와도 관계가 멀어지며, 자연스러운 또래관계의 위축은 학생들을 더욱더 힘들게 만든다.

📖 교육현장 & 공감

"이 더위에도 아랑곳하지 않고 몹쓸 고열과 오한은 이 아이에게서 떠나지 않고 하얗게 질려 춥다고 온몸을 떨고 있다. 이제 주사가 무섭다는 말도, 피 빼기 싫다는 말도 하지 않는다."

"하루의 일과는 주사 맞는 것, 피 빼는 것으로 시작해서 소변·대변량, 식사상태 체크 등 병원생활의 일상 외에 TV를 보다가, 집에서 가져온 소독된 장난감으로 심심풀이를 해 보다가, 엄마 손을 잡고 병동 복도를 거니는 일뿐……."

– 병원에 입원한 건강장애 학생의 하루 일과를 소개한 글 중에서[화순전남대학교병원(2009), p. 35]

3) 건강장애 학생의 신체 및 건강 특성

(1) 체력 저하

지속적인 치료과정을 겪으면서 만성적인 피로감을 자주 느끼게 된다. 전반적인 기력 감퇴로 수업 집중 및 학업 수행에 지장을 주며, 학교에서 일과를 보내기 어려울 수도 있다. 장기입원과 정기적인 통원치료 일정은 학생들을 무기력하게 만들고 질병으로 인한 면역력 저하는 신체적 활동을 감소시킨다.

소아암의 경우에는 특히 면역력이 저하되어 특별히 개인위생에 유의해야 한다. 대부분의 소아암 학생은 병원에 입원해서 항암치료를 받을 때 이외에는 일반학교에 다닐 수 있으며, 무리하지 않는 가운데 모든 정상적인 활동을 할 수 있으나 체력적인 제한은 있으므로 일과 조정 및 활동의 수정 등 교수적 수정이 필요하다.

소아암 학생은 체력적인 어려움으로 인해 결석과 조퇴의 빈도가 높을 수밖에 없다. 감기나 심한 열과 같은 합병증 등으로 인해 결석하기도 하며, 갑자기 혈액 수치가 떨어지거나 치료나 검사 때문에 또다시 결석하게 된다. 그뿐만 아니라 체력적인 문제로 몇 시간 동안 보건교육실에서 시간을 보내는 등 수업 참여의 어려움이 발생한다. 다음은 소아암치료를 종료한 학생의 체력 저하의 어려움에 관한 사례이다.

✎ 교육현장 & 공감

"소아암은 뼈가 부러져서 붙을 때까지 정형외과에서 한두 달 있다가 복학하는 그런 병이 아니에요. 3년의 치료 기간이 끝나고 나서 복학을 한다 하더라도 얼마든지 그 면역 수치가 왔다 갔다 왔다 갔다 하면서 아주 사소한 감기에도 영향을 받아요. 어제 괜찮던 애들이, 겉으론 멀쩡해 보이는 아이라도 자기는 무척 힘든 거죠. 학교에서 수업 시간을 모두 한다는 것이……. 학교에선 아무도 모르잖아요. 그런 속사정까지 누가 이해해 주겠어요. 하루 이틀도 아니고."

– 건강장애 학생의 어머니 인터뷰 중에서(인천광역시교육청, 2016)

---

(2) 외모 변화

소아암이나 신장장애 등의 질병들은 치료의 부작용으로 얼굴이 붓거나 체중이 증가하기도 한다. 소아암은 항암치료로 머리카락이 빠지는데 대부분은 다시 자란다. 그러나 치료 후의 머리카락은 새로 나더라도 굵기나 색이 다르게 변하기도 하므로 또래와 다르게 보일 수 있다. 치료가 진행되면 머리가 빠지는 것 외에 피부색이 까맣게 변하기도 한다. 학령기 학생들에게 외모의 변화는 자존감을 낮게 만드는 대표적 이유가 된다.

(3) 지속되는 통증

학생에 따라서는 뼈나 관절 부위의 통증을 지속해서 호소한다. 다음은 학생들이 경험하는 병원생활에 관한 사례이다. 만성질환 대부분은 치료의 부작용에 따른 통증과 후기 합병증으로 인한 신체 불쾌감 등이 매우 자주 발견된다.

🔍 교육현장 & 공감

"진단을 받은 후 병원에 입원해서 병원이라는 낯선 환경과 여러 가지 검사, 시술, 반복되는 금식으로 스트레스가 이만저만이 아니다. 앞으로 어떻게 될지도 모른다. 수술을 받거나 골수검사, 척수검사를 하고, 몸속에 관을 넣거나 마취, 수면제, 진통제, 아프기만을 기다리는 날의 연속이다."

– 건강장애 학생의 메모 중에서(인천광역시교육청, 2016)

---

2. 생활 적응 지원

진단 초기 학생들은 질병의 진단으로 인한 스트레스도 있지만, 치료를 위해 병원에 입원하는 자체만으로도 스트레스를 받는다. 만성질환을 가진 학생들은 입원 전이나 입원 중 또는 퇴원 후에도 입원에 대한 스트레스 반응이 나타날 수 있다(박충선 외, 2015). 입원해 있는 동안 치료 효과를 높이고 건강하게 학교로 복귀하기 위해서는 병원생활에 잘 적응하도록 지원하는 일이 중요하다. 특히 학생들의 발달단계별 특성에 따른 지원 전략이 필요하다. 병원생활과 관련하여 발달단계에 따라 나타나는 주요 스트레스 요인과 적응 지원에 대해 선행연구(박충선 외, 2015; 한국백혈병어린이재단, 2015)를 바탕으로 설명하고자 한다.

1) 영아기의 생활 적응 지원

영유아기는 건강한 성격을 갖기 위해 가장 중요한 신뢰감이 형성되는 시기이다. 특히 병원생활로 인한 분리불안은 6개월에서 30개월에 가장 뚜렷하게 나타나며 성격 형성에 영향을 미칠 정도로 커다란 스트레스 요인이 된다.

병원생활은 의료인 중심의 일관적이지 못한 돌봄 상황을 만들기 때문에 영아는 양육자에 대한 불신을 갖게 되며, 주변 여건에 대한 통제력을 가질 수 없게 된다. 또한 치료에 대한 신체적 반응이 통증 반응으로 표현되어 몸부림, 경련 등이 나타날 수 있다. 아동과 양육자 간의 신뢰성을 높이기 위해 어린 연령의 아동일지라도 충분히 설명하는 노력이 필요하다. 가능한 돌봄 상황이 일관성 있게 이루어지도록 한다.

2) 유아기의 생활 적응 지원

병원생활을 하는 유아기에게는 몇 가지 퇴행 특성이 나타날 수 있다. 이 시기는 일상생활을 통해 운동 기술을 발달시키고, 또래와의 놀이를 통해 의사소통하며 자율성을 획득해 나가는 시기이다. 그러나 이 시기의 병원생활은 유아를 환자의 역할로 규정하기 때문에 퇴행 반응이 나타날 수 있다. 치료에 대한 신체적 반응도 통증 반응으로 나타나는데, 영아기보다 강도가 더 높아져 얼굴 찡그리기, 도망가기, 물기, 때리기 등의 행동이 표출된다.

따라서 이 시기에 가장 중요한 것은 안정감을 주는 것이다. 이 시기의 아동들이 제일 두려워하는 것은 치료과정이나 죽음이 아니라, 보호자와 떨어지거나 보호자가 불안해하는 상황이다. 입원하면 식사를 거부하고, 잠을 자지 않으려 한다거나 부모가 보이지 않을 때 언제 오는지 계속 질문하거나, 다른 사람을 멀리하는 등으로 불안을 나타낼 수 있다. 부모는 가능한 한 의료적 처치 때 자녀와 함께 있고, 안정된 모습을 보여야 한다. 병원, 치료실, 가정에서 가능한 아동과 함께하는 시간을 확대하고, 안정감을 경험할 수 있도록 함께 활동한다. 간혹 아동들은 분리불안으로 인해 병원학교에 오는 것을 꺼릴 때도 있다. 일시적으로는 부모와 함께하는 학습 활동을 통해 병원학교에서 또래 활동의 경험을 점진적으로 확대한다.

병원생활은 환자복을 입고 병실에서 환자로서 생활하기 때문에 아동들의 신체 활동을 제약한다. 강요된 의존으로 인해 통제력을 상실하는 상황에 놓인다. 자율성을 발달시켜야 하는 시기에 자신이 어찌할 수 없는 치료 상황은 아동들에게 스트레스가 된다. 일상생활에서 선택이 가능한 일이 있다면 아주 작은 부분이라도 아동에게 선택권을 주어 스스로 결정하는 경험을 갖게 한다.

초등학교 입학 전의 아동들은 자기중심적이기 때문에 어떤 사건을 이해하는 데 제한이 있다. 따라서 적절한 언어 사용과 그림 등으로 생각을 직접 표현할 수 있도록 한다. 특히 질병의 원인을 실제 또는 상상 속에서 지은 죄의 대가라 여겨 죄의식과 두려움을 갖기 쉽다. 자신의 구체적인 행동, 예를 들어 추운 날씨에 밖에 나가서 놀았던 행동이 질병의 원인으로 생각할 수 있다. 아동에게 "너 혼자서도 잘할 수 있지?" "아파도 참을 수 있지?"와 같은 말로 어른스럽게 행동하도록 훈계하는 것도 아동의 요구를 박탈하여 죄의식과 수치심을 증가시킬 수 있으므로 주의한다. 수액이나 주사를 맞기 전에 "이 주머니에 있는 약이 관을 통해 네 몸에 들어가서 널 도와줄 거야. 들어가는 순간은 잠깐 따끔하지만, 아픈 것은 똑딱똑딱 두 번 하는 사이 없어질 거야." "이 연고는 너를 낫게 하려고 바르는 거야. 이 연고를 바른 후에 주사를 맞을 거야." 등의 이해 가능한 범위 내에서 정확하게 표현한다.

3) 초등학교 학령기의 생활 적응 지원

학령기는 학생들이 가정을 떠나 학교에 입학하여 새로운 학교생활에 적응해야 하는 시기이다. 이 시기는 독립심을 성취하는 것이 가장 큰 목표이다. 가장 활동적인 시기에 병원에 입원하여 침상 생활을 한다는 것은 아무것도 할 수 없는 무기력을 느끼게 하며 스트레스와 통제력을 상실하게 한다. 스트레스를 적절하게 해소하지 못하기 때문에 단순히 참거나 위축되거나 수동적으로 받아들일 수 있다. 따라서 허용 범위 내에서 학생이 통제할 수 있는 범위를 알려 주어 신체적인 제한에 적응하도록 도와준다.

학령기의 병원생활은 가족과 헤어져서 가정과 학교 생활 모두 동시에 멀어지게 하므로 변화로 인한 두려움을 증폭시킨다. 따라서 초등학교 저학년 학생에게는 안정감을 가질 수 있도록 부모의 지도가 필요하다. 반면에 중학년이나 고학년 학생에게는 가족보다는 또래와의 분리에 대한 불안이 더 크기 때문에 학교 또는 일상에서 또래관계를 지속할 수 있도록 지원한다.

초등학교 학생들은 통증보다는 회복 불확실성, 죽음의 가능성에 더 많은 관심을 나타낸다. 치료가 가져올 수 있는 잠재적인 위험이나 부작용 등에 관심을 두기 때문에 이에 대해 충분히 표출할 수 있도록 격려한다.

4) 중·고등학교 청소년기의 생활 적응 지원

청소년기에 질병으로 입원하는 것은 또래 내에서의 리더십 또는 통제력 상실 등을 유발하여 심각한 정서적 위협이 될 수 있다. 초등학생과 같은 이유로 자아 정체감에 위협을 받는다. 따라서 병원 내에서 다른 사람들 또는 함께 입원한 청소년기 또래들과 함께 교류하고 상호작용을 할 수 있는 시간과 기회를 갖도록 한다.

청소년기는 신체상에 대한 고민이 가장 커지는 시기이며, 통증에 대해서는 통제력을 갖고 반응할 수 있는 시기이다. 이로 인해 자신의 통증이나 고민을 간호사가 잘 알 것으로 믿고 이를 표현하지 않을 수 있으므로 가능한 한 속마음을 표출하고 소통할 수 있도록 한다.

청소년기 학생은 많은 변화를 경험하며, 부모로부터 독립을 원하기 때문에 심리적으로 더욱 힘들 수밖에 없다. 그러나 이 시기는 많은 생각을 하며 자신이 합당하다고 판단하면 의지를 다지고 이겨 낼 수 있는 시기이기도 하다. 그러므로 본인의 질병을 잘 이해하고 치료과정에 적극적으로 참여하도록 안내하여 적응할 힘을 기르게 한다.

3. 정서 및 행동 지원

건강장애 학생들의 심리적 반응은 병원에 입원해 있는 동안 부모에 의해 처음 발견되고 관찰되기 때문에 초기의 지원은 부모 중심으로 이루어져야 한다. 그러나 같은 시기에 부모 역시 갑작스러운 자녀의 질병으로 적응이 어려울 수 있으므로 전문가들이 서로 협력하여 지원이 이루어지도록 한다. 건강장애 학생들의 정서 및 행동 지원은 병원학교 교사가 담당해야 할 가장 중요한 교육 활동이다. 병원학교 교사는 학생과 처음 대면하기 전에 학생의 심리적 반응상태에 대해 미리 파악하여 각 시기에 적절한 지원이 협력을 통해 이루어지도록 한다.

1) 질병과 상황 알리기

학생은 질병에 걸렸다는 말을 처음 들었을 때 큰 충격을 받는다. 화가 나고, 말문이 막히고, 충격적이고 두려운 감정들을 느끼는 것은 당연하다. 소리를 지르거나 울음, 공격적 표현 등도 일시적으로 나타날 수 있다. 이런 감정들을 학생이 당연하게 받아들이고, 자연스럽게 생각하도록 격려한다.

가능한 이해 가능한 범위 내에서 병에 걸린 상황을 수용하는 법, 자신을 돌보고 관리하는 법을 배우도록 지도한다. 부모들이 자녀에게 질병을 치료하고 병원에 입원해야 하는 상황에 대해 가능한 한 상세히 알릴 때, 학생들은 더 잘 수용할 수 있다. 조용하고 안정된 시간을 찾아서 대화를 나누며, 치료와 입원하는 것에 대해 느끼는 감정을 이야기할 때, 본인의 상황을 더 잘 이해할 수 있다. 화남, 절망, 걱정, 염려 등 여러 가지 감정은 당연히 느낄 수 있는 것이며 스스로 괜찮다는 것을 인식하게 한다.

교사는 학생이 병원에 입원해 있는 동안 부모와 학생의 의사소통이 잘 이루어지도록 지지해 주는 역할을 해야 한다. 물론 질병과 현재 상황을 알리는 것은 가장 가까이 있는 부모의 역할이다. 이때 부모와 자녀의 의사소통 방법은 자녀의 나이에 따라 달라진다. 다음의 내용은 미국의 Boston 아동병원에 입원한 아동의 나이에 따른 의사소통 지원 자료이다(http://www.childrenshospital.org).

- **신생아~2세**: 이 시기의 부모는 입원하는 것에 집중하고 준비해야 한다. 부모가 입원을 편하게 느낀다면, 자녀도 같은 방식으로 느끼기 때문에 부모의 안정적인 적응이 중요하다.
- **2~3세**: 이 시기의 아동은 성인이나 청소년과 같은 방식의 시간 개념은 없다. 병원에 가기 하루나 이틀 전에 부모가 직접 자녀에게 진찰과 진료하는 것에 대해 말해 주어야 한다.
- **3~6세**: 이 시기의 아동은 주 단위의 시간 개념을 알기 시작한다. 아동이 수술이나 치료가 왜 필요한지 이해하기는 어렵다. 아동은 뭔가 잘못되었다고 걱정할 수 있다. 입원하는 것은 벌받는 것이라고 오해할 수도 있으므로 병을 고치기 위해 병원에 가는 것이라고 말해 주어야 한다. 3~4세 아동에게는 병원에 가기 전 하루나 이틀 전에 치료가 있다고 말해 주고, 5~6세 아동에게는 3~5일 전에 이야기해 준다.

- **7~11세**: 이 시기의 아동은 입원하거나 치료받는 이유를 이해할 수 있고 시간 개념도 형성되어 있다. 따라서 입원하기 일주일 전에 치료와 입원에 대해 알린다. 입원과 치료에 대한 두려움을 표현하고 궁금한 내용에 대해서는 질문을 받고 대화한다.
- **12세 이상**: 처음부터 수술이나 입원하는 계획에 학생을 포함할 것을 권장한다. 입원의 두려움에 대해 질문하고 이야기하는 것을 격려해야 한다. 이 시기의 학생들은 도움을 받기를 원하면서 동시에 부모에게서 독립하려는 경향이 있으므로 입원 전 또는 치료 중에 자녀를 돕는 방법을 직접 대화를 통해 물어보는 것이 바람직하다.

2) 치료에 관해 설명하기

교사는 학생과 상담하기 전에 몇 가지 유의해야 할 사항이 있다. 건강장애와 상담에 대한 전문성이 부족하더라도 학생과 이야기 나누는 것을 두려워할 필요는 없다. 학생과 같이 이야기하는 것만으로도 도움이 될 수 있으며, 치료를 처음 시작하는 학생에게는 다음과 같이 표현하고 질문하는 방법을 지도하는 것이 도움이 된다.

먼저 질병에 대한 감정을 표현하도록 한다. 질병에 걸렸다는 것을 믿을 수 없지만 바뀔 수 없는 현실임을 인정할 수 있도록 느끼는 감정을 숨기지 않고 마음껏 표현하도록 돕는다. 스스로 자신의 감정이나 생각을 표현할 수 있도록 하고 수용적인 태도로 경청하고 공감해 준다.

치료과정과 병에 대한 다양한 질문하기를 통해 궁금한 것을 해결하도록 돕는다. 학생이 질병과 관련된 질문을 하면 대부분 부모와 교사는 당황한다. 자신의 질병에 대해 궁금해하는 것은 매우 당연하고 자연스러운 일이다. 알고 있는 범위 내에서 대답해 주되, 질병과 관련된 궁금증을 풀기 위해서는 학생이 직접 치료하는 의사, 간호사에게 물어보도록 한다. 먼저 물어보고 싶은 질문을 적어 보도록 하고, 질문하는 것을 두려워하지 않도록 격려한다.

다음은 학생이 자신의 질병에 관해 담당 의사에게 질문할 수 있는 내용이다(한국백혈병어린이재단, 2015).

- 저는 지금 어떤 종류의 질병에 걸렸나요?

- 그 병이 제 몸의 어떤 부분에 영향을 주나요?
- 지금부터 저는 어떤 치료를 받게 되나요?
- 치료는 어떻게 하나요?
- 부작용은 무엇인가요?
- 활동하는 데 어떤 것이 불편하죠?
- 저는 학교에 갈 수 있나요?
- 치료를 받으러 병원에 얼마나 자주 와야 하죠?
- 더 알고 싶은데, 정보를 얻을 수 있는 곳이 있나요?

한국백혈병어린이재단(2015)에서는 소아·청소년 암환자들이 암치료에 따른 심리사회적인 어려움을 잘 이겨 낼 수 있도록 부모들을 대상으로 질병에 관해 대화할 때 다음과 같은 사항에 대해 유의할 것을 안내하였다.

- 수술이나 치료를 위해 병원에 있는 것은 자신을 위한 최선의 결정임을 대화를 통해 느낄 수 있도록 한다.
- 설명하기 힘들고 불편한 이야기라도 앞으로 진행될 검사와 치료 절차에 대해 부모가 알고 있는 것을 자녀에게 있는 그대로 설명한다. 예를 들어, 자녀에게 아프지 않다거나 피검사가 없을 것이라는 말은 하지 않는다. 자녀가 이해할 수 있도록 나이와 수준에 적합한 내용으로 간단하면서도 솔직하게 설명한다. 부모의 설명을 이해하는지 확인하고, 자녀에게 질문을 받고 대답해 준다. 아동에게 단순히 상황을 모면하기 위해 "아프지 않아, 하나도 안 아파."라고 안심시키고 치료를 받게 한다면 치료과정이 점점 더 힘들어질 수 있다. 정직하고 구체적으로 설명하면 아동은 부모를 신뢰하게 되고 아동의 협조를 얻는 데 훨씬 수월해진다.
- 치료 절차와 검사를 자녀에게 설명할 때는 좀 더 부드러운 표현을 사용한다. 예를 들어, "간호사 선생님이 팔에 바늘을 꽂을 거야." 또는 "쿡 찌를 거야."라는 표현보다는 "간호사 선생님이 주사를 놓을 건데, 눈 깜빡할 새에 바늘이 미끄러지듯 들어갈 거야."라는 표현을 사용한다.
- 치료나 검사 전에 혹은 검사를 하는 중이거나 검사 후에 자녀가 어떻게 느끼고 생각하는지 말로 표현하도록 먼저 대화를 시도한다. 자녀가 어떤 감정을 가졌는지 들어 보고 그 감정을 말할 수 있도록 한다. 예를 들어, "병원은 모든 사람이 언제

든 건강을 지키기 위해 도움이 필요하면 가는 곳이야. 의사와 간호사는 뼈와 근육이 어떻게 움직이는지 가장 잘 아는 분들이야. 그분들은 우리가 좋아지고 건강해지도록 도와준단다."라고 구체적으로 이야기해 준다.

- 대화에서는 촉진적 반응을 보여 준다. 촉진적 반응이란 대화를 할 때, 자녀의 대화를 듣고 느낌이나 진술 내용을 다시 학생에게 반응하는 방법을 말한다. 예를 들어 "~ 때문에 네가 ~라고 생각하는구나."라고 표현해 주는 방법이다. 자녀가 "병원에서 주사 맞는 거 싫어!"라고 말한 경우, 부모는 "그래, 약 먹고 주사 맞고 병원에서 일어나는 일은 모두 힘들고 싫지."라고 반응과 표현에 대해 촉진해 주며 공감하고 있음을 확인해 준다.

3) 자기표현 증진

학교에 다니다가 갑자기 병원에 입원한 학생들은 생활의 많은 변화로 인해 혼란을 느낀다. 학생들에게 만성질환은 처음 겪는 경험이며, 예상하지 못한 상황에 불안과 두려움을 갖게 된다. 두려움을 이겨 내고 병원에 입원 중에도 일상적인 생활을 잘 해 나갈 수 있도록 정서적 지원이 필요하다.

학생이 분노를 발산하면 적당히 허용해 준다. 기회가 된다면 점토 놀이, 베개 때리기, 소리 지르기, 화난 그림 그리기 등 자신의 감정을 표출할 수 있도록 미술 활동이나 언어로 표현하게 한다. 이때 부모나 교사는 학생의 감정 변화가 약물로 인한 일시적 현상인지, 학생의 성격 변화인지 구분하여 대한다.

질병에 대한 생각을 잊을 수 있도록 다른 활동을 소개한다. 질병만을 계속 생각하면 힘들어지기 때문에 가능한 다른 생각을 하거나, 열중할 수 있는 활동을 찾아보도록 안내한다. 병의 발생에 대한 내부의 감정을 다른 곳으로 돌리도록 해 준다.

병원생활에서의 놀이 활동은 학생과 의사소통할 수 있는 가장 효과적인 방법이며 여러 가지 기능과 효과를 가지고 있다. 놀이는 낯선 상황에서도 친숙함과 안정감을 느끼게 하며, 따분하고 지루한 병원생활에 기분전환과 휴식을 제공한다. 또한 부모와의 분리불안을 감소시켜 주며, 집에 대한 그리움도 잊게 한다. 어린 나이의 아동들은 나의 몸과 신체 부위, 기능, 질병 등에 대해 배우는 기회가 될 수도 있다. 그림 그리기, 바느질, 만들기와 같은 좋아하는 활동이 있다면 격려한다. 이러한 활동은 긍정적인 생각과 만족감을 가지게 한다.

〈표 6-1〉은 병원생활에 적응하도록 돕기 위해 병원학교에서 운영할 수 있는 놀이 활동의 예이다.

표 6-1　병원에서 할 수 있는 다양한 놀이 활동
• 글자 맞추기, 퍼즐 맞추기
• 공작품(종이접기, 실 놀이) 만들기
• 나중에 학교에 갈 때를 대비해 공부하기
• 가까이 앉은 사람들과 이야기하거나 새로 들어온 환자들 도와주기
• 간단한 운동하기
• 뜨개질 또는 십자수 하기
• 미스터리나 과학소설, 대하소설 등을 읽기
• TV 보기
• 카드 게임 하기
• 좋아하는 음악 듣기
• 시나 노래 적기
• 좋아하는 연예인에게 팬레터 쓰기
• 기분이 좋아질 때 무엇을 할지 계획하기
• 일기 쓰기
• 잡지나 만화 보기
• 좋아하는 노래 가사 외우기
• 친구, 친척들의 생일 목록 만들기
• 병원이나 집에서 다른 친구들과 함께할 수 있는 새로운 게임 만들기
• 영어 단어 외우기
• 보고 싶은 영화 목록 만들기

출처: 한국백혈병어린이재단(2015).

4) 긍정적 자아개념 형성

긍정적 자아개념이란 자신을 유능하고 중요하며 가치 있게 생각하는 것이다. 자신에 대해 긍정적인 시각을 가지고 있는 학생은 자신의 능력에 대해 신뢰하며 목적 지향적으로 의욕을 가지고 실현하기 위해 노력한다. 긍정적인 자아개념은 질병을 극복할수 있다는 자신감을 갖게 하며 자신을 가치 있는 존재로 인식하게 한다.

긍정성은 스스로 건강을 관리하려는 의지를 강하게 만든다. 현재 상황을 단순하게 받아들이고 무엇보다 일어나지 않을 일에 대해 걱정하기보다는 병을 이겨 낼 수 있다는 믿음을 갖게 한다. 또한 치료로 인한 부작용 등은 치료가 종결되면 원래대로 회복

될 수 있다는 믿음을 갖게 한다. 긍정적인 자아개념을 형성하도록 도울 수 있는 활동의 예는 〈표 6-2〉와 같다.

표 6-2 긍정적 자아개념 형성을 도울 수 있는 활동

활동	내용
'나' 전달법으로 대화하기	• '나'를 사용하여 원하는 행동에 대해 자신의 느낌을 표현한다. 　- "나는 네가 좋아지는 것을 보고 싶기 때문에 치료가 어떻게 진행되는지 관심이 많단다." • '너'라는 말은 저항감과 비판적이기 때문에 사용하지 않는다. 　- "너는 왜 치료를 열심히 받지 못하니?"
책 읽기	• 치료와 관련된 책을 읽어 주거나 스스로 책을 읽을 수 있도록 하고 학생의 느낌이나 관심사를 표현하도록 격려한다. • 건강장애 및 만성질환과 관련한 도서를 이용한다. 건강장애 관련 도서 목록은 제9장을 참고하기 바란다.
스토리텔링 (story telling)	• 떠오르는 생각을 의식적으로 억제하지 않으며, 두려움을 느끼지 않으면서 생각을 표현하게 한다. • '병원에서 있었던 일'과 같은 어떤 사건에 대한 설명을 유도한다. 병원에서 다른 사람들과 함께 있는 학생의 사진을 보여 주고 설명하도록 질문하여 이야기를 끌어낸다. • 신문이나 만화를 오려서 글씨를 지운 뒤 학생에게 보여 주고 각 장면에 대해 자기 생각을 표현하도록 격려한다.
그림 그리기	• 비언어적 요소와 언어적 요소를 동시에 포함하여 표현하는 방법이다. • 학생의 생각에 따라 마음대로 그림을 그리게 하거나, 특별한 주제를 제시하고 그림을 그리도록 한 후, 이에 대해 느낌을 이야기한다.
좋아하는 것과 싫어하는 것 말하기	• 일정한 주제를 선정하여 좋아하는 것과 싫어하는 것을 말하고 학생의 느낌을 표현하도록 격려한다. • '병원에 있는 것'과 같은 주제를 제시하고 다섯 가지 좋은 점과 나쁜 점에 대해 말하기를 통해 자기 생각을 긍정적인 결과로 마무리할 수 있도록 돕는다.
기사 쓰기	• 병원생활에 관한 일상을 사진이나 글로 표현하도록 한다. 개인 블로그나 SNS를 통해 창작 활동을 하도록 격려한다.

5) 사회적 기술 및 유대관계 맺기

학생이 긍정적인 자아개념을 형성하고 정신건강을 유지하기 위해서는 다른 사람과의 관계를 원만하게 형성하고 유지해야 한다. 병원에서 다양한 사회적 관계를 맺기는 어렵지만, 이 시기는 여러 가지 사회적 역할 모델과 문화의 가치를 경험해야 하는 시기이다. 이러한 기회를 통해 사회적 예절이나 관습을 익히고 다른 사람과 함께하는 활동을 통해 사회적 기술도 형성하게 된다. 병원생활을 하는 학생들의 사회적 유대관계를 증진하기 위한 몇 가지 전략은 다음과 같다.

- 집단 활동의 기회를 만들어서 다른 사람과 협력할 기회를 갖게 한다.
  - 병실 생활이나 병원학교에서의 생활은 경쟁적인 분위기보다는 협력적인 풍토를 조성하여 노력했을 때 성취감을 느낄 수 있도록 한다. 다른 사람과 비교하지 않고 개인의 변화를 기준으로 개별화하여 대한다.
- 지나친 애정이나 간섭을 하지 않는다.
  - 학생의 일은 스스로 하게 한다. 학생을 간섭하거나 비판하지 말고 격려하고 칭찬을 자주 해 주어야 자기효능감을 높일 수 있다. 병원 안에서의 모든 생활은 공개된 생활이지만, 학생이 비밀로 하기를 원하면 간섭하거나 개입하지 말고 최대한 지켜 준다.
- 주변에서 격려해 줄 수 있는 사람을 찾도록 지지한다.
  - 대화가 통하고 격려해 줄 수 있는 친구, 부모, 형제, 자매, 의료진 등이 친구가 될 수 있다. 대부분의 건강장애 학생은 그들의 질병에 대해 교육받은 또래들에 의해 가장 큰 정서적 지원을 받으며, 몇몇 친구와 친밀한 우정관계로 발전시킬 수 있다.
- 규칙과 예절 지키기를 지도한다.
  - 학생이 원하는 것을 다 해 주거나 모든 것을 무조건 허용하지 않는다. 과다하게 허용하거나 지나치게 다른 규칙을 적용하는 것은 과잉보호가 되며, 과잉보호는 퇴행을 유발한다. 과도한 걱정과 근심, 보호는 오히려 학생들을 더 위축시키며 쉽게 포기하게 만든다. 오히려 아픈 학생이라도 스스로 할 수 있는 일에 대해서는 과도한 도움을 자제하고 독립적으로 수행하도록 지지하며, 나이에 맞는 규칙과 예절을 지키도록 지도한다. 치료과정에서 힘든 과정을 겪는 자녀를 보면서 자녀를 지지하고자 하는 마음이 과잉보호로 나타날 수 있다. 부모의 과잉보호는 학생의 행동 발달에 부정적 영향을 미치게 된다. 정신적으로 부모에게 과도한 의존상태가 지속할 경우, 스스로 알아서 하는 일이 점차로 줄어

들고 주변 환경의 변화에 대처하지 못하여 매우 취약한 학생이 될 수 있다. 이러한 특성은 치료 종료 이후 학교복귀를 어렵게 만들 수 있으므로 발달단계에 맞는 양육 태도를 갖도록 부모교육을 통해 지원하며, 적절한 사회성 기술을 습득할 수 있도록 지도한다.

🖋 교육현장 & 공감

"병원에서 장기간 생활하다 보니까 모든 게 본인 위주로 돌아가는 거죠. 뭐든지 자기가 최우선이에요. 차례나 질서 이런 것조차 안 되는 아이들도 있어요. 병원에선 아이들이 잘못해도 부모나 병원학교 교사들도 바로 지적하지 못해요. 안쓰러우니까 항상 달래 가며 받아 주게 되죠. 우리가 함께 자기중심적이고 이기적인 아이들로 키우고 있는 거예요."

"아프니까 부모님들이 다 사 주시고 원하는 거 다 해 주시고. 그런 생활이 1년, 2년 흐르다 보면 너무 자기주장이 강해져요. 하고 싶은 대로 다 하고 그렇게 안 될 때면 투정에, 짜증에. 그런데 그런 성향들이 일반학교에 가서도 지속되고 제일 먼저 눈에 띄게 되는 거지요."

– 병원학교 교사 인터뷰 중에서(인천광역시교육청, 2016)

6) 스스로 돌보기의 지도

질병의 부작용 등을 미리 알고 학생이 이해할 수 있도록 준비시키는 것은 치료과정을 더 잘 이겨 내는 데 힘이 된다. 청소년의 경우 자신의 질병을 정확히 이해하고 수용했을 때, 스스로 관리하는 능력이 향상된다.

학생들에게는 나이에 적합한 자기관리 기술을 지도한다. 학생 스스로 개인위생, 영양 및 건강관리를 할 수 있도록 지도한다. 자신의 질병에 대해 이해하고 균형 잡힌 식사, 청결, 체력관리 등 대처할 수 있는 구체적인 방법을 배울수록 건강을 더 잘 관리하게 되며, 치료과정을 이겨 낼 수 있다. 나타날 수 있는 신체적 변화들에 대해 알아보고 질병으로 인한 스트레스를 해소하여 학생 스스로 건강을 지킬 수 있도록 지도한다.

청소년은 자신의 의지대로 행동하려는 경향이 있으므로 때로는 치료에 비협조적이며, 학습 태도도 수동적이고, 대화에 참여하기를 꺼리며 마음을 드러내지 않기도 한다. 따라서 시간을 가지고 자신에 관한 의학적 결정에 참여하도록 허용하고 격려한다.

4. 교과지도를 통한 교육지원: 사회 교과지도 사례

건강장애 학생들은 병명이 다르고 발병 시기와 진행 정도, 치료과정 및 예후가 다르므로 개별화된 지원체제가 필요하다. 교과지도에서도 마찬가지로 개별화된 계획을 바탕으로 체계적이고 진단적인 교육이 제공되어야 한다. 이들이 배치된 교육 장소는 매우 다양한 형태이며 다양한 교육 상황을 나타내므로 의료적인 면과 교육적인 면에서의 다각적인 접근과 노력이 필요하다.

건강장애 학생은 일반 학생으로부터 일탈한 특수성을 지니고 있지만, 교육의 목표와 내용 면에서는 일반 학생이 지니는 보편적인 특성을 공유하고 있다. 건강장애 학생의 교육은 공통교육과정과 기본교육과정 중 개개인의 다양한 특수교육 요구에 적절한 학습 활동과 지도 방법을 제공하여 효율적인 교육이 이루어지도록 한다.

이 장에서는 건강장애 학생의 특성을 고려한 교과지도 방법의 예시로 사회과 교육과정의 접근 전략과 효과적인 교수-학습지도와 평가에 대해 다루고자 한다.

1) 건강장애 학생의 사회 교과 교수-학습 계획

사회 교과는 건강장애 학생의 적응을 지원할 수 있는 중요한 역할을 하는 교과이다. 사회 교과의 목표는 일상생활 습관을 기르고 사회 현상에 대한 올바른 인식을 바탕으로 사회구성원으로서 다른 사람과 더불어 살아갈 수 있는 자질을 기르는 데 있다. 주어진 시간에 효율적으로 교과 목표에 도달하기 위해서는 건강장애 학생의 학습자 특성에 맞는 교수 방법을 적용해야 한다. 구체적인 교수-학습 계획은 다음과 같다.

첫째, 사회 교과의 학습 내용은 학생에게 의미 있는 내용으로 구성하여 생활에 도움이 되는 지식과 기능, 가치, 태도를 배울 수 있도록 계획한다. 건강장애 학생들에게 의미 있는 학습 내용이란 실제 생활 장면에서 경험할 수 있는 보편적인 경험과 특수한 경험 모두를 포함한다. 보편적인 수준의 경험은 건강장애와 상관없이 일반 또래 학생들이 겪을 수 있는 경험을 말한다. 즉, 학생의 생활 연령에 적절한 사회에서 기대하는 사회적 장면에서의 기능과 행동을 말한다. 그러나 건강장애 학생들은 질병으로 인해 겪는 여러 가지 변화에 대응하여 자신의 생활에 대해 스스로 계획하고 조정하고 관리할 수 있는 능력이 요구된다. 긍정적인 시각으로 자신의 질병을 바라보고 긍정적인 활동으로 기능하게 하는 것이 필요하다. 개별적으로 의미 있고 기능적인 교육 내용의 선정과 지도가 학습의 일반화를 높이므로 실생활 장면이 유기적으로 통합된 사회적 경험과 자연스러운 삶의 맥락을 강조하여 지도한다. 대부분은 병원생활을 중심으로 지도하더라도 이후의 학교복귀를 염두에 두고 사회과의 핵심 역량에 관한 내용을 다룬다.

둘째, 사회 교과에서 다루어지는 학습 내용은 사회과의 지식, 기능, 가치, 태도를 바탕으로 하되, 건강장애 학생이 겪게 되는 지식과 경험, 생활이 통합적으로 다루어지도록 한다. 그러기 위해서는 사회 교과의 구체적인 학습 요소들은 일상적인 사회생활에서 실제로 요구되는 기초적인 지식, 기능, 가치, 태도이며, 이를 반복하여 학습함으로써 습관화되도록 지도한다. 건강장애 학생에게 특히 중요한 것은 사회적 과제에 따른 통합적인 구성이다. 사회과의 3가지 내용 영역의 통합이 아니라 넓은 의미에서 다른 교과와의 통합까지를 의미한다. 학령기 시기의 입원과 치료로 인해 발생할 수 있는 학업 결손을 고려한다면 사회과의 내용 요소를 좀 더 종합적이고 통합적으로 구성해야 한다. 그래야만 사회적 맥락에서 요구되는 구체적인 사회적 과제를 효과적이고 효율적으로 해결할 수 있게 된다. 따라서 사회과 이외의 다른 학습 요소들도 사회적 과제에 따라 포함하여 통합적으로 구성한다.

셋째, 사회과 교육이 추구하는 민주주의 가치체계를 중시하되 학교생활 등 단체생활 경험에 제한이 생기더라도 새로운 환경에 적응하면서 다른 사람과 더불어 상호작용할 수 있도록 고려한다.

넷째, 사회과 학습을 통해 삶에서의 적절한 도전의식과 태도를 함양하도록 한다.

다섯째, 사회과에서의 다양한 활동에 직접적인 참여가 어려울 때는 대안적 방법의 간접참여를 통해 스스로 의사를 결정하고 현실생활에 적용할 수 있는 태도를 기르도록 한다.

건강장애 학생을 위한 교수-학습의 지도 원리는 일반적인 지도 원리와 다르지 않다. 그러나 각 학생의 개별화된 상황에 맞추어 개별화된 목표를 설정하고 생활 속에서 기능성을 향상한다는 점에서는 강조되어야 한다. 그러기 위해서는 무엇보다도 가족과 교사, 전문가의 협력, 병원학교와 일반학교 간의 협력 등 각 시스템 간의 실제적 연계와 실천적인 협력이 중요하다.

2) 지도 내용

2015 특수교육 교육과정에서는 사회과의 영역을 '나의 삶' '관계의 삶' '시민의 삶'의 세 영역으로 구분하여 제시하고 있다. 여기에서는 교육과정 영역에 기반을 두어 제시하고자 한다.

(1) 나의 삶

건강장애 학생을 위한 사회과 내용 중 '나의 삶' 영역에서 강조하는 핵심개념은 자율성이다. 자율성이란 자조 기술을 갖추고 자기결정과 자기옹호 생활을 하며 자신의 미래를 긍정적으로 설계하며 삶의 주체로서 살아가는 힘을 키우는 것을 말한다(교육부, 2015b). 이 영역에서는 개별화 수준에 맞는 생활에서의 자조 기술을 익히고 활용하는 것을 강조하여 지도한다. 학생에 따라 병명과 진행 정도, 치료과정이 다르므로 개별화된 접근이 요구된다.

질병의 상태를 악화시키지 않도록 하는 자기관리에 대한 책임을 지도한다. 병원학교에 입급된 학생의 경우 새로운 형태의 교육체계에 적응할 수 있는 내용을 포함한다. 병원학교에서의 적응지도는 사회 교과의 '나의 삶' 영역과 연관이 있다. 자조 기술의 지도는 학교생활 중에 학생 스스로가 자신의 질병을 관리하고 위험 요소를 파악하도록 도와줄 수 있다.

학생에게 질병에 대한 적절한 수준의 지식과 예견되는 치료과정, 주의 사항 등을 알리는 것은 스스로 생활을 조절하고 치료에 대한 긍정적인 자세를 갖게 해 준다. 예를 들어, 소아암 학생의 경우 확고한 투병 의지를 갖고 자신의 치료과정을 긍정적으로 경험할 수 있도록 돕는다. 골수검사, 체온 측정, 수혈은 왜 하는지에 대한 안내, 방사선치료에 관한 정보, 생활 속에서의 감염 예방 수칙, 마스크의 사용, 병균과 싸워 이기기 위한 식습관, 약 복용 시간 지키기 등 치료과정과 병원생활에 대한 내용을 포함하여 지도한다(김정연, 2010).

또한 퇴원 후 가정과 학교, 그리고 지역사회에 잘 적응할 수 있도록 돕는 내용을 강조하여 지도한다. 개인 생활 영역의 지도를 통해 새로운 상황에 적응하고 질환에 대한 철저한 건강관리로 긍정적인 예후를 기대할 수 있다. 통원치료 중이거나 치료를 마치고 학교로 복귀한 학생인 경우에도 수업 결손과 학교생활 공백기를 벗어나 잘 적응할 수 있도록 개인 생활에 대한 지원이 필요하다.

(2) 관계의 삶

사회과 내용 중 '관계의 삶' 영역에서 강조하는 핵심개념은 사회적 · 도덕적 인성과 사회적 능력이다. 사회적 · 도덕적 인성이란 성실, 예절, 존중, 배려, 나눔의 태도를 보이고 실천할 수 있는 민주 사회 구성원에게 필요한 사회적 · 도덕적 인성이다. 사회적 능력이란 다른 사람과 사회적 관계를 형성하고 사회적 맥락과 역할에 알맞게 행동하는 것으로 사회의 구성원으로서 갖추어야 하는 능력을 의미한다(교육부, 2015b).

건강장애 학생의 '관계의 삶' 영역은 병원 및 학교생활 적응과 관계가 깊다. 예를 들어, 소아암 학생은 발병 나이가 낮으므로 정규적인 학교생활을 통해 공동생활의 규범과 규칙 등 나이에 적절한 사회적 행동과 규범을 배울 기회를 놓치기 쉽다. 질병과 입원의 스트레스로 인해 나타나는 일시적인 퇴행은 시간이 흐르면 자연스럽게 사라지지만 나이에 적합한 사회적 행동은 적기에 습관화하지 않으면 더 많은 어려움을 유발한다. 학령기 건강장애 학생의 교육과 적응을 위해서는 질병 전의 규율과 역할, 활동들을 가능한 유지할 수 있도록 지도한다. 이러한 사회적 행동은 치료 중 또는 치료 종료 후에 학교로 복귀했을 때의 적응에 영향을 미친다.

건강장애 학생이 일상의 생활 속에서 사회적 관계를 형성하기 위해서는 병원에 입원해 있는 동안에도 가족의 화목, 친구와의 우정, 또래관계의 형성과 유지에 대해 경험하도록 지도한다. 학생들의 학교복귀는 또래 학생과의 상호작용의 질에 좌우된다. 그러므로 병원학교와 일반학교 간의 연계를 강화하여 건강장애 학생의 적응을 도울 수 있는 사회성 증진 프로그램의 개발과 건강장애 학생에 대한 인식교육이 같이 이루어져야 한다. 건강장애 인식 개선 활동들은 학급 또래의 이해를 촉진하며 구체적인 지원 방법을 안내하여 관계를 증진할 수 있다.

건강장애 학생들의 학교생활 적응 지원 자료는 건강장애 관련 단체나 협회의 자료를 활용할 수 있다. 일반 학생을 대상으로 한 인식교육과 교사를 대상으로 한 연수는 학생이 학교로 복귀하기 전에 실시한다. 같은 반 또래 혹은 학교 학생들이 병원학교나 가정을 방문하여 학교 소식을 전해 주고, 함께 교류할 기회를 자주 마련하여 또래관계를 유지하도록 지원한다. 구체적인 건강장애 인식 개선 교육 및 활동에 관한 내용은 '제9장 학교복귀와 학교생활 적응 지원'을 참고하기 바란다.

(3) 시민의 삶

사회과 내용 중 '시민의 삶' 영역에서 강조하는 핵심개념은 공간과 삶, 역사 · 문화

소양, 민주주의 가치이다. 공간과 삶이란 공간적 관점을 바탕으로 사람들의 생활 모습을 이해하고 주체적인 경제 활동을 통해 삶의 사회적 공간을 확장하는 것을 강조한다. 역사·문화 소양이란 현재 삶의 맥락을 바탕으로 역사를 이해하고 다양한 문화를 누리는 역사적·문화적 소양을 기르는 것을 의미한다. 민주주의 가치란 일상적 사회 현상과 문제에 관심을 두고 사회 공동체를 위한 규범을 지키며 민주 시민의 자질을 갖추는 것은 민주주의 가치를 실현하는 것을 말한다(교육부, 2015b).

'시민의 삶' 영역에서는 가정과 학교, 지역사회에서의 경험을 바탕으로 여가생활과 미래의 삶을 계획하고 안정적으로 건강을 유지할 수 있는 태도를 지도한다.

건강장애 학생의 많은 수가 인지적인 제한으로 인해 교과학습의 어려움을 겪는다. 예를 들어, 소아암은 주의집중, 순서화, 기억 및 이해능력을 요구하는 과제 수행이 곤란하며, 신장장애는 우울 및 자살 기도, 불안, 공포, 강박적 사고와 신체개념의 왜곡 등 정서 반응을 나타낸다. 소아암 학생의 경우 생존율이 높아지면 높아질수록 치료과정으로 인해 장, 단기적으로 인지와 사회정서 및 행동 문제가 발생하며, 이로 인해 그들의 전체적인 기능이 저하되는 현상이 나타나게 된다. 학교생활, 교과학습 면에서의 이중적인 어려움을 겪을 수 있다. 그 밖에 건강장애 학생들은 심리적인 위축과 어려움을 경험하며, 신장장애가 있는 학생의 경우에는 만성 빈혈, 각종 내분비장애 등으로 인해 사춘기의 지연, 성적 성숙의 지연이 나타난다. 이러한 신체적 미성숙이 심각한 정신과적 문제를 일으킬 수도 있으며, 교과학습에서의 소극적인 양상으로 나타난다. 그러므로 사회 교과에서는 다양한 활동 중심의 자신의 삶을 디자인하는 경험을 제공하는 것이 중요하다(류신희, 김정연, 2008).

건강장애 학생의 건강상태를 고려하여 융통성 있는 과제 참여와 학습량을 제시한다. 활동 중심의 수업에서는 충분한 자기관리(self-care)와 걷거나 워커를 이용하는 운동, 그리고 휠체어 등을 이용한 이동 등 독립성을 증가시키는 활동을 함께 지도한다.

가족을 기본 단위로 하여 가족 행사와 병원에서 이루어지는 문화 활동에 참여할 수 있도록 하여 물리적 생활공간의 확대는 물론 사회생활에 있어서 문화와 여가생활의 중요성을 경험하는 데에 중점을 둔다. 건강장애 학생에게 가족의 역할과 기능은 무척 중요하다. 가족의 기능과 역량을 강화하는 것은 건강장애 학생의 계속된 치료과정에 큰 힘이 될 수 있다. 또한 지역사회 문화 활동에 가족과 함께 경험하는 활동은 장기적으로는 질병을 이겨 낼 수 있는 심리적인 에너지가 될 수 있으며 안정된 관리를 통해 독립적이고도 건강한 미래를 계획할 수 있다.

3) 교수-학습의 방향

사회과 학습은 사회과의 특성에 부합하는 다양한 수업 기법과 전략을 이용하여 교수-학습 방법을 다양화한다. 건강장애 학생의 개별적인 교육적 요구와 특성에 따라 공통교육과정과 기본교육과정의 내용 요소를 재구성하여 지도한다.

건강장애 학생을 위한 사회과 교육과정은 학업적인 것과 심리정서적인 면을 강화하는 교육과정의 재구성과 교수-학습 자료의 개발이 필요하다. 또한 개별학생의 학년 및 학력 수준에 적합한 개별화된 학습지원 방안이 모색되어야 한다. 건강장애 학생 본인이 자신의 병에 대해 바르게 이해하고 건강과 삶에 대한 통제력을 가질 수 있도록 관련 프로그램을 개발·보급하는 노력이 필요하다. 또한 1:1 상담 및 학습지도, 원격수업 등을 통해 학습 참여를 독려하고, 나의 삶, 관계의 삶, 시민의 삶의 각 영역이 통합적으로 균형 있게 학습될 수 있게 한다.

4) 교수-학습의 평가

사회과 평가는 실제 상황에서의 적용과 활용을 강조하여 지식, 기능, 태도 면의 균형적인 평가가 필요하다. 학생별로 처한 상황과 교육적 요구, 기대되는 조건 등이 다르므로 개별화된 교육계획과 그에 따른 평가가 요구된다.

무엇을 어떻게 어디서 평가할 것인가는 가르친 내용에 따라 생활환경 내에서 맥락 중심으로 평가한다. 개별화된 목표가 다를 것이므로 절대적인 기준에 근거한 평가가 바람직하다. 지속적인 점검을 통해 가르칠 내용 요소에 반영할 수 있도록 평가 결과의 활용에 초점을 둔다.

건강상태로 인해 학교에서의 평가 참여가 불가능한 경우에는 대안적인 방법으로 평가하는 등 학교 차원에서 별도의 평가 방안을 모색한다. 평가 주체는 학생 주변의 교사, 학생, 학부모, 지역사회 인사 등 다양한 평가 주체를 활용한다. 평가에 관한 구체적인 내용은 '제8장 건강장애 학생의 교육전달체계'에서 다루고자 한다. 영역별 평가의 강조점은 다음과 같다.

(1) 나의 삶

나의 삶 영역에서는 질병의 발생으로 인한 개인적인 변화와 생활의 변화를 이겨 내는 것에 초첨을 두어 평가한다. 스스로 활동하고 자립할 수 있는 의지와 학업을 지속할 수 있는 긍정적인 사고와 태도를 평가한다.

(2) 관계의 삶

관계의 삶 영역에 필요한 사회적 기술의 습득 정도와 만성질환의 치료과정으로 인해 발생하는 사회적 기술의 문제점 등의 변화 정도를 관찰한다. 사회적으로 적절한 기술의 습득과 자기자극적이고 반사회적인 행동의 감소, 적절한 사회적 기술과 지역사회 행동의 증가 등을 관찰하여 지역사회에서 독립적으로 살아가는 데에 필수적인 구체적 기술의 정도를 평가한다. 관계의 삶 영역의 평가는 학교 내에서의 행동관찰만으로는 평가할 수 없으므로 부모와 협력하여 가정과 병원, 지역사회 내에서의 실제적인 기능성을 평가한다.

(3) 시민의 삶

시민의 삶 영역은 주로 실물 자료, 시청각 자료, 현장 학습과 참여 활동과 같은 실제적 경험을 강조하기 때문에 현장 학습이나 참여 학습 등의 경제 활동에 관한 실제적 지식과 기능을 평가하는 것이 중요하다. 그러나 건강장애 학생들의 신체적 특성상 다양한 지역사회에서 기능적 평가를 시행하는 것이 어렵다.

그러나 궁극적으로는 건강장애 학생도 사회의 한 구성원으로 자신만이 아니라 다른 사람들과 어울려 함께 살아가는 것이 필요하므로 다른 사람들과의 사회적 관계를 형성하고 유지하는 데에 주안점을 두어야 한다. 그러기 위해서는 실생활과 연관되는 활동, 사회적 과제를 경험하는 활동을 통해 평가한다.

요약

이 장에서는 건강장애 학생의 특성을 살펴보기 위해 학습, 심리, 신체 및 건강 특성을 중심으로 다루었다. 만성질환은 학생들에게 교육과정 접근을 제한하며, 병원이라는 제한된 환경에서 사회적 경험을 제한한다. 이러한 상황에서 건강장애 학생들은 다양한 심리적 반응을 나타내며, 그러한 행동 양상은 연령에 따라서 다르게 나타난다. 우울감, 좌절감과 불안감 등은 건강장애 학생들의 대표적인 심리적 반응이다. 체력 저하나 외모 변화, 통증 등은 학생들의 생활 적응을 더욱 어렵게 한다. 그렇기 때문에 의료진과 가족, 교육 전문가들은 학생의 발달 단계별 특성을 고려한 협력적 지원 전략이 필요하다.

대부분의 건강장애 학생의 심리적 반응은 병원에 입원해 있는 동안 부모에 의해 처음 발견되고 관찰되기 때문에 초기의 지원은 부모 중심으로 이루어져야 하지만, 학생의 심리적 반응 상태를 고려한 정서 및 행동 지원은 교사의 중요한 역할이다. 교사는 학생의 연령에 따라 치료에 협조할 수 있도록 설명하고 지지할 수 있어야 하며, 학생 스스로 건강에 관한 자기관리의 주체로서 행동하고 자기표현과 긍정적 자아개념을 형성할 수 있도록 격려해야 한다. 가족, 교사를 포함한 주변인들의 긍정성은 학생의 질병 극복 의지를 강화한다.

이 장에서는 교과지도를 통한 교육지원의 예로 사회 교과지도 사례를 제시하였다. 병원학교에서의 교육과정 운영은 학생이 다니던 학교의 교육과정에 맞추어 개별교육지원이 이루어지고 있다. 다만 학생이 배치된 병원학교에서 학생에게 의미 있는 내용을 중심으로 선정하여 지도한다면 건강장애 학생의 적응을 도울 수 있다. 특히 실생활 장면이 유기적으로 통합된 사회적 경험과 자연스러운 삶의 맥락을 강조하여 지도한다면 새로운 환경에 적응하면서 이후의 학교복귀에 필요한 준비를 할 수 있을 것이다.

함께 나누는 질문

1. 건강장애 학생들이 경험할 수 있는 심리적 반응과 특성은 무엇인가요?

2. 유아에게 나타날 수 있는 퇴행적 특성에 대해 교사와 부모가 주의해야 할 내용은 무엇인가요?

3. 초등학교 학생들의 생활 적응을 위해 고려해야 할 사항은 무엇인가요?

4. 건강장애 학생의 질병과 상황을 공개하는 것과 관련하여 윤리적 차원에서 주의해야 할 것은 무엇인가요?

4. 건강장애 학생들의 긍정적 자아개념을 향상시킬 수 있는 활동을 설계해 봅시다.

5. 사회교과의 교육과정 내용 요소 중 학생들의 학교복귀를 대비하여 지도해야 할 내용은 무엇인가요?

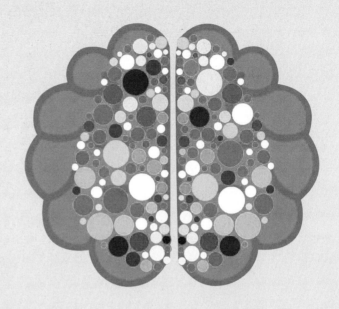

1. 병원학교

1) 병원학교의 개념

병원학교는「장애인 등에 대한 특수교육법」제3조(의무교육 등), 제15조(특수교육대상자의 선정), 제25조(순회교육 등)에 근거하여 질병으로 인해 학교에서 교육을 받기 어려운 학생들을 위해 병원 내에 설치한 학교이다. 학교라고 부르기는 하지만 일반학교 및 특수학교의 파견학급 형태로 운영되는 학급이며, 초·중·고등학교의 여러 학년 학생들이 함께 학습하도록 운영하고 있다.

병원학교는 만성질환을 치료하기 위해 학업을 중단하고 있는 건강장애 학생의 교육을 지원하기 위한 제도이다. 학생들의 학업 연속성 유지 및 학습권 보장과 개별화된 학습지원, 심리정서적 지원 등을 통해 학교생활 적응을 도모하고 삶에 대한 희망과 용기를 심어 주어 치료 효과를 증진하기 위한 목적으로 운영하고 있다(교육과학기술부, 2010). 최소한의 교육환경을 갖추어 건강장애 학생들을 교육함으로써 지속적인 학교생활이 가능하도록 도와주는 역할을 한다(김진주, 박재국, 구신실, 2009).

2) 병원학교 현황

교육부는 건강장애 학생의 교육을 지원하기 위해 해당 지역의 종합병원과 교육청 간 협약을 통해 병원학교 설치를 권장하고 있다. 국내의 병원학교는 만성질환을 가진 학생들의 치료를 중점적으로 담당하는 종합병원 위주로 설립 운영되고 있다. 건강장애 학생 교육지원을 위해 설치·운영하는 병원학교는 2005년에 5개교를 시작으로 36개의 병원학교가 개교하였다. 병원학교는 서울(9), 부산(4), 대구(4), 인천(1), 광주(1), 대전(1), 울산(1), 경기(3), 강원(2), 충북(1), 충남(3), 전북(1), 전남(2), 경남(2), 제주(1) 등 모두 36개의 학교가 있으며, 주책임 의료진에게 '명예 교장' 역할을 부여하고 병원학교 운영위원회 운영 등을 통한 원활한 협력 체계를 구축, 운영하도록 한다(교육부, 2019b). 전국의 병원학교 수는 해마다 건강장애 재적 학생 수에 따라 달라질 수 있으며 유동적이다.

병원학교 간의 상호 연계 및 정보 제공을 위해 전국 병원학교 홈페이지(http://hoschool.ice.go.kr)에서는 전국의 병원학교 및 원격수업기관 목록과 각 병원학교에 대한 정보와 소식, 건강장애 관련 자료와 활동 등을 제공하고 있다.

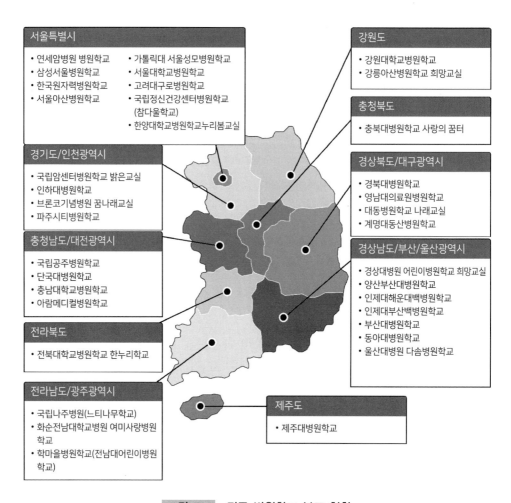

그림 7-1 전국 병원학교 분포 현황

출처: 전국 병원학교 홈페이지(http://hoschool.ice.go.kr).

국내 36개 병원학교의 교사채용 및 교육과정 등 운영 형태는 운영 주체에 따라 다양하다(교육부, 2019b). 서울, 전북 지역의 병원학교는 교육청과 협약을 토대로 교육청에서 행·재정적 지원을 제공하고 있으나 병원 자체에서 운영하고 있다. 병원 자체적으로 운영하는 서울 지역 병원학교의 경우에는 병원학교 입·퇴교 및 출석확인서 통보도 교육청을 거치지 않고 해당 병원학교와 학교가 직접 처리하는 등 운영 형태가 다르다. 그 외 병원학교는 교육청 소속 특수학교 또는 일반학교의 파견학급으로 운영된다. 전국의 병원학교 운영 현황은 〈표 7-1〉과 같다.

표 7-1 병원학교 운영 현황   (단위: 명)

시 · 도	병원명 또는 병원학교명	월평균 이용 학생 수	담당 인력 수
서울(9)	국립정신건강센터	17	특수교사 3
	고려대학교구로병원학교	20	사회복지사 1
	삼성서울병원학교	50	일반교사 1
	서울대학교어린이병원학교	36	평생교육사 1, 일반교사 1
	서울아산병원학교	24	사회복지사 1
	서울성모병원학교	34	사회복지사 1
	연세암병원학교	60	일반교사 1, 심리상담사 1
	원자력병원학교	15	간호사 1, 사회복지사 1
	한양대학교병원학교	5	간호사 1
부산(4)	부산대병원학교	2	특수교사 1
	동아대병원학교	7	특수교사 1
	인제대부산백병원학교	13	특수교사 1
	인제대해운대백병원학교	3	특수교사 1
대구(4)	영남대학교병원학교	6	특수교사 1
	대동병원학교	10	특수교사 1
	경북대학교병원학교	12	특수교사 1
	계명대학교동산병원학교	10	특수교사 1
인천(1)	인하대병원학교	2	특수교사 1
광주(1)	학마을병원학교	7	특수교사 1
대전(1)	충남대학교병원학교	5	특수교사 1
울산(1)	울산대학교병원학교	12	특수교사 3
경기(3)	국립암센터	10	특수교사 2
	화성제일병원학교	7	특수교사 2
	파주시티요양병원학교	4	특수교사 2
강원(2)	강원대학교병원학교	140	특수교사 1
	강릉아산병원학교	30	특수교사 1
충북(1)	충북대학교병원학교	4	특수교사 1
충남(3)	국립공주병원학교	6	특수교사 2
	아람메디컬병원학교	9	특수교사 1
	단국대학교병원학교	9	특수교사 1
전북(1)	전북대학교병원학교	14	특수교사 1
전남(2)	느티나무병원학교	8	특수교사 1
	여미사랑병원학교	13	특수교사 2
경남(2)	경상대병원어린이병원학교	10	특수교사 1
	양산부산대학교병원학교	46	특수교사 2
제주(1)	제주대학교병원학교	1	특수교사 1
계	36	661	49

출처: 교육부(2019a), p. 80.

일부는 ADHD 등 정서·행동발달장애, 중증 정신장애로 인해 장기입원치료가 필요한 학생의 교육을 지원하기 위한 병원학교이다. 2020년 현재 ADHD 등 정서·행동발달장애와 중증 정신장애 학생을 위한 병원학교는 국립정신건강센터 참다울학교, 국립공주어울림병원학교, 국립나주 느티나무학교, 국립부곡병원학교 등이다.

3) 병원학교 교사의 역할

(1) 건강장애 학생 교육지원 안내

병원학교 교사는 건강장애 학생의 교육지원에 대한 전문성을 갖추어야 한다. 특수교육대상자 진단과 선정은 병원 진료 후 부모에 의해 의뢰되는 경우가 많으나, 교육지원이 필요한 학생이 배제되지 않도록 교사는 관련법과 교육청의 시행 방안을 명확히 인지해야 한다(김정연, 2018).

병원학교 교사는 입교된 학생이 학습할 수 있도록 여러 가지 여건을 마련해야 할 의무가 있다. 병원학교에서는 학생과 부모에게 사전에 어떤 교육지원이 가능한지 알 수 있도록 교육과정과 수업 운영 등 교육지원 내용에 관해 안내한다. 간단한 병원학교를 소개하는 리플릿을 제작하는 방법도 학교를 알릴 수 있는 좋은 방법이다([그림 7-2] 참조).

(2) 개별화교육계획 수립과 실행

병원학교 교사는 건강장애 학생의 개별적 교육 요구에 적절한 교육과정을 편성, 운영한다. 교육과정 운영의 융통성이 필요한 이유는 학생의 특성상 치료로 인한 어려움이 나타나거나 건강상태에 따라 수업 참여 여부가 예측할 수 없는 경우가 많기 때문이다. 병원학교 교사는 개별화교육계획(Individualized Education Plan: IEP)에 이들을 위한 교육과정을 계획하고 교수-학습 자료를 마련하는 등 교육과정의 개별화 방안과 개별학생의 학년 및 학력 수준에 적합한 개별화된 학습을 지원한다(인천광역시교육청, 2017).

학생의 교육계획은 병원의 진료 일정에 따라 수업 참여 여부가 달라질 수 있으므로 충분한 논의 후 수립한다. 병원학교 및 원격수업 등 다양한 방법과 참여 형태로 수업일수를 확보하고, 진도에 적합한 내용의 학습에 참여할 수 있도록 지원한다.

또한 건강장애 학생의 건강 특성을 고려하여 수업에 참여할 수 있도록 IEP지원팀의

그림 7-2   강원대학교병원학교 리플릿

출처: 2017년 강원대학교병원학교 리플릿.

협의를 통해 IEP를 작성한 후 실행한다. 질병에 따라 또는 같은 질병이라 하더라도 기능적 제한의 정도에 따라 요구가 다르므로 수업 시간과 수업 방법 또한 개인에 맞춰 지원해야 한다. IEP에 대한 상세한 내용과 사례는 이 장의 뒷부분에서 다시 다루고자 한다.

(3) 의학적 지식과 건강관리 정보

병원학교 교사는 건강장애와 관련한 기본적인 의학적 지식과 건강관리 정보를 파악해야 한다. 병원학교 교사는 다양한 교육 관련 정보와 의학적 지식을 갖춘 전문가여야 한다. 건강장애 학생의 가족들은 필요한 의학적인 정보의 대부분을 병원의 의료진을 통해 접하지만, 병원학교의 교사들이 건강장애와 관련한 질병에 대한 전문적 지식과 소양을 갖추지 않는다면, 가족과 함께 상담하고 교육을 계획하는 과정에서 학부모와의 긍정적인 관계를 형성하기 어렵다. 필요에 따라서는 의학전문 분야와 관련한 회의도 참석해야 하며, 학생의 개별화교육계획을 작성하기 위해서는 많은 의료 정보와 지식이 필요하다. 부모와의 상담을 위해서는 질병의 원인과 진단, 치료과정, 예후 등에 대한 의학적 정보를 갖출 필요가 있다. 건강장애 학생은 각각의 병명, 진행 정도, 치료과정이 다르므로 교사에게 요구되는 지식은 의외로 많은 양이 될 수도 있다. 교사는 가족의 옹호자로서 필요로 하는 정보와 지지를 제공하는 역할을 수행해야 한다.

(4) 학생과 부모 대상의 상담 및 지도

학생의 문제를 해결하기 위해 교사는 부모와 개별적으로 만날 기회를 갖는다. 부모가 상담이나 교육지원을 요청할 경우 충분한 시간과 인내를 갖고 임하되, 학생의 개인 신상에 대한 비밀 보장에 유의한다. 학생과 부모들은 질병과 관련한 개인 신상에 대한 노출에 매우 민감할 수 있다. 상담기록의 공개 여부에 관해서도 신중히 결정한다. 소속학교 교사에게 제공하는 정보 중 개인적으로 밝히기를 꺼리는 사항은 보호해야 하며, 학생의 개인정보 문서 보관이나 문서 열람권 등에 대한 기준을 숙지한다.

병원학교에 처음 근무하게 되는 초임교사들은 학생의 질병 악화, 사망 등 의료 문제가 발생했을 때 다른 학생들과 학부모를 대상으로 상담하고 대처하는 일이 매우 어렵다고 보고하였다.

✎ 교육현장 & 공감

"교사로서 겪는 가장 큰 어려움은 학생들이 항상 생사를 오가는 상황 중이니까 심리적으로 어떻게 될지 모르겠다는 두려움이 큰 것 같습니다. 그로 인해서 병원학교 선생님들 아까 얘기하시면서 느꼈지만은 모두가 다 나에 대한, 내 건강에 대한 두려움뿐만 아니라 항상 학생들이 어떻게 될까에 대한 무서움, 두려움, 정신적인 어려움이 가장 큰 것 같습니다."

– 병원학교 교사의 인터뷰 중에서(표윤희, 김정연, 2019)

(5) 학생의 건강 및 생활 관리 지도

병원학교 학생 중에는 본인의 건강이나 몸상태와 상관없이 병원학교 수업에 무조건 참고 열심히 참여하려는 학생도 있다. 학생의 의지를 존중하고 수업 참여를 확대하되, 몸상태에 따라 수업 참여 정도를 조정해 주어야 한다.

또한 학생의 심리적 적응 단계를 고려하여 학생의 독립성에 중점을 두어 지도한다. 자신의 질병에 대해 궁금해하는 학생들에게는 이해 가능한 범위 내에서 설명하고, 스스로 건강을 관리하는 방법에 대해 활동을 통해 지도하는 것도 효과적이다. [그림 7-3]은 백혈병 학생들에게 질병에 관해 설명하고 건강을 유지하기 위해 스스로 지켜야 할 생활 수칙에 대해 수업에 활용할 수 있는 자료이다.

병원학교의 학생들에게는 일방적인 도움을 주기보다는 필요하다고 요청할 때 도움을 주는 것이 바람직하다. 때로는 특별한 관심의 대상이 되거나 지원받는 것을 오히려 꺼리는 학생도 있으므로 SNS를 통해 교사에게 개별 메시지를 보내는 등의 비공개적인 방법으로 도움을 요청하도록 안내하는 것도 효과적이다.

그림 7-3 백혈병 이해 관련 수업 자료

출처: 조선대학교 특수교육과 대학생이 2017년에 제작한 교재교구.

(6) 유관 지원부서와 협력적 관계 유지

건강장애 학생들의 좀 더 적절한 교육을 지원하기 위해서는 학생의 교육과 관련된 전문가 및 병원 내 유관 지원부서와 협력적 관계를 유지한다. 의료기관에서의 학급 운영은 매우 이질적이고 낯선 시스템이다. 건강장애 학생의 교육성과를 높이기 위해서는 다양한 팀원과 지속적인 협력관계를 유지하는 교사의 역량이 요구된다. 협력적 관계를 유지해야 할 구체적인 사항은 다음과 같다.

첫째, 병원에서 교육을 지원하기 위해서는 의사, 간호사, 의료사회복지사 등 병원에 근무하는 인력과 협력 관계를 유지한다. 간호 지원팀이나 사회사업부 등 관계부서와의 협력은 학생의 의학적 상태를 고려한 교육계획 수립과 실행에 도움이 된다. 병원학교의 학생들은 교육 대상인 동시에 치료를 받아야 하므로 입원 일정과 건강상태를 고려하여 수업 기간과 수업 시간 등을 결정한다. 학생의 건강상태가 악화되어 격리 병동에 입원할 때에는 최우선으로 건강 상황을 고려해야 하므로 담당 의사, 수간호사 등 학생의 건강을 책임지고 있는 전문가들과의 협력이 필수이다. 예를 들어, 병원의 의료지원팀과의 정기적인 협의회를 갖는 것이 도움이 된다. 협의가 필요한 사항은 다음과 같다.

- 학생의 치료 중 통증 정도와 관리 방법
- 허용 가능한 운동 및 신체 활동 수준
- 학생에게 필요한 보조 장비 및 장치
- 치료 약물의 부작용 및 영향
- 영양 및 식사 관련 유의 사항

둘째, 출석확인서를 학생의 소속학교에 보내고 학생이 성공적으로 학교에 복귀할 수 있도록 학생의 소속학교 교사와 지속해서 정보를 교환하고, 학생의 교육지원에 대하여 협의한다. 건강장애 학생이 소속학교 또래 학생들과 사회적 관계를 유지하고 치료를 마친 후에 학교에 복귀할 수 있도록 학생의 담임교사와 긴밀한 관계를 유지한다. 병원학교와 학생이 다니던 학교를 연결하는 것은 병원학교 교사의 중요한 역할 중 하나이다. 병원학교에 있는 동안 소속학교와 지속적인 관계를 유지한 경우 학교복귀에 성공하며, 또래와 교사들의 수용도가 높은 것으로 보고되고 있다(김정연, 2018). 대부분의 건강장애 학생은 질병에 대해 교육받은 또래들에게 가장 큰 정서적 지원을 받는다. 몇몇 또래와 친밀한 우정관계를 맺으면 이들은 다른 또래들에게 이 학생의 상태를 설명해 줌으로써 과도한 호기심의 대상이 되지 않도록 도와주어 학교복귀를 성공적으로 이끄는 것으로 나타나고 있다(김정연, 2010).

셋째, 학생의 효과적인 교육을 위해 가정과의 연계가 필수적이므로 부모와 협력적 관계를 형성한다. 교사는 부모와 상담 전에 의학적 지식을 갖춘 건강관리 스태프로서의 임무를 수행하고, 가족의 옹호자와 학생 상담가의 역할을 담당한다. 이러한 의학적 정보를 바탕으로 학생의 건강을 유지하고 스스로 관리할 수 있도록 지원한다.

✿ 조금 더 자세히!

■ 의료사회복지사

현재 의료기관에서는 의사, 간호사, 약사, 물리치료사 등의 많은 전문가가 협력적으로 환자의 치료를 위해서 일하고 있다. 미국 노동부의 조사에서는 병원 내 직종의 수는 225개에 달한다고 한다. 이들은 각기 나름대로 독특한 교육방법을 통하여 전문성을 확립하고 있다. 의료사회복지사 역시 「의료법」에서 규정한 병원의 전문 직종에 해당하며, 전문 상담과 교육 및 사회복지 정보를 제공하는 역할을 하고 있다(이광재, 2005). 의료사회복지사로부터 받을 수 있는 협력 사항은 다음과 같다(한국백혈병소아암협회, 2015).

- 진료비 감면 처리 업무와 치료비 지원 업무(후원 기관 안내 및 후원금 연결 업무)
- 심리 · 정서 상담과 집단치료, 소아암 정보 제공과 교육
- 퇴원계획 상담
- 학습 자원봉사자 연결 및 병원학교 운영 및 지원
- 장애인 등록제도 안내
- 부모 모임 지원
- 자원봉사자 연계 및 환자교육 등

---

(7) 교육지원 역량 강화를 위한 지속적인 연수 참여

정기적으로 병원학교 관련 워크숍, 건강장애 교육지원 등 교사연수에 참여하여 교육지원 역량을 신장한다. 건강장애 학생의 교육지원은 매우 어렵고 복잡한 업무이다. 연수를 통해 학생의 교육지원에 관한 이해 부족으로 인해 발생할 수 있는 차별과 불필요한 민원 발생의 소지를 예방할 수 있다. 또한 적절한 교육지원으로 학교복귀를 준비할 수 있으며, 소속학교 학생들을 대상으로 건강장애에 관한 인식을 개선할 수 있다.

4) 병원학교 교사의 역할 수행의 어려움[1]

병원학교 교사의 역할은 앞에서 제시한 바와 같이 매우 중요하다. 그러나 교육현장에서 경험하는 병원학교 교사들의 고충 또한 매우 다양하고 복잡하다. 다음은 표윤희와 김정연(2019)의 연구에서 나타난 병원학교 교사로서의 고충에 관한 내용이다. 다음에 인용된 내용은 연구에 참여한 병원학교 특수교사의 인터뷰 내용이다.

(1) 정체성 혼란 및 고립감

병원학교 교사는 병원학교에서 건강장애 학생을 가르치는 자신이 마치 문화센터 강사와 같다는 생각이 들어 특수교사로서의 정체성에 혼란을 느낀다. 이러한 인식은 병원학교를 이용하는 학생의 범위가 건강장애를 가진 특수교육대상자로 선정되지 않은 학생도 포함되기 때문이며, 병원 자체의 해결되지 않는 구조적 문제로 나타났다. 또한 소규모 병원학교의 특성상 함께 근무하는 교사가 적거나 없다 보니 동료의 부재로 인해 심리적인 고립감을 느끼게 된다. 새로 맡은 업무에 대해 상의를 하거나 지원을 받을 수 있는 시스템이 없다.

> 내가 여기서는 교사가 아니고 이렇게 아이들을 즐겁게 해 주는 그 문화센터 강사라는 생각이 많이 들었어요. 공부도 안 하고 만들기 위주로만 하고 싶어 해요. 내가 수업을 하고 애들을 가르치러 왔는데 여기서는 수업도 전혀 없고 아이들의 몸상태에 맞춰서 아이들이 하고 싶은 활동 위주로 계획을 해야 하니까…….

(2) 생사를 오가는 상황에 처한 학생에 대한 심리적 고통

건강장애 학생은 생사를 오가는 상황에 있으므로 언제 어떻게 될지 모른다는 두려움이 큼과 동시에 학생이 사망에 이르는 경우 교사로서 느끼는 심리적 고통을 감당하기 어렵다. 참여한 교사들이 언급한 주제 중 빈도가 가장 높은 내용이기도 하다.

> 제가 맨 처음 발령받았을 때 오자마자 한 달 뒤에 아이 두 명이 하늘나라로 갔어요. 사람이 이렇게 눈물이 나오는 게 아니고 정신이 황당하면서 이렇게 죽음을 가까이서 보

---

[1] 병원학교 교사 역할 수행의 어려움의 내용은 표윤희와 김정연(2019) 연구의 9~10쪽 내용을 중심으로 기술하였다.

는구나. 그것도 어린아이를. 불과 일주일 전에 나랑 하이파이브했던 아인데……. …(중략)… 눈물도 나오지 않고……. 그게 뭐랄까 드라마 같은 느낌? 꿈인 것 같은 느낌? 약간 그런 느낌이었는데 조금 지나면서 정말 오래 지도한 학생들이 갈 때는 충격이 너무 컸는데 그걸 그냥 어머님들하고 이야기하면서 극복하고, 선생님들하고 이야기하면서 극복하고……. 어머님들하고 많이 울었던 거 같아요.

(3) 학부모 관련 부담

학부모와 관련한 부담감도 크다. 부모들은 대부분 병원학교를 교육이 아닌 보육 중심의 공간으로 인식한다. 부모들은 병원학교를 자녀의 교육을 위한 공간으로 간주하기보다는 자녀를 맡겨 두는 공간으로 보는 경향이 있다. 이것이 병원학교 교사로서의 정체성을 갖기 어려운 이유 중 하나이다.

> 어머님들이 애들을 정말 교육적으로 생각해서 교육한다고 맡기실 수도 있는데, 그러니까 교육을 한다고 학교를 보낸다고 하시는 것이 아니라 여기에 애를 맡겨 놓고 '내가 볼 일을 좀 보고 오겠다.' 이런 분도 많아서…….

반대로 수업시간 내내 학생 옆에서 함께하는 부모들도 있다. 이 경우 자녀의 건강상태를 관찰하기 위해서라고 하지만 수업 중에 부모가 함께 있을 경우 학생들 간의 상호작용에 방해를 받는 상황이 자주 발생하게 된다. 교사들은 부모의 마음은 이해하지만, 교사의 관점에서 이러한 상황에 대해 누군가 중재하거나 개선의 여지가 없다는 것에 대해 무력함을 느낀다.

> 어머니께 말씀을 드려도 항상 아이 옆에 앉아 계시거든요. 왜냐면 교실 안에 같이 계시면 다른 친구들도 함께 수업하는 상황에서 난감한 일들이 생겨요. 같은 소아암 친구니까 학년이 달라도 요리 활동 같은 경우는 같이 진행을 하거든요. 항상 옆에 계시면 아이도 친구들과 어울리고 싶지만 조금 위축되는 것도 있고, 나이가 있다 보니까 왜 자꾸 옆에 와 있냐고 말을 하는 경우가 있어서, 교사도 불편하고 학생도 불편하고 약간 그런 부분이 있는 것 같아요.

(4) 병원학교 공간의 통제권 문제

병원학교의 지리적 위치 때문에 병원학교는 건강장애로 진단된 학생만이 아니라 병동에 입원한 모든 학생이 이용하게 된다. 병원학교로 책을 빌리러 오거나 미술 활동에 참여할 때, 다른 학생들과 공간을 공유하다 보면 전염 위험에 노출되기 쉽다. 또한 사춘기 나이의 학생들은 많은 사람이 오가는 교실에서 학업에 집중하기도 어렵고 정서적으로 매우 예민해질 수 있다. 무엇보다 이러한 불편한 상황에 대해 교사의 통제 권한이 없다는 점이 가장 큰 문제이다.

> 입교한 학생들이 있음에도 불구하고 수업 중이어도 책을 빌려서 본다든가 미술 활동을 하러 많이 와요. 병원과도 얘기했지만, 서비스 차원에서 오전에는 그렇게 해 주셨으면 좋겠다고 얘기를 하시더라고요. 그러면은 입교한 학생의 부모님들께서는 전염 위험이 있고 우리 아이들의 공간인데 소독을 한다 해도 그렇게 매일 왔다 갔다 하면 불안하다고 하시더라고요. (중략)…… 사람들이 자꾸 기웃기웃 쳐다보고 하니까 수업에 계속 방해가 되더라고요.

(5) 병원과의 의사소통 및 협력의 한계

병원학교 교사는 병원 소속이 아니다 보니 의사소통에 어려움이 많다. 의료기관은 모든 직원의 명확한 구분과 역할이 나누어지다 보니, 협업이라는 체제가 생각보다 힘들다. 모두가 병원 직원인데, 병원학교 교사만 교육청 파견이라는 여건이 협력하는 데 걸림돌이 된다.

> 또 병원 소속이 아니다 보니까 의사소통하는 데 좀 어려움이 많은 것 같더라고요. 뭐 아이들의 치료 시간이나 그런 것도 보호자들이 잘 몰라서 가서 물어보면 간호사님들도 잘 모르실 때가 많고, 인턴 선생님들은 바쁘시니까 또 만날 시간이 없고, 교수님도 그렇다 보니까 아이들 시간이랑 수업 시간을 맞추는 데 어려움이 되게 많았던 것 같아요.

5) 병원학교 운영

(1) 병원학교 운영위원회

병원학교 운영위원회는 건강장애 학생이 자신의 치료과정을 긍정적으로 수용하고 사회적 고립에서 탈피하여 심리적·정신적 긴장을 해소할 수 있도록 지원하여 치료 종료 후 학교생활에 적응하도록 지원하는 데 목적이 있다. 장기간 치료를 받는 학생의 기본학력을 증진하며, 자신의 치료과정을 알고, 병을 극복하고자 하는 의지를 신장시킬 수 있도록 운영위원들의 협의를 통해 지원한다.

병원학교에서는 병원학교 담당 전문직 책임으로, 병원학교 소속 기관장, 병원학교 명예 교장, 병원학교 담당자와 특수교사, 일반교사, 사회복지사, 학부모 등 관계자들의 협의체를 구성하여 운영된다. 이 외에도 특수교육 보조 인력, 소속학교 담당 장학사 등이 포함되기도 한다. 병원학교의 교장은 소속병원의 주책임 의료진이 명예 교장의 역할을 한다.

운영협의회는 학기별 1회지만 긴급 안건 발생 시 수시로 개최하며, 병원학교 운영과 관련한 교재교구 구매, 교육 활동비 등에 대한 계획을 수립하여 집행한다. 정기적인 병원학교 운영 회의를 통하여 교육과정 운영, 각종 행사 주관, 방학 중 프로그램 및 특강 운영 등에 관한 협의를 하며, 교육과 관련한 중요한 사항을 결정한다. 운영위원회는 공식적인 의사소통 체계로서 전반적인 병원학교 운영에 대해 논의하는 협의체이다. 병원학교 운영위원회의 구성 및 역할의 예는 〈표 7-2〉와 같다.

표 7-2 병원학교 운영위원회의 구성 및 역할

위원의 구성		역할
위원장 (학교장)		• 위원회 조정을 한다. • 집단의 의사 수렴과 결정을 한다. • 합당한 절차의 수행을 한다.
부위원장 (교감, 명예 교장)		• 개별화교육계획 수행에 필요한 자료를 제공하고 지원한다. • 위원에게 개별화교육계획 수행에 필요한 역할을 부여한다. • 제공된 정보를 기초로 입교 대상 학생을 선정한다. • 개별화교육계획 실행에 필요한 의료적 자료를 제공한다. • 병원과 학교의 원활한 교류를 위한 교량 역할을 한다. • 개별화교육계획 및 학생의 등록 및 해지 과정에서 의견을 개진한다.
위원	소속학교 담임교사	• 학생의 수행능력 수준에 대한 정보를 제공한다. • 적절한 교육 프로그램을 제언한다. • 학생 스스로 병의 극복 의지를 신장시키는 방법을 제언한다.
	병원학교 담당교사	• 학생들의 병원학교 배치 및 취소절차를 안내한다. • 개별화교육계획을 구안 및 수행한다. • 병원과 소속학교, 병원학교 간의 원활한 협력이 이루어지도록 조율한다.

담당 의사	• 학생의 전반적인 치료과정 및 치료계획에 대해 정보를 제공한다.
	• 교육할 때 주의사항 및 응급 상황에서의 처치에 대한 정보를 제공한다.
학부모	• 가정 상황에 대한 정보를 제공한다.
	• 학생의 평가와 교육 요구 수준에 대한 의견을 제시한다.
자원봉사자	• 병원학교 프로그램 계획과 실행을 함께 협의한다.
병동 책임 간호사	• 학생의 치료 일정에 대한 정보를 제공하고, 건강상태 및 심리상태에 관한 내용을 협의한다.
병원행정 직원	• 병원학교 운영에 필요한 행·재정적 지원에 협조한다.

출처: 인천광역시교육청(2017), p. 70.

병원학교에 의료지원팀과 협력하여 정기적인 협의회를 갖는 것은 학급 운영에 매우 긍정적인 영향을 미친다. 대학병원에 있는 많은 병원학교에서는 병원학교 자체적으로 운영하는 프로그램 중 종업식, 작품 전시회, 어린이날 행사 등을 병원과 연계하여 운영한다. 학생들의 담당 의료진, 즉 소아 정신과 교수, 병동 수간호사, 사회사업실 사회복지사 등을 초청하여 학생과 함께하는 시간을 갖는다. 그리고 병원학교의 방학 중 프로그램을 병원의 사회사업실과 함께 병원 예산을 확보하여 운영하기도 한다. 이를 위한 정기적인 협의회를 개최하는 것이 도움이 되는데, 〈표 7-3〉은 의료지원팀과의 협의록 예시이다. 병원학교 교사는 학생 건강 상황과 교육 여건 등을 고려하여 학생이 최상의 의료 지원과 학습지원을 받을 수 있도록 병원 인력과 지속해서 연계하여 협력한다.

표 7-3 의료지원팀과의 협의록

의료지원팀과의 협의록			
일시	년 월 일 요일(○○:○○~○○:○○)	장소	○○병원학교 내 협의실
참석자	교사, 소아병동 담당 교수, 재활의학과장, 사회사업팀장, 소아병동 수간호사 외		
협의 안건	1. 학생의 수술 후 통증 관리 2. 학생의 수술 후 자세 및 움직임 지도 3. 학생에게 적합한 보조 장비 지원		

협의 내용	1. 교사: 학생이 수술 후 많이 힘들어하고 움직이는 것을 싫어함 2. 소아병동 담당 교수: 학생의 통증 정도를 파악한 후 통증을 낮출 수 있는 약 처방 고려 3. 재활의학과장: 머리, 몸통의 위치에 따라 자세가 불안정할 수 있으므로 안정적인 자세를 취하도록 신경 쓰기 4. 병동 치료사가 병원학교에 방문하여 학생의 자세 잡기와 관련한 조언과 지도를 지속해서 제공해 줄 수 있도록 함 5. 사회사업팀에서는 학생에게 필요한 보조 장비 제공 방안에 대하여 알아보도록 함

(2) 교육과정 운영

병원학교 교육과정 운영의 기본 방향은 국가수준의 교육과정, 시·도교육청 수준의 교육과정과 일관성을 유지하되 소속학교의 교육목표를 고려하여 편성·운영한다. 국가수준 교육과정의 편성·운영 기준이나 방침의 타당성, 적합성을 고려하고, 학교에 주어진 교육과정 편성·운영의 자율성, 융통성, 창의성을 최대한 발휘한다. 또한 병원학교 운영위원회 위원 및 담당 의사, 학생, 학부모의 교육 요구를 반영한다.

병원학교의 교육과정 편제는 교과와 창의적 체험 활동으로 편성하고 있으며, 병원학교의 여건에 따라 융통성 있게 운영된다. 교과는 학생별 교육 요구와 건강상태를 고려하여 해당 학년의 교과 중 선택할 수 있다. 교육과정 운영의 예는 〈표 7-4〉와 같다.

① 교과 활동

교과 활동은 학생들이 소속된 학교의 교육과정과 연계되도록 운영하며, 치료 종료 후 학교로 복귀할 경우를 생각하여 교육과정과 학습 진도를 고려하여 지도한다. 가능한 한 체계적인 교육 시간표를 운영하여 규칙적인 학업 습관을 갖도록 한다. 그러나 시간 여건을 고려하여 교과 활동은 학생의 교육 요구에 따른 우선순위로 지도한다.

② 창의적 체험 활동

창의적 체험 활동은 자율 활동, 동아리 활동, 봉사 활동, 진로 활동 중에서 선택적으로 운영한다. 창의적 체험 활동은 심리정서적 부분을 강조하여 병원학교 자체 프로그램을 운영한다. 자신이 또래와 다르다는 것에 대한 우울, 불안, 좌절감 등의 심리적 반응 및 특성을 고려하여 부정적 정서를 해소할 수 있는 내용을 강조하여 지도한다.

표 7-4 병원학교 교육과정 운영의 예

구분		내용
교과 활동		병원학교의 운영 특성, 학생의 건강상태, 학습능력을 고려하여 주요교과 중심으로 다양한 교육방법을 통하여 개별학생의 요구에 따른 교육 제공. 주요교과(국어, 수학, 사회, 과학, 영어) 위주의 수업을 개별적으로 제공
창의적 체험 활동	특별활동 프로그램	학생의 심리적 안정과 정서함양 도모, 사회성 증진을 위한 다양한 활동을 시행. 종이접기, 마술, 영화상영, 동화구연, 미술치료, 놀이치료 등 자원봉사자 등의 외부 강사에 의한 다양한 프로그램 운영(작가들의 재능기부를 통해 타일화, 캘리그라피, 캐릭터 그리기 등)
	다양한 행사	어린이날 행사, 체험학습, 사생 대회, 독후감 대회 등 병원학교 주최의 다양한 행사

출처: 인천광역시교육청(2016), p. 60.

병원학교의 학사일정은 병원학교가 속한 협력학교의 학사일정에 따른다. 연간 수업일수는 병원학교 협력학교의 연간 수업일수에 따라 운영하되, 교과와 창의적 체험 활동 등의 구성은 병원학교의 여건, 담임교사의 의견, 의료진의 의견 등을 고려하여 운영할 수 있다. 병원학교의 수업 참여를 출석으로 인정하고, 출석은 초등학생 1일 1시간 이상, 중학생 1일 2시간 이상을 최소 수업 시간으로 정하되, 1시간의 적정 수업 시간은 20분 이상을 기준으로 하여 학교 재량에 따라 융통성 있게 증감할 수 있다.

병원학교의 교육과정 운영은 일반학교의 운영과 유사하나 몇 가지 측면에서 차이점을 갖는다. 차이점은 다음과 같다.

첫째, 병원학교에서의 교육과정 운영은 배치된 특수교사 외에 인근 학교의 교사자원봉사단, 원격수업기관, 외부 강사 등을 적극적으로 활용하여 운영할 수 있다. 대부분의 병원학교가 1교사 체제로 운영하고 있으므로 다양한 학교급, 학년 학생의 교육을 지원하기 위한 운영 방식이다.

둘째, 교육과정 운영은 학업 중심 교육과정과 심리정서적 적응 지원의 균형을 강조한다. 학생들의 심리적 적응을 돕기 위한 프로그램과 내용을 강화하고 있으며, 교과 및 비교과의 다양한 활동을 통해 입원생활 중에 학업을 지속하고 즐겁게 생활할 수 있는 프로그램을 운영한다. 학생들에게 병원학교라는 특정 상황에서 변화에 대처하여 적응하고 학업을 지속할 수 있도록 돕는다. 교과와 창의적 체험 활동, 방과 후 프로그램 등 건강장애 학생의 흥미와 요구를 고려하고, 특히 질병상태를 고려하여 유연하게 운영한다.

셋째, 개별학생에게 개별화된 학습을 지원한다. 병원에 입원한 학생들은 발병 및 입원 시기, 질병의 정도 등에 따라 학력과 학습 진도가 다르므로 동일한 학습지원을 제공하기 어렵다. 또한 본인의 질병 수용 태도에 따라 심리정서적 적응 수준이 다를 수 있으므로 심리 반응이나 특성에 따라 학업 지원 계획과 실행이 달라질 수 있다.

넷째, 수업 일과는 병원학교의 여건과 건강장애 학생의 건강상태에 따라 단위 수업 시간의 융통성 있는 운영이 가능하다. 시수는 1시간을 20분 이상을 기준으로 하여 운영하도록 하고 있으나, 블록 타임으로 운영하거나 40분 단위의 수업을 진행하기도 한다. 병원학교에 따라서는 초등학교는 25분, 중·고등학교는 30분으로 운영하기도 한다.

병원학교의 일과 운영 예시는 〈표 7-5〉와 같다.

표 7-5　병원학교 일과 운영의 예시

• 병원학교 일과 운영의 예시 1

요일 시간		월	화	수	목	금	비고
9:00~9:50		수업 준비 및 학생관리, 건강상태 확인					
10:00~12:00		교과 및 선택 활동 (페이스페인팅)	교과 및 선택 활동 (구연동화)	교과 및 선택 활동 (풍선기술)	교과 및 선택 활동 (종이접기)	교과 및 선택 활동 (영화보기)	• 교과(국어, 수학, 사회, 과학, 영어 등) • 소속학교 회의 참석
12:00~13:00		점심시간					
13:00~16:30	1~6학년	교과	교과	교과	교과	교과	
		교과	교과	교과	교과	교과	
	선택 활동	진흙공작	비즈공예	초콜릿 만들기	비누공예	과학놀이	
16:30~17:00		교사 업무(자료 제작, 일지 작성) 및 교실 정리					

출처: 광주광역시교육청(2013), p. 17.

• 병원학교 일과 운영의 예시 2(여미사랑 병원학교-초등학교)

요일 시간	월	화	수	목	금
9:00~9:30	수업 준비와 학생관리 및 건강상태 확인				
9:30~12:00	창의적 체험 학습 (컬러비즈)	창의적 체험 학습 (미술공예) 월 1회 제과 제빵수업	창의적 체험학습 (나무조립)	미술치료 (10:30~ 11:30)	음악치료 (10:00~12:00)
12:00~13:00	점심시간				
13:00~13:30	개인별 교과수업				
13:30~14:00	개인별 교과수업				
14:00~16:30	개별선택 및 단체 활동 (로봇조립, 독서, 나노조립, 아이클레이, 보드게임)		본교출장	개별선택 활동 및 단체 활동	월 1회 영화관람
16:30~17:00	수업 정리	수업 정리 및 병동 회진 참석		수업 정리	수업 정리

출처: 광주광역시교육청(2013), p. 17.

• 병원학교 일과 운영의 예시 3(여미사랑 병원학교-중 · 고등학교)

요일 시간	월	화	수	목	금
8:30~10:30	조회 참석 및 학생 상담	학생 상담 및 병실 방문	병원 콘퍼런스 참가	병실 방문 및 학생 상담	부모 상담
10:30~12:20	한문	영어	영어	국어	국어
12:30~13:30	점심시간				
13:30~16:00	수학	미술	공예	수학	특기 · 적성
16:10~17:00	회진 참여	학생 상담	학생 상담	독서지도	학생 상담

출처: 광주광역시교육청(2013), p. 21.

• 병원학교 일과 운영의 예시 4(느티나무 병원학교)

시간 \ 요일	월	화		수		목	금
	소속학교 교직원 회의						
1교시 9:10~9:50	개별교과 학습 (초등)	개별교과 학습 (초등)		개별교과 학습 (초등)		진로와 직업 (고등)	진로와 직업 (초등)
2교시 10:00~10:40	도덕성 향상 프로그램 (중·고등 학생)	진로와 직업 (중학생)	언어 미술치료 (고등)	창의적 체험학습 (중등)	창의력 교실 (고등)	공동사회 모임 (전체)	특별 활동 (중·고등학생)
3교시 10:50~11:30	교과 학습 (중·고등 학생)	교과 (고등)	언어 미술치료 (중등)	창의적 체험학습 (고등)	창의력 교실 (중학생)		
4교시 13:00~13:40				통원치료 학생 수업지도			12:50~ 14:10 방과 후 1, 2 (2, 4주)
5교시 13:50~14:30	다학제 1, 3주 14:00~15:00			통원치료 학생 수업지도			
				15:30~16:50 방과 후 1, 2 (1, 3주)		독서 (전체) 15:00~17:00	방과 후 학교 (미술 활동)
	17:30~19:50 방과 후 1, 2						

• 학생 수준 및 상태에 따라 그룹으로 나누어서 진행할 수 있다.
• 학생과 자원봉사자 배치의 증감에 따라 시간표를 재작성하여 운영할 수 있다.
• 11시 40분부터 점심(병동 배식)을 위한 준비 관계로 수업시간 11시 30분에 시간을 조절함(병동요청)

출처: 광주광역시교육청(2013), p. 21.

6) 개별화교육계획

　건강장애 학생의 교육은 방법을 다양화하고 필요한 특수교육 지원을 제공하는 데 초점을 맞춘다. 건강장애 학생의 교육과정은 학업적인 것과 심리정서적인 면을 균형 있게 강화하도록 개발하고 개별화교육계획 내에서의 건강관리 방안을 계획하여 실행하는 교육과정의 개별화가 필요하다(박은혜 외, 2005).

　개별화교육계획이란 특수교육대상자 개인의 능력을 계발하기 위하여 장애 유형 및 장애특성에 적합한 교육목표 · 교육방법 · 교육내용 · 특수교육 관련서비스 등이 포함된 계획을 수립하여 시행하는 교육을 말한다. 개별화교육계획에는 건강장애 학생의 인적사항과 특별한 교육지원이 필요한 영역의 현재 학습 수행 수준, 교육목표, 교육 내

개별화교육 지원팀 구성	• 각급학교의 장은 매 학년의 시작일로부터 2주 이내 개별화교육지원팀 구성 • 각각의 특수교육대상자에 대한 개별화교육지원팀 구성
개별화교육계획 작성	• 개별화교육지원팀은 매 학기 시작일로부터 30일 이내에 개별화교육계획 작성 • 장애 유형 및 특성에 적합한 특수교육 및 특수교육 관련서비스 등을 포함 • 특수교육대상자에 대한 정보를 수집하고 지원팀 회의를 통해 작성 • 진단 및 평가 통한 현행 수준 파악 • 개별화교육계획 작성 • 지원팀과 회의 통해 확정한 개별화교육계획서에 서명 • 개별화교육계획의 구성요소: 학생의 기본정보, 현행 수준, 교육목표, 교육 내용, 교육방법, 평가계획, 특수교육 관련서비스 등을 기술
개별화교육 계획 실행	• 개별화교육지원팀의 심의를 거친 후 운영 • 개별화교육계획 실행
개별화교육계획 평가 및 검토	• 매 학기 개별화교육계획에 따른 성취도 평가 시행 • 건강장애 학생 또는 보호자에게 평가 결과 통보 • 평가 후 개별화교육계획의 계속적 진행 여부 판단 • 개별화교육계획서 수정 여부 판단

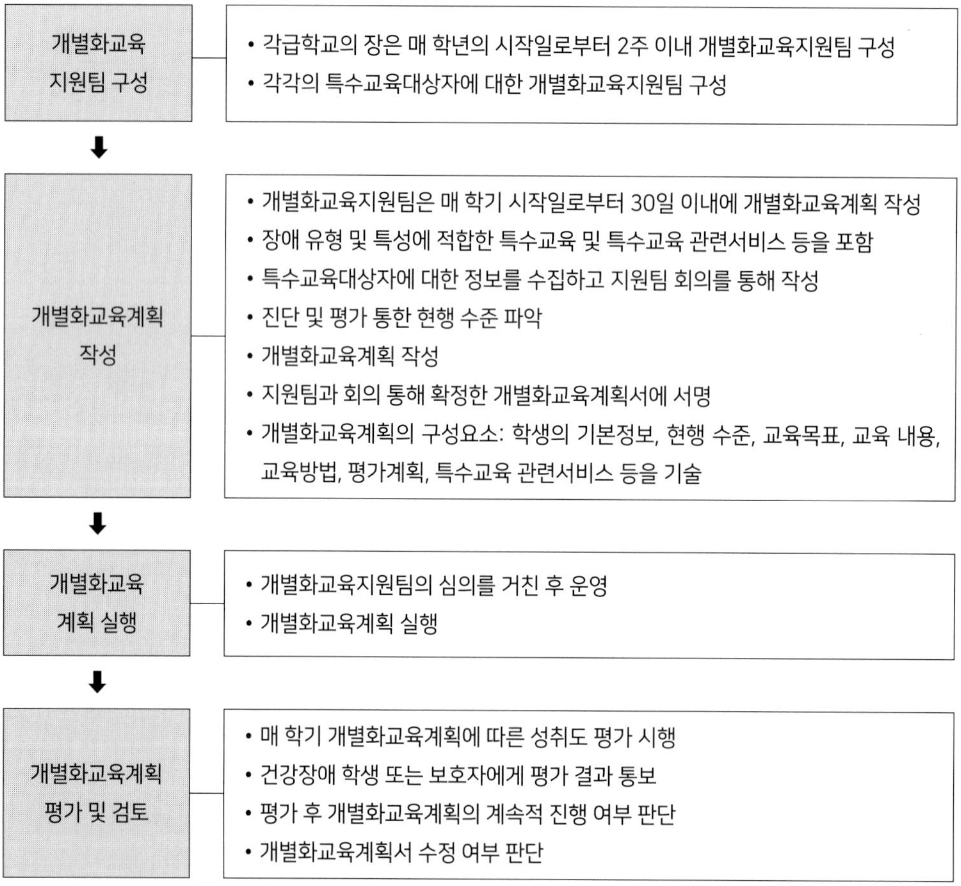

그림 7-4 개별화교육계획 수립 및 운영 절차

출처: 인천광역시교육청(2017), p. 73.

용, 교육방법, 평가계획 및 제공할 특수교육 관련서비스의 내용과 방법 등을 포함한다.

　건강장애 학생은 특수교육적 지원이 필요한 특수교육대상자로 선정된 학생이므로 학생들의 교육 요구에 맞는 교육을 제공하기 위하여 개별화교육을 시행한다. 개별화교육은 「장애인 등에 대한 특수교육법」 제22조(개별화교육) 및 시행규칙 제4조(개별화교육지원팀의 구성 등)의 규정에 의거, 법 제22조 제1항에 따라 특수교육대상자의 교육적 요구에 적합한 교육을 제공하기 위하여 시행한다.

　개별화교육은 개별화교육지원팀의 구성, 개별화교육계획 작성, 실행, 평가 및 검토의 4단계로 이루어진다. 건강장애 학생을 위한 개별화교육계획 수립 및 운영 절차는 [그림 7-4]와 같다.

(1) 개별화교육지원팀 구성

　개별화교육지원팀은 장애학생의 교육적 요구에 적절한 교육을 제공하기 위해 구성된 교육지원팀이다. 건강장애 학생이 병원학교에 배치될 경우 배치일로부터 14일 이내에 개별화교육지원팀을 구성한다. 개별화교육지원팀은 학교장을 포함하여 명예학교장, 보호자, 특수교육교원, 일반교육교원, 진로 및 직업교육 담당교원, 특수교육 관련서비스 담당 인력 등으로 구성한다. 개별화교육지원팀은 「장애인 차별금지 및 권리구제 등에 관한 법률」 제13조(차별금지), 제14조(정당한 편의제공 의무), 「시행령」 제10조(장애학생지원부서 및 담당자)에 규정된 정당한 편의를 제공할 수 있도록 개별 학생별로 팀을 구성하여 운영한다.

　이 팀의 역할은 개별화교육계획 수립의 적절성 여부를 평가하고, 개별화교육계획을 체계적으로 실행하는 것을 목표로 한다. 개별화교육지원팀은 교육계획 수립을 위한 협의를 진행하여 의사결정을 하고, 개별화교육계획의 작성, 실행 및 평가에 관여한다. 실행 후에는 개별화교육계획을 검토하고 필요시 수정하는 역할을 한다. 개별화교육지원팀에서는 병원학교 교육과정 운영계획을 수립하고 수행하며, 개별화교육계획을 작성하고 심의하며, 개별화교육계획에 모든 구성요소가 포함되었는지 심의하는 임무를 수행한다.

　건강장애 학생의 개별화교육지원팀의 구체적인 역할은 〈표 7-6〉과 같다.

표 7-6   개별화교육지원팀의 구체적 역할

- 병원학교 교육과정 운영계획 수립 및 수행
- 개별화교육계획 작성 및 심의: 위원회는 다음의 기준사항을 정하여, 개별화교육계획에 그 내용이 포함되어 있는지를 심의한다.
  - 대상 학생의 인적사항
  - 특별한 교육지원이 필요한 영역의 현재 학습 수행 수준
  - 연간 교육목표 및 단기 교육목표의 적절성
  - 교육의 시작 및 종료 시기
  - 교육 내용, 교육방법 및 평가계획
  - 제공할 특수교육 관련서비스의 내용과 방법 등
- 통합교육 및 원격수업 수강 지원
- 시설확충, 교재교구 확보, 개별화 교수-학습 등 특수교육 활성화에 대한 협의
- 병원학교 운영상의 제반 문제(교육과정 운영, 행사 등)
- 병원학교 개별화교육지원팀에서 심사가 곤란할 경우 해당 교육청 특수교육운영위원회로 심사 의뢰
- 배치 취소 및 소속학교복귀 학생 추후지도
- 「장애인 차별금지 및 권리구제 등에 관한 법률」에 의거한 정당한 편의 제공
  - 통학 및 교육기관 내에서의 이동 및 접근에 불이익이 없도록 하기 위한 각종 이동용 보장구의 대여 및 수리
  - 장애인 및 장애인 관련자가 필요로 하는 경우 교육보조 인력의 배치
  - 장애로 인한 학습 참여의 불이익을 해소하기 위한 확대독서기, 보청기기, 높낮이 조절용 책상, 각종 보완·대체 의사소통 도구 등의 대여 및 보조견의 배치나 휠체어의 접근을 위한 여유 공간 확보
  - 시·청각 장애인의 교육에 필요한 수화통역, 문자통역(속기), 점자 자료, 자막, 큰 문자 자료, 화면낭독, 확대프로그램, 보청기기, 무지점자단말기, 인쇄물음성변환출력기를 포함한 각종 장애인보조기구 등 의사소통 수단
  - 교육과정을 적용함에 있어서 학습 진단을 통한 적절한 교육 및 평가 방법의 제공
  - 원활한 교수 또는 학습 수행을 위한 지도 자료 등
  - 통학과 관련된 교통편의
  - 교육기관 내 교실 등 학습시설 및 화장실, 식당 등 교육 활동에 필요한 모든 공간에서 이동하거나 그에 접근하기 위하여 필요한 시설 설비 및 이동수단

출처: 인천광역시교육청(2014), p. 23.

　　건강장애 학생의 개별화교육지원팀은 특수교사를 포함하여 병원학교장, 교사의 소속학교 교장, 교감, 일반교사, 의료진, 학부모 등으로 구성된다. 여기서 소속학교란 병원학교 교사의 소속학교를 말하며, 협력학교를 말한다. 개별화교육지원팀의 구성원별 역할은 〈표 7-7〉과 같다.

표 7-7   개별화교육지원팀의 구성원별 역할

구분		역할
위원장	교장	• 위원회 조정, 집단의 의사 수렴 및 결정 • 회의에 필요한 재정적 · 행정적 지원 • 합당한 절차의 수행
부위원장	교감	• 개별화교육계획 수행에 필요한 자료 제공 및 지원 • 개별화교육지원팀의 배치
위원	병원학교장	• 병원학교 운영 지원 • 학생의 건강상태 관련 정보 제공 및 의견 제시
	재활복지팀장	• 병원학교 운영 지원 • 병원학교 운영상의 제반 문제 협의
	병원학교 교사	• 개별화교육계획 양식 준비 • 특수교육대상자에 대한 진단 · 평가 결과 및 교육지원 내용 계획 • 개별화교육계획 수행 관련 교육지원 • 개별화교육계획의 수립 및 수행 • 개별화교육계획 관련 사항 논의 • 병원학교 운영상의 제반 문제 협의
	소속학교 담임교사	• 학생의 수행능력 수준에 대한 정보 제공 • 적절한 교육 프로그램 제언 및 통합교육 시행 • 학생의 통합학급 배치에 관한 문제 협의
	학부모	• 학생과 관련된 정보(가정 및 지역사회 환경에서의 수행 수준, 강점, 재능, 홍미, 보호자가 바라는 교육목표 우선순위 등) 제공 • 가정 상황에 대한 정보 제공
	수간호사	• 학생의 건강상태 관련 정보 제공 및 의견 제시
	의료사회복지사	• 치료와 학업 유지에 걸림돌이 되는 심리사회적 문제에 대한 의견 제시(필요한 경우) 및 프로그램 공유

출처: 인천광역시교육청(2017), p. 72.

(2) 개별화교육계획 작성

개별화교육지원팀은 학기마다 건강장애 학생에 대한 개별화교육계획을 작성한다. 개별화교육계획은 매 학기의 시작일 또는 배치일로부터 30일 이내 작성하여 실행한다. 건강장애 학생의 개별화교육지원팀은 다양한 교육방법으로 개별학생의 요구에 따른 교육을 제공하기 위해 협력한다. 이때 개별화교육계획 작성 및 보관 시 개인정보보호 및 활용에 유의한다.

표 7-8   IEP 수립을 위한 학부모 요구조사서

IEP 수립을 위한 학부모 요구조사서

I. 인적 사항

학생 성명		생년월일	
작성자		학생과의 관계	
가족관계*		장애 정도 및 종류	
연락처*		이메일	
장애의 원인	요인		가정적 요인
문제행동*	1. 2.		
이전 경험	교육 경험		
	치료 경험		

* 가족관계: 예) 3남 1녀 중 2남   * 연락처: 수시로 연락 가능한 번호

* 문제행동: 부모가 생각하는 문제행동(먼저 지도해야 할 행동부터 기술), 해당 사항이 없으면 기재하지 않아도 됨

II. 가정 활동

• 가정 분위기는 어떻습니까?

학생과 부모님이 함께하는 시간	주 중 약 ( )시간/주말 약 ( )시간
학생과 부모님이 함께하는 활동명	1. 2.
방과 후 주로 하는 여가 활동	1. 2.
형제들의 반응	1. 긍정적( )/2. 보통( )/3. 부정적( )
학생과 형제가 함께하는 활동명	1. 2.

• 자녀에게 필요하다고 생각되는 여가 활동(방과 후 활동/특기 · 적성)은 무엇입니까?
_____

• 가정생활에서 나타나는 특이성(특이한 버릇이나 행동, 고집을 부리는 경우, 편식하는 음식 등)은 무엇입니까? _____

• 현재 가정에서 복용 중인 약(약 종류, 용도, 횟수, 복용 기간 등)은 무엇입니까?
_____

III. 가정 활동

- 부모님이 생각하시는 학생의 장/단점은 무엇입니까?

　　_____

- 학교 및 가정에서 관심 있는 것과 싫어하는 것은 무엇입니까?

　　_____

- 학교에서 학생이 변화되었으면 하는 보호자의 요구는 무엇입니까?

　　_____

기본생활능력	
학교생활	
사회생활	
기타	

- 학생에게 맞는 최적의(효율적인) 학습지도 방법은 무엇이라고 생각하십니까?

　　_____

- 졸업 후에 부모님이 바라는 학생의 진로는 무엇입니까?

　　_____

- 현재 학교 외에 교육이나 치료를 받는 기관은 어디이며 그 내용은 무엇입니까?

　　_____

- 학생의 통합교육을 위해 바라는 점은 무엇입니까?

　　_____

학교	
지역사회	
기타	

IV. 미래에 대한 기대

- 성인이 된 후에 부모님이 희망하는 학생의 삶은 어떤 것입니까?

의/식/주	
여가 활용	
직업생활	
기타	

- 학생의 장래를 위해 부모님은 어떤 준비를 하고 계십니까?

　　_____

V. 개별화교육지원팀 회의 참석 여부

참석 여부	불참 시 사유
(○, ×)	

　　20○○. 3.에 시행되는 개별화교육지원팀 회의 참석을 위와 같이 신청합니다. 불참 시에는 본 의견서를 참고하여 개별화교육계획을 작성하는 데 동의합니다.

20○○년　월　일 학부모　　　　　(인)

出처: 인천광역시교육청(2017), pp. 91-93.

표 7-9   건강장애 학생의 개별화교육계획

개별화교육계획(IEP)

1. 학생의 인적 사항

기본 사항	성명		성별		생년월일 (연령)	
병원	병명		병원명		입원 기간	
	병원학교		연락처			
의료진	주치의		연락처			
	담당 간호사		연락처			
소속학교 현황	학교명		학년/반			
	담임교사명		연락처			
보호자	관계	부			모	
	성명					
	연락처					
	비상연락처					
	주소					

2. 교육계획

영역	
기간	
참여 시간	
장소	
지도교사	
기타 사항	

3. 학생의 현재 수행 수준

영역	수준	비고

4. 교육계획실행 목표와 평가

영역	장기 교육목표	단기 교육목표	평가	기간

5. 건강 관련 사항

건강상태	
현재 복용하는 약물	
교육상 유의 사항	
정서/행동상 유의 사항	
특별한 주의 사항 및 알레르기	
참여 가능한 병원 외 활동	
섭식상의 주의 사항	
담당 의사 의견	
기타	

6. 필요한 건강관리 절차

시간		장소	
목표			
방법			
필요한 보조 인력			
보조 장비			
주의 사항			

7. 특별한 건강관리가 필요한 부분

8. 응급처치(연락처:)

상황	처치 내용

〈응급 상황 시 행동 요령〉

1. 학생의 옆을 지키며 관찰할 것
2. 담당자에게 전화할 것
3. 담당자와 연락이 되지 않으면 다른 관련자에게 연락할 것
    연락처 1: _____, 연락처 2: _____, 연락처 3: _____

학부모 서명 :

담당자 서명 :

출처: 박은혜, 김정연, 표윤희(2018), pp. 142-144에서 수정 발췌함.

건강장애 학생을 위한 개별화교육계획은 개별화건강관리 계획을 포함하여 작성한다. 개별화교육계획에는 학생의 기본정보와 특별한 교육지원이 필요한 영역의 현재 수행 수준, 교육목표, 교육 내용, 교육방법, 평가계획 및 제공할 특수교육 관련서비스의 내용과 방법 등을 포함한다.

IEP 수립을 위한 학부모 요구조사서를 활용하여 개별화교육계획 수립 시 학부모 요구를 반영하고 실행 시 향상도를 평가하여 개별화교육계획서의 수정여부를 결정한다(〈표 7-8〉 참조). 학부모와 소속 학교 일반교사의 의견은 전화 면담 및 메일을 통하여 수렴할 수 있다.

건강장애 학생의 개별화교육계획에는 일반적인 개별화교육계획의 구성요소 외에 교육 실행을 위해 교사가 알아야 할 학생의 건강 관련 사항, 특별히 요구되는 건강관리 절차, 만약을 대비한 응급상황과 그에 따른 처치 내용, 응급상황 시 행동 요령 등이 포함되어야 한다. 구체적인 개별화교육계획안은 〈표 7-9〉와 같다.

(3) 개별화교육계획의 실행과 평가 및 검토

개별화교육계획의 실행과 평가 및 검토는 한 학기 단위로 이루어진다. 학기마다 개별화교육계획에 따른 성취도를 평가하며, 건강장애 학생 또는 보호자에게 평가 결과를 전달하고, 평가 후 개별화교육계획의 계속적 진행과 수정 여부를 판단한다.

7) 특수교육 보조 인력

(1) 특수교육 보조 인력 지원의 목적

보조 인력은 학생의 학습권을 보장하기 위하여 문제행동을 관리하고 학교생활 적응을 지원하여 특수교육의 질을 높이는 데 이바지한다. 병원학교에 보조 인력이 배치될 경우 건강장애 학생의 요구에 적절한 개별화교육계획을 수립하고 실행하는 데 도움이 된다.

병원학교의 특수교육 보조 인력 배치 여건은 시·도교육지원청에 따라 다를 수 있다. 일반적으로 병원학교에서 장애 학생을 지도하는 데 보조적 지원이 필요한 경우에 한해 특수교육 보조 인력을 배정하며, 보조 인력의 지원이 필요하지 않거나, 그렇게 판단된 경우에는 배정되지 않는다.

(2) 특수교육 보조 인력 지원 절차

특수교육 보조 인력의 신청은 교사가 '특수교육보조원 배치 요구 및 학생 행동 평정표'를 작성하여 '배치 희망서'를 교육지원청에 제출하고, 교육지원청은 특수교육 보조 인력 대상 학생 선정기준에 따라 심사 및 선정하여 특수교육운영위원회 심의를 거친 후에 배치를 결정한다. 선정 시기는 대체로 학년도 말이며 특수교육 보조 인력 지원 절차는 〈표 7-10〉과 같다(전라남도교육청, 2014).

표 7-10 특수교육 보조 인력 지원 절차

구분		절차	비고
특수교육실무원		신청[학교 → 교육(지원)청] → 현장실사[교육(지원)청] → 검토[교육(지원)청] → 특수교육운영위원회 심의 → 배정	신청 (매년 11월)
장애 학생 지원 사회복무요원	고등 · 특수학교	학교 → 시 교육청(총무과)	특수교육 지원센터 사전 승인
	유치원, 초 · 중등학교	학교 → 교육지원청(행정지원과)	

(3) 특수교육 보조 인력 운영 · 관리

병원학교에서의 특수교육 보조 인력 운영 · 관리는 특수학교(급)와 같다. 병원학교 담당교사가 건강장애 학생을 적절하게 지도할 수 있도록 보조 인력을 운영하고 관리한다. 병원학교 교사는 보조 인력의 지원을 받아 학급을 운영할 때 다음과 같은 사항을 고려해야 한다.

- 보조 인력이 지원할 건강장애 학생 선정, 보조 인력 활용 계획 수립 및 평가 등은 개별화교육지원팀의 심의를 통해 운영한다.
- 특별한 의학적 고려사항이 있는 건강장애 학생의 지원을 위해 병원학교에서 자체적으로 보조 인력 연수를 시행한다. 연수 내용에는 건강장애 학생 질병 특성, 발작 시 대처 방안, 응급 상황 시 대처 방안 등을 포함한다.
- 2차 성징이 나타난 학생을 지원할 경우 성별이 같은 보조 인력을 배치하여 지원하며, 부득이한 경우 성별이 다른 학생을 지원할 때는 학생의 대 · 소변 지도 시에 인권침해가 발생하지 않도록 유의한다.
- 보조 인력이 장애 학생을 지원할 때에는 건강장애 학생의 심리적 상태를 파악하

여 지원하고, 언어 침해가 발생하지 않도록 유의한다(예: "살찌니깐 그만 먹어!" "네가 귀걸이는 뭐 하려고 해?" 등).

특수교육 보조 인력을 운영하고 관리하기 위해 수행해야 할 병원학교 교사의 업무는 〈표 7-11〉과 같다.

표 7-11 특수교육 보조 인력 운영 관리 업무

업무	역할
업무일지 작성	• 특수교사는 특수교육 보조 인력에 지원 대상, 시간, 지원 내용을 구체적으로 지시함 • 보조 인력이 작성한 업무 일지를 확인하고 점검함
협의회	• 병원 학교장, 특수교사, 소속학교 일반교사, 학부모, 보조 인력이 참여하여 건강장애 학생 지원 방안을 협의함
근무 평가	• 연 2회 근무 평가(5월, 11월)를 시행함 • 객관적 자료에 의해 근무 평가를 시행함
연수 준비 및 참여 안내	• 자체적으로는 건강장애 학생의 질병 특성, 인권 보호 및 아동학대 예방 교육을 시행함 • 교육청 차원의 연수(신규 및 연수 미이수자 등에 대한 직무연수)와 국립특수교육원 원격연수 참여를 안내함
특수교육 보조 인력 운영 평가	• 건강장애 학생의 지원 정도 및 보조 인력 배치 타당성을 검토함

출처: 인천광역시교육청(2017), p. 77.

(4) 특수교육 보조 인력의 업무

보조 인력은 교사의 요청과 지도를 받아 학생의 건강상태와 시간표 확인, 수업 자료 준비와 수업 보조, 문제행동 지원, 학생의 활동 지원을 담당한다.

학생이 학교에 있는 동안 수업과 일상생활을 지원하며, 수업 종료 후 하교를 돕고, 특수교사의 계획에 따라 교재교구 제작에도 참여한다. 그러나 교사의 고유 업무인 수업·학생지도·평가·상담·행정 업무 등은 대신할 수 없으며, 교사의 지도로 학생을 보조해야 한다. 간단한 행정 업무의 경우에는 교사의 지시를 받아 수행할 수 있다.

보조 인력은 담당교사의 지시에 따라 건강장애 학생의 교육 활동에 대한 보조 역할을 담당하고, 지원 범위 및 방법은 개별화교육지원팀의 협의를 거쳐 결정한다.

이와 관련된 내용을 정리하여 제시하면 〈표 7-12〉와 같다.

| 표 7-12 | 시간대별 특수교육 보조 인력의 업무 |

시간	특수교육 보조 인력 업무	활동 내용 및 방법
수업 전	건강상태 체크	건강장애 학생 등교 여부 확인, 학생별 시간표 확인
	시간표 확인	일과 시간표 확인, 보조 역할과 일정 확인
오전 수업	병원학교 수업 보조	병원학교 담당교사의 요청으로 학생의 장애 특성과 정도를 고려한 수업 보조
	문제행동 지원	특수교사의 지도로 문제행동 지원 프로그램 적용
	학습 자료 및 학용품 준비	시 · 청각적 학습 자료 제작 및 준비
	장애 학생 활동 보조	이동 보조, 또래와의 상호작용 보조
점심 시간	식사 및 신변자립	학생의 식사 보조, 대소변 보조
오후 수업	병원학교 수업 보조	병원학교 담당교사의 요청으로 학생의 장애 특성과 정도를 고려한 수업 보조
	알림장	알림장 확인 및 학부모에게 전달
수업 후	하교 지도	병동까지 하교지도
	일과 정리	특수교육 보조 인력 일지 작성
	연수	특수교사와 일과 정리, 관련 자료 탐색
	교재교구 제작	특수교사와 수업에 사용할 교재교구 제작

출처: 인천광역시교육청(2017), p. 77.

8) 병원학교 운영 사례

병원학교를 이용하는 학생, 학부모가 경험하는 병원학교의 성과는 다음과 같다. 학생들은 긴 입원 기간에도 또래, 선후배들과 어울릴 수 있고, 언제든지 교사와 여러 가지 학습 활동과 대화 및 상담을 할 수 있어서 마음의 답답함을 이겨 낼 수 있다는 점을 장점으로 꼽았다.

부모들은 입원 기간 내내 또는 외래 시 하루 종일 기다림 속에서 보내야 하는 지루한 시간에 병원학교를 이용하면서 혼자서 활동할 기회를 주어 자립심을 키우는 데 도움이 된다고 인식하였다. 친구들과 어울림 속에서 병원 생활에 대한 긍정적인 생각을 가지게 되었으며 병동에서의 답답함에서 벗어나 다양한 활동에 참여하여 활기찬 생활을 하게 된 것을 장점으로 말하였다. 부모들이 인식하는 병원학교 운영 성과는 다음과 같다.

🖋 교육현장 & 공감

"병원에 있는 동안 학교를 빠지게 되는데 그동안은 병원학교에 와서 수업도 받고, 숙제도 하고, 만들기도 하고, 치료받으면서 힘들었던 것을 친구들과 선생님과 얘기를 나누고 나면 답답한 마음이 조금은 없어지는 것 같아서 보기 좋아요. 병실에서는 하기 어려웠던 학교 공부를 할 수 있어서 좋지요. 또 외래 오는 날도 무료하게 앉아서 결과를 기다려야 하는데 그 시간에 병원학교에 가면 반갑게 맞아 주시는 선생님도 계시고, 그동안의 학교생활, 힘들었던 일 등을 이야기할 수 있어서 좋아요. 치료받는 동안 알게 된 동생, 친구들을 만날 수 있으니까 기대하게 되지요."

"예전에는 병원학교가 없어서 공부를 못 했는데 지금 병원학교가 생겨서 매일매일 학교에 간다고 하니까 좋아요. 학교처럼 매일 가서 공부도 하고 숙제도 하고, 아이들이 생기가 있어 보여요. 그리고 가끔은 만들기도 하고 그림도 그리고 노래도 배우고 하니 병원학교에 갈 때마다 즐거워해요. 언니, 오빠, 동생들과 이야기도 나눌 수 있고 같이 노는 모습을 보면 다행이다 싶어요. 예전에는 병실에서 축 늘어져서 컴퓨터나 했는데, 병원학교가 생기면서부터 날마다 학교에 가니 생활을 하루하루 즐겁게 보낼 수 있는 것 같아요."

"학교에서 이해하지 못해 어려웠던 수학 공부를 선생님의 개별지도로 보충할 수 있어서 학교 공부에 자신감이 생기는 것 같아요."

"삭막한 병원생활을 할 줄 알았는데 어린이들을 위한 프로그램이 있어 이를 적극 활용할 수 있어서 만족합니다. 입원해 있는 동안 정서적인 면에 도움을 주는 것 같아 아이가 편안함을 느낄 수 있는 것 같네요."

"날마다 지루해하는 아이가 병원학교를 한 번 다녀온 후 병실에서도 학교에 갔다 왔다면서 너무나 자랑스러워하는 것을 보면 뿌듯함을 느낍니다. 비록 학교에 다닐 나이가 아니라 공부는 배우지 않지만, 선생님이 계시고, 가서 그림을 그리며 만들기를 하는 것 자체가 너무 기다려지나 봅니다."

"병원에 입원해 있는 동안에도 공부할 수 있는 공간이 있고 선생님들을 만날 수 있어서 지속해서 학습에 도움을 받을 수 있어서 좋아요. 마음껏 이용할 수 있어서 건강 및 정서적인 면에서 많은 도움이 되는 것 같아요."

- 병원학교 이용 학생 부모의 인터뷰 중에서(표윤희, 김정연, 2019)

2. 원격수업

1) 원격수업의 개념

원격수업은 2000년도 이후 본격화된 교육정보화사업에 의해 근간을 마련하였고, 2011년 발표된 스마트교육 추진전략으로 온라인수업이 활성화되었다(한국학술정보원, 2011). 온라인수업은 "방송·통신수업의 한 형태로서, 면대면 출석 수업이 불가능한 상황에서 학생의 학습권과 과목 선택권을 보장하기 위해 교사가 지도하는 실시간 또는 비실시간 수업 체제"로 정의된다(정광훈 외, 2012). 또한 최근의 스마트교육 체제 내에서의 온라인수업은 기존의 e러닝이나 u러닝처럼 학생 혼자서 원격지에서 학습하는 것이 아니라, 정규 교사가 참여하여 학생들이 학습을 지속할 수 있도록 지도하고 독려하며 평가하는 정규수업 활동의 일부로 정의된다.

온라인수업은 다양한 사유로 수업 결손이 발생하는 학생들의 학습권을 적극적으로 보장하기 위해 도입되었으며, 장기간의 입원치료로 인한 건강장애 학생들의 수업 대체 방법으로 활용되고 있다. 건강장애 교육지원 초기에는 사이버 학급, 사이버 교육, 화상 강의 등 다양한 용어로 사용되다가 2016년부터는 원격수업으로 용어를 통일하여 사용하였다.

원격수업이란 초·중·고등학교 건강장애 학생들이 컴퓨터나 개인용 휴대 단말기를 통하여 인터넷상에서 실시간 양방향 수업과 탑재된 콘텐츠를 통해 학습하는 형태를 말한다. 2차 감염이 우려되거나 요양이 필요하여 학교에 가지 못하는 학생에게 병원 혹은 그 외의 장소에서 실시간 온라인으로 수업을 받고 출석을 인정받을 수 있는 제도이다.

2) 원격수업 현황

원격수업 시스템은 4개의 교육청에서 운영하고 있다. 화상 강의 시스템은 건강장애 학생들이 시공간의 제한 없이 교육을 받을 수 있으며 개별적 교육 요구를 어느 정도 만족시켜 준다는 점에서 만족도가 지속되었다(최정재, 2008). 그러나 원격수업은 건강장애 학생 개인의 발달단계에 적합한 학습의 기회를 제공하고 학습에 대한 열의와 요구를 일정 수준 충족하나 학교 수업과 비교하였을 때 교과목과 수업량의 미흡함이 지적되었다(김정연, 박은혜, 김유리, 2014). 또한 학업성취에 미치는 효과도 낮아 개선이 필요하며(김남진, 2011), 면대면의 수업이 아니므로 건강장애 학생의 사회성 발달 측면에서 제한점이 있음이 지적되었다(최정재, 2008).

이러한 문제점의 제기와 중등교육에서의 학습권 제고를 위해 2017년 한국교육개발원에서는 온라인수업 내실화를 위한 방안의 하나로 건강장애 학생 학습 시스템 운영을 시작하였다. 이에 건강장애 학생의 학습을 지원하기 위해 원격수업 시스템을 운영하는 기관은 모두 5개이며 구체적인 현황은 〈표 7-13〉과 같다.

표 7-13 원격수업 시스템 운영기관 현황 (단위: 학급, 명, 일)

| 기관명 | 학급 수 | 강사 수 | 전체 학생 수 | | | 월 평균 이용 학생 수 | 개별학생 평균 이용일 |
			건강 장애	기타	계		
꿀맛무지개학교 (서울특별시교육청)	14	14	155	52	207	202	54
인천사이버학교 (인천광역시교육청)	6	6	37	5	42	39	18
꿈빛나래학교 (충청남도교육청)	6	28	23	4	27	28	21
꿈사랑학교 (경상남도교육청)	42	31	833	287	1,120	1,053	84
한국교육개발원	24	9	314	319	633	563	75
계	92	88	1,362	667	2,029	1,885	252

출처: 교육부(2019a), p. 81.

꿀맛무지개학교(http://health.kkulmat.com)는 서울특별시교육청에서 자체운영하며, 인천사이버학급(http://ighs.edukor.org)은 인천광역시에서 운영하고 있다. 꿈빛나래학교(http://hope.edus.or.kr)는 충남, 세종 지역 학생들의 교육을 담당하며, 그 외 지역은 꿈사랑학교(http://www.nanura.org)에서 담당하고 있다.

한국교육개발원의 원격수업은 2017년부터 중등과정을 중심으로 운영하였으며 2019년부터는 그 명칭을 스쿨포유(http://onlineschool.or.kr)로 변경하였다. 스쿨포유는 전국의 학생들이 이용할 수 있도록 정규 교과 콘텐츠를 제공하고 있다. 교육부에서는

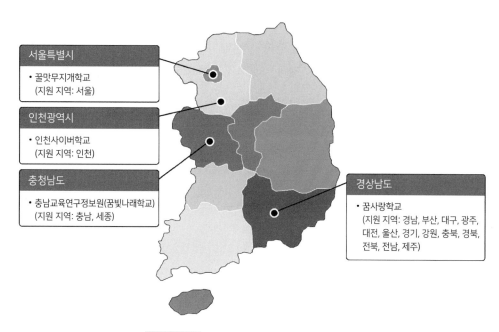

그림 7-5　전국 원격수업기관 분포 현황

출처: 전국 병원학교 홈페이지(http://hoschool.ice.go.kr).

그림 7-6　한국교육개발원 스쿨포유

출처: 한국교육개발원 스쿨포유 홈페이지(http://onlineschool.or.kr).

2020년부터 초등 건강장애 학생 원격수업 시스템을 운영하여 건강장애를 가진 초등학생들의 교육을 지원하고 있으며, 시·도교육청에서는 초등 전담교사를 배치하여 원격수업을 지원하도록 조치를 강화하였다. 또한 소속학교의 교육과정에 맞춘 다양한 콘텐츠를 제공하여 학생의 교과 선택권을 보장하고 학교와의 교육 연계성을 높이기 위해 개선하고 있다. 중학교와 고등학교 과정에서는 '2015 개정 교육과정'에 따른 중학교, 고등학교 교과학습용 동영상 콘텐츠를 제공하고, 개별 맞춤형 교과 원격수업 지원, 생활 관련 상담 지원 등을 하도록 강화하였다(교육부, 2020a).

3) 원격수업 운영

원격수업은 운영기관마다 운영상의 특성은 있으나 학교급과 학년에 따라 학급을 구성하며 학생이 원래 소속된 학교의 학년에 따라 배치한다. 건강장애 학생의 특성을 고려하여 방학을 포함하여 연중 프로그램으로 융통성 있게 운영 방안을 수립하고 있으며, 개인별 건강 상태를 고려하여 참여할 수 있도록 운영된다.

원격수업은 학생 개개인의 학년별, 과목별 진도에 맞게 제공하고 담임교사, 학부모 도우미 등이 1:1 상담 및 학습지도를 하는 형태로 운영한다. 수업은 인터넷을 통한 녹화방송 및 실시간 양방향 원격수업을 제공한다. 모니터 화면을 통해 마주 보며 교실에서처럼 수업을 진행해 개별학생의 학년 및 학력 수준에 적합한 개별화된 학습을 지원하며, 학습 참여를 독려하고 학습에 대해 지속해서 관리할 수 있는 시스템이다(교육부, 2016c). 원격수업 시 필요한 기자재와 물품은 해당 시·도교육청에서 임대 형태로 무상 지원하고 있다. 지원하는 교재교구는 시·도교육청에 따라 다르나, 노트북이나 넷북(화상캠 내장), PC 카메라, 헤드셋, 펜 마우스, 교재 등이 해당한다.

원격수업 시스템에서 운영하는 교육과정은 초·중·고등학교 교육과정을 운영하되, 필수학습요소를 추출하여 교육과정을 압축하고 재구성하여 편성, 운영한다. 운영기관마다 편제는 다르나, 수업 교과는 주요교과(국어, 수학, 영어, 과학, 사회)에 대해 각 학년 담당교사가 지도한다. 수업 시수는 학교급으로 주 단위 시수가 다르다. 초등학교는 5~13시간, 중학교는 11~14시간, 고등학교 11~26시간으로 운영된다. 원격수업기관의 교과 및 창의적 체험 활동 시간 배당의 예시는 〈표 7-14〉와 같다.

건강장애 학생의 교육의 질을 향상하기 위한 방안이 많은 연구에서 제안된 바 있다. 연구들에서는 건강장애 학생이 원격수업 시스템을 활용하여 학업 기회와 학습의욕을

표 7-14　원격수업기관 수업 운영의 예(꿈사랑학교)

영역 학교급·학년		교과							비교과 (창체)
		국어	수학	사회	과학	영어	주당 시수	이수 교과목수	
초등	1	국어2	수학2	–	–	영어2	6	3	
	2	국어2	수학2	–	–	영어2	6	3	
	3	국어2	수학2	–	–	영어2	6	3	
	4	국어3	수학3	–	–	영어3	9	3	
	5	국어3	수학3	–	–	영어3	9	3	
	6	국어3	수학3	사회2	과학2	영어3	13	5	* 봄소풍
중등	1	국어3	수학3	사회2	과학3	영어3	14	5	* 여름캠프
	2	국어3	수학3	사회2	과학3	영어3	14	5	* 가을야외 학습
	3	국어3	수학3	사회2	과학3	영어3	14	5	* 체험학습
고등	1	국어3	수학3	사회2	과학3	영어3	14	5	
	2 문과	국어3	수학3	사회3	–	영어3	12	4	
	2 이과	국어3	수학3	–	과학2	영어3	11	4	
	3 문과	국어3	수학3	사회2	–	영어3	11	4	
	3 이과	국어3	수학3	–	과학2	영어3	11	4	

출처: 광주광역시교육청(2014), p. 35.

충족시키기 위해 다음과 같은 개선이 필요하다고 지적하였다(꿈사랑학교, 2016; 김은주, 2013; 김정연, 박은혜, 김유리, 2014, 2015; 김진주, 박재국, 구신실, 2009).

첫째, 학생의 심리정서적 어려움을 고려한 콘텐츠가 개발되어야 한다. 갑작스러운 질병과 진단을 받은 청소년은 질병의 어려움에 대한 대처 기술(coping skills)이 필요하다. 질병은 본인과 가족 모두에게 매우 심각한 스트레스 사건이므로 급성인 위기 상황에 대한 개입과 동시에 장기적인 심리지원 방안이 필요하다. 학령기의 정신 병리를 그대로 방치할 경우 이로 인해 또 다른 부적응 문제가 나타날 수 있다. 학생의 심리정서적 지원을 위한 콘텐츠를 통해 교과 학습 외에도 정신 병리의 특성을 조기에 발견하여 필요한 경우 상담 및 치료적 개입 등 전문적인 도움을 지원해야 한다.

둘째, 학생의 신체 및 건강상의 여건을 반영하여 탄력적인 교육과정이 운영되어야 한다. 원격수업 기관에서는 건강장애 학생들의 학교급, 학업 수준차가 다양하고 개별

학생들의 건강상태, 예측할 수 없는 입·퇴원 등의 이유로 인해 모든 학생의 교육 요구를 만족시키기는 어려움이 많다. 예를 들어, 학생 개인마다 필요한 교과가 다를 수 있으므로 교육과정 편제 및 운영 방식이 달라질 수 있다. 같은 학생이라도 질병의 치료 과정이 어느 시점에 있느냐에 따라서 교육 요구는 달라질 수 있기 때문이다. 학교 출석을 대체할 수 있는 최소 수업 시수에 대한 기준도 학생들의 건강상태에 따라 다르므로 적절한 기준을 정하는 데 어려움이 있다. 그러므로 교육과정의 운영은 최소 수업시간 이수 시 출석 인정을 해 주고, 그 이상의 수업을 원하면 선택하여 수업 시간을 추가할 수 있도록 권장하는 등의 융통성을 부여할 필요가 있다.

셋째, 학생의 인지적 발달단계에 적합하고 학생이 선호하는 학습 양식을 고려한 콘텐츠가 개발되어야 한다. 원격수업 내용 및 학습용 콘텐츠가 건강장애 학생의 특성을 반영해야 한다. 원격수업은 학습자의 자발적이고 적극적인 학습 참여가 중요하다. 학업에 대한 열의와 이수에 대한 필요가 구체적일 때 그 효과가 크다. 원격수업 콘텐츠의 내용 설계 및 제시 전략이 건강장애 학생에 대한 분석 없이 설계된다면 학생의 자발적인 학습 참여를 기대하기 어려울 것이다.

넷째, 또래 학생과의 상호작용 기회를 확대하고 교사-학생 간의 양방향 교수-학습 활동을 확대하는 방안이 마련되어야 한다. 출석수업이 불가능한 상황에서 녹화된 콘텐츠만을 이용하는 비실시간 수업 체제만으로는 치료 종료 후 학교로 복귀하는 데 어려움이 발생할 수 있다. 실시간 및 비실시간 수업을 포함해야 하며, 학생과 교과 내용과의 상호작용뿐만 아니라 학생과 학생, 학생과 교사와의 상호작용의 중요성이 강조되어야 한다.

다섯째, 건강장애에 대한 전문성을 갖춘 교사의 확보와 역할이 요구된다. 원격수업 기관을 이용하는 학생들의 교육과정 운영 지원에 관한 선행연구에서는 교사 1인당 담당 학생 수 감축을 1순위로 요구하였으며, 수업 교과목 확대, 교사의 전문성 강화의 순으로 지원되어야 하는 것으로 나타났다(김정연, 박은혜, 김유리, 2014).

원격수업의 성공적인 운영을 위해서는 다양한 콘텐츠의 개발과 제공이 우선되어야 하나, 이용 학생의 특성을 고려한 교육지원 방안이 보완되어야 한다. 궁극적으로는 건강장애 학생들의 지속 가능한 학습의욕을 고취하고, 퇴원 후 학교 교육과정에 정상적으로 적응할 수 있도록 교육지원의 질 확보가 필요하다.

4) 원격수업 운영 사례

한국교육개발원에서 운영하는 원격수업은 홈페이지에 회원가입을 하면 원격수업을 수강할 수 있다. 학생 및 소속학교 담당자가 회원가입을 할 때 가입코드를 입력하면 사용할 수 있다. 운영 기간은 연간 190일 이상 운영하도록 한다.

운영 과목은 일반 중·고등학교 정규교육과정에 따라 방송통신 중·고등학교 교과 콘텐츠를 활용하여 운영된다. 중학교와 고등학교 모두 해당 교육과정에 따라 교과목이 운영되고 있다. 수업은 1회차가 45분 내외로, 1회차 학습 시 교실 수업 2시간으로 인정한다.

학습지원은 두 가지 형태로 이루어진다. 첫째, 온라인 교과 교사는 5개 교과(국어, 영어, 수학, 사회, 과학)를 담당하는 교과의 교사가 담당하며, 이들이 각 교과의 학습을 지원하고, 학생의 학습을 관리한다. 온라인 교과 교사의 주요 업무는 다음과 같다.

- **교과 학습지원 및 관리**: 담당 교과 학생 배정 현황 확인, 교과 관련 질문에 대한 답변, 학습 참고 자료 제공
- **화상 교육 활동**: 학생의 활동, 교사 및 다른 학생과의 상호작용을 강조한 교과별 강의 구성 및 진행, 교과별 학생 질문에 대한 답변으로 강의 구성 및 진행

둘째, 온라인 담임교사는 원격수업 시스템에서 배정된 학생을 관리하는 학급의 담임교사로서 학생들의 출결 및 건강 상태를 파악하고 관리한다. 온라인 담임교사의 주요 업무는 다음과 같다.

- **오리엔테이션**: 학생 입교 시 원격수업 시스템 이용에 대해 안내, 학생 학교복귀 시 학습 및 생활 지도 마무리 및 결과 보고
- **학생 출결관리**: 출결 현황 확인 및 독려
- **학습 관리 및 상담**: 학생 상담 요청 시 상담 진행, 시스템 이용 관련 문의 사항에 대한 답변, 공지 사항 전달
- **화상 교육 활동**: 학생의 학습 및 생활 지도, 건강상태 확인을 위한 개별 상담 진행, 여러 주제로 구성된 학급 단위 활동 기획 및 진행

"언젠가는 학교로 돌아갈 것을 알아요. 그래야 하고요. 빨리 치료를 마치고 학교로 돌아가기 위해서 사이버 수업을 들어야 한다는 걸 알아요. 이렇게라도 출석을 이어 가야 나중에 학교를 다닐 수 있으니까요. 학교로 가는 게 목표니까요."

"사이버 수업을 들을 때에는 같은 반 학생들끼리 친하고, 자기들끼리 노는 게 좋아서라도 실시간 수업에도 빠지지 않고 참여했어요. 한 학생이 없는 날에는 서로 연락해서 수업에 들어오라고 하기도 했어요. 사이버상으로 만나는 관계에서 끝나는 것이 아니라 서로 친분을 맺을 수 있게 도와주고 유대감을 향상시킨다면 학생들의 대인관계나 사회성 향상에도 큰 도움을 줄 수 있을 것 같아요."

– 꿈사랑학교(2016), '건강장애 학생들의 학습 발전 방안' 중에서

요약

이 장에서는 건강장애 학생의 교육을 지원하기 위한 제도인 병원학교와 원격수업에 대해 살펴보았다. 병원학교는 장기간 치료로 인해 학교에 출석하기 어려운 학생들에게 수업 결손을 보충하고 진급하는 데에 무리가 없도록 학습권을 보장하기 위해 설치된 병원 내 교육기관이다. 병원학교는 입원 중에도 또래들과 같은 교육을 받을 수 있도록 하며, 학생이 겪을 수 있는 불안과 스트레스를 최소화하고, 퇴원 후 학교로 복귀하는 것을 준비하도록 돕는다. 이러한 목적을 위해서 병원학교 교사는 병원학교의 운영 목적, 운영체계를 인지하고, 병원학교의 교육 목적과 교육방법, 교육과정 운영에 대하여 명확하게 이해해야 한다.

이 장에서는 병원학교를 운영하는 데 필요한 특수교사의 역할을 탐색하고, 건강장애 학생의 교육지원 방안을 구체적으로 살펴보았다. 특히 교사에게 요구되는 협력 업무와 건강장애 학생의 개별적 교육 요구에 적합한 교육과정 운영과 개별화교육계획, 교수학습 자료 지원, 보조인력 지원 등 실제적인 학급 운영과 관련한 사항을 다루었다. 이 장을 학습하면서 건강장애 학생들이 이용하는 병원학교와 원격수업기관에 직접 접속하여 교육과정 운영 활동 및 학생들의 학습 활동을 간접적으로 체험하는 시간을 가지기를 바란다.

함께 나누는 질문

1. 여러분들의 지역에서 가장 가까운 병원학교는 어디인가요?

2. 병원학교 교사가 알아야 하는 의학적 지식과 건강관리 정보는 어떻게 구할 수 있나요?

3. 건강장애 학생의 교육을 지원하기 위해 병원학교 교사가 협력해야 할 대상은 누구인가요?

4. 병원학교 교사의 역할 중 정체성 혼란 및 고립감을 해결하기 위한 방안은 무엇인가요?

5. 병원학교 운영위원회는 누구로 구성되며, 각각의 역할은 무엇인가요?

6. 건강장애 학생의 개별화교육지원팀이 수행해야 할 구체적인 역할은 무엇인가요?

7. 한국교육개발원 스쿨포유(http://onlineschool.or.kr)에서 이루어지고 있는 교육 활동은 무엇인가요?

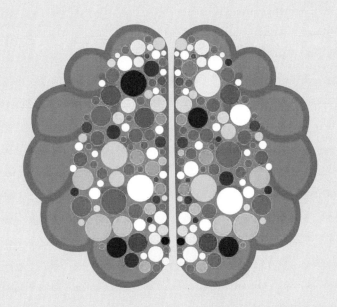

제8장

건강장애 학생의 교육전달체계

1. 건강장애 학생의 진단 및 평가
2. 건강장애 학생의 교육 배치 및 지원

1. 건강장애 학생의 진단 및 평가

1) 건강장애 학생의 특수교육 적격성

건강장애 학생의 선정기준은 「장애인 등에 대한 특수교육법」의 특수교육대상자 선정기준에 따르며, 상세한 기준에 대해서는 교육부와 시·도교육청의 특수교육 운영계획에 따른다. 「장애인 등에 대한 특수교육법 시행령」 제10조에 근거한 특수교육대상자 선정기준에서 건강장애를 지닌 특수교육대상자의 선정기준은 "만성질환으로 인하여 3개월 이상의 장기입원 또는 통원치료 등 계속적인 의료적 지원이 필요하여 학교생활 및 학업 수행에 어려움이 있는 사람"으로 정하고 있다.

교육부(2020a)의 특수교육 운영계획에서는 좀 더 상세한 선정기준을 제시하고 있다. 건강장애는 만성질환 치료를 위한 장기 의료처치가 요구되어 연간 수업일수의 3개월 이상 결석 및 이로 인한 유급 위기에 처해 있으면서, 학교생활 및 학업 수행에 어려움이 있어 특수교육 지원이 요구되는 학생을 건강장애로 선정하고 있다. 그러나 다른 장애 유형과는 달리 건강장애를 지닌 특수교육대상자로 선정된 이후 다음 학교급으로 진급할 때에는 특수교육운영위원회에서 재선정 배치 여부를 재심사하여 결정한다.

건강장애 학생의 선정은 「장애인 등에 대한 특수교육법 시행규칙」 제2조(장애의 조기 발견 등) 제1항에 따른 특수교육대상자 선별검사 및 진단·평가를 별도로 실시하지 않는다. 만성질환을 가진 학생 중에서 장기치료로 인해 해당 학년의 진도를 따라가지 못하거나 유급 위기에 있는 등 학업 수행에 어려움이 있는 것으로 판단되는 학생에 한해 특수교육운영위원회에서 결정한다. 이때 만성질환은 장애인증명서, 장애인 수첩, 혹은 진단서를 통해 확인한다.

선정기준에서 제시하고 있는 세부기준은 세 가지 정도로 설명할 수 있다. 첫째, '만성질환'이란 백혈병, 소아암, 각종 종양 등 장기적인 의료처치가 요구되는 만성질환을 말한다. 다만 우리나라에서는 만성질환으로 지속적인 관리가 필요하나 학교 출석이 가능한 경우에는 건강장애로 선정하지 않는다. 예를 들어, 제1형 당뇨, 아토피, 뇌전증, ADHD 등은 학교 출석의 어려움이 없는 것으로 판단하여 건강장애 선정에서 제외한다. 단, 일부 시·도교육지원청에서는 질병으로 인해 학교생활 및 학업 수행에 심각한 수준으로 어려움을 보일 때 선정하는 사례도 있다.

둘째, 선정기준에서 제시하고 있는 '3개월 이상 장기입원 또는 통원치료 등 계속적인 의료적 지원'이라는 기준은 입원 혹은 통원치료 등 장기간의 의료적 처치가 요구되는 경우를 의미한다. 연간 수업일수 중 3개월 이상의 결석이 발생하면 유급의 위험에 처하기 때문에 유급을 방지하려는 조치이다. 단, '3개월 이상'이라는 기준이 연속적으로 3개월 이상 병원에 입원하는 것으로 제한하지 않는다. 학생들의 많은 수가 병원에 입원하지 않은 상태에서 통원치료를 받으며, 이러한 상황에서는 잦은 결석이 불가피하기 때문이다. 건강장애 학생의 교육지원은 만성질환으로 인한 학교 교육의 어려움을 지원하고, 학교 교육의 연속성을 제공하려는 조치이다. 동일한 질병이라 하더라도 선정 여부가 다를 수 있으며 명확한 선정기준 자체를 수립하기 어렵다. 다만 원래의 목적인 학업의 연속성을 유지할 수 있도록 기준 자체는 융통성 있게 적용되어야 하며 개별 사례 중심의 교육적 요구를 반영하여 평가해야 한다.

셋째, 선정기준에서 제시하고 있는 '학교생활 및 학업 수행에 어려움'이란 특수교육이 요구되는 경우를 말한다. 만성질환으로 3개월 이상 결석으로 인한 유급을 방지하기 위해 병원학교 및 원격수업이 필요한 경우는 특수교육이 필요한 학생으로 간주한다.

2) 건강장애 선정 시 고려 사항

건강장애 학생의 선정은 병명에 따른 선정이 아니라 개별학생에게 필요한 의학적 진단과 교육적 진단을 고려하여 해당 교육청 특수교육운영위원회에서 결정한다. 만성질환은 소아암, 신장장애, 심장장애 및 기타 희귀난치성 질환 등이 포함된다. 그러나 만성질환 자체가 개별학생에게 미치는 영향은 매우 다양하고 건강상의 문제 외에 질병으로 인한 이차적 어려움이 비교적 다양하게 나타나기 때문에 건강장애에 대한 명확한 정의나 범위를 제한하기는 어렵다. 만성질환을 가지고 있더라도 학교에 정상적으로 출석할 수 있고, 병원학교 또는 원격수업과 같은 특수교육 지원이 요구되지 않을 때는 특수교육대상자로 선정하지 않는다.

건강장애 학생으로 선정된 경우에는 갑자기 교육배치가 바뀌거나 특수교육이 제공되는 것은 아니다. 건강장애 학생으로 선정되어도 학생이 현재 소속되어 있는 일반학급의 배치가 그대로 유지된다. 다만 특수학급에서의 지도가 필요하다고 판단된 경우 학부모나 학생의 동의하에 특수학급 배치를 고려할 수 있다.

건강장애 학생으로 선정되더라도 교육배치의 변화는 없으나, 중학교 혹은 고등학교 등 상급학교로 진학할 때에는 특수교육운영위원회에서 학생의 건강상태를 고려하여 가능하면 거주지와 가장 가까운 학교, 혹은 엘리베이터 등 특별한 시설이 설치된 학교에 우선 배치하도록 지원하고 있다.

3) 건강장애 학생의 선정 및 취소

특수교육대상자의 선정은 보호자 또는 각급학교의 장으로부터 진단·평가를 의뢰받은 경우 즉시 특수교육지원센터에 회부하여 진단·평가를 실시하고 그 결과를 보호자에게 통보하여야 한다(「장애인 등에 대한 특수교육법」제4조). 특수교육지원센터는 진단·평가가 회부된 후 30일 이내에 진단·평가를 시행하고, 교육장 또는 교육감은 특수교육지원센터로부터 진단·평가 결과 최종의견을 통지받은 2주일 이내에 특수교육대상자로의 선정 여부 및 교육지원 내용을 결정하여 보호자에게 서면으로 통지해야 한다(「장애인 등에 대한 특수교육법」제16조).

건강장애의 선정은 만성질환 치료로 인해 장기결석이 불가피한 경우에 선정하며, 교육지원 절차가 매우 간소하다. 또한 건강장애로 선정되는 것이 예상되지만 심사와 선정되기까지 기일이 오래 걸릴 때 선교육 지원이 가능하다. 교육청에서 필요하다고 허가한 경우 장기결석을 방지하기 위해 원격수업을 미리 받을 수 있도록 우선 배치하여 교육을 먼저 받을 수 있도록 조치한다. 건강장애로 선정되면 담임교사나 특수학급 교사가 학생의 개별화교육계획을 수립한 후 이에 근거하여 학생의 건강상태에 따라 학교, 병원, 가정 어디서든 교육을 받을 수 있도록 지원한다.

건강장애 학생으로 선정받기 위해서는 간단한 의뢰 절차가 필요하다. 의뢰하기 위해서는 치료로 인해 장기결석이 불가피한 것을 판단할 수 있는 진단서 혹은 장애인등록증이나 장애인 수첩과 특수교육대상 선정신청서를 학교나 교육청에 제출해야 한다. 구체적인 선정 절차는 [그림 8-1]과 같다.

건강장애로 선정된 이후에 다음에 해당하는 학생은 선정이 취소된다. 첫째, 건강장애 선정의 직접적인 원인이 된 질병이 완치된 경우이다. 둘째, 건강장애 학생이 다니던 학교로 복귀하여 정상적으로 출석하는 경우이다. 정상적인 출석이란 치료 또는 진단을 위해 월 1~2회 정도 외래치료를 하는 경우를 말한다. 셋째, 건강장애 학생이 다니던 학교에서 휴학 또는 자퇴를 하면 선정이 취소된다. 특수교육대상자는 의무교육대상자이므로 선정 취소를 한 후에는 필요한 학적 처리를 해야 한다. 건강장애 학생의

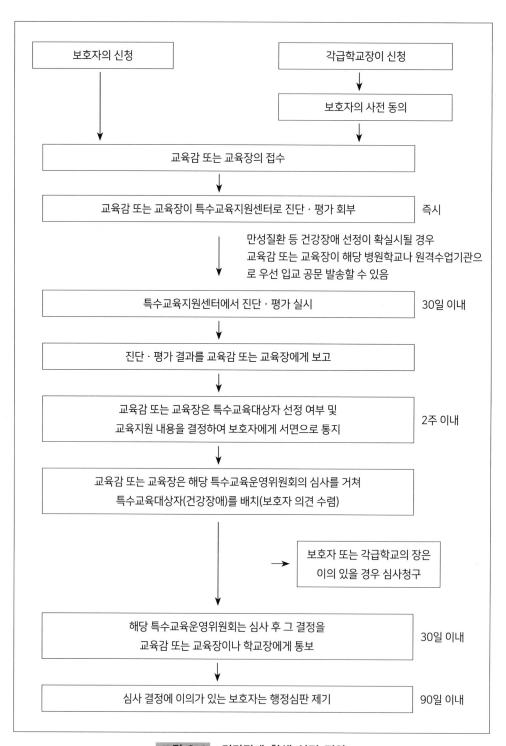

그림 8-1 건강장애 학생 선정 절차

출처: 인천광역시교육청(2017), p. 26.

선정 취소 절차는 [그림 8-2]와 같다.

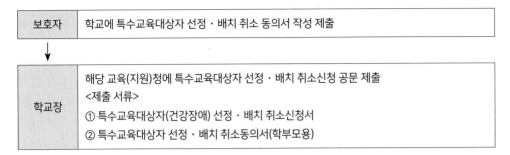

보호자	학교에 특수교육대상자 선정 · 배치 취소 동의서 작성 제출
학교장	해당 교육(지원)청에 특수교육대상자 선정 · 배치 취소신청 공문 제출 <제출 서류> ① 특수교육대상자(건강장애) 선정 · 배치 취소신청서 ② 특수교육대상자 선정 · 배치 취소동의서(학부모용)

그림 8-2　건강장애의 선정 취소 절차

출처: 인천광역시교육청(2017), p. 29에서 수정 발췌함.

4) 외상적 부상 학생

건강장애 학생의 선정기준은 만성질환으로 제한하고 있으나, 건강장애 학생에 준하는 교육지원을 할 수 있는 기타 사항들이 있다. 3개월 이상 외상적 부상 학생이 이에 해당된다. 외상적 부상 학생이란 건강장애 선정대상자는 아니지만 3개월 이상의 치료를 필요로 하는 화상, 교통사고 등의 심각한 외상적 부상으로 불가피하게 장기결석이 예상되는 학생을 말한다. 외상적 부상 학생은 해당 치료 기간에 한해 건강장애 학생들의 교육지원인 병원학교와 원격수업을 이용할 수 있으며, 해당 기관 이용일수를 출석으로 인정하고 있다. 외상적 부상 학생은 해당 교육(지원)청에서 관련 진단서, 담임교사 및 업무담당자 의견 등 제반 사항을 고려하여 선정한다. 외상적 부상 학생의 교육지원 절차는 <표 8-1>과 같다.

표 8-1　외상적 부상 학생의 교육지원 절차

절차	업무 처리	내용
전자문서 제출	학교 → 교육지원청 (유아, 초등: 초등교육지원과, 중 · 고등: 중등교육지원과)	의사진단서 및 담임교사 의견서 첨부
병원학교 또는 원격수업기관 등록	교육지원청	전자문서 발송
출석 통보	병원학교 또는 원격수업기관 → 학교	병원학교 또는 원격수업기관장은 학생의 출석에 대해 출석확인서를 학교로 송부함
출석 인정	학교	학교는 송부받은 출석확인서를 반영하여 출석을 인정함

출처: 인천광역시교육청(2017), p. 28에서 수정 발췌함.

5) 정신장애 학생

최근에는 정신장애 학생의 수도 증가하고 있다. 정신장애 학생은 건강장애에 포함되지 않는다. 정신장애 학생은 건강장애 선정기준에 충족되지는 않으나 정신적 질환으로 인해 불가피하게 장기결석이 예상되는 학생이기 때문에, 해당 치료 기간에 한해 일부 시·도교육지원청에서는 병원학교와 원격수업을 이용하도록 조치하고 있으며, 해당 기관 이용일수를 출석으로 인정하고 있다.

일부 시·도에서는 정신장애 학생을 대상으로 하는 위탁형 대안학교를 설치하여 운영 중이며, 건강장애 학생을 위한 병원학교와 달리 치료를 포함하여 교육과정의 50%를 수료하도록 하고 있다. 2020년 현재 전국의 병원학교 중 4개의 병원학교(국립정신건강센터 참다울학교, 국립공주어울림병원학교, 국립나주느티나무학교, 국립부곡병원학교)에서는 ADHD 등 정서·행동발달장애, 중증 정신질환으로 인해 장기 입원치료를 받는 학생의 교육을 지원하고 있다. 정신장애 학생 지원 병원학교는 〈표 8-2〉와 같다.

표 8-2   정신장애 학생 지원 병원학교

지역	학교명	담당기관	
서울	국립정신건강센터 참다울학교	국립서울병원	
충남	국립공주어울림병원학교	공주정명학교	충청남도교육청
전남	국립나주느티나무학교	남평중학교	전라남도교육청
경남	국립부곡병원학교	창녕부곡초등학교	경상남도교육청

출처: 인천광역시교육청(2017), p. 29.

2. 건강장애 학생의 교육 배치 및 지원

건강장애 학생은 현재 소속된 일반학교의 학급에 그대로 배치되며, 교육은 특수학급이나 병원학교, 가정에서의 원격수업이나 순회교육을 이용할 수 있다. 건강장애 학생으로 선정되면 주된 수업의 형태는 병원학교, 원격수업, 순회교육을 이용할 수 있다.

1) 교육지원의 기본 원칙

건강장애 학생 교육지원의 기본 원칙은 다음과 같다(박은혜, 박지연, 노충래, 2005). 첫째, 건강장애 학생의 교육기회를 확보한다. 어느 장소에서 교육에 참여하든지 개별 학생의 신체적 상태에 따른 적절한 교육기회를 확보하기 위한 목적으로 교육 형태를 결정한다. 먼저, 병원학교를 이용하더라도 장기적으로는 퇴원 후의 학교복귀를 준비할 수 있도록 지원한다. 통원치료 중인 건강장애 학생을 위한 순회교육, 원격수업 등 대안적 교육제도를 이용하더라도 모든 교육지원의 목적은 학생들의 교육기회를 확보하는 데 있다.

둘째, 개별화된 교육과정을 편성, 운영한다. 건강장애 학생들은 질병의 유형, 진행 정도 또는 회복 정도, 심리정서적 적응 및 학업 수준 등에 따라 개별화된 교육계획을 수립하고 실행한다. 교육과정은 학생의 나이, 학업 수준에 따라 개별화하여 적용하되, 크게 학업 중심 교육과정과 심리정서적 교육과정으로 운영한다. 병원학교의 교육과정은 입원 학생을 위한 심리적 안정을 유도하고, 스트레스를 완화해 줄 수 있는 심리정서적인 부분을 강조한다. 또한 개별화교육계획(IEP) 안에 개별화건강관리계획(Individualized Health Care Plan: IHCP)을 포함하여 교육지원의 일부로 건강관리 지원을 받도록 한다. 학생의 모든 교육계획은 병원과 학교 등 교육기관 간 연계성을 확보하여 수립, 실행한다.

셋째, 지역사회와 연계하여 자원의 활용을 극대화한다. 지역사회 기관과의 연계 및 지역사회 자원의 활용을 최대화한다. 1인 교사 체제의 병원학교에서는 여러 학년의 서로 다른 진도의 학생들을 대상으로 개별화 교육과정을 운영하는 것이 매우 어렵다. 동시에 심리정서적 지원을 위한 프로그램까지 운영해야 하므로 지역사회의 인적 자원을 활용한 적극적인 형태의 학급 운영 방식이 필요하다.

넷째, 다학문적 접근을 기초로 한다. 의료, 교육, 심리, 사회복지 등 여러 학문 분야의 협력적 접근을 기초로 한다. 건강장애 학생의 교육적 요구를 충족시키면서 이들을 위해 적절한 교육을 제공하기 위해서는 다양한 분야의 전문 인력이 팀을 이루어 서비스를 제공한다.

다섯째, 가족 중심 접근을 강화한다. 가족의 의견을 최대한 존중하며 개별 가족의 요구를 지원하는 가족 중심의 접근을 실행한다. 교육지원 초기에는 상담을 통해 가족의 현황을 파악하여 교육 지원 절차에서 필요한 행정적 절차를 간소화하여 부모와 가정의 부담을 최소화한다.

여섯째, 건강장애 학생들을 위한 교육지원은 체계적으로 연계되어야 한다. 건강장애 학생의 상급학교 진학과 관련된 국내 교육의 현실적 문제에 대처하기 위하여 제도적인 지원의 질을 강화한다. 병원학교를 잠시 머무르는 일시적인 보호와 같은 교육 형태로 인식되지 않도록 학교복귀와 상급학교 진학, 진로 및 직업까지의 체계적인 교육지원 계획을 수립한다. 이에 대한 상세한 내용은 '제11장 사회정서적 지원과 자립 지원'에서 다루고자 한다.

2) 병원학교와 원격수업

병원학교와 원격수업의 개념과 현황, 운영에 관한 내용은 제7장에서 다루었다. 이 장에서는 건강장애 학생의 교육전달체계로서의 병원학교와 원격수업의 지원 절차 중심으로 다루고자 한다.

(1) 입학기준

초·중·고등학생 중 병원학교 또는 원격수업을 이용하기 위해서는 건강장애로 인한 특수교육대상자로 선정되어야 한다. '건강장애' 선정기준은 만성질환으로 인하여 3개월 이상의 장기입원 또는 통원치료 등 계속적인 의료적 지원이 필요하여 학교생활 및 학업 수행에 어려움이 있는 것을 말한다. 또한 3개월 이상 외상적 부상 학생과 일부 시·도의 경우 정신장애 학생도 입교 대상이 된다.

(2) 병원학교 입교 신청과 취소

병원학교를 이용하기 위한 입교 신청 절차는 [그림 8-3]과 같다. 병원학교 입·퇴교 신청 시 유치원·초·중학교는 해당 지역 교육지원청에서, 고등학교는 시·도교육청에서 담당한다. 단, 서울 및 일부 지역의 병원에서 자체 운영하는 병원학교의 경우에는 입·퇴교 절차가 다르다.

병원학교 입교 시기는 연중 수시 신청이 가능하다. 병원학교 입교 시에는 건강장애 선정 절차를 거치도록 하고, 선정과정 중 발생하는 수업결손을 최소화하기 위하여 특수교육운영위원회의 특수교육대상자 선정 일자보다 먼저 수업을 받을 수 있다.

[그림 8-3]에서 소속학교란 건강장애 학생의 학적이 있는 학교를 말한다.

학생(보호자)	• 필요 서류를 갖추어 소속학교로 건강장애 학생 신청(병원학교로 직접 신청하지 않음) 　1. 특수교육대상자 진단·평가 의뢰서 1부([그림 8-4] 참조) 　2. 건강진단서 1부 　3. 병원학교 입교신청서(또는 위탁교육신청서) 1부 등([그림 8-5] 참조)
소속학교(교사)	• 필요 서류를 갖추어 해당 교육청에 신청 • 입교를 희망하는 병원학교를 서류에 표시하여 제출 • 시·도교육청 서식에 따라 작성하고 관련 내용을 추가보완 • 서명이 들어간 관련 서류는 스캔하여 파일로 공문에 첨부, 제출
시·도교육(지원)청	• 건강장애 선정 결과 확정된 병원학교 입교 대상자 명단을 첨부하여 병원학교로 공문 발송 • 3개월 이상 외상적 부상 학생은 서류를 확인하여 기준에 적합하면 병원학교로 입교신청 공문 발송 • 만성질환 등 건강장애 선정이 확실시될 경우 교육감 또는 교육장이 병원학교에 우선 배치 공문 발송
병원학교	• 학부모나 학생에게 수업 기준 및 수업 방법에 대한 안내 • 병원학교 교육과정 안내 및 협의 • 학생 기초 정보 수집 및 개별화교육계획 작성 • 수업 진행 • 입교 승인은 교육청 공문으로 일괄함 • 병원학교 입교 후 소속학교로 입교 관련 안내(전화나 이메일 등) • 소속학교로 월별 출석 현황 공문 발송

그림 8-3　병원학교 입교 신청 절차

출처: 인천광역시교육청(2017), p. 32.

특수교육대상자 진단 · 평가 의뢰서

접수번호	-					

대상자	성명		성별	남 여	생년월일	
	주소					
	소속학교		학년/반		학년 반	

담임교사	성명		휴대폰	
			이메일	

보호자	성명		대상자와의 관계	대상자의 ( )
	주소		전화번호	
			휴대폰	

희망학교	희망학교	○○○병원학교( ) ○○원격수업기관( )

「장애인 등에 대한 특수교육법」 제14조 제3항 및 같은 법 시행령 제9조 제4항에 따라 위와 같이 신청합니다.

년   월   일

보호자   ㉑

학교장   직인

○○시 · 도교육감(○○교육지원청교육장) 귀하

──────────────   (절취선)   ──────────────

특수교육대상자 진단 · 평가 의뢰서 접수증

접수번호:

소속	학생명	성별	비고

위와 같이 접수하였음을 증명함.

접수자	년 월 일 성명 서명	년 월 일

○○시 · 도교육감(○○교육지원청교육장) 귀하

그림 8-4 **특수교육대상자 진단 · 평가 의뢰서**

출처: 인천광역시교육청(2017), p. 49.

입교신청서

<table>
<tr><td rowspan="7">학생</td><td>교육청</td><td></td><td>희망병원학교</td><td colspan="3"></td></tr>
<tr><td>성명</td><td></td><td>생년월일</td><td colspan="3"></td></tr>
<tr><td>학교</td><td></td><td>학년/반</td><td>학년   반</td><td>성별</td><td></td></tr>
<tr><td>휴대폰</td><td></td><td>이메일</td><td colspan="3"></td></tr>
<tr><td>병명</td><td></td><td>치료병원</td><td colspan="3"></td></tr>
<tr><td>주소</td><td colspan="5"></td></tr>
</table>

보호자	성명	(인)	관계	
	집전화		휴대폰	
	입교 동의 여부	☐ 동의함 ☐ 동의하지 않음 ※ 반드시 보호자의 동의를 받아야 함.		

담임 교사	성명	(인)	이메일	
	학교 연락처		휴대폰	

유의 사항	※ 건강이 회복되어 학교로 복귀하면 반드시 퇴교 요청해야 함. ※ 평가는 소속학교에서 처리해야 하므로 학업성취도 평가 시 소속학교에 출석하여 평가함.

☐ 개인정보의 수집 및 이용 동의

병원학교 수업 참여 및 출석 확인 등을 위해 최초 입교 신청 시 개인정보를 수집하고 있습니다.

위 문서의 내용과 개인정보 수집에 동의하십니까?   ☐ 동의함   ☐ 동의하지 않음

☐ 만 14세 미만 학생의 개인정보 수집에 대한 법정대리인의 동의(만 14세 미만인 경우에만 해당)

만 14세 미만 학생의 개인정보 수집에 동의하십니까?

법정대리인 :   (인)

☐ 수집된 정보는 해당 학생의 출석 확인 및 교육지원을 위한 목적으로만 활용됩니다.

년   월   일

○○○○학교장 귀하 (직인)

○○시 · 도교육감(○○교육지원청교육장) 귀하

그림 8-5   병원학교 입교신청서

출처: 인천광역시교육청(2017), p. 50.

건강장애 학생이 병원학교를 이용하지 않아도 될 때 건강장애 학생의 선정을 취소한 후 다니던 학교로 복귀하게 된다. 취소 절차는 [그림 8-6]과 같다.

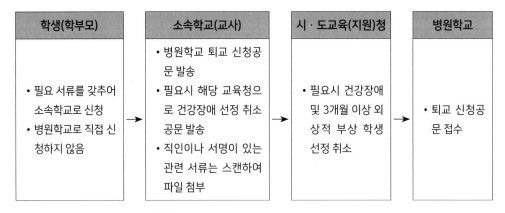

그림 8-6 병원학교 이용 취소 절차

출처: 인천광역시교육청(2017), p. 33에서 수정 발췌함.

(3) 원격수업기관 입교 신청과 취소

원격수업기관을 이용하기 위한 신청 절차는 [그림 8-7]과 같다. [그림 8-7]에서 소속학교란 건강장애 학생의 학적이 있는 학교를 말한다.

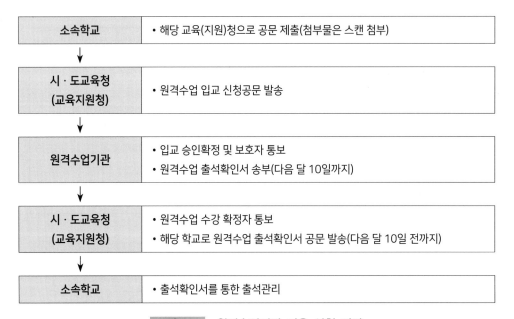

그림 8-7 원격수업기관 이용 신청 절차

출처: 인천광역시교육청(2017), p. 34.

신규신청자의 경우에는 보호자가 진단서를 담임교사에게 제출하고, 담임교사는 담임 의견서와 신청서, 진단서 등 서류를 첨부하여 시·도교육청(교육지원청)으로 원격수업 신청공문을 발송한다. 이후 시·도교육청(교육지원청)에서는 원격수업 대상 여부를 결정한 뒤 학교를 통해 보호자에게 결과를 통보한다.

기존대상자의 경우에는 학년 초 원격수업 운영계획에 따라 담임교사가 신청한다. 이 경우 보호자의 특별한 철회 의사표시가 없으면 새 학년에서도 원격수업 수강이 가능하다. 단, 상급학교 진학 시는 입학 후 다시 신규 신청을 해야 한다.

3) 순회교육

순회교육은 특수교육운영위원회에서 종합적으로 판단하여 순회교육 여부를 결정하되, 부모의 동의를 포함하여 결정한다. 학생이 소속되어 있는 학교의 일반교사와 특수교사가 순회교육을 담당하거나 해당 교육청에서 건강장애 학생 순회교육 협력학교를 지정하여 운영하며, 일반학교, 교육청, 특수교육지원센터 등에서 순회교육 내용을 관리·감독한다. 순회교육은 학교 교육 내실화를 추진하기 위해 교육의 환경, 장소, 시간의 융통성을 발휘하고 교육과정 운영의 유연성을 발휘하도록 하는 교육적 조치이다. 상세한 운영 방식은 시·도교육청별로 다양하다.

4) 학적관리

건강장애 학생은 학교생활기록 작성 및 관리 지침의 별지 제8호에 의하여 학적은 학생의 소속학교에 두고 위탁 학생으로 등록하여 관리한다. 위탁 학생 관련 규정에 따라 병원학교나 원격수업기관에서 수업하더라도 학적 사항들은 학생이 재학하고 있는 소속학교의 지침을 따른다. 교육지원청 공문에 따라 보호자에게 통보한 후 업무담당교사(학적계 또는 담임교사)가 위탁 학생으로 등록하여 관리한다.

학교에서의 위탁 학생 등록 업무는 학적계 또는 담임교사이며, 건강장애 학생의 학적관리를 위한 특수교사 업무로는 건강장애 선정 및 취소 관련 업무, 건강장애 학생 상담, 학부모 상담, 평가 참여를 위한 지원 등의 학교생활의 전반적 지원을 담당한다. 건강장애 학생의 학교생활기록부상에 학적관리 및 출석일수, 교과 성적, 비교과 영역의 인정 여부는 보호소년기관, 대안교육기관, 직업과정학생과 동일하게 처리된다.

건강장애 학생을 위탁 학생으로 관리할 수 있는 근거가 되는 규정은 〈표 8-3〉과
같다.

표 8-3 **학적관리 지침**

【학교생활기록 작성 및 관리 지침(교육부 훈령 제195호)에서 부분 발췌】
    7. 병원학교 및 원격수업 등 정보통신매체를 이용하여 수업을 받는 건강장애 학생의 학적 및 성
        적처리
    – 병원학교 및 원격수업 등 정보통신매체를 이용하여 수업을 받는 건강장애 학생의 학적은 소
      속학교에 두고 성적 및 평가는 소속학교 학업성적관리위원회의 결정에 따라 처리한다.
    – '소속학교'라 함은 학생의 학적이 있는 학교를 말한다.

---

5) 출결관리

건강장애로 선정된 학생의 출결관리는 학교생활기록 작성 및 관리 지침의 별지 제8호
에 의하여 병원학교 수업참여와 원격수업기관에서 이수한 수업 시간으로 출석이 인정
된다. 출결 인정기준은 운영 기관에 따라 다를 수 있다. 학생당 1일 적정 교육시수는
의료진과 협의하여 조정하되 초등학생은 1시수 이상, 중·고등학생은 2시수 이상을
최소 수업 시수로 한다. 이때 1단위 시간은 최소 20분으로 한다. 건강장애 학생의 출석
인정에 대한 근거 규정은 〈표 8-4〉와 같다.

표 8-4 **출결관리 지침**

【학교생활기록 작성 및 관리 지침(교육부 훈령 제195호)에서 부분 발췌)】
    2. 결석
    다. 질병으로 인한 결석
    (3) 병원학교 및 원격수업 등 정보통신매체를 이용하여 수업을 받는 건강장애 학생이 결석한
        경우
    7. 병원학교 및 원격수업 등 정보통신매체를 이용하여 수업을 받는 건강장애 학생의 학적 및 성
        적 처리
    • 출결처리
    – 병원학교 및 원격수업 등 정보통신매체를 이용하여 수업을 받는 건강장애 학생의 출결은 반
      드시 확인해야 하며, 출결은 병원학교 및 원격수업 등 정보통신매체의 출결확인서에 따른다.
    – 병원학교 및 원격수업 등 정보통신매체를 이용한 수업에 출석하지 않은 경우에는 별지 제8호
      및 시·도교육청의 규칙과 지침에 따라 결석 처리한다.

학적은 학생의 소속학교에 두고, 출석확인서를 소속학교에 통보하여 출결을 처리한다([그림 8-8] 참조). 건강장애 학생의 교육과정은 개별학생마다 다르나 병원학교 및 원격수업에 참여하는 것을 출석으로 인정하여 학사를 관리한다. 건강장애 학생의 출석통보 및 확인은 병원학교의 경우에는 매월 초에 출결 상황을 소속학교로 직접 통보하며, 원격수업기관의 경우에는 매월 초에 출결 상황을 교육청으로 통보하며, 교육청에서 소속학교로 통보한다. 출석에 대한 인정 절차는 [그림 8-9]와 같다.

제 200 - 호

출석확인서

소속학교: ○○초등학교 ○학년 ○반
성명: ○○○
출석(입원) 기간: 20○○.   .   . ~   .   .(결석   일)

　상기 학생은 ○○교육청 출석인정 ○○의과대학교 ○○병원학교 병원학급(사이버학급)에서 상기 기간 중 위탁교육을 성실히 이수하였음을 확인함.

20○○년   월   일

○○교육청 ○○의과대학교
○○병원학교 교사: (인)

○○교육청 ○○의과대학교 ○○병원학교장(직인)

○○초등학교장 귀하

그림 8-8　출석확인서

출처: 인천광역시교육청(2017), p. 55.

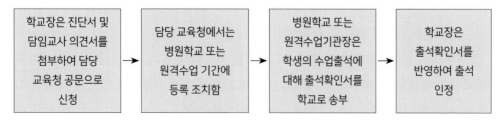

그림 8-9　출석 인정 절차

출처: 인천광역시교육청(2017), p. 38에서 수정 발췌함.

건강장애 학생들의 출석관리는 학년 수료 및 졸업에 필요한 이수 시간을 확보하는 데 필요하다. 학년 수료 및 졸업에 관한 규정에 따르면 학생의 각 학년과정의 수료에 필요한 출석일수는 소속학교 해당 학년 수업일수의 2/3 이상이 요구되기 때문에 정확한 출석관리가 필요하다. 교사는 학년 진급 및 진학에 따른 출석일수를 보호자에게 안내하고 수시로 확인해야 한다.

건강장애 학생의 출결은 병원학교와 원격수업기관의 수업을 결석 없이 수강했다 하더라도 소속학교의 출결과 관계없이 '개근'이 되는 것은 아니다. 또한 병원학교 수업참여 또는 원격수업을 중복으로 수강한 경우에는 1일로 인정하며, 소속학교 출석일수와 원격수업 수업일수를 합해서 기준 수업일수를 합하여 계산하는 개념이 아니다. 병원학교의 수업일수는 개근의 개념이 아니라 소속학교에서 진급 시 부족한 수업일수를 보전하기 위한 개념이다. 따라서 병원학교의 출석 상황은 소속학교의 학년 말 생활기록부 작성 시 출석 관련 특기 사항 및 참고 사항으로 기재되어 부족한 출석일수를 보전하는 역할을 한다. 건강장애 학생의 학년 수료 및 졸업에 관한 규정은 〈표 8-5〉와 같다.

표 8-5 **학년 수료 및 졸업에 관한 규정**

【학년 수료 및 졸업에 관한 규정(「초 · 중등교육법 시행령」 제50조)】
　제50조(수료 및 졸업 등)
　　① 학교의 장은 학생의 교육과정의 이수 정도 등을 평가하여 학생의 각 학년과정의 수료 또는 졸업을 인정한다.
　　② 학생의 각 학년과정의 수료에 필요한 출석일수는 제45조의 규정에 의한 수업일수의 3분의 2 이상으로 한다.
　　③ 학교의 장은 당해 학교의 교육과정을 이수하였다고 인정하는 자에게 졸업장을 수여한다.

6) 평가 및 학업성적관리

(1) 건강장애 학생의 평가 및 성적관리

병원학교와 원격수업 기관에서는 학교 생활기록 작성 및 관리 지침에 따라 건강장애 학생들의 내신 반영과 성적처리를 위한 별도의 평가는 시행하지 않으며 성적에 관한 자료를 제공하지 않는다. 그러나 학생의 평가는 각종 검사 도구와 면접, 관찰 등 다양한 방법을 활용하여 학생의 학업성취도, 수행 수준, 향상 정도를 파악하며, 병원학교 교육과정을 마친 후 학기 말에 '학습 상황 및 종합 의견'을 첨부하여 공문으로 보내 담임교사와 학습 상황을 공유한다([그림 8-10] 참조).

학생명					
학교명			병원학교명		
학년/반			병원학교 교사		
병원학교 학습 기간					
출결 상황	수업일수		출석일수		결석일수	
	결석사유					

학습 상황	교과학습		창의적 체험 활동		
			영역	이수 시간	특기 사항
	국어		자율 활동		
	수학				

행동 특성 및 종합 의견	
특기 사항	

그림 8-10 학습 상황 및 종합 의견

출처: 인천광역시교육청(2017), p. 57.

원격수업기관의 시험 및 성적처리 등 일체의 사항은 소속학교의 교육과정에 따르며 성적처리는 소속학교의 학생들과 동일하게 관리한다. 평가 및 학업성적관리는 소속학교에서 '건강장애 학생을 위한 학업성적관리 규정'을 마련해야 한다. 주요 지침은 다음과 같다.

- 병원학교 또는 원격수업 기관 이용 학생의 평가는 될 수 있는 대로 당일 출석을 권장하여 처리한다.
- 직접 평가가 불가능한 경우에는 병원학교 또는 원격수업기관의 수업 내용을 참고하여 기재한다.
- 병원학교 또는 원격수업기관의 자료가 없는 경우에는 위탁교육기관에서의 수업 참가로 기록한다.

(2) 학업성적관리 규정과 지침

학업성적관리 규정에는 "정보통신매체를 이용하여 수업을 받은 학생의 학적 및 성적 처리"와 관련하여 정보통신매체를 이용한 수업을 전부 혹은 일부를 받은 학생의 경우 위탁 학생에 준하여 학적 및 성적을 처리하며, 세부적인 학업성적관리 규정을 제정하여 활용하도록 하고 있다. 건강상의 이유로 출석이 곤란한 경우에 병원학교 담당교사와 소속학교 담임교사 간 협의를 통해 가정이나 병원에서 평가를 할 수 있다고 규정하고 있다(교육부, 2016c). 직접 평가가 불가능한 경우에는 학교장이 당해 학교의 '학업성적관리 규정'에 따라 성적을 결정한다.

교육부 훈령에 따른 건강장애 학생의 학교 생활기록 작성 및 관리 지침의 평가 및 성적 관련 규정의 근거는 〈표 8-6〉과 같다.

표 8-6 학교 생활기록 작성 및 관리 지침(교육부 훈령 195호 별지 제8호)

6. 정보통신매체를 이용하여 수업을 받은 학생의 학적 및 성적 처리
- 교육감이 지정한 교육기관 등에서「초·중등교육법 시행령」제48조 제4항(학교의 장은 정보통신매체를 이용하여 수업을 운영할 수 있다)에 따라 정보통신매체를 이용한 수업을 전부 혹은 일부를 받은 학생의 경우 위탁학생에 준하여 학적 및 성적을 처리한다.
- 출결처리
  - 정보통신매체를 이용하는 학생의 출석 및 수강 여부는 반드시 확인해야 하며 출석 확인 방법은 위탁교육기관의 운영 방법 및 형태에 따라 달리 정할 수 있다.

- 정보통신매체를 이용한 수업에 출석하지 않은 경우에는 별지 제8호 및 시·도교육청의 규칙과 지침에 따라 결석 또는 결과 처리한다.
- 성적처리
  - 정보통신매체를 이용하여 수강한 과목의 성적처리는 별지 제9호 및 시·도교육청 학업성적관리 지침에 따른 위탁교육기관의 학업성적관리 규정에 따라 처리한다.
  - 시·도교육청 및 위탁교육기관에서는 해당과목의 이수 인정 기준으로 학생의 출석률을 설정할 수 있으며, 출석률이 기준에 못 미쳤을 때는 학교생활기록부에는 해당 과목 관련 내용을 일절 기재하지 않는다.
7. 병원학교 및 원격수업 등 정보통신매체를 이용하여 수업을 받는 건강장애 학생의 학적 및 성적처리
  - 병원학교 및 원격수업 등 정보통신매체를 이용하여 수업을 받는 건강장애 학생의 학적은 소속학교에 두고 성적 및 평가는 소속학교 학업성적관리위원회의 결정에 따라 처리한다.
    - '소속학교'라 함은 학생의 학적이 있는 학교를 말한다.
  - 출결처리
    - 병원학교 및 원격수업 등 정보통신매체를 이용하여 수업을 받는 건강장애 학생의 출결은 반드시 확인해야 하며, 출결은 병원학교 및 원격수업 등 정보통신매체의 출결확인서에 따른다.
    - 병원학교 및 원격수업 등 정보통신매체를 이용한 수업에 출석하지 않은 경우에는 별지 제8호 및 시·도교육청의 규칙과 지침에 따라 결석처리한다.
  - 성적처리
    - 병원학교 및 원격수업 등 정보통신매체를 이용하여 수업을 받는 건강장애 학생의 성적처리는 소속학교 학업성적관리 규정에 따라 처리한다.
    - 병원학교 및 원격수업 등 정보통신매체를 이용하여 수업을 받는 건강장애 학생의 평가(수행평가, 지필평가)는 평가 당일 소속학교에 출석함을 원칙으로 하며, 부득이한 경우 소속학교 학업성적관리위원회의 결정에 따른다.

시 교육청 중·고등학교에서는 학업성적관리 시행 지침의 제19조(인정점 부여)와 제20조(수행평가)에 따라 학교 자체에서 건강장애 학생을 위한 별도의 평가 관련 규정을 개발해야 한다. 학업성적관리 규정에는 각급학교가 병원학교 및 원격수업 수강 학생에 관한 규정을 포함하여 인정점을 부여할 방안을 마련하도록 명시하고 있다. 중·고등학교 학업성적관리 시행 지침은 〈표 8-7〉과 같다.

표 8-7   중 · 고등학교 학업성적관리 시행 지침

【○○시 교육청 중 · 고등학교 학업성적관리 시행 지침】

제8조(평가계획의 수립)

4. 평가계획은 학교 학업성적관리위원회의 심의를 거친 후 학교장이 결정하여 가정통신문, 홈
페이지 등을 통하여 학년(학기)초에 학생 및 보호자에게 공개한다.

제19조(인정점 부여)

4. 100% 인정점으로 부여하는 경우

아. 기타 부득이한 사유로 학교장의 허가를 받아 출석하지 못하는 경우

※ 원격수업 기관 또는 병원학교 이용 학생의 평가는 가급적 당일 출석을 권장하여 처리하
되, 직접 평가가 불가능한 경우 당해 학교의 학업성적관리 규정에 의거하여 처리한다.

제20조(수행평가)

12. 수행평가에 참여하지 못한 학생(결시생)의 성적처리는 인정점을 부여하되, 인정 사유 및 인
정점의 비율 등은 본 지침에 의거 당해 학교의 학업성적관리 규정으로 정한다.

출처: 인천광역시교육청(2017), p. 42.

학업성적관리 시행 지침 제19조에 따라 건강장애 학생의 직접 평가(지필 평가)가 불
가능할 때는 학업성적관리위원회 심의를 거쳐 적절한 인정점 비율을 논의하고 학교장
이 최종적으로 결정한다. 수행평가에 참여하지 못한 학생의 인정점 부여 방법은 교과
협의회(교과 평가계획 수립 후 학업 성적관리위원회에서 심의) 또는 학업 성적관리위원회
에서 결정한다. 인정점 부여기준의 예는 〈표 8-8〉과 같다.

표 8-8   학업 성적관리규정의 인정점 부여기준의 예

6. 80% 인정점으로 부여하는 경우

가. 질병으로 인한 결석

1) 결석한 날부터 5일 이내에 의사의 진단서 또는 의견서(의사 소견서, 진료 확인서 등으로 병명,
진료기간 등이 기록된 증빙서류)를 첨부한 결석계를 제출하여 학교장의 승인을 받은 경우

2) 다만, 상습적이지 않은 2일 이내의 결석은 질병으로 인한 결석임을 증명할 수 있는 자료
(학부모 의견서, 처방전, 담임교사 확인서 등)가 첨부된 결석계를 5일 이내에 제출하여 학
교장의 승인을 받은 경우

3) 병원학교 및 원격수업 등 정보통신매체를 이용하여 수업받는 건강장애 학생이 결석한 경우

4) 의사의 진단서 또는 의견서를 통해 기저질환(천식, 아토피, 알레르기, 호흡기질환, 심혈관
질환 등)을 가진 민감군으로 확인된 학생이 미세먼지와의 관련성이 드러나는 소견 또는 향
후 치료의견 등이 명시된 의사의 진단서(소견서)를 첨부한 결석계를 결석한 날로부터 5일
이내에 제출하여 학교장의 승인을 받은 경우

※ 결석계 제출 시 첨부하는 증빙서류는 학기 초 최초 제출한 진단서로 해당 학기 질병 결석
증빙을 갈음할 수 있음

나. 생리로 인한 결석

　다. 기타 결석

　　1) 부모·가족 봉양, 가사 조력, 간병 등 부득이한 개인사정에 의한 결석임을 학교장이 인정하는 경우

　　2) 기타 합당한 사유에 의한 결석임을 학교장이 인정하는 경우

출처: 광주광역시교육청(2020), pp. 53-54.

　중·고등학교의 경우에는 소속학교의 시험일정에 따라 평가 당일 출석 시험에 응시해야 하며, 출석이 불가한 경우에는 시·도교육청의 학업 성적관리규정이나 소속학교 학업 성적관리위원회의 결정에 따라 처리된다. 수행평가의 경우에는 평가 당일 결석 시 다음과 같은 규정을 마련하여 운영할 수 있다. 건강장애 학생과 같이 평가 당일 결시로 인해 수행평가에 참여하지 못할 때는 별도 규정을 마련할 수 있다. 결시생의 수행평가 관련 학업성적관리 규정의 예는 〈표 8-9〉와 같다.

표 8-9　수행평가 관련 학업성적관리 규정의 예

- 수행평가에 참여하지 못한 학생(결시생)의 성적 처리는 다음과 같이 인정점을 부여한다. 전입생의 수행평가 항목, 비율 등이 본교 수행평가 기준과 다를 경우, 교과협의회를 통하여 점수를 부여한다.
- 결석으로 인해 수행평가에 참여하지 못한 경우에는 재평가의 기회를 준다.
- 재평가에 참석하지 않는 경우에는 0점을 부여한다. 단, 제19조 4·5항 해당자(100%와 80% 인정점으로 부여하는 경우)로서 평가 및 재평가에도 응시하지 못한 경우에는 다음과 같이 인정점을 부여한다.
- 결시 전의 해당 학기에서 시행한 수행평가 성적이 있는 경우에는 그 성적을 기준으로, 결시 전에 시행한 수행평가 성적이 없는 경우는 결시 이후 해당 학기에서 시행하는 수행평가 성적을 기준으로 다음과 같이 처리한다.

$$\text{결시과목의 점수} = \text{기준 수행평가 득점} \times \frac{\text{결시 수행평가 전체평균}}{\text{기준 수행평가 전체평균}} \times \text{인정점 비율}$$

- 해당 학기에서 시행한 수행평가 성적이 없는 경우에는 무단결석 학생의 점수를 제외한 학년 최저점을 부여한다.

출처: 인천광역시교육청(2017), p. 44.

(3) 평가 참여 및 평가 안내

　학교에서는 건강장애 학생들의 공정한 평가를 위해 몇 가지 준비가 필요하다. 첫째, 학교의 학업 성적관리위원회에서는 건강장애 학생의 평가 기준 및 방법에 대한 지침

| 20○○년 ○월○일 | 연수 자료 | 내용 |
| | | 건강장애 학생의 평가 지원 |

현재 학교에 출석하지 못하고 있는 건강장애 학생들이 평가에 참여할 수 있도록 다음과 같은 사항을 안내해 주시기 바랍니다.

I. 평가 일정 안내
• 시험 기간 전에 시험 시간표, 시험 범위에 대해 알려 주세요.

구분	1학기		2학기	
정기 지필평가	제1회 지필고사	제2회 지필고사	제1회 지필고사	제2회 지필고사
	○월/○일~ ○월/○일	○월/○일~ ○월/○일	○월/○일~ ○월/○일	○월/○일~ ○월/○일
영어 듣기평가	듣기평가		듣기평가	
	○월/○일		○월/○일	
국가수준 성취도평가	○월/○일			

• 교과별 평가계획에 따른 수행평가 내용과 일정을 전화, 이메일, 학교 홈페이지 등의 방법을 통해 학생에게 알려 주세요.

II. 평가 지원 방안 안내
• 치료 중인 건강장애 학생들은 학교 수업을 듣지 못해 시험 범위를 모두 공부하기는 매우 어렵습니다. 친구들의 요약 노트나 유인물 등을 제공하여 평가에 참여할 수 있도록 지원해 주세요.
• 병원에 입원 중인 학생 중에는 평가 당일 학교에 직접 출석하여 평가에 참여하기도 합니다. 만약 면역이 약해서 다른 학생들과 함께 시험에 참여하지 못할 때는 보건교육실이나 상담실 등 별도의 안전한 공간에서 참여할 수 있도록 해 주세요.
• 평가 당일 학교에 출석하여 시험을 보는 것이 어려운 학생의 경우에는 병원이나 가정으로 시험지를 들고 방문하여 시험을 보게 하는 방안도 검토해 주세요. 이미 몇 학교에서는 평가 참여 방안을 수정하여 시행하기도 합니다.

III. 평가 미참여 시 규정 마련
• 시험에 참여하지 못하는 경우 학교의 학업성적관리위원회를 통해 성적 처리 방안을 마련하고 학부모에게 안내해 주세요.
• 직접 평가가 불가능한 경우 학업성적관리규정에 따라 수행평가 인정점을 마련한 후 부여해 주세요.

IV. 건강장애 학생의 평가에 관한 교사 간 정보 공유
• 교과협의회에서 수행평가 미응시 학생에 대해 인정점 부여 방법을 협의한 후 교과 평가계획을 학업 성적관리위원회에서 심의하거나, 학업 성적관리규정에 수행평가 인정점 부여 방법을 구체적으로 논의하여 결정해 주세요.
• 지필고사 외에 수행평가에 대한 처리 규정은 담임교사 외에 모든 교과 담당교사들에게도 공지하고 안내해 주세요.

그림 8-11 **건강장애 학생의 평가 참여를 보장하기 위한 교사연수 자료**

출처: 인천광역시교육청(2017), p. 56.

을 마련한다.

둘째, 교내 전체 교사 대상의 교육 및 연수를 통해 건강장애 학생들이 평가에 참여할 수 있도록 조치한다. 학교 교사 대상의 연수를 통해 공유해야 할 사항의 예는 [그림 8-11]과 같다.

셋째, 학교는 학생과 보호자에게 병원학교나 원격수업 수강과 관련된 학업 성적관리규정과 평가 정보를 안내한다. 교과별 평가계획에 따른 수행평가 계획과 내용을 전화, 이메일 등의 방법을 통해 학생에게 안내하여 참여를 권장한다.

건강장애 학생이 소속학교가 아닌 가정이나 병원학교 등 별도의 장소에서 평가에 참여하는 것에 대해서는 처음 시행할 때에는 공평성의 문제가 제기되기도 하였다. 그러나 2015 초 · 중등학교 교육과정 총론에서는 장애로 인한 학생들의 평가 수정에 대한 사항을 고시하고 있다. 병원이나 가정으로 시험지를 가지고 방문하여 평가에 참여하도록 지원하는 것은 평가 수정 방안의 한 유형에 속한다. 시험지를 학교 밖으로 유출되는 것에 대한 위험이 예상될 때는 간단한 윤리 서약서 등을 이용하여 충분히 사전 방지할 수 있다. 방문평가는 건강장애 학생을 평가에 참여시키기 위한 매우 타당한 지원이다. 학교에서는 병원학교 및 원격수업기관을 이용하는 건강장애 학생의 출결관리, 평가 및 학적관리 사항에 대해 학업성적관리 규정을 마련하는 것이 우선되어야 한다.

요약

이 장에서는 건강장애 학생의 교육 실행에 필요한 교육지원 절차와 방법에 대해 다루었다. 건강장애 학생의 특수교육 적격성을 살펴보고, 건강장애 학생의 선정과 취소 과정에서 고려해야 할 사항을 살펴보았다. 현재까지는 건강장애 학생에 포함되지는 않지만 외상적 부상학생과 정신장애 학생의 교육지원에 대해서도 살펴보았다. 건강장애 학생의 교육배치는 병원학교와 원격수업, 순회교육을 중심으로 설명하였다. 건강장애 학생의 교육전달체계는 매우 복잡하지만, 이 장에서는 교사가 알아야 하는 행정지원 절차 위주로 살펴보았다. 학적과 출결, 평가 및 성적관리 지침은 교육부 훈령에 근거한 지침과 사례를 중심으로 설명하였다.

국내에서는 2005년 이후 건강장애 학생을 위한 교육지원이 법제화되었다. 그러나 여전히 학교별로 성적 평가가 상이하고, 공평한 평가가 이루어지지 못한다는 반성이 제기되고 있다.

평가는 교육의 성과를 측정하는 중요한 도구이며, 다음 교육을 계획하기 위한 근거가 된다. 건강장애 학생의 교육을 효과적으로 지원하기 위해서는 교육 계획과 실행, 평가에 대한 협력적 접근이 필요하다. 학생들이 가지는 제한점으로 인해 교육의 성취가 불리하지 않도록 잔존 능력과 강점을 찾을 수 있도록 평가계획을 수립하고 실행하는 것은 매우 중요한 일이다. 장애 학생들이 '개별화 교육'을 받는 것에 대해 누구나 동의하면서도, 정작 이 학생들을 어떻게 평가하는 것이 합리적이고 이상적인 것인가에 대한 합의는 어렵다. 건강장애 학생들이 대안적 형태의 교육 활동에 참여하는 동안 적절한 평가를 보장하는 것은 여러 측면에서 합당한 일이다. 일반적인 방법으로 평가에 참여할 수 없는 학생들을 위해 평가의 타당도 및 신뢰도를 유지하면서 동시에 공평한 평가 방법과 절차에 대한 합의가 필요하다. 향후 시·도교육청 및 학교별 학업성적관리 시행지침 등에 건강장애 학생의 평가 참여, 결과 처리, 결과 활용 등에 관한 실효성 있는 지침을 제시하고 그에 따른 제반 사항의 지원이 이루어지길 바란다.

함께 나누는 질문

1. 건강장애 학생과 외상적 부상 학생의 차이는 무엇인가요?

2. 건강장애 학생의 선정기준이 되는 세부 사항은 무엇인가요?

3. 건강장애 학생의 선정 취소 기준은 무엇인가요?

4. 건강장애 학생의 일반적인 출결 인정 기준은 무엇인가요?

5. 건강장애 학생의 소속학교에서 학생들의 평가 참여를 독려하기 위해 안내해야 할 내용은 무엇인가요?

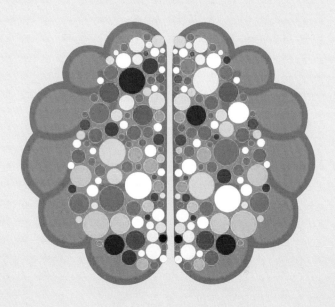

제9장

학교복귀와 학교생활 적응 지원

1. 학교복귀의 개요

1) 학교복귀의 의미

1990년대 초반까지만 해도 소아암 등 만성질환에 대한 사회적 관심은 대부분 치료비 마련을 위한 경제 지원에 초점을 두었다. 방송을 통한 모금 활동, 민간기관의 지원, 정부의 소아암 지원 등이 매우 활발해지면서 치료과정에서 가장 힘든 문제였던 경제문제를 해결하는 데 집중하였다(교육과학기술부, 2009). 그러나 소아암의 완치율이 높아지고 장기 생존하는 학생이 늘어나면서 치료 후 심리정서적 지원을 포함한 사회복귀와 관련한 사항의 중요성이 주목받고 있다(김민아, 유정원, 최권호, 2020).

DSM-IV에 의해 생명을 위협받을 만한 질병으로 진단받는 것 역시 외상 후 스트레스 장애의 요인으로 포함해 이해할 정도로 소아암 발병은 학생 본인과 가족 모두에게 매우 심각한 스트레스 사건이다. 그러므로 급성인 위기 상황에 대한 개입, 장기적인 교육지원, 치료 후 학교로 복귀하였을 때의 적응 등 사회복귀에 대한 체계적인 지원이 필요하다(남석일, 최권호, 2013).

건강장애 학생들이 치료를 마치고 학교로 복귀한다는 것은 미래에 대한 준비를 가능하게 하는 사회적 성공과 관련이 있다(Shiu, 2001). 학교로 복귀하여 지속적인 교육을 받고 훌륭한 사회인으로 성장하는 것은 개인의 행복뿐만 아니라 국가적 차원에서도 매우 중요한 문제이다.

2) 학교복귀의 필요성

학령기 학생이 사회로 복귀하기 위해서는 먼저 학교로 복귀하는 것이 우선순위이다. 학교복귀(school reentry)는 건강장애 학생이 장기 입원이나 장기 통원치료를 마치고 학교 교육을 받기 위해 학교로 돌아오는 것을 의미한다(Sexson & Madan-Swain, 1993; Worchel-Prevatt, 1998). 우리나라도 소아암 생존율이 높아지고 있어, 완치된 소아암 학생들이 학교로 복귀하여 적응할 수 있도록 포괄적인 교육지원이 필요하다는 목소리가 높아지고 있다(김정연, 2013; 김정연, 2018). 학교복귀는 질병 전의 학업 성취 수준을 회복하고, 또래와의 상호작용을 통해 일상생활과 활동에 참여함으로써 질병으로 인한 불안이나 우울 등의 정서적인 문제를 더 잘 해결할 수 있게 한다(Cairns, Klopovich, Hearne, & Lansky, 1982). 그러나 치료를 위해 입원한 동안에는 병원학교에서 개별적인 교육 요구를 충족하지만, 치료 기간이 끝나서 학교로 돌아가는 학생들의 학교복귀를 돕는 체계적인 지원 서비스가 없어서 학교생활 적응에 많은 어려움을 겪게 된다.

건강장애 학생의 교육지원의 궁극적인 목적은 다니던 학교로 돌아가서 발병 이전의 원래 상태로 돌아가는 것이며(Leukemia Research Fund, 1997), 정상성을 유지하면서 학교생활에 잘 적응하는 것이다(Sullivan, Fulmer, & Zigmond, 2001). 학교생활에 적응한다는 것은 건강의 문제가 남아 있더라도 학업을 지속하며, 또래와 지속적인 관계를 유지하면서 일상적인 생활로 돌아가는 것을 의미한다(Lightfoot, Wright, & Sloper, 1999). 학교로 돌아간다는 것은 좀 더 정상적인 삶을 의미한다. 학교는 미래를 탐구하며 성장하고 발전하게 하며, '환자'를 원래의 '학생'으로 바꾸어 주는 장소이다(https://www.stlouischildrens.org). 건강장애 학생들에게 학교복귀란 '발병 이전의 생활을 할 수 있다는 확신'이며, '다른 아이와 동등해지는 자격을 부여하는 수단'이다.

최근의 의학기술 발달 또한 건강장애 학생의 학교복귀에 관한 관심을 확대하는 요인이 되고 있다. 국내의 병원학교에서 대부분을 차지하고 있는 소아암의 경우 완치 기준이 되는 5년 이상 생존율이 약 77%로 나타나고 있어 학교로 복귀되는 비율이 확대되고 있음을 추측할 수 있다(중앙암등록본부, 2012). 이는 체계적인 학교복귀의 준비가 필요한 근거이다.

학교 교육은 개인적·사회적으로 환경에 잘 적응하여 자신의 능력을 충분히 발휘하고, 보다 행복하고 능동적인 생활을 할 수 있도록 교육하는 데 목적이 있다. 학교 교육은 건강장애로 진단받은 학생들에게도 동일한 의미와 목표를 지닌다. 학교복귀의 필요성은 다음과 같이 요약할 수 있다.

- **학교복귀는 학업을 지속하게 한다.** 학교 교육은 아동 청소년의 인지·정서 발달, 학업 성취, 대학진학 및 진로 준비 등을 준비할 수 있는 중요한 역할을 한다.
- **학교복귀는 또래와의 지속적인 관계를 유지하게 한다.** 또래 학생들과 생활하고 어울리며 환자가 아닌 학생으로서 자신의 이미지를 긍정적으로 바꿀 수 있고 자아 존중감을 높일 기회가 된다.
- **학교복귀는 심리적인 안정감을 느끼게 한다.** 심리적인 안정감은 스스로 병을 이겨 내

며 건강을 관리하는 힘을 기르게 한다.

• **학교복귀는 미래에 대한 준비를 가능하게 한다.** 학교복귀는 건강장애 학생에게 성인기 이후의 직업, 결혼 등 기본적인 사회통합을 준비하는 과정이 된다.

3) 학교복귀의 어려움

건강장애 학생들은 오랜 치료와 질병으로 인하여 정신적·인지적·신체적 기능에 어려움을 가질 수 있으며, 이러한 어려움으로 인해 학습 문제와 사회적 적응의 문제가 예측된다(Brown, 1993). 특히 또래나 교사와의 관계에서의 문제, 결석 및 치료로 인한 학업 지체, 외모 변화 등의 이유로 학교생활에서 어려움을 경험하기 때문에(진주혜, 2000), 학교로 복귀하는 것이 어렵다.

건강장애 학생들이 만성질환으로 인해 겪는 학교적응의 문제들은 의학적인 치료만으로는 개선될 수 없다. 치료가 종료된 시점에서 성공적인 치료를 마쳤다 하더라도 학교로 복귀하였을 때에 겪는 이차적인 어려움은 다양하게 나타난다(서울특별시교육연구정보원, 2013). 학교복귀를 어렵게 만드는 요인들은 다음과 같다.

(1) 건강 상황

신체 외모의 변화, 피로감 등의 건강상의 문제는 학생들이 겪는 가장 큰 어려움이다(국훈, 2010). 만성적인 건강 문제와 치료의 부작용 등이 이들의 적응을 방해한다. 예를 들어, 소아암치료가 종료된 학생 중 2/3는 1가지 이상의 만성적인 건강 문제를 보이며, 이들 중 1/4은 심각한 부작용을 가지게 된다(국훈, 2010). 병원학교에서 학업을 지속하고 성공적으로 치료과정을 마쳤더라도 학교로 복귀한 후에 학생들이 겪는 어려움은 다양하게 나타난다. 신체 건강상의 문제는 변화된 외모와 신체적 증상과 연관된 어려움을 유발한다. 급성 림프구성 백혈병 생존자의 35~57%가 비만으로 나타나며(국훈, 2010), 치료 종료 후 1년 동안 특히 몸무게의 증가와 함께 나타나는 외모의 변화는 학교생활 적응을 더욱 어렵게 한다. 정해진 시간에 일률적으로 수행해야 하는 학습과제와 수업 활동, 학교의 일과는 치료가 종료된 학생들에게 체력적으로 어려울 수 있다.

(2) 학업 문제

건강장애 학생들의 학업 수행을 방해하는 요인은 다양하다. 일부 학생은 약물치료 이후 학습의 어려움을 호소한다. 이들은 치료로 인한 학업 공백으로 인해 학습을 따라가는 데 어려움을 겪을 가능성이 크다. 만성질환에 따라 차이가 있으나 신체 활동 제한, 체력저하 등으로 체육 시간, 현장학습 등의 다양한 학교 활동 참여에 제한이 있다.

학교에 복귀해도 장기간의 학습 결손 및 학교생활 공백으로 학교적응의 어려움이 많다(김은주, 2008; 류신희, 김정연, 2008; 박은혜, 이정은, 2004; Worchel-Prevatt, 1998). 당뇨나 소아암과 같은 만성적 질병을 가지고 있는 학생의 경우, 질병 자체뿐만 아니라 치료과정에서 생기는 부차적인 영향으로 인해 학습 및 학교생활의 참여를 방해한다.

학령기 학생들의 장기간의 학업 결손 및 학업 단절은 적응의 문제를 유발하며(박은혜, 박지연, 노충래, 2005; 한경근, 2008), 이러한 학교적응의 실패는 교육으로 얻을 기회를 뺏게 된다(교육과학기술부, 2010). 청소년 시기의 학업 성취 정도와 학업에 대한 압박감은 낮은 자아 정체감을 유발하기 쉽다.

건강장애 학생에게는 병원학교나 원격수업 등 대안적 학습지원이 제공되기는 하지만 학교복귀 후 이미 누적된 학습의 지체는 별도의 개별적 지원이 제공되지 않는 한 학생들을 힘들게 한다. 교사로서도 학교로 복귀한다 해도 장기결석으로 인한 학력 격차가 심하여 지도하는 데 어려움을 피할 수 없다(김정연, 2018).

🖋 교육현장 & 공감

"학교에 복귀했을 때 애들한테 물어봤어요. 학교에 가는 게 뭐가 가장 두려워? 일단 약을 복용해야 하기 때문에 신체가 변하는 거죠. 외모가 달라져요. 그러니깐 신체상이 그렇다 보니깐 자존감도 낮아질 수밖에 없는 거죠. 다른 애들이 자기를 어떻게 바라볼지도 걱정하고 그래요. 그래서 학교에 가기 싫대요. 또 학교 진도가 너무나 떨어져 있으니까 못 따라가는 게 창피한 거예요. 시험은 보나 마나 학교에서 수업을 들은 게 아니니까 잘 나올 리가 없고요. 전에는 잘했는데 막상 학교에 가 보면 아무것도 아는 게 없고, 모르는 게 많아서 힘들대요."

– 건강장애 학생의 병원학교 교사 인터뷰 중에서(김정연, 2018)

(3) 또래관계

학교복귀를 앞둔 학생들은 장기간의 치료로 인해 단절되었던 또래관계에 대한 염려가 크다. 자신의 외모가 변화한 것에 대한 또래들의 놀림이나 질병에 대한 또래들의 인식에 대해 불편하고 두렵게 생각한다. 또래들의 지나친 호기심도 건강장애 학생과의 상호작용을 방해하는 요인으로 지적된다(김정연, 2018; 김정연, 박은혜, 김유리, 2015).

학생들의 또래관계 문제는 학교생활에서의 이질감과 소속감 부재를 가져오고 점차 자아 형성에도 부정적 영향을 미친다. 학생들은 또래로부터의 인정을 중요시하는데, 건강장애 학생들에게 치료로 인한 공백 기간은 또래관계를 형성하고 유지하는 데 어려움을 준다.

(4) 학교생활 적응

신체적 성장이 왕성하고 감수성이 예민한 건강장애 학생들은 학교에 복귀하더라도 건강 문제 외에 인지적·사회정서적 요인으로 인해 학교생활 적응과 학습의 어려움에 직면하게 된다(김은주, 2008; 박은혜, 김미선, 김정연, 2005; 한경근, 2008). 면역력 저하와 감기와 같은 부차적인 질병, 정기적인 병원 진료도 단기 결석 및 조퇴를 유발하는 요인이 된다. 이때 나타날 수 있는 학업 결손에 대한 주변의 부정적인 태도, 부모의 과잉보호 모두 학교생활 적응에 영향을 미친다. 학교복귀를 앞둔 학생들의 고민은 다음과 같다.

- 변화된 내 얼굴, 내 모습을 보고 친구들이 놀리지 않을까?
- 너무 많이 변한 학교, 낯선 학교, 잘 다닐 수 있을까?
- 갑자기 규칙적이고 답답한 학교생활을 잘할 수 있을까?
- 선생님께서 날 싫어하지 않을까?
- 친하게 지낼 친구를 만날 수 있을까? 따돌림을 당하지 않을까?
- 친구들이 날 멀리하거나 이상하게 보지 않을까?
- 내 병이 재발하지 않을까?
- 수업 중 졸거나 화장실을 자주 가는 것을 이상하게 생각하지 않을까?
- 학습 진도를 따라갈 수 있을까? 수업 내용을 이해할 수 있을까?

건강장애 학생이 가진 질병은 학생마다 매우 다양하고 독특해서 질병에 대한 특성을 교사가 이해해야 한다. 잘 알지 못하기 때문에 그로 인한 막연한 두려움과 소통의 어려움이 발생할 수 있다.

🖋 교육현장 & 공감

"아이한테 학교를 안 가고 싶으냐고 했더니 자기는 가능하면 안 가고 싶대요. 그래도 서서히 가 보자고 설득을 했어요. 처음엔 학교를 일주일에 한 번 가 보고, 그다음 주에는 두 번 가 보고 이렇게 조금 늘려 보는 건 어때? 이렇게 해 본 거죠. 근데 얘가 잘 따라서 했는데 어느 날 선생님이 그러시더래요. 너 그렇게 계속 학교를 네 마음대로 올 거 같으면 오지 말라고……. 얘는 그렇게 한 번 가는 것까지가 얼마나 용기를 내서 간 건데……."

– 건강장애 학생의 병원학교 교사 인터뷰 중에서(인천광역시교육청, 2016)

---

(5) 부모의 인식

건강장애 학생은 병원에서 할 수 있는 일정 기간의 치료가 종료되면 의료진에 의해 학교복귀를 준비하게 된다. 그러나 자녀의 학교복귀는 부모로서 결정하기 어려운 매우 큰 도전이며 스트레스이다. 부모들은 자녀의 학교복귀에 대해 건강상의 문제와 학교환경의 안전성 여부, 또래관계 문제 등을 이유로 꺼리게 된다. '가장 적절한 학교복귀 시기는 언제가 좋을까? 학교복귀가 건강을 악화시키지 않을까? 오히려 학교의 경직된 일정이 건강을 유지하는 데 방해되지 않을까?' 등이 그 이유이다. 학교복귀를 앞둔 부모의 고민은 다음과 같다.

- 감염으로 인해 재발하지 않을까?
- 친구에게 놀림이나 따돌림을 당하지 않을까?
- 갑작스러운 일이나 사고가 벌어지지 않을까?
- 학습 진도를 따라갈 수 있을까?
- 내 아이를 불쌍한 시선으로 보지 않을까?
- 선생님들이 아이의 어려움을 이해해 주실까?

"부모님들은 두려움이 되게 크시거든요. 아이한테 혹시 내가 스트레스를 줘서 얘가 재발하면 어쩌지, 안 그래도 내가 얘를 아프게 낳았고, 아프게 키웠는데 학교에 보내는 것이 다시 또 아프게 하는 건 아닐까? 이런 고민이 많으셔서 학교복귀에 대해서 강하게 그렇게 단호하게 결정하는 걸 어려워하세요. 죄책감을 느끼고 있기 때문에요."

– 건강장애 학생의 병원학교 교사 인터뷰 중에서(인천광역시교육청, 2016)

그럼에도 불구하고 또래와 상호작용을 하고 질병 이전의 생활로 돌아가기 위해 학교복귀는 건강장애 학생 교육지원의 필수 과제이다. 병원학교 교사는 부모와 지속적으로 상담하여 학교복귀에 관한 결정과 준비를 할 수 있도록 지원해야 한다. 학교복귀는 부모와 교사 간의 상호 정서적 지지와 격려, 신뢰를 바탕으로 실행해야 한다. 먼저 부모 상담을 진행하는 과정에서 학교복귀와 관련해 부모들이 궁금해하는 사항을 중심으로 지원한다.

학교복귀의 실패는 건강장애 학생 교육의 실질적 기회 상실로 이어지며, 정신건강을 위협하여 만성질환으로 인한 어려움이 재발하는 과정을 유발할 수 있다. 특히 질병에 대한 주변인들의 부적절한 태도와 반응은 바람직한 사회적 태도를 학습할 기회를 제한하고 사회적 기술의 발달을 제한한다. 치료로 인해 수동적이거나, 의존적인 병원생활을 한 학생들은 나이에 적절한 책임감과 독립심을 배우지 못하여 능동적인 생활방식, 문제에 대한 해결 방식 등을 경험할 기회를 잃게 된다. 이러한 결과는 학교생활에서도 쉽게 좌절하고 적응상의 어려움에 직면해서도 스스로 해결하지 못하는 난관에 부딪친다(교육과학기술부, 2010). 그러므로 치료과정에서 부모교육을 통해 학생들이 연령 수준에 적합한 사회적 지식과 기술을 경험하고 능동적인 생활 태도를 갖도록 지도해야 한다. 학교복귀를 성공적으로 준비할 수 있도록 부모와의 협력이 필요하다.

2. 학교복귀의 준비

학교복귀 시점은 의료 일정에 따라 달라진다. 그러나 건강장애 학생이 치료 중에 복귀하지 못했다면 치료종료 후에 가능한 빨리 복귀하는 것을 권장한다. 빨리 학교생활로 복귀하는 것이 질병으로 인하여 손상된 자아상과 생활의 평형을 찾는 데 도움이 된다.

치료가 종료된 후에는 대부분의 건강장애 학생은 일반학급으로 복귀하게 되며, 치료의 합병증으로 인지적·감각적 장애가 발생한 경우에는 「장애인 등에 대한 특수교육법」제15조에 따라 특수교육 지원을 고려할 수 있다. 학교복귀를 앞두고 건강장애 학생의 학교복귀 및 교육지원에서 불필요한 갈등을 예방하기 위하여 관련자들 상호 간 체계적인 정보 교류가 필요하다. 학부모는 학교복귀 전 의료진과 상담을 하고, 질병과 관련한 유의 사항 및 정보들을 소속학교 교사와 학교 관계자들에게 전달해야 한다. 학교복귀를 준비하기 위한 각각의 역할은 다음과 같다.

1) 병원학교의 준비

병원학교 및 원격수업기관 교육과정에는 학교복귀와 관련한 프로그램을 실행하도록 의무화하고 있다. 병원학교에서는 학교 자체 프로그램 혹은 민간기관에서 학교복귀 프로그램을 연계하여 운영한다. 병원학교에서 운영할 수 있는 학교복귀 프로그램의 예는 〈표 9-1〉과 같다.

표 9-1 **병원학교 학교복귀 프로그램**

1. 목적

    건강장애 학생들과 학부모의 심리·발달·양육 검사와 그에 따른 심리·정서 치료 프로그램을 통해 장기간의 입원 및 외래 치료에 지친 마음을 회복하고 학생들이 성공적으로 학교에 복귀할 수 있는 발판을 제공한다.

2. 방침

    가. 다양한 검사를 통해 자기를 이해하고 표현할 기회를 제공한다.

    나. 병원학교에 입교된 모든 건강장애 학생과 학부모를 대상으로 한다.

    다. 방학 기간에 프로그램을 시행하며, 오전과 오후를 나누어 실시한다.

    라. 심리발달 검사 및 심리치료 관련 전문 강사를 초빙하여 실시한다.

3. 세부 계획

　가. 일시: 20○○년 ○월 ○일~○월 ○일(총 3회)

　나. 장소: ○○병원학교

　다. 대상: 병원학교 입교 학생 ○명, 학부모 ○명, 총 ○○명

　라. 강사: ○○○(발달 진단 전문가, 통합예술치료 강사)

　마. 활동 내용

회기	내용	활동주제				준비물
		오전반(10:00~12:00)		오후반(14:00~16:00)		
		학생	학부모	학생	학부모	
1	검사 및 해석 상담	[심리발달검사] • 심리 발달 검사 시행 및 해석 상담하기 • 프로그램을 통해 이루고 싶은 바람 표현하기	[양육 태도 및 성격 유형 검사] • 양육 태도 및 성격유형 검사 실시 및 해석하기 • 프로그램을 통해 이루고 싶은 바람 표현하기	[심리발달검사] • 심리 발달 검사 시행 및 해석 상담하기 • 프로그램을 통해 이루고 싶은 바람 표현하기	[양육 태도 및 성격 유형 검사] • 양육 태도 및 성격유형 검사 실시 및 해석 상담하기 • 프로그램을 통해 이루고 싶은 바람 표현하기	KPRC, MBTI 검사지, HTP, KFD 미술진단검사, 유아발달검사, 성격유형검사(MMTIC), KFD 동적가족화검사, U&I 진로탐색검사, 에니어그램 개인 역동 검사
2	자기 탐색	[분노의 화산폭발하기] • 화가 날 때의 상황 찾아보기 • 대처법 및 건강한 대처 방안 찾아보기	[공감적 대화법] • 공감적 대화법 이해하기 • 실생활에서의 공감적 대화법 실습하기	[분노의 화산폭발하기] • 화가 날 때의 상황 찾아보기 • 자신의 대처법 및 건강한 대처 방안 찾아보기	[공감적 대화법] • 공감적 대화법 이해하기 • 실생활에서의 공감적 대화법 실습하기	요구르트병, 점토, 물감, 색습자지, 접시, 소다, 식초, 공감대화카드
3	희망 찾기	[나에게 주는 격려나무] • 내가 아는 강점, 다른 사람이 아는 나의 강점 찾기 • 나에게 주는 격려나무 선물하기				격려나무, 메시지 카드, 색채도구

4. 기대 효과

　가. 다양한 심리·발달·양육 검사 및 해석과 상담을 통해 자기이해를 돕고 긍정적인 자아상을 향상시키도록 한다.

　나. 심리검사를 통해 장기간 병원생활로 인한 심리·정서 상태를 점검하고 원활한 학교로의 복귀에 도움이 될 수 있도록 상담 및 정서치료를 실시한다.

　다. 부모와 자녀 간의 이해와 수용을 통해 친밀감을 형성하고 원활한 의사소통을 돕는다.

　라. 다양한 활동 및 상담을 통해 학교에서 또래와의 원활한 의사소통과 즐거운 학교생활을 할 수 있도록 격려한다.

출처: 인제대학교 부산백병원학교(2016).

학생들의 학교복귀는 병원학교 교사 1인이 감당할 수 있는 부분이 아니다. 학교복귀를 지원하기 위한 관련자들과의 협의의 장을 마련해야 한다. 그중 학생이 복귀할 학교와의 소통이 가장 중요하다. 학교복귀를 앞두고 병원학교 교사는 병원학교에서의 활동 자료 및 질병과 관련한 정보 등 학교 교육에 도움이 될 수 있는 내용을 학교로 전달한다. 소속학교의 상담교사 등 학생을 지원할 수 있는 전문 인력이 있다면 학교복귀 지원은 훨씬 쉽다.

학생이 병원에 입원해 있는 동안 소속학교의 교사는 최소한 학기 초 1회 병원학교를 방문하여 교육지원 계획을 수립하도록 협력관계를 맺는다. 건강장애 학생의 학적은 병원학교 또는 원격수업기관이 아닌 소속학교이다. 그러므로 소속학교 담임교사에게 책무성이 부여된다는 사실을 인지할 수 있도록 병원학교 교사는 학기 초에 건강장애 학생의 의료·교육 정보 및 교육지원 방안을 안내하고, 관련 연수에 참여하도록 협조를 요청한다.

2) 학교와 교사의 준비

(1) 먼저 연락하기

학생이 병원에 입원해 있는 동안에 부모는 치료에 전념하기 때문에 새 학기가 시작되어도 학교를 방문하여 교사를 만날 여력이 없다. 새로운 담임교사가 누구인지 알기도 어렵고 연락처를 알아내서 연락하기는 더욱 어렵다. 대부분 부모는 자녀의 갑작스러운 진단으로 인해 마음의 여유가 없다. 만약 교사가 먼저 연락한다면 기꺼이 자녀의 진단명과 치료과정에 대한 정보를 공유할 것이다.

교사는 부모 면담을 통해 학생의 질병에 대한 의료적 지식을 인지한다. 학교복귀 후 만나게 될 학생과 친밀감을 높이기 위해 병원에서의 일과나 학생의 관심 사항, 교사가 알아 두어야 할 사항 등 면담을 통해 학생에 대한 정보도 수집한다.

교사들도 건강장애 학생을 처음 만나게 되면 교육지원 정보 및 절차에 대해 적절한 정보를 접하기 어렵다. 건강장애라는 용어를 들어 본 적이 없는 교사도 있을 수 있다. 먼저 건강장애 학생의 교육지원 제도에 대해 파악하고 학생에게 해당하는 지원이 무엇인지 판단해야 한다. 구체적인 교육지원 내용은 시·도교육청이나 특수교육지원센터에 문의하여 필요한 교육지원 내용을 찾고 지원 절차에 대해 인지한다.

새 학기가 되어 새롭게 담임을 맡게 된다면 장기 입원 혹은 치료 중인 건강장애 학생에 대한 정보를 공유하는 데 어려움이 있으므로 전년도 담임교사와의 연계를 통해 학생 정보를 구하고 부모와 연락하여 기초적인 학생 상담을 한다. 학기 초에 학급을 운영하다 보면 해야 할 행정적 작업이 많다. 그러나 교육계획을 수립하기 전에 학생들의 부모와 연락하는 것을 숙지하고 건강장애 학생이 입원해 있다는 이유로 배제되지 않도록 유의한다.

> ### 🖋 교육현장 & 공감
>
> "3학년 때 발병해서 계속 병원에 있는데, 4학년에 올라가면서 저도 우리 아이가 몇 반이 됐는지, 담임 선생님이 누군지 그게 정말 궁금했죠. 그런데 우선은 아이의 치료에 신경을 쓰다 보니깐 전혀 알아볼 수가 없는 상황이었어요. 근데 어느 날 선생님의 문자가 온 거예요. 새 담임이라고. 아, 근데 그러고 나서는 연락이 없었어요. 학기 초니깐 다른 아이들 신경 쓰시고 그러니까 우리 아이한테만 신경 쓰실 수 있는 그런 상황이 안 되잖아요. 그래도 작년 담임 선생님은 그렇게 신경도 많이 써 주셨는데……. 아무래도 이해는 하면서도 서운하더라고요. 근데 그때는 서운하고 말고도 없어요. 치료받는 게 더 중요하고, 당장 학교에 다니는 상황도 아니니깐 그냥 놔 버렸어요. 그렇게 연락을 안 하고 살았죠."
>
> – 건강장애 학생의 어머니 인터뷰 중에서(인천광역시교육청, 2016)
>
> "부모님과 연락하는 것을 미루지 마세요. 때로는 부모님께서 전화를 받지 못하거나 연락을 해도 답이 오지 않을 수도 있어요. 부모님들은 병원에서 온갖 검사와 집중치료, 자녀를 돌보는 것만으로도 시간이 매우 부족하고 병원에서는 휴대 전화를 사용할 수 없는 상황도 자주 발생해요. 간단한 메시지를 남겨 놓아 언제라도 연락하실 수 있도록 소통의 통로를 열어 주세요. 부모님이 먼저 전화할 것을 기대하지 말아 주세요. 선생님께서 부모님의 연락처를 알아내기는 쉬우나, 경황이 없는 부모님들께서는 선생님의 연락처를 모를 수 있어요."
>
> – 건강장애 학생의 병원학교 교사 인터뷰 중에서(인천광역시교육청, 2016)

(2) 건강장애 학생의 학습지원

교사의 과잉보호와 과잉적인 관심은 지양한다. 건강장애 학생에 대한 교사의 과잉보호나 과잉 관심은 오히려 건강장애 학생의 자립심과 또래와의 관계에 부적절한 영향을 미칠 수 있다. 그러나 학업과 관련해서는 건강장애 학생에게 어떤 준비가 필요한지 파악하고 학교복귀 시 제공할 수 있는 학습지원 전략을 계획해야 한다. 학업과 관련하여 준비해야 할 것은 다음과 같다.

첫째, 개별적인 학습 문제를 파악하여 해결 방법을 찾는다. 치료의 합병증으로 인해 시력이나 청력 손상, 신경 손상 등 학생마다 처한 상황이 다르다. 질병과 치료과정에서 발생한 구체적인 손상 여부와 제한점을 파악한 후 개별적인 학습 문제의 해결안을 모색한다. 학생, 부모, 교사의 협의를 거쳐 학습 문제 해결 방법을 찾고, 필요할 경우 특수교육 지원을 통해 맞춤 교육을 지원한다. 학업이나 시험 등에 대해서는 일반 학생들과 동일하게 참여하도록 하며, 평가 조정이 필요할 때에는 협의를 통하여 조정한다.

둘째, 학습 목표와 학습 계획을 조절한다. 몇몇 학생은 치료의 합병증으로 인하여 주의집중, 지시나 통제 따르기, 보고 들은 것 기억하기, 수학 계산 등에 어려움을 보인다. 몸이 아프거나 정기 진료로 인해 결석이 잦아 교육적인 성과가 낮을 수 있으므로 학생의 상태를 고려하여 학습 목표와 학습 계획을 조절한다. 음악, 미술, 체육 등 교과 시간이나 수학여행, 현장학습 등에서 소외되거나 제외되지 않도록 충분한 소통을 통해 결정한다. 필요한 조정 사항들은 학부모 요구 조사서를 통해 의견을 수렴한다. 필요한 경우 건강장애 학생의 개별화교육계획을 작성하여 교육지원 내용과 범위를 결정한다.

셋째, 적절한 수준으로 과제를 조정한다. 소아암 학생들은 체력과 집중의 어려움으로 동일한 시간에 또래들과 같은 성과를 내기 어렵다. 교사는 융통성 있게 과제의 유형을 바꾸어 주거나 부담을 줄여 주고 과제 시간을 좀 더 허용한다. 그러나 너무 적은 기대감으로 낮은 수준의 과제를 주면 오히려 학습동기를 저해하므로 적절한 수준의 과제를 제공한다. 설명 없이 일방적으로 하는 과제의 조정은 또래들에게 오해를 유발할 수 있으므로 유의한다. 발표 활동의 경우에는 질문의 수준을 고려하여 질문하거나('예/아니요'로 대답할 수 있도록 질문 수정) 학생이 답변할 수 있는 충분한 시간을 제공한다.

넷째, 건강장애 학생의 수업 참여를 높일 수 있는 전략을 사용한다. 필기하는 것에 어려움이 있는 학생에게는 교사가 수업 전이나 후에 수업 내용이 담긴 유인물을 제공하거나 또래의 노트를 복사할 수 있도록 도와줄 수 있다. 건강장애 학생의 학습 참여를 촉진하기 위한 구체적 방법은 다음과 같다.

- 수업 시간에 학생이 질문할 수 있도록 충분한 시간 주기
- 반복적인 질문이나 문맥의 의미를 되묻는 질문에 칭찬해 주기
- 이미 알려 줬던 것을 잊어버렸다고 꾸짖지 않기

- 결과보다는 과정을 칭찬하기
- 관심을 두고 지켜보고 있음을 알려 격려하기
- 청력, 시력에 문제가 있거나 집중하기 힘들어한다면 소음이 적은 곳이나 교사와 가까운 곳에 앉을 수 있도록 자리 배치하기
- 학생의 능력에 따라 학습과제를 조정해 주기
- 필기에 어려움이 있으면 수업 내용을 녹음하여 들을 수 있도록 녹음기 사용을 허락하기
- 말을 할 수 있는 학생이면 숙제 제출 시 음성 녹음기를 이용하여 구두 제출을 허락하고, 시험을 볼 때도 구두시험을 볼 수 있도록 지원하기
- 결석 시 받지 못한 프린트물이나 수업 자료 챙겨 주기

　적극적으로 수업에 참여할 수 있도록 필요한 지원과 조정을 제공하여 학생이 자신의 학습 결과에 대해 스스로 책임감을 가질 수 있도록 한다. 장기간의 치료로 인해 학교를 떠나 있던 학생들이 학교로 복귀했을 때에는 많은 어려움이 예견된다. 그러나 어렵게 복귀한 학업을 포기하지 않도록 교사는 개인에 따라 필요한 학습지원 전략을 개발한다.

🎵 교육현장 & 공감

"사실 저희 아이들은 의지가 강한 애들입니다. 왜냐하면 또래 아이들이 겪지 못한 온갖 고생을 겪으니까요. 8살짜리 애인데, 주사 정도는 아무것도 아니에요. 정말 마취도 안 하고 여기다가 골수검사할 때 이만한 대바늘을 꽂아서 하는데……. 항암제는 얼마나 독한지 일반 정맥으로는 못 놓고 이렇게 굵은 대정맥, 거기다가 연결을 해요. 일종의 중간다리인 '포트'라는 것을 심어요. 왜냐하면 항암 주사를 꽂아야 하는데 일반 피부에 하면 피부가 괴사되거든요. 저희 아이들은 온갖 고난을 겪어서 의지가 상당히 강한 애들이에요. 이 애들이 학교에 어떻게든 참석하려고 노력하고 있고. 성적은 많이 뒤떨어지겠지만, 그런 의지를 가지고 있는데 이런 아이들을 위해 저희가 뭐 큰 걸 바라거나 특별한 대우를 바라는 게 아니에요."

－ 건강장애 학생의 어머니 인터뷰 중에서(인천광역시교육청, 2016)

(3) 학급 및 학교 분위기 조성

교사는 건강장애 학생이 학급구성원으로서 소속감을 갖도록 학급 분위기를 조성한다. 불가피한 건강상의 문제가 아니면 학교 일정에 참석하도록 격려하고, 학급구성원으로서 소속감을 느낄 수 있도록 역할을 부여한다. 학교에서 팀 중심의 과제나 모둠 활동을 할 때 또래들은 건강장애 학생과 같이 소속되기를 꺼릴 수 있으므로 모둠 활동 시 조 편성에 유의한다. 건강장애 학생과 함께 할 방안을 구체적으로 설명하거나 모델링해 주는 것도 좋은 방법이다. 건강장애 학생이 원한다면 가방을 들어 주거나 이동을 도와주는 등 도움을 주고받을 수 있는 학급 문화를 만든다.

(4) 안전한 학교환경 점검

교사는 학생의 의료적 욕구에 대한 대응을 제외한 모든 교육 활동에 참여할 수 있도록 한다. 부모와 학생이 복귀 전에 학교를 방문하여 낯선 환경에 대한 긴장감을 줄이도록 한다. 건강장애 학생에게 차별 없는 학습환경은 모든 학생에게도 안전하며 건강한 환경이 된다. 학교환경의 점검 내용은 다음과 같다.

- 학습에 사용하는 책상과 의자는 학생의 상태를 고려한다.
- 신체 활동(건강상태, 보장구 사용 등)과 적응행동 영역에서 특별한 교육지원이 필요한지 파악한다. 예를 들어, 쓰기가 어려운 학생에게는 간단한 보조공학기기(예: 라이팅 버드, 에이블 그립, 링 라이터 클립, 핸드 라이터, 둥근 손잡이 등)를 제공한다.
- 청력, 시력, 주의집중 문제를 고려하여 학생의 자리 배치 등에 대해 점검한다.
- 교실의 사물함 배치, 화장실 출입을 위한 휠체어 사용 등을 점검한다.
- 신체적 합병증으로 이동이 불편한 학생이라면 학교생활에 필요한 동선을 확인한다.
- 경사로 등 이동수단은 특수학급 교사나 전문가와 상의한다.

(5) 건강장애 학생에 대한 정보 공유

건강장애 학생의 학교복귀 전 의료진, 부모, 병원학교 교사 등으로부터 학생의 건강상태 및 치료과정, 치료 경과, 학습 정도 등 학교생활에 도움이 될 만한 정보를 미리 확인한다. 학교복귀 전에 미리 학생을 만나 특수한 상황을 파악한다. 일부 건강장애 학생들은 치료의 합병증으로 장애가 발생한 경우도 있으므로 장애 정도를 확인하고 학교생활에서 제한해야 하는 활동이 있는지 파악한다.

건강장애 학생에 대한 정보는 담임교사뿐만 아니라 개인정보보호에 어긋나지 않는 범위 내에서 교과 담당교사들과 공유하여 도움이 필요할 때 지원되도록 한다. 실내에서 모자나 마스크 사용의 허용, 피곤함으로 인한 수업 참여 시간 조정, 수업 중 보건실 가기, 교과 교실의 이동 등 발생할 수 있는 상황을 점검하여 필요한 정보를 교과 담당 교사들과 공유한다. 예를 들어, 움직이는 데 어려움이 있는 학생의 경우 담당 교과 선생님께 수업 종료 5분 전에 미리 화장실에 갈 수 있도록 허용할 것을 요청할 수 있다. 중·고등학교 학생들은 학생과 접하게 되는 모든 과목의 교사들과 정보를 공유하여 학생의 행동과 학업적인 성취뿐만 아니라 만약의 긴급 사태에 대한 대처를 준비한다. 교사는 부모가 학급 또래들이나 학교 교직원들(예: 영양사 등)이 알아야 한다고 생각하는 정보가 있는지 파악한 후 공유한다.

청소년기 건강장애 학생들과 소통하기 위해서는 교사의 특별한 관심과 노력이 필요하다. 질병에 대한 정보뿐 아니라 학생의 일상생활 등 학교복귀 후 만나게 될 학생들과 친밀감을 높이기 위한 노력이 필요하다. 유급으로 인한 상급학교 진학, 진급의 곤란, 학습지체, 또래들과의 관계 유지 어려움, 수업 참여 기회의 박탈 또는 소외감 등 구체적인 어려움에 대한 상담이 이루어져야 한다. 이 과정에서 학생에 대한 비밀 보장에 유의하고, 인권 침해가 발생하지 않도록 정보 공유와 기록 관리를 철저히 한다.

(6) 보건교육실의 활용과 지원

의료적 지원이 필요한 학생에게는 학교 교실 외에 별도의 조용한 장소를 이용할 수 있도록 조치한다. 필요한 경우 학교의 보건교육실을 이용하거나 도움을 요청하도록 한다. 또한 학생이 모든 활동을 하는 동안 처방된 약물을 언제 어디서든 안전하고 효과적으로 투여할 수 있도록 약물 접근을 보장한다. 학생이 피로를 호소하고 기력이 약한 경우 보건실에서 잠시 쉴 수 있는지, 그리고 보건 교사가 학생이 약 먹는 것을 도와줄 수 있는지 등 필요한 부분은 사전에 협의한다. 단순히 보건교육실을 편하게 사용할 수 있도록 하는 것만으로도 도움이 된다.

> ## 🖋 교육현장 & 공감
>
> "보건교육 선생님께서는 공부하다가 힘들면 언제든지 쉴 수 있도록 허락해 주셨습니다. 저는 수업 시간 중 특히 힘들 때가 많았습니다. 그때마다 보건교육 선생님께서 열을 체크해 주셨습니다. 다른 교과 선생님들께서도 예전에 비슷한 병을 가지고 있는 학생 이야기를 해 주시면서 이겨 낼 수 있는 희망을 주셨습니다."
>
> – 건강장애 학생의 학교복귀 후 인터뷰 중에서(인천광역시교육청, 2016)

학교에서 응급을 필요로 하는 일이 생겼을 때는 부모와 의료진에게 바로 연락할 수 있는 연락처를 파악하며, 건강장애 학생의 의료상의 요구와 응급 상황에 대해 대처 방안을 마련한다. 학생의 일상적인 필요, 조심해야 할 사항들을 미리 조사하여 공유한다면 안전한 교육지원이 이루어질 수 있다. 학생의 건강상태 조사서를 활용하면 도움이 되며, 사전에 조사할 내용은 [그림 9-1]과 같다.

1. 인적 사항

학년/반	성별	이름	생년월일
	남/여		

2. 현재의 건강상태

	병명	치료 기간	치료 · 수술 유무 및 현재 상태	치료병원
진단명			(치료, 수술 후) 완치 (치료, 수술 후) 관리 중	
기관별 질병	호흡기계(천식), 순환기계(심장병), 비뇨기계(신장병), 신경 · 정신병(노이로제 포함), 경련성질환(뇌전증 포함), 기타 이상(당뇨병, 갑상선병, 관절염 및 관절 이상, 척추측만증, 결핵), 빈혈(빈혈의 경우 병원 검사 결과지 함께 제출)			
눈	• 안경을 착용하고도 칠판 글씨를 보기 어려울 정도의 (약시, 난시) • 기타 학습 활동에 지장을 주는 눈질환을 구체적으로 기록:			
귀	• 잘 안 들림( ) • 원인: 선천성, 사고, 질환 후유증 • 기타( ) • 기타 학습 활동에 지장을 주는 귀질환을 구체적으로 기록:			
언어	• 정도: 약간, 심하다 • 원인: 선천성, 사고, 질환 후유증, 기타( )			
신체	• 팔 (좌/우) • 다리 (좌/우) • 기타 장애 및 부위: • 보조기 착용 (유/무) • 휠체어 사용 (유/무) • 원인: 만성질환( ), 교통사고, 화상, 기타( )			
특이체질/ 알레르기	• 학습 활동에 지장을 주는 민감한 물질:			

3. 학교 활동 중 유의 사항

주요 증상 (치료로 인한 변화)	• 신체 변화: • 정서 변화: • 행동 변화:
학기 중 출석 관련	• 학기 중 출석이 가능한 시기와 결석이 예상되는 기간: • 앞으로 진행될 병원방문(외래진료) 일정:
학교에서의 주의할 점	• 현재 건강 문제로 인한 교내 학습 활동 및 체육 활동에 지장 (있음/없음) 　있을 경우(내용:　　　　　　　　　　　　　　) • 쉬는 시간에 아이들하고 운동이나 놀이에 지장 (있음/없음)
학교 활동 중 제한할 것	• 현장학습 참석이 가능한가? • 수학여행 참석이 가능한가? • 급식을 먹어도 되는가? • 청소 등 학교에서 피해야 할 활동이 있는가?

• 병에 대해 학생이 알고 있나요? (네/아니요)
• 다른 학생들이 병에 대해 알기를 바라나요? (네/아니요)
• 학급 또래들에게 병에 대해 누가 설명하기를 원하나요? (네/아니요)
• 학생의 건강 문제로 인하여 학교에 바라는 점:
• 응급 시 나타나는 주요 증상:
• 응급 시 연락처: ①　　　　　　②　　　　　　③

4. 학교 내 안전사고 발생 시 조치 사항 안내

　학교생활 중 발생하는 안전사고에 대한 신속하고 체계적인 구급처치 및 후송을 위하여 교내 응급환자 관리에 대한 절차를 알려 드립니다.

1) 위급하지 않으나 병원 진료가 필요한 학생의 사고나 질병 시 보호자께 연락드립니다.
　 - 보건실에서 응급처치 후 병원 진료가 필요한 경우 보호자에게 연락하여 학생을 인계한 후 보호자와 동행하여 병원 진료를 받는 것을 원칙으로 합니다.
2) 병원에 가야 하는 상황에서는 보호자와 연락 후 원하시는 병원으로 후송하나 연락이 되지 않을 때 인근 병원으로 먼저 후송하고, 위급 상황으로 즉각적인 이송이 필요한 경우 119를 통한 응급후송이 이루어질 수 있습니다.

〈학교 내 응급환자 관리에 대한 동의서〉
만일 자녀에게 위급한 상황이 발생하면 신속한 응급처치를 위해 보호자에게 연락을 취하고 연락이 안 될 때 위의 응급처치(절차)에 대한 권한을 귀교에 위임할 것을 동의합니다.
20○○년 ○월 ○일 보호자:　　　　　(인)

20○○년 ○월 ○일
○○학교장

그림 9-1　학생 건강상태 조사서

출처: 인천광역시교육청(2017), pp. 171-172.

학교의 모든 교사를 대상으로 심폐소생술 등 응급 훈련에 관한 연수를 시행한다. 응급 시 행동 지침을 마련하며, 응급 시 행동 지침은 가족과 학생의 의료 문제를 공식적으로 책임지는 전문가 교육을 통해 숙지하도록 한다. 응급 시 대처 및 지침에 관한 내용은 '제10장 건강관리 및 의료적 지원'에서 구체적으로 다루고자 한다.

3) 부모의 준비

부모는 건강장애 학생의 건강 유지와 교육성취에 중요한 역할을 담당한다. 부모는 병원에서 투병생활을 하는 자녀와 가장 가까이에서 오랜 시간 함께하므로 자녀의 교육지원뿐 아니라 정서적 지원에도 중요한 역할을 담당하므로 학생의 교육성취와 심리지원을 위해서 부모의 역할은 매우 중요하다. 부모의 역할을 의료진과의 협력, 담임교사와의 협력, 자녀 준비시키기로 구분하여 살펴보고자 한다.

(1) 의료진과의 협력

부모는 학생이 학교로 복귀할 때까지 학생의 전체적인 치료계획을 이해하고 의료진과 함께 필요한 정보를 공유하며 적극적으로 치료에 임해야 한다. 부모는 의료진과의 협력을 통해 학생의 의학적 상태와 치료계획에 대해 정확히 알고, 학교에 의료적 정보를 전달하는 역할을 한다. 부모가 자녀의 학교생활 복귀와 성공적인 학교생활 적응을 위해 의료진과 협력할 사항은 다음과 같다.

- 자녀의 의학적 상태와 치료계획을 파악하기
- 자녀의 질병상태와 치료로 인한 부작용 등을 명확하게 이해하기
- 자녀와 질병상태, 치료, 그로 인한 부작용 등에 관해 소통하기

(2) 담임교사와의 협력

학교복귀 전에 부모는 학교를 방문하여 담임교사와 충분한 정보 공유를 통해 소통하고 협력해야 한다. 병원에 있는 동안에도 담임교사와 정기적으로 소통하며 안정된 관계를 유지하며, 교사와 상담할 때에는 자녀의 질병상태에만 초점을 맞추기보다 전반적인 건강관리 및 만성질환의 관점에서 이야기한다.

담임교사와 협력하는 것은 자녀가 또래들과 지속해서 상호작용할 수 있도록 도울

수 있으며, 자녀의 학업적·사회적 욕구에 대한 균형 잡힌 접근을 가능하게 한다. 또한 자녀의 학업 결손을 점검하고 극복하기 위한 협조를 구할 수 있다.

담임교사와의 협력할 때에는 일부 학생은 자신의 상태를 알리고 싶지 않거나 자신의 질병에 대해 자세히 모르는 경우도 있으므로 자녀가 자신의 병에 대해서 알고 있는지, 또래에게 알리기 원하는지 등에 대해 자세히 언급한다. 건강장애 학생과 부모 모두가 학급 또래들에게 병력을 알리기 원한다면 또래에게 어디까지 알릴 것인지, 누가 알릴 것인지도 사전에 상의한다.

부모가 학교복귀 전에 담임교사에게 알려야 할 내용은 다음과 같다.

- 자녀의 진단명, 건강상태
  - 자녀의 학적관리에 필요한 서류
  - 자녀의 교육 요구의 변화
  - 응급, 의료적 문제 발생 시 연락할 수 있는 연락처
  - 휴식이 필요한 경우 보건교육실 이용 여부
  - 수업 참여의 제한 여부
  - 결석, 숙제, 사소한 건강 문제 등에 대해 교사와 의사소통할 방법(전화, 문자, SNS, 알림장 등)
- 건강상태를 고려한 자리 배치 요구 사항
- 도우미 친구의 요청 사항
- 자녀의 학업 결손 부분과 해결 방안
- 모든 교과 교사 대상의 정보 공유 희망 여부

(3) 자녀 준비시키기

건강장애 학생의 복귀는 정해져 있지는 않지만, 가능한 일찍 시작하는 것이 바람직하다. 병원학교의 의료진들은 학교복귀는 절대 위험하지 않으며 두려워하지 말 것을 권고한다. 학교로 복귀하는 것이 또래와 함께 생활하면서 몸과 마음을 더 건강하게 인식할 기회가 된다. 학생의 복귀는 학생들에게는 원래 하던 예전의 학교생활을 가능하게 하며, 가족들에게도 제자리로 돌아간다는 믿음을 줄 수 있다.

부모는 자녀와 충분히 대화하여 학교에서 발생할 수 있는 다양한 상황에 관해 이야기를 나누고 적절한 대처 방안을 지도한다. 예를 들어, 또래들의 반응에 대한 대처기

술을 구체적으로 알려 준다. 또래와 생긴 문제에 대해 과민하게 반응하지 말고 자녀의 감정을 공감하고 있는 그대로 들어 준다. 또래들의 놀림에 위축되지 않도록 오히려 힘든 질병을 이겨 낸 모습을 칭찬한다. 자녀가 또래들과 비교하여 열등감을 느끼거나 의욕이 상실되지 않도록 늦더라도 재촉하지 말고 천천히 발전해 나갈 수 있음을 확신시킨다. 이와 더불어 내성적으로 변하거나 위축되지 않도록 격려한다(소아암센터, 2013).

체력적인 준비도 필요하다. 병원에 있는 동안 활동량이 적고 움직이려 하지 않을 때는 의료진과 협의하여 적절한 운동으로 체력을 키운다. 신체적·정신적 건강을 위해 적당한 운동은 필요하다. 신체활동을 원활히 하면 정신건강에도 도움을 준다. 또한 규칙적인 생활과 운동은 바른 식습관에도 도움이 되며, 건강한 성장을 유도하여 이후에 발생할 수 있는 후유증을 이겨 내는 힘이 된다.

학교로 복귀하기 전 학교생활에 적응할 수 있는지 알아보기 위해 다음과 같은 사항을 점검한다.

- 치료로 인해 생긴 자신의 몸의 변화를 알고 있는가?
- 신체의 변화로 고민하지 않고 기분 조절을 잘할 수 있는가?
- 친구들이 자신의 병을 궁금해할 때 뭐라고 설명해야 할지 알고 있는가?
- 친구들이 놀렸을 때, 어떻게 말해야 하는지 알고 있는가?
- 친구들에게 병에 대해 당당하게 말할 수 있는가?
- 도움이 필요할 때 친구들한테 요청할 수 있는가?
- 선생님께 도움을 요청할 수 있는가?
- 건강을 위해 지켜야 할 일을 알고 있는가?
- 뒤처진 진도에 조급해하지 않고 천천히 해 나갈 수 있는가?
- 고민이 생겼을 때 부모, 교사와 의논할 수 있는가?

4) 또래의 준비

(1) 학교복귀 전 준비교육

학급 또래들은 건강장애 학생에게 격려 카드를 작성하거나, 오디오테이프로 녹음하기, 전화 등을 통해 건강장애 학생과 지속해서 연락하도록 지도한다. 학생이 학교로 복귀하기 1, 2주 전부터 학급 전원에게 곧 복귀할 건강장애 학생에 대해 간단한 설명을 하는 것도 도움이 된다. 이때 해당 학생의 질병에 대해 간단하게 교육하고, 학생과 학생의 건강 문제에 대해 궁금한 것을 질문하도록 한다. 학생들의 질문 내용에 대답할 수 있도록 교사는 사전에 건강장애 학생의 부모나 의료진 혹은 다양한 정보원을 통해 준비한다.

병원에 입원해 있는 동안 또래를 준비시키는 방안은 다음과 같다.

첫째, 병원학교로 또래를 초청하거나 지속해서 교류하여 상호관계를 이어 나가도록 한다. 청소년기의 특성은 또래로부터의 지지와 인정에 높은 가치를 부여하므로 지속적인 또래관계를 유지하도록 지도한다. 건강장애 학생이 입원한 병원학교를 방문하여 학교생활에 대해 전달해 주는 등 또래와 교류할 기회를 마련한다. 또래 간의 교류는 건강과 관련된 걱정을 함께 나누며 학습을 도와주고 지속적인 연결을 통해 상호작용을 촉진한다. 소속학급 또래와의 상호작용을 위해 할 수 있는 활동의 예는 다음과 같다.

- 입원해 있는 동안 안부 전화하기
- 쾌유를 바라는 편지나 격려 카드 전달하기
- 병원학교 홈페이지 소개 및 방문 독려하기
- 학교생활, 우리 반에 관한 영상편지 보내기
- 동영상(병원 생활)을 통해 서로 소식 전하기
- 실시간 화상채팅을 통해 인사 나누기
- 학급 홈페이지, SNS 등을 이용하여 소통하기

🖋 교육현장 & 공감

"선생님이 반 아이들한테 '얘가 ○○야. 얘는 아파서 잘 못 나오고 있는데, 이제 나올 거야.' 하면서 아이들이 동영상으로 응원 메시지를 찍어서 보내 주시고, 또 시험지도 스크랩해서 보내 주시고, 어디 놀러 가서 학교에서 나눠 준 선물, 학교에서 나눠 준 것마다 선생님이 메모를 쓰셔서 '이거는 우리가 지난번에 ○○캠프 가서 받은 선물이야. 네 것을 선생님이 보관해 놓은 거란다. 이거는 너를 위해서 보관해 놨어.' 하면서 전해 주시는 거예요. 그걸 받고 저희가 눈물을 펑펑 쏟았어요. 엄마 아빠가 너무 감사한 거예요. 선생님이 관심을 가져 주시는 게 뭐 공부를 떠나서 아이하고 엄마한테는 그것만으로도 너무 큰 힘이 되는 거예요. 언제든지 학교로 돌아갈 수 있구나 하고."

"선생님이 참 잘해 주셨던 게 너무 고마워요. 작년 크리스마스 때에는 아이들 선물을 다 준비하셨는데, 우리 아이 것도 빼놓지 않고 준비하셔서 병원으로 가지고 오셨어요. 아이도 너무 좋아하고, 저도 너무 고맙고, 그런 게 다 기억에 무척 남고 고맙게 생각돼요."

- 건강장애 학생의 어머니 인터뷰 중에서(인천광역시교육청, 2016)

🖋 교육현장 & 공감

"아이가 아직 머리카락이 자라지 않아서 가발을 쓰고 있기 때문에 학생증을 만들지 못했어요. 아이가 학생증을 갖고 싶다고 그러더라고요. 또 반 친구들이 얼굴이 어떻게 생겼는지 보고 싶다고 그러더라고요. 제가 담임 선생님께 전해 드렸어요. 그랬더니 선생님이 반 명렬표를 다 보내 주신 거예요. 사진 명렬표를. 그러니깐 사진이랑 이름이랑 이렇게 적힌 것을요. 나중에 반 친구들이 병원학교에 찾아와서 롤링페이퍼도 주고, 새로 만든 학생증도 걸어 주고, 그동안 뭐 했고 뭐도 했고 그런 것들을 사진을 다 찍어서 보여 주고. 아이가 그날 끝나고 나서 너무 좋았다고 그러더라고요. '아, 이런 선생님도 계시는구나.' 하는 생각을 했어요."

"저희가 담임 선생님에게 부탁드렸어요. 입원해 있는 아이한테 뭔가 영상편지라든가 그냥 편지라도 좋으니 학급 아이들의 마음을 담아서 전해 달라고요. 그랬더니 영상편지로 학부모님한테 이런 큰 병을 앓았는지 몰랐으며, 그동안 위로를 못해 줘서 미안하다는 얘기를 하면서 이렇게 위로를 해 주고요. 아이들도 '사랑해.' '난 너하고 친하게 지낼 거야.' 어떤 아이는 춤도 춰 주고. 그래서 그런 부분이 굉장히 감동적이었어요. 부모님도 굉장히 감사하게 생각했고 앞으로 학교생활 하는 거에도 안심이 되잖아요."

- 건강장애 학생의 병원학교 교사 인터뷰 중에서(인천광역시교육청, 2016)

둘째, 학교로 복귀하기 전에 건강장애 학생이 직접 학교를 방문하도록 한다. 학교에 직접 방문하여 또래들에게 학생이 가진 질병에 대하여 설명하여 또래의 이해를 도울 수 있다. 이때에는 학생이 직접 설명할지, 부모가 설명할지 협의하여 결정한다.

🖋 교육현장 & 공감

"새 학년이 되면서 며칠 전에 학교에 소견서를 갖다 내면서 아이를 데리고 갔어요. 오랜만에 학교에 처음으로 데리고 갔더니 자기 반을 가 보더니, 너무 좋아하더라고요. 담임 선생님을 보더니 인사하면서 너무 좋아하는 거예요. 학교에서 친한 애들이랑 전화하면서,

'야, 나 학교 왔는데 어디야?' 하면서. 그러고는 그 반에 가서 정말 웃음이 끊이질 않는 것을 봤어요. 웃음이요. 반 아이들하고는 대부분 모르는 애들인데도, 그 모르는 애들하고도 금방 얘기를 하면서 '2학기 때 보자!' 이러면서요. 오는 길에 제게 '엄마, 나 2학기 때는 학교에 갈 수 있을까?'라고 말하더라고요."

— 건강장애 학생의 어머니 인터뷰 중에서(인천광역시교육청, 2016)

셋째, 소속학교 또래 학생들을 대상으로 인식 개선 교육을 실시한다. 건강장애를 가진 친구에 관해 설명할 때에는 학생들의 눈높이에서 이해할 수 있도록 설명한다. 또래들에게 긍정적 시각이 형성될 수 있도록 학생에 대한 이해교육을 하되, 직접 친구를 돕는 방법과 상호작용하는 방법 등 도움을 줄 수 있는 구체적인 방법을 알려 주는 것이 효과적이다. 학교에 왔을 때 무엇을 도와주어야 하는지 적절한 도움을 주는 방법이나 상호작용 방법에 관해 설명한다. 설명할 때에는 죽음, 전염, 벌, 죄 등의 부정적 의미를 내포하는 단어는 사용하지 않으며, 가능한 한 학생들이 알고 있는 과학 및 신체에 관한 상식을 바탕으로 정확한 정보를 알기 쉽게 설명한다.

건강장애와 관련된 다양한 상황을 애니메이션과 게임 등을 통해 건강장애의 주요 원인과 증상, 건강장애 학생이 겪고 있는 어려움, 또래 친구들이 할 수 있는 지원 활동을 알려 주는 것이 효과적이다(김정연, 2018; 인천광역시교육청, 2016).

(2) 또래 대상의 이해교육

성공적인 학교복귀를 위해서는 건강장애 학생과 또래 학생과의 우호적이고 긍정적인 관계 형성이 중요하다. 학교로 복귀하는 일정이 정해지면 교사는 건강장애 학생이 또래 학생들과 교류할 기회를 확보하기 위해 노력한다.

또래 이해교육은 학기 초에 학생의 부모가 학급 학생들에게 질병에 대한 간단한 소개와 함께 학생을 이해할 수 있도록 설명하는 시간을 마련한다. 이러한 시간은 학생의 질병관리 및 정신적인 안정에 도움이 된다.

초등학생들은 건강장애 학생들이 가진 질병에 대한 정확한 이해가 없어서 오해로 인해 상호작용하는 것을 거부하는 경우가 많다. 학생들이 가지고 있는 오해를 정확한 이해로 바꾸어 주는 교육이 필요하다. 소아암 학생들에 관한 흔한 오해와 편견은 〈표 9-2〉와 같다. 학생들에게 정확한 정보를 알려 주어 편견을 없애도록 한다. 〈표 9-2〉의 내용은 한국백혈병어린이재단과 국립특수교육원의 건강장애 인식 개선 프로그램

(2013)에 제시된 건강장애에 대한 또래들의 인식 개선 자료에 포함된 내용을 정리한 것이다.

표 9-2   소아암 학생에 대한 오해와 이해

오해	정확한 정보
소아암이 있어도 학교에 다닐 수 있나요?	소아암이 있어도 학교에 다닐 수 있어요. 질병으로 인한 어려움이 많은 것은 사실이지만, 주변에서 약간의 배려만 해 주면 건강하게 학교에 다닐 수 있습니다.
소아암에 걸리면 죽나요?	소아암은 불치병이 아닙니다. 치료하면 80% 이상 완치할 수 있습니다. 치료약이 독해서 아프긴 하지만, 열심히 치료하면 나을 수 있습니다.
소아암은 옮나요?	소아암은 옮지 않아요. 옮기 때문에 마스크를 쓰는 것이 아니라, 면역력이 떨어져서 주변 환경의 세균으로부터 보호받기 위해 마스크를 사용하는 거예요.
소아암이 있는 친구 집에 놀러 가거나, 같이 놀아도 되나요?	손을 자주 씻고 청결만 주의하면 됩니다.
소아암은 유전인가요?	소아암은 유전으로 발병하는 경우는 매우 드물어요. 대부분 원인은 밝혀지지 않고 있어요.
항상 보살핌이 필요한 친구인가요?	항상 보살핌이 필요한 친구는 아닙니다. 마음을 이해하고 필요할 때 도움을 주는 것이 더 큰 힘이 됩니다. 질병이 있는 친구들도 똑같이 이성, 진로, 공부, 외모에 대해 고민하는 평범한 친구들입니다.
소아암이 있는 친구들의 머리카락은 자라지 않아요?	소아암 친구들은 질병을 이기기 위해 항암치료를 받습니다. 그런데 치료약이 매우 독해서 정상 세포를 손상시켜 머리카락을 빠지게 합니다. 하지만 항암치료가 끝나면 머리카락은 다시 자라납니다. 놀리는 것보다 힘든 치료를 받는 친구를 격려해 주세요.
소아암이 있는 친구는 체육 시간에는 교실에서 쉬어야 할까요?	모든 소아암 친구가 체육 시간에는 참여하지 못하는 것은 아닙니다. 과격한 운동만 피하고 몸상태에 따라 참여할 수 있습니다.
여러 가지 질병으로 어려움을 겪고 있는 친구도 우리와 함께 공부할 수 있나요?	모든 소아암 친구도 우리와 함께 공부할 수 있습니다. 질병이 있다고 해서 머리가 나빠지거나 공부를 못하는 것은 아닙니다. 병원에 가야 해서 결석을 하게 되더라도 보충학습을 하면 만회할 수 있습니다. 그 친구들도 컴퓨터 게임을 좋아하고, 중간고사 공부 때문에 스트레스를 받는 똑같은 학생입니다.

학생들이 건강장애 학생을 과소평가하지 않고 도움을 주는 방법이나 상호작용하는 방법에 대해 쉬운 용어로 설명한다. 건강장애 학생을 이해하도록 교육하는 것은 일반적인 또래관계 지도 방법과 같다. 우호적인 학급 분위기를 가꾸어 나가도록 〈표 9-3〉과 같은 자료를 활용하여 지도한다.

표 9-3 학급 또래 대상의 건강장애 이해교육 내용

구분	내용
상호작용 방법의 안내	• 놀이할 때 친구와 함께하기(무조건 활동에서 배제하지 말고 친구가 할 수 있는 일을 찾아 역할 주기) • 친구랑 방과 후에 같이 숙제하기 • 다른 반 학생들이 놀릴 때 잘못된 정보를 바로잡아 주기 • 입원치료로 인해 결석하는 동안 친구에게 연락하기 • 무엇을 도와주면 좋을지 친구에게 직접 물어보고 생각해 보기 • 친구의 처지에서 먼저 생각하고 양보하기
올바른 지식 제공	• 중·고등학생들은 암에 대한 과학적인 내용, 자신이 암에 걸릴 가능성 등을 알고 싶어 하는 경우가 많으므로 연령에 적합한 방법으로 지식을 제공하기 • 모호한 설명보다 직접적이고 정확한 설명하기 • 직접 조사하여 발표하는 등 학생들의 관심에 기반을 두어 알아보기
활동을 통한 이해교육	• 건강장애와 관련된 다양한 상황을 애니메이션과 게임 등을 통해 경험하기 • 건강장애의 주요 원인과 증상, 건강장애 학생이 겪고 있는 어려움, 또래 친구들이 할 수 있는 지원 활동 등을 소개하기
의료진 초청	• 의료진을 초청하여 이해교육 시행하기 • 담당 의료진이 학급 또래들에게 건강장애 학생의 치료과정, 또래들이 도와줄 수 있는 점 등에 관한 내용을 직접 전달하기 • 질병의 치료과정 중 나타날 수 있는 합병증 등에 관한 이야기를 학급에서 미리 공유하기(학생이 동의한 경우에 실시함)

출처: 인천광역시교육청(2017), p. 149에서 부분 발췌함.

(3) 도서를 활용한 이해교육

건강장애와 관련한 도서를 읽어 보도록 추천하는 것도 도움이 된다. 가정 학습 과제로 가족과 함께 볼 수 있는 책을 소개하여 아픈 친구들의 상황을 이해하고 돕는 방법에 대해 지도한다. 건강장애 인식 개선 교육에 활용할 수 있는 도서 목록은 〈표 9-4〉와 같다.

표 9-4   건강장애 관련 도서 목록

동화로 읽는 가시고기		꼬마오리 니버	
	• 조창인 지음 • 출판사: 파랑새어린이 • 내용: 6세 백혈병 소년과 그 아이를 살리기 위한 아버지의 노력을 담은 책		• 신혜은 지음/조경아 그림 • 출판사: 한국백혈병어린이재단 • 내용: 어린 아이들에게 소아암, 백혈병에 대해 설명해 줄 수 있는 동화책
정표 이야기		아빠는 목사! 아들은 동자승?	
	• 이정표, 이순구 지음/김제현 그림 • 출판사: 파랑새어린이 • 내용: 백혈병과 싸우면서 병을 이겨 낸 정표의 일기		• 박승주 지음 • 출판사: 넥서스CROSS • 내용: 소아암을 이겨 낸 이야기를 담은 책
상우의 무균실 일기		너에게 희망을 주고 싶어	
	• 이상우 지음 • 출판사: 종합출판미디어 • 내용: 15세의 어린 나이에 백혈병에 걸리게 되어 완치되기까지의 경험을 담은 자서전. 백혈병 가이드북이 함께 수록됨		• 박경태 지음/정창익 그림 • 출판사: 두산동아 • 내용: 백혈병 투병을 위해 국토대장정을 나선 한솔이와 가족의 투병 이야기를 담은 책
한나의 선물		다시 만나 반가워!	
	• 머라이어 하우스텐 지음/김라협 옮김 • 출판사: 해냄출판사 • 내용: 세 살짜리 한나가 암과 싸우면서도 죽음을 두려워하지 않고 맞서 살아가는 내용의 책		• 대한소아혈액종양학회 지음 • 출판사: 꿈꿀자유 • 내용: 소아암의 진단과 치료, 치료 종료 후의 건강관리, 학교복귀 등 다양한 정보를 담은 책

출처: 인천광역시교육청(2017), p. 169에서 부분 발췌함.

(4) 영화를 활용한 이해교육

건강장애와 관련한 영화를 보도록 추천하는 것도 권장된다. 영화 역시 도서와 마찬가지로 가정 학습 과제로 가족과 함께 볼 수 있는 영화를 소개하여 건강장애에 대해 생각을 해 보는 시간을 갖도록 하는 데 활용한다. 만성질환을 소재로 다룬 영화들의 목록은 〈표 9-5〉와 같다.

표 9-5 건강장애 관련 영화 목록

	**안녕, 헤이즐** 소아암을 가지고 있는 헤이즐이 암환자 모임에서 만난 친구와 위로하고 의지하며 마음을 키워 나가는 이야기
	**열두 살 샘** 열두 살 샘이 같은 백혈병을 앓고 있는 친구 펠릭스를 만나면서 버킷리스트를 작성하고, 하나씩 실천해 나가는 이야기
	**레터스투갓** 소아암을 앓고 있는 여덟 살 타일러가 자신의 소원을 담은 편지를 천국으로 보내면서 일어나는 이야기를 담은 실화를 바탕으로 한 영화
	**완전 소중한 사랑** 소년 시절 소아암을 앓았던 경력이 있는 청년 온유가 어린 소아암 아이를 만나면서 겪는 희망과 나눔에 대한 이야기

	안녕, 형아
	아홉 살 강한이가 뇌종양에 걸린 형의 투병 과정을 지켜보면서 순수하고 솔직한 언어로 표현한 실화를 바탕으로 한 이야기
	마이시스터즈 키퍼
	백혈병을 앓고 있는 언니 케이트의 병을 치료할 목적으로 낳은 아기인 안나가 엄마와 아빠를 고소하면서 벌어지는 이야기를 다룬 영화

출처: 인천광역시교육청(2017), p. 170.

5) 건강장애 학생의 준비

학교복귀는 학생 주변의 가족, 의료 및 교육전문가들의 물리적·사회적 환경의 종합적인 준비가 요구된다. 그러나 가장 중요한 준비는 학생 자신을 준비시키는 일이다. 특히 소아암과 같이 발병 연령이 낮은 질병의 경우에는 학교라는 단체 생활에 적응하기 위해 다음과 같은 사항을 지도한다.

(1) 즐거운 학교생활에 대한 기대감 갖기

학교에 대한 긍정적인 기대를 할 수 있도록 즐거운 경험을 들려준다. 학교는 떠들면 안 되는 곳이며 선생님은 무서운 사람이라는 잘못된 생각을 하지 않고 불안감을 갖지 않도록 유의한다.

(2) 일찍 자고 일찍 일어나는 습관 만들기

병원에서 퇴원한 후 학교로 복귀하기 위해서는 생활 습관들을 재점검해야 한다. 학교복귀만으로도 피곤함을 유발할 수 있다. 충분한 수면과 아침 식사를 통한 영양관리는 질병을 관리하는 데 도움이 된다.

(3) 30분 이상 앉아 있는 습관 만들기

오랜 시간 동안 병원에 입원해 있거나 가정에서 통원치료를 했던 학생들은 학교의 정해진 일과에 맞춰 적응하기 어려울 수 있다. 학생이 좋아하는 놀이나 활동을 이용하여 정해진 시간에 같은 장소에서 30분 이상 바른 자세로 앉아서 할 수 있도록 칭찬하여 학교 입학 후 시간표에 따라 수업하는 것을 미리 연습시킨다.

(4) 물건을 스스로 챙기는 습관 만들기

건강장애 학생은 학교 입학 후 스스로 소지품을 챙기지 못할 때 또래로부터 놀림을 받아 스스로 위축되는 상황이 반복될 수 있다. 병원에 입원해 있는 동안 부모의 과보호는 학생 스스로 할 기회를 제한하므로 입학 전에 자신의 물건을 챙기거나, 스스로 할 수 있는 일을 규칙적으로 할 수 있는 습관을 지도한다. 학교복귀 후에는 알림장을 이용하여 기록하고 스스로 학습준비물을 챙길 수 있도록 격려한다.

(5) 자기의 생각을 말할 수 있도록 격려하기

자신의 의견과 생각을 말할 수 있도록 지도한다. 수업 중 건강상의 문제나 어려움이 발생하면 어려워하지 않고 도움을 요청할 수 있어야 한다. 만성질환은 학생 스스로가 인지하고 관리하는 것이 중요하다. 또한 스스로 어려움을 인지하였을 때 다른 사람에게 도움을 구할 수 있다는 안정감은 질병으로 인한 걱정을 줄여 줄 수 있다.

3. 학교복귀의 실제

1) 학교복귀 관련자 간 역할 규정

건강장애 학생의 학교복귀를 위해서는 일반학교 교사와 특수교사, 보건교육교사 등 학교복귀와 관련한 전문가들의 명확한 역할 규정과 공유된 책임의식이 필요하다. 일반적으로 학교에서는 이미 요보호학생에 대한 지원계획이 시행되고 있으므로, 건강장애 학생도 이와 같은 지원계획을 바탕으로 실행이 이루어져야 한다.

선행연구들에서는 건강장애 학생의 성공적인 학교복귀를 위해서는 관련 전문가들의 명확한 역할과 책임의 규명이 필요한 것으로 지적하고 있다(서울특별시교육청, 2013;

인천광역시교육청, 2016; 인천광역시교육청, 2017). 건강장애 학생이 이용하는 교육기관에 따라 각 기관(일반학교, 병원학교, 원격수업기관)의 교육담당자의 역할과 담당 업무를 명확히 인지해야 한다. 관련자 간 역할 내용은 〈표 9-6〉과 같다.

표 9-6 관련자 간 역할과 담당 업무

구분	담당 업무
일반학교 교사	• 학기 초 건강장애 학생의 현황 파악 • 학부모와 연락하여 교육 형태 및 상황 파악 • 병원학교/화상 강의기관의 교사와 연락 • 건강장애 학생과 학기 초 대면(직접 방문 등) • 학급 또래와 상호관계 유지(병원학교 방문, 편지 쓰기 등) • 건강장애 학생을 담당하는 일반학급 담임교사에게 요구되는 건강장애 관련 지식과 기술을 갖추도록 다양한 직무 연수 및 자격 연수 등의 재교육 이수 • 학급 학생 대상의 건강장애 이해교육 시행 • 평가와 관련한 학부모 안내(학교성적관리 지침, 시험 수정 등) • 평가 관련 지원(가정, 병원을 방문하여 평가하기 등) • 다음 학년의 담임교사에게 연계
일반학교 특수교사 (특수학급이 없는 경우 특수교육 지원센터)	• 건강장애 담임교사 대상의 건강장애 신청 및 지원 사항 자문 • 최소한의 의료적 지식에 관한 교육 및 훈련 참여(건강상태 악화 신호, CPR 훈련, 통증 완화를 위한 인지-행동적 대처 방법 등) • 건강장애 학생 지원 방안과 관련한 다양한 직무 연수 및 자격 연수 등의 재교육 참여 • 일반 학생에게 건강장애 이해교육 시행 • 건강장애 학생에게 필요한 진단평가 및 학업평가 • 외부 인력 및 자원봉사자의 교육 및 지도 관리 • 병원학교 교사와 건강장애 교육 인력의 배치 및 관리
일반학교 보건교육교사	• 건강장애 학생의 건강상태에 따른 학교에서의 제약 파악 및 학업 수행 불편함 최소화를 위한 지원 • 건강장애 학생 대상의 건강관리 교육 • 학생이 필요로 하는 약 복용 및 응급조치 관리 • 교장, 교사, 학생, 부모 대상의 건강장애 학생 이해교육(질병 특성, 전염성 여부 등에 대한 교육) • 개별화건강관리계획 수립 및 운영 • 학교보건의 실천 및 지침 개발
병원학교 교사	• 학사, 성적 관련 업무 처리 및 학교 안내(공문 발송 등) • 일반학교 교사와 연락

	• 병원학교 운영, 행정처리 및 교수-학습 방법에 관한 다양한 직무 연수 및 자격 연수 등의 재교육 이수 • 평가 관련 지원(일반학교로 평가 자료 제공, 일반학교 교사와의 협력 등) • 외부 인력 및 자원봉사자의 교육 및 지도 관리 • 건강장애 학생의 학교복귀 시 일반학교 교사와 협력(학교복귀 프로그램 계획 및 운영 등) • 학생과 학부모에게 정기적 상담(병실 방문 등)
원격수업기관 교사	• 학사, 성적 관련 업무 처리 및 학교 안내(공문 발송 등) • 일반학교 교사와 연락 • 교육보조 프로그램의 계획 및 운영(체험학습, 소풍, 수련회, 공연 관람 등) • 원격수업기관의 학급운영, 행정처리 및 교수-학습 방법에 관한 다양한 직무 연수 및 자격 연수 등의 재교육 이수 • 평가 관련 지원(일반학교로 평가 자료 제공, 일반학교 교사와 협력 등) • 학생 및 보호자와의 정기적 상담(전화 상담 등) • 학생 및 보호자와의 정보 교류(가정방문, 간담회 등) • 건강장애 학생의 학교복귀 시 일반학교 교사와 협력(학교복귀 프로그램 참여, 정보 제공 등)

출처: 서울특별시교육청(2013), p. 152.

2) 학교복귀의 점검

(1) 협력 사항 점검

학교에서는 건강장애 학생의 복귀를 대비하여 다음과 같은 협력 사항들을 점검한다(인천광역시교육청, 2016).

- 담임교사는 건강장애 교육지원에 관한 연수를 받았는가?
- 학급 또래 대상에게 건강장애 이해교육을 하였는가?
- 또래 학부모들에게 건강장애 이해교육을 하였는가?
- 학교 교직원들에게 건강장애 이해교육을 하였는가?
- 학급, 보건교육실, 도서실 등에 건강장애 학생 이해 자료를 비치하였는가?
- 기관(병원학교/원격수업)과 협력하고 있는가?
- 담임교사와 병원학교 교사는 서로 협력하고 있는가?
- 담임교사와 치료 및 병원 관계자는 서로 협력하고 있는가?
- 담임교사와 부모는 서로 협력하고 있는가?

(2) 신체 건강 측면의 점검

신체 건강 측면의 고려 사항은 매우 다양하다. 수업의 참여 정도는 학생마다 모두 다르다. 여기서는 국내 건강장애 학생의 대다수를 차지하는 소아암 학생을 중심으로 설명하고자 한다. 소아암 학생은 항암치료를 받을 때 이외에는 학교에 다닐 수 있으며, 무리하지 않는 범위 내에서 대부분의 활동에 정상적으로 참여할 수 있다. 학생의 건강과 개인위생, 영양, 신체적인 활동을 꾸준히 유지할 수 있도록 신체적 상태에 따라 상황별로 고려한다.

① 면역상태 및 감염 관련 점검

소아암 학생은 면역상태 및 감염과 관련한 점검이 필요하다. 모든 교과 활동의 참여가 가능하지만, 실외에서 수업하는 경우에 특별히 주의할 점이나 제한해야 할 활동이 있는지 확인이 필요하다. 치료 중에는 면역력이 떨어지는 시점이 있을 수 있어 학생의 건강상태를 지속적으로 관찰한다.

예를 들어, 일방적으로 체육수업에 참여하지 못하게 하거나 일괄적으로 수업 참여 방식을 수정할 것이 아니라 학생의 능력과 상황에 따라 참여할 수 있도록 방법을 협의한다. 야구나 축구 경기 등 활동적인 시간에는 건강장애 학생에게 심판 역할을 주거나 달리기와 같은 체육 활동은 시간을 측정하는 역할 등 가능한 수준에서의 참여를 독려한다. 그 밖에도 체육시간에 다루는 수업 주제(예: 스포츠 경기, 게임 등)에 대해 인터넷 정보를 탐색하여 발표하거나, 카메라로 활동사진을 찍고 전시하는 등 참여의 유형을 바꾸어 준다면 의미 있는 수업 참여가 가능하다.

치료 중 복귀한 경우에는 면역력이 떨어져 있으므로, 손 씻기와 마스크 쓰기 등의 개인위생 지침을 철저히 지키도록 한다. 학교 내에서 수두나 홍역 등 감염성 질병이 유행하는 경우에는 학부모에게 전달하고 학생이 미리 예방할 수 있도록 한다. 때에 따라서는 학교에 복귀하더라도 백혈구 수치가 낮아지면 감염의 위험성이 높아지기 때문에 의료진이 학생의 등교를 금지할 수도 있다. 이럴 때 예기치 못한 결석이 자주 발생할 수 있다는 사실을 교사가 인지해야 한다. 건강장애 학생의 감염 예방을 위하여 또래에게도 주의 사항을 안내한다.

② 급식 관련 점검

만약 학교 급식 이용이 어려운 경우에는 가정에서 학생의 개인 도시락을 준비한다.

백혈구 수치가 낮으면 가정에서 도시락을 미리 준비하고, 이 경우를 제외하고는 급식을 이용하도록 지도한다. 급식할 때는 식사 전 반드시 손 씻기를 지도하고, 물은 끓인 물을 가지고 다니도록 하며, 개인 컵을 사용하도록 한다. 제한적인 음식 섭취를 해야 하는 경우 제한된 음식의 정보를 파악하여 급식실에 알리고 급식 지도를 한다. 학생에 따라 생과일이나 채소 등 익히지 않은 음식과 유제품, 견과류 등을 피해야 하는 때도 있으므로 사전 협의가 필요하다. 식사에 관한 개인 지침은 가정과 연계하여 학생 스스로 지키도록 지도한다.

대부분의 건강장애 학생은 양질의 균형 잡힌 식사를 하는 것이 중요하다. 그러나 병 자체에서 오는 신체적인 고통 외에도 약물의 부작용으로 식욕이 떨어지거나 무기력 등의 신체 증상도 나타난다. 이 경우에는 학교에서 밥을 잘 먹으려 하지 않고 많이 남기기도 하므로 강압적인 지도는 피한다.

③ 체력 관련 점검

수술이나 항암치료를 받고 바로 학교에 복귀할 경우 체력이 완전히 회복되지 않아 정규 교육과정을 수행하기는 쉽지 않다. 규칙적인 생활에 적응하지 못하고 특정 교과 시간에 쉬고 싶어 하거나 집중력이 떨어지고 산만함을 보인다. 피곤함, 졸림, 화장실에 자주 가는 등의 행동은 항암치료 중 쉽게 일어나는 현상이다. 체력 문제로 인한 배려나 조정은 학생, 부모, 교사가 상의하여 또래 관계에 지장을 주지 않는 범위 안에서 결정한다. 특히 치료를 종결하고 학교로 복귀한 학생들의 경우 외관상 큰 차이가 없어서 체력의 어려움을 호소해도 게으름이나 꾀병으로 오인될 수 있다.

🎵 교육현장 & 공감

"제가 교직 경력이 꽤 되었는데도 건강장애 학생을 처음 만나 봤어요. 건강장애 애들이 이렇게 병이 있는 아이들인 것도 몰랐어요. 학교에 다시 나오기 시작했을 땐, 분명히 완치되었다고 들었어요. 겉모습을 봐서는 얼굴도 통통하게 살도 찌고, 체격도 제법 커지고 그래서 건강해 보였거든요. 자꾸 조퇴해야 한다고 하고 결석하고 그러니까 '왜 못 견디지? 수업은 다 할 수 있을 것 같은데 엄마가 너무 과보호하는 것 아닌가?' 하고 생각했어요. 나중에 알았어요. 그러한 모습의 변화가 치료의 부작용 중 하나라는 것을요."

– 건강장애 학생의 일반학교 교사 인터뷰 중에서(김정연, 2018)

만성질환 중에는 치료로 인해 일시적으로 혹은 영구적으로 신체장애가 나타나기도 한다. 팔, 다리 부위의 기능이 손실되어 휠체어, 보조기구를 이용하여 이동하는 경우 계단이나 화장실 사용에 어려움이 발생한다. 운동 기능 장애로 휠체어와 보조기구를 이용해야 하는 경우 이동의 어려움이 없는지 살펴보고 구체적인 대안을 마련한다.

④ 학교환경 점검

안전하고 건강한 환경을 구성하고 유지하는 것은 건강장애 학생의 신체 및 건강 관리에 필요하다(박은혜, 김미선, 김정연, 2005). 건강장애 학생들은 자주 피로하거나 투약과 같은 의학적 요구가 빈번하므로 학생들에게 필요한 신체 및 건강 관리 사항을 파악해야 한다(박은혜, 김정연, 표윤희, 2018). 학생에 따라서는 장애 정도와 특성에 따라 다양한 건강상의 요구를 가진다. 감염에 취약하거나 체력의 소진이 빠른 학생은 안전하고 위생적인 환경에서 생활할 수 있도록 학교환경을 점검한다. 학교 내에서 휴식할 수 있는 공간이나 근거리에 세면대 등을 설치하는 것은 위생과 안전을 위한 기본 사항이다. 그 밖에 쉽게 피로감을 느끼는 학생들을 위하여 휴식을 취할 수 있도록 보건교육실을 이용할 수 있게 하며, 침대, 이불과 베개, 쿠션 등을 비치한다. 학교 내 모든 공간은 위생적이고 청결한 상태를 유지한다. 교실은 융통성 있게 사용할 수 있도록 공간을 구성하고, 동적 활동을 위한 충분한 공간을 확보한다. 그 밖에 인터넷 및 정보 통신 시설 설비, 통풍과 냉난방 시설, 채광과 조명 시설 등을 점검한다(김정연, 2010).

신체적 어려움을 지원하기 위해 다음과 같은 항목으로 학교의 물리적 환경의 준비도를 점검해 볼 수 있다(인천광역시교육청, 2016).

- 질병으로 인한 학생의 신체 변화를 알고 있는가?
- 학생의 피로감, 운동 기능 등 신체적 특성을 알고 있는가?
- 학생의 건강상태에 따라 수업, 활동 참여의 제약 여부를 파악했는가?
- 수업 참여의 불편함을 줄여 주는 방법을 알고 있는가?
- 교실은 깨끗하고 안전한 환경인가?
- 교실 이동 및 화장실 사용의 어려움이 발생할 경우 지원 방안이 있는가?
- 학생이 피로감을 호소할 경우 휴식할 수 있는 공간이 있는가?
- 학생의 의료적 상황(응급 상황)이 발생할 경우 대처 방법을 알고 있는가?
- 필요한 경우 건강장애 학생의 의료적 처치를 할 수 있는 별도의 공간이 마련되어

있는가?

학교에서의 안전한 건강관리를 위해 점검해야 할 좀 더 구체적인 내용은 '제10장 건강관리 및 의료적 지원'을 참고하기 바란다.

(3) 심리 건강 측면의 점검

교사의 노력에도 불구하고 또래들의 놀림이 발생할 수 있다. 또래와의 상호작용을 어렵게 하는 이유 중 하나는 건강장애 학생들의 외모상 변화 때문이다. 교사는 학생이 놀림을 받지 않도록 학생의 상태에 대해 충분히 설명하고, 건강장애 학생에게도 놀림에 대해 대처할 방안을 지도한다.

심리 건강 측면의 교사 인식 부족은 학생들에게 학교로 복귀하는 것을 포기하게 하기도 한다. 다음 제시하는 사례를 통해 다양한 조건을 가진 학생에 대한 교사의 인식과 배려가 학생에게 얼마나 큰 영향을 미치는지 알 수 있다.

🎵 교육현장 & 공감

"중 · 고등학교는 정말 더 어려운 거 같아요. 보건교사부터 시작해서 담임 선생님에게 이런저런 것까지 상세한 설명을 해 드렸는데도 불구하고 말도 안 되는 일들이 발생해요. 우리 아이가 치료 후에 머리가 새로 자라고 있었어요. 새로 자라나는 머리카락은 색깔이 달라지고 배냇머리처럼 나기 때문에 약간 곱슬머리가 되거든요. 그런데 그러한 설명을 분명히 해 드렸음에도 불구하고 애한테 다른 아이들 앞에서 "파마했니? 염색했니?" 이렇게 하시니까, 애가 억울해하죠. '어떻게 담임 선생님이 나한테 저러지?' 이런 생각을 했대요."

– 건강장애 학생의 병원학교 교사 인터뷰 중에서(인천광역시교육청, 2016)

그 밖에 학생의 심리적 상태에 대해 고려할 사항은 다음과 같다. 첫째, 외모의 변화로 인해 자신감이 결여되기 쉽다. 수술 자국, 탈모 등 치료 전과 달라진 외모 때문에 심리적 불안을 겪을 수 있다. 가발이나 모자를 쓰고 수업을 받을 때에 대인관계에서 자신감이 떨어지며, 탈모, 저신장증 등과 같이 외모의 변화는 차별이나 놀림의 대상이 되기 쉽다. 이로 인해 등교에 대한 공포감이나 위축감을 가질 수 있다.

둘째, 사회성의 문제가 발생한다. 치료받는 동안 친구들과 멀어졌을까 불안해하는 경향이 있다. 달라진 외모나 치료 합병증으로 인하여 따돌림을 받거나 겉도는 예도 있다.

셋째, 미래에 대한 불안 수준이 높다. 병에 대한 고민, 자신의 상황에 대한 화, 죽음에 대한 공포, 치료에 대한 의문과 회의감 등으로 불안 증상을 보이기도 한다. 반항, 주의력결핍 장애, 집중력 장애 등의 증상을 보일 수 있다.

이러한 건강장애 학생의 심리적 어려움에 대해서 학교와 교사는 지원할 준비가 되었는지 점검이 필요하다. 심리적 지원 정도를 알아보기 위한 점검 사항은 다음과 같다 (인천광역시교육청, 2016).

- 건강장애 학생의 심리정서적 특성을 알고 있는가?
- 질병으로 인해 변화된 외모, 낮은 자존감, 관계 형성의 어려움을 알고 있는가?
- 학교생활 적응을 위한 심리정서적 지원 방법을 알고 있는가?
- 학생의 상담에 필요한 지식을 갖추었는가?
- 학생의 학교적응 상황을 진단하고 적응하도록 도와줄 수 있는가?
- 학생과 친밀한 관계를 맺고 소통할 수 있는가?
- 학생의 부모와 협력적 관계를 갖고 소통할 수 있는가?
- 학생이 학교로 복귀했을 때 학급 또래들과 친하게 지낼 수 있도록 지도할 수 있는가?
- 병원학교, 원격수업을 받는 동안에도 학급 또래와 연락할 수 있도록 지도할 수 있는가?
- 건강장애 학생을 심리적으로 지원하려는 의지와 열정을 가지고 있는가?

(4) 학습 측면의 점검

학습과 관련한 고려 사항은 다음과 같다. 첫째, 학습 시 체력의 문제를 점검한다. 질병이나 치료 과정에 따라 운동감각, 시력, 청력의 문제가 있는 경우 수업 시간과 평가 시에 평가 조정이 필요하다. 체력의 문제와 신체적 불편은 치료 중에 자주 발생하므로 학교 및 담임교사의 적절한 조치가 필요하다.

둘째, 집중력의 문제를 점검한다. 치료 중에는 합병증이 더 심해지거나 인지 기능, 학습 기능의 문제가 회복되지 않는 경우가 발생하기도 한다. 질병에서 회복되고 시간이 지나 학교생활에 적응하게 되면 또래 학생과 비슷한 성장과 학업능력을 보이는 경우가 많지만, 학생의 상태에 따라 특수교육이 필요할 수도 있다. 신체 활동의 제한, 학

습 시간 부족, 항암치료 및 방사선 치료의 합병증으로 인한 인지능력 저하, 의욕상실
등의 이유로 교과학습을 어려워할 수 있다.

셋째, 학습 진도 문제를 점검한다. 원격수업 또는 병원학교와 학교 진도의 차이가
있으므로 학교복귀 전에 준비할 수 있도록 학교의 교과별 교육과정 진도를 안내한다.

건강장애 학생의 학업의 어려움에 대해서 학교와 교사의 학업 지원 정도를 알아보
기 위한 점검 사항은 다음과 같다(인천광역시교육청, 2016).

- 학교출석을 하지 못하는 경우 출석 인정 방안을 아는가?
- 치료로 인해 학업에 미치는 부정적 영향을 아는가?
- 학교로 복귀한 건강장애 학생의 학업 격차를 줄여 주는 방안을 아는가?
- 학생에게 필요한 경우 수업 참여 시간을 조정해 줄 수 있는가?
- 수업 참여를 위해 학습 내용이나 과제 수정 방안을 아는가?
- 교내외 행사 및 활동에 참여할 수 있도록 활동 수정 방안을 아는가?
- 학생의 평가 방법을 아는가?
- 학교성적관리 지침, 평가 수정 등 평가에 대해 학부모에게 안내할 수 있는가?
- 건강장애 학생의 교육에 대해 책임감과 사명감이 있는가?

3) 학교복귀 프로그램

학교복귀 프로그램은 건강장애 학생이 치료과정의 어려움을 극복하도록 도와주며
치료 종료 후 학교복귀 과정에서 발생할 수 있는 불이익을 줄여 준다. 치료 종료 후에
다시 학교에 다니더라도 학교생활에 적응하지 못하는 경우 자퇴하는 사례도 발생한
다. 학교복귀 프로그램은 학업을 지속할 수 있도록 지원하고 또래관계를 유지해 주며,
나아가 질병에 대한 지속적인 건강관리와 심리정서적 안정감을 높이는 데 기여한다
(김정연, 2010; 김정연, 황지현, 2015). 오랫동안 출석하지 못했던 학생들이 학교로 돌아
가서 생활하기 위해서는 이들의 어려움을 파악하여 준비할 수 있는 체계적인 프로그
램이 필요하다(박은혜, 박지연, 노충래, 2005; 박은혜, 이정은, 2004).

미국의 경우에는 소아암 학생을 위한 학교 지원 프로그램(Katz, Varni, Blew, &
Hubert, 1992; Rynard, Chamber, Klinck, & Gray, 1998), 만성질환 학생의 학교생활을 위한
교사지원 프로그램인 의료, 교육적 리더십 프로젝트(Thies & McAllister, 2001) 등 건강

장애 학생의 학교복귀를 지원하는 프로그램들이 제공되고 있다. 국내에서도 학교복귀 프로그램이 운영되고 있으며 그 예는 〈표 9-7〉과 같다.

표 9-7 건강장애 학생 학교복귀 프로그램 운영계획

1. 목적
　가. 만성질환으로 인하여 장기간 병원에 입원해 있는 건강장애 학생들이 질병의 특수성으로 인하여 소속학교 및 소속학급의 학생들과 단절되는 것을 막고 지속적으로 소통할 수 있도록 지원한다.
　나. 건강장애 학생에게는 장기입원치료 이후 학교로 복귀했을 때 빠른 시간 내에 학교생활에 적응할 수 있도록 소속감을 심어 주고 오랜 투병으로 인한 사회적 위축감을 최소화하여 질병 이전의 상태로 정상화(normalization)되는 것을 돕는다.
　다. 소속학급 학생들에게는 건강장애 학생의 질병과 생활에 대해 이해하고 자신과 다른 처지의 사람을 경험하며 배려하고 돕는 마음을 키울 수 있도록 한다.
　라. 건강장애 학생의 학부모와 소속학급 담임교사가 가지는 심리적 거리를 좁히고 부모로서 느끼는 학생의 교육적 진로에 대한 불안감 및 담임교사의 학생에 대한 안내 등을 지원할 수 있도록 한다.

2. 방침
　가. 멀티미디어 시대에 맞는 다양한 대화 채널로 소통
　　- 홈페이지, 이메일, 영상편지 및 소셜 네트워크 서비스(SNS) 등을 통하여 최대한 여건의 제약성을 극복하고 소속학교 및 학급의 친구들과 소통함
　나. 소속학교의 교사 및 소속학급 학생들을 대상으로 한 올바른 장애 인식 교육 시행
　　- 건강장애 및 해당 학생의 질병에 대해 또래들에게 그 학년 수준에 맞는 눈높이의 올바른 정보를 전달하고, 해당 학생의 학교복귀 후 잘못된 정보로 인한 오해로 말미암아 생길 수 있는 심리정서적 문제를 최소화
　　- 학급구성원 전체가 참여하고 관심을 가질 수 있도록 구성하고 그 내용은 바른 인격 형성 및 열린 마음을 가지고 배려하는 것을 우선으로 계획
　다. 소속학교의 교사 및 소속학급 학생들과 건강장애 학생이 공유할 수 있는 창의적 체험 활동 운영
　　- 협의 및 학부모의 동의를 거쳐 학급 학생 전체 또는 일부가 건강장애 학생과 직접적인 교육활동을 함께 체험할 기회를 제공함으로써 서로 교감하고 공통의 긍정적인 경험을 가질 수 있도록 지원
　라. 소속학교 담임교사와 병원학교 교사 간의 지속적인 연계를 통해 건강장애 학생의 교육과정 운영 및 교육적 지원에 대한 상호책임 구조 구축
　마. 프로그램에 드는 예산은 병원학교 자체예산으로 사용
　바. 담당 의료진과 꼼꼼히 협의, 건강장애 학생의 건강 및 질병상의 주의 사항을 인식하여 프로그램 운영과 계획에 반영

3. 운영 내용

주제	활동	소주제	활동 내용
우리 인사하자 (만남)	건강장애 이해하기	나의 소개	• 건강장애 학생 소개 및 편지 전달 • 영상편지 보여 주기 • ○○이에게 '우리 반과 나' 소개하기 • 병원에서의 하루 동영상 감상 • 병원에서 만나는 사람들의 이야기 • ○○병원학교 홈페이지 소개 및 방문
	학교생활 이해하기	우리의 하루	• ○학년들의 학교생활 • ○-○반 친구들이 소개하는 '우리 교실, 우리 선생님' • ○○초등학교 ○-○반 홈페이지 소개 및 방문 • 실시간 화상 시스템을 이용하여 ○-○반과 병원학교에서 함께 수업하기 • 소감문을 작성하고 홈페이지에 글 올리기
우리 소통하자 (대화)	사회적 관계맺기	우리는 네가 궁금해	• 학교생활 및 병원생활에 관해 궁금한 사항이나 서로에게 궁금한 점 등에 관해 이야기 주고받기 • 서로의 꿈 나누기
		널 위해 준비했어	• 소중한 여름방학 추억 나누기 • 서로에게 줄 수 있는 최고의 선물은 무엇인지 생각해 보고 각자 정성을 다해 선물 주고받기
		끝나지 않는 댓글 달기	• 학급 홈페이지 또는 병원학교 홈페이지를 통해 한 가지 주제를 가지고 끝나지 않는 댓글 달기 • 댓글을 묶어서 두루마리 책 만들기
우리 함께하자 (추억)	소통하기	학교에서 만나자	• 건강장애 학생이 직접 ○-○반을 방문하여 친구들을 만나 함께 수업하기 • 건강장애 학생의 보호자가 친구들에게 감사의 인사 전하기 • 친구들에게 병원학교 초대장 전달하기
		병원으로의 초대	• 병원학교에서 초대된 친구들과 함께 멋진 추억 만들기(생일케이크 만들기) • 친구들과 함께 생일축하 파티 • 초대된 친구들에게 직접 준비한 선물 전달하기
		아름다운 하모니	• 병원학교 의료진과 교사가 준비한 인형극 감상하기 • 합주하기(핸드벨 연주 및 퍼커션)

출처: 인천광역시교육청(2014a), pp. 32-33에서 부분 발췌함.

요약

이 장에서는 건강장애 학생의 학교복귀와 학교생활 지원 방안에 대해 살펴보았다. 학교복귀는 질병이 없는 또래와 같이 다니던 학교에서 학업을 지속하며 심리적인 안정감을 가지고 건강을 관리하며 생활하는 것을 의미한다. 그러나 신체적 성장이 왕성하고 감수성이 예민한 아동기와 청소년기의 건강장애 학생들은 오랜 치료와 병원생활로 인해 학교에 복귀하더라도 건강의 문제 외에 학교생활 적응 및 학습의 어려움에 직면한다. 건강장애 학생의 궁극적인 교육지원의 목표는 학교복귀이다. 학생들의 성공적인 학교복귀를 위해서는 협력을 통해 병원학교와 일반학교의 교사, 그리고 부모가 함께 준비해야 하며, 원래의 '학생'으로 돌아갈 수 있도록 또래를 준비시켜야 한다.

학생들의 학교복귀 시기는 결정되지 않더라도 예견되는 사안이므로 병원학교와 소속학교와의 연계를 강화하고 병원학교 유관기관 및 관계자 간 협력체계 운영을 활성화하여 사회적 지지 기반을 견고히 할 필요가 있다. 복귀 시기에 대한 결정과 계획, 실행에 대한 관련인들 간의 의사소통을 통해 구체적인 지식이나 기술에 대한 교육으로 치료를 종료한 학생들이 환영받을 수 있는 학교문화를 만들어야 한다. 연구 결과에 따르면 건강장애 학생의 학부모 중 80.0%가 학교복귀 프로그램을 요구하나, 교육을 지원하는 전문가들의 인식과 역할의 부재로 실행되지 못하고 있다(김정연, 박은혜, 김유리, 2014). 교사가 건강장애 학생에 대한 이해가 부족하고 잘못된 인식을 가지고 있을 때 학교생활 적응을 어렵게 만드는 요인이 될 수 있다. 건강장애 학생에 대한 교육의 책무성을 가지고 교육을 지원하는 역할을 수행할 수 있도록 학교복귀를 대비한 점검을 통해 학교 여건을 개선하고 교사의 역량을 개발해야 한다.

함께 나누는 질문

1. 모든 건강장애 학생에게 학교복귀는 필요하다고 생각하나요? 그 이유는 무엇인가요?

2. 건강장애 학생의 수업 참여를 높일 수 있는 전략은 무엇인가요?

3. 건강장애 학생의 학교복귀 전 부모로부터 수집해야 하는 학생의 정보는 무엇인가요?

4. 건강장애 학생의 학교복귀가 협력적으로 이루어지고 있는지 알아보기 위해 점검해야 할 사항은 무엇인가요?

5. 학교복귀를 앞둔 건강장애 학생의 신체 건강 측면에서 점검해야 할 사항은 무엇인가요?

6. 학교복귀를 앞둔 건강장애 학생의 심리 건강 측면에서 점검해야 할 사항은 무엇인가요?

7. 학교복귀를 앞둔 건강장애 학생의 학습 측면에서 점검해야 할 사항은 무엇인가요?

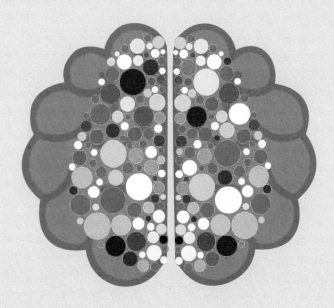

1. 건강장애 학생의 개인 건강 지도

아동기에 신체적 건강의 어려움은 이후의 생애 동안에 많은 영향을 미치게 된다. 아동발달은 기초성, 적기성, 누적성, 불가역성의 특성이 있다(임미혜, 정정옥, 2014). 기초성이란 어릴 때의 경험일수록 나중에 발달의 초선적인 의미를 가진다는 뜻이다. 건강장애 학생들이 모두 그런 것은 아니지만, 어린 시기에 경험한 질병의 경력이 학생들의 건강 위험 요인이 될 수 있다. 발달의 적기성이란 아동발달의 단계에서 나타나는 각 단계마다 시기가 있음을 말하는 원리이다. 발달단계의 과업은 시기가 있는데, 그 시기에 기회를 놓치면 이후의 발달에 영향을 미칠 수 있다. 누적성이란 어린 시절의 발달에 불리한 경험들은 이후의 발달에도 부정적 영향을 줄 수 있음을 의미한다. 아동발달 초기에 발생한 발달의 위험 요인은 그것이 원인이 되어 누적될 수 있다. 불가역성은 일반적으로 발달의 결정적 시기를 놓쳤을 때, 이후 단계에서 이에 대한 보충을 해 주어도 결함이 쉽게 회복되기 어려운 발달의 특성을 말한다. 이러한 발달의 특성을 고려해 볼 때, 아동기의 건강상태는 전 생애 발달과 삶의 질을 좌우하는 요인이 된다.

건강장애로 진단을 받은 학생들은 본인에게 일어난 일에 적응하기까지 오랜 시간이 걸리며, 스스로 자신의 건강 문제를 인식하고 적절한 행동을 취하는 데 능동적이지 못하다. 병원에서의 치료 외에 신체의 청결과 위생, 수면과 휴식, 바른 식생활 등 일상생활에서 올바른 습관을 갖는 것이 중요하지만, 병원은 학생 스스로 학습하고 실행하기에는 제한적인 환경이다. 그렇기 때문에 건강장애 학생들의 건강관리는 의도적인 계획에 의해 체계적으로 지도해야 한다. 아동기의 건강교육은 건강에 대한 지식, 기술, 태도를 배우고 올바른 습관을 형성하게 하여 자신의 건강을 지킬 수 있는 능력을 마련하는 데 토대가 된다. 이 장에서는 유아기와 초등학생을 대상으로는 병원과 일상생활에서의 건강관리를, 청소년기 학생들을 대상으로 영양과 의료적 지원에 관한 사항을 중심으로 다루고자 한다. 또한 국내 건강장애의 가장 많은 수를 차지하는 소아암 학생의 건강관리를 중심으로 살펴보고자 한다.

1) 위생과 청결 지도

건강장애 학생들은 스스로 건강을 관리하기 위해 기본적인 청결지도가 필요하다. 손 씻기는 질병을 예방하기 위한 기본적인 절차이다. 손은 사람의 신체 중 질병의 감염이 가장 많이 되는 경로로 손의 청결은 건강과 직결된다. 그러나 학생들은 손 씻기의 중요성은 알고 있으면서도 정확하게 씻는 습관이 만들어지지 않아 물로만 씻는다거나 충분한 시간 동안 씻지 않으므로 손 씻기 절차에 대한 올바른 지도가 필요하다. 손 씻기는 면역력이 약한 학생들에게는 매우 중요한 청결 절차이므로 활동 중 손을 자주 씻어 각종 전염성 질환을 예방할 수 있도록 지도한다.

손 씻기는 학생뿐만 아니라 교사도 반드시 지켜야 한다. 수업과 일과 중 자주 손을 씻어 면역력이 약한 학생들의 감염을 사전에 예방한다. 물과 비누로 씻을 때는 40~60초간 씻고, 알코올과 손 소독제로 대체할 수 있는 경우에도 20~30초간 충분히 씻는다. 눈에 보이는 이물질이 없을 때도 자주 소독하며, 교사나 부모 등 가까이서 돌보는 사람들의 손톱은 항상 짧게 정리한다(서울아산병원 질환백과). 기본적으로 학생을 돌보는 사람들이 손을 씻어야 하는 상황은 다음과 같다.

- 수업 전후
- 병실 방문 전후
- 학생 접촉 전후
- 혈액이나 체액 접촉 후
- 손이 끈적끈적한 경우
- 화장실에 다녀온 후

학생이 치료 중에 학교에 복귀한 경우 낮은 백혈구 수치로 감염에 취약할 수 있다. 백혈구 수치가 너무 낮아지면 의료진이 등교를 금지할 수 있으나, 학업에 참여할 때도 감염에 취약하므로 학생에게 마스크를 착용하도록 하고 손 씻기를 교육하여 개인위생을 관리하도록 한다. 학생에게 지도하는 올바른 손 씻기 방법은 〈표 10-1〉과 같다(안효섭, 김순기, 2005).

표 10-1　올바른 손 씻기 방법

① 찬물보다는 따뜻하고 흐르는 물에 씻는다. 액상 비누가 적절하다.

② 먼저 물을 묻힌 다음 비누를 바른다.

③ 20초 이상 꼼꼼히 씻는다.

④ 손가락 끝, 손가락 사이, 손톱 밑도 깨끗이 씻는다.

⑤ 흐르는 물에 손을 헹구고, 수도꼭지는 만지지 않는다.

⑥ 일회용 수건이나 손 건조기를 이용하여 물기를 제거한다.

출처: 안효섭, 김순기(2005), p. 198에서 수정 발췌함.

2) 수면과 휴식

병원에 입원해 있는 동안에도 일과에 따라 규칙적으로 잠을 자고 정해진 시간에 알맞게 휴식을 취할 수 있도록 기본적인 생활습관을 형성하도록 지도한다. 가장 기본적인 생활습관 지도는 건강하게 생활할 수 있도록 충분한 수면을 취할 수 있도록 지도하는 것이다. 치료과정에서 약물 복용으로 인한 피로감은 건강장애 학생에게 매우 자주 나타나는 증상 중 하나이다. 피로감은 의욕이 없거나 느린 학생으로 보일 수 있으므로 오인하지 않도록 유의한다. 어린 나이의 아동은 피로감을 스스로 감지하지 못하여 휴식을 취해야 하는 것조차 모를 수 있으므로 교사나 부모가 평소의 몸상태를 관찰하여 활동량을 조절해 준다.

무조건 열심히 하려고 무리하는 것도 매우 위험한 일이므로, 적절한 수준에서 자신의 활동량을 인지하도록 지도하며, 충분한 수면과 휴식으로 피곤하지 않도록 한다. 자신의 건강상태에 대해 정확하게 의사를 표현할 수 있도록 지도하며, 피곤하거나 졸릴 때는 스스로 휴식이나 수면을 요청할 수 있도록 지도한다.

3) 식생활 및 영양 지도

(1) 식생활지도

건강장애 학생들은 만성질환을 가지고 있지만 자신의 잠재력을 최대한 발휘하여 성장할 권리가 있다. 그러나 치료 기간에는 면역능력이 저하되어 질병에 대한 저항력이 떨어진다. 또한 어린 나이에 발병할 경우 자신의 건강을 스스로 관리하는 것이 미숙하므로, 교사나 부모는 바른 식생활 습관을 지도하여 건강을 유지할 수 있도록 도와준다.

바른 식생활 습관은 몸과 영양과의 관계를 지도하여 생활 속에서 실천할 수 있도록 교육한다. 치료를 받을 때는 식사와 관련하여 지켜야 하는 수칙이 매우 많다. 특히 과자와 사탕 등 어린 나이의 학생들이 선호하는 간식을 피해야 하는 시기도 있다. 무조건 먹으면 안 된다는 식의 설명은 절제력이 떨어지는 학생들에게 효과적이지 못하다. 과학 활동이나 안전한 음식 재료로 간식 만들기 등 영양교육을 통해 섭취해도 좋은 것과 섭취를 피해야 하는 것에 대해 직접 학습하는 활동이 식습관 실천에 도움이 된다.

만성질환 학생들의 건강관리를 위해 권장되는 일상생활에서의 식생활 관리 지침은 다음과 같다(인천광역시교육청, 2016; 한국백혈병어린이재단, 2015).

- 아침, 점심, 저녁은 규칙적으로, 반찬은 골고루 먹는다.
- 밥은 매끼 반 공기 내지는 한 공기 정도 먹는다.
- 매끼 고기, 생선, 달걀, 두부, 콩, 치즈 등의 단백질을 충분히 먹는다.
- 채소 반찬은 매끼 2가지 이상 충분히 먹는다.
- 지방을 제공해 주는 식용유, 참기름, 버터 등의 기름은 반찬을 통해 충분히 섭취한다.
- 과일은 하루 1~2회, 1가지 이상 먹는다. 면역력이 저하된 경우에는 캔 주스나 통조림을 먹는다.
- 우유 및 유제품은 하루 1개(200㎖) 이상 마신다. 우유의 소화가 떨어질 때는 요구르트, 치즈, 아이스크림 등을 대신 먹는다. 그러나 면역력이 저하된 경우에는 멸균우유나 두유를 마신다.
- 간식은 빵류와 크래커, 떡 등을 소량 먹는다.

(2) 영양지도

치료를 지속하기 위해서는 면역력을 먼저 키워야 하며, 체력이 준비되어야 한다. 질병을 이겨 내기 위해서는 건강을 지키고 좋은 몸상태를 유지해야 하는데, 이러한 측면에서 식사를 통한 영양지도는 중요하다. 건강장애 학생들이 바른 식생활 습관을 형성할 수 있도록 영양교육에 포함하여 지도할 내용은 다음과 같다.

- 식품과 음식에 대한 지식을 갖게 한다. 식품에 들어 있는 여러 가지 영양소와 그 역할에 대하여 지도한다. 무조건 좋은 음식을 권장하는 것보다는 음식에 대해 알

수 있도록 공부하는 것이 좋은 음식을 선택하는 데 도움이 된다.

- 식품과 신체의 관계에 대해 이해하도록 지도한다. 음식물을 섭취하면 몸 안에서 우리 몸을 성장시키고 활동할 수 있는 에너지를 준다는 내용을 지도한다. 일부 식품을 제한해야 하는 경우 분명한 이유를 이해할 수 있는 수준으로 제시한다. 예를 들어, 소아암치료과정 중에 생채소나 과일을 제한하는 경우에는 식품을 통해 우리 몸에 세균이 들어올 수 있기 때문이라는 사실을 구체적으로 설명한다.
- 불결하고 상한 음식을 판단하는 기준을 교육한다. 식사 전에 손 씻기가 왜 중요하며, 세균이 우리 몸에 어떠한 경로로 침투하는지 설명한다. 불결하고 상한 음식이 감염성 질환에 걸리게 하는 기제에 대해 알기 쉽게 설명한다.
- 입맛이 없어도 규칙적이고 충분한 식사를 해야 하는 이유에 관해 교육한다. 치료 일정에 따라 치료를 하고, 복용하는 약물의 효과를 높이기 위해서는 적정량의 음식을 통해 영양을 섭취하는 것이 중요함을 설명한다.

아동, 청소년기는 영아기 이후 제2의 급성장기로 이 시기에는 영양소 필요량이 상당히 증가한다. 그러나 영양소 필요량은 나이에 따른 권장량에 의존하기보다는 개개인의 성장 특성에 맞추는 것이 바람직하다. 보건복지부(http://hi.nhis.or.kr)에서 권고하는 생애주기별 건강관리와 한국백혈병어린이재단(2001)에서 제안하고 있는 만성질환을 가진 청소년에 대한 영양지도 내용을 정리하면 다음과 같다.

- 청소년기에는 성장과 호르몬의 변화, 근육량, 적혈구 수 증가로 인해 단백질 필요량이 증가하기 때문에 충분한 섭취가 필요하다.
- 청소년의 경우, 당질 중에서도 단순당의 섭취 비율이 높고 채소 및 유제품의 섭취가 낮아 복합당 및 섬유소의 섭취를 증가시키는 것이 바람직하다.
- 청소년의 식사 중 지방 함량이 높다고 하여 지나치게 지방을 제한하면 부적합한 식사가 되어 성장이 저해될 수도 있으므로 적정량의 지방 섭취가 필요하다. 지방 섭취 시 동물성 지방보다 다불포화지방산(polyunsaturated fatty acid)이 많이 함유된 식물성 지방으로 섭취한다. 다불포화지방산은 참기름이나 들기름, 콩기름과 같은 식물성 유지에 많이 함유되어 있다.
- 칼슘은 청소년기의 골격 성장을 위해 매우 중요한 영양소로 섭취를 권장한다.
- 청소년기는 급속한 성장과 성적 성숙이 이루어지는 시기이므로 아연의 섭취가 중

요하다.
- 사춘기의 급속한 성장을 위해 추가로 필요한 비타민들이 충분히 공급되어야 한다.

(3) 치료 중의 식생활지도

평소에는 바른 식습관을 가지고 있더라도 학생들은 치료의 부작용으로 인해 일시적으로 식사의 어려움이 발생할 수 있다. 식사하기 어려울 정도로 문제가 발생할 때도 지속적인 치료를 받으려면 적정량의 식사로 체력을 유지해야 한다. 소아암 학생들에게 나타날 수 있는 식사의 어려움과 그에 따른 지원 방안은 다음과 같다.

학생이 입안에 통증 증상이 나타나면 자극적이지 않고 부드러우며 삼키기 쉬운 음식을 준다. 예를 들어, 죽, 미음, 시지 않은 과일, 우유, 두유, 계란찜, 연두부, 밀크셰이크, 으깬 감자 등이 좋다. 신 과일, 마른오징어나 생채소 등 거칠고 마른 음식, 지나치게 짜고 매운 음식 등 입안을 자극하는 음식은 피한다. 조리 방법은 가능한 모든 음식은 부드럽고 연해질 때까지 요리하거나 음식을 작은 크기로 자르거나 믹서로 곱게 갈아 준다. 그런데도 입안이 쓰린 경우에는 빨대를 이용하거나, 얼음 조각으로 입안을 차게 하는 것도 도움이 된다(한국백혈병어린이재단, 2001).

소아암 학생은 화학요법, 방사선요법이나 암 자체에 의해 입맛이 변하여 단맛에는 둔감해지고, 고기 맛에는 민감해질 수 있다. 특히 육류나 다른 고단백 식품에 대해서는 쓴맛이나 금속성 맛을 느끼게 되고 음식의 맛이 없어질 수 있다. 다음 사항들을 참고하면 식사량 섭취에 도움이 된다(한국백혈병어린이재단, 2001).

- 보기가 좋고 냄새도 좋은 음식 준비하기
- 고기 맛이 싫으면 닭, 달걀, 유제품, 흰살생선 등을 이용하기
- 입맛을 돋우기 위해 탄산음료, 차, 과일 등을 식사 전에 조금 먹이기
- 금속류의 식기보다는 플라스틱 식기 사용하기
- 식사 전에 입안을 깨끗이 헹구기
- 음식의 맛, 냄새에 영향을 미치는 치아 건강의 문제는 없는지 점검하기

(4) 조혈모세포 이식 후의 병원에서의 식사지도

조혈모세포 이식 후에는 항암치료로 떨어진 체력을 회복하고 이식된 조혈모세포가 생착하여 면역력을 회복할 수 있도록 충분한 열량과 단백질 등 균형 잡힌 영양 섭취가 필요하다. 가장 중요한 것은 면역력이 회복되는 시기까지 감염 예방을 위해 식사 지침을 지키는 것이다.

그러나 대부분은 식욕부진, 미각의 변화, 설사 등의 증상으로 인해 섭취량이 부족해진다. 또한 저균식 섭취로 식욕이 잘 회복되지 못하여 섭취량이 더욱 감소하기 쉽다. 감염에 대한 우려로 필요 이상의 적극적인 저균식을 하는 것은 식욕 및 섭취량 회복에 도움이 되지 않는다. 영양사와 상담하여 필요한 저균식의 범위를 잘 이해하고 식욕 및 소화상태를 고려한 식사가 되도록 한다(서울대학교암병원, 2016). 〈표 10-2〉는 조혈모세포 이식 후에 먹어도 되는 식품과 주의해야 할 식품 목록이다. 이러한 식사 지침은 병원에 있는 동안 고려해야 하는 지침이다.

표 10-2 　조혈모세포 이식 후의 허용 식품과 주의 식품

식품군	허용 식품	주의 식품
곡류	• 밥, 죽, 감자, 국수 등 익힌 모든 곡류 • 포장된 빵, 과자류(개봉되지 않은 것)	• 익히지 않은 곡류 제품 • 실온에 보관된 크림빵 • 생크림 케이크, 치즈케이크 • 포장되지 않은 빵, 과자류
어류	• 완전히 익힌 생선, 고기, 두부, 달걀 • 완전히 익힌 해물류 • 익힌 후 통조림 처리된 식품	• 익히지 않은 어육류(육회, 생선회) • 익히지 않은 해물류 • 익히지 않은 두부 • 덜 익힌 달걀 • 익히지 않은 햄, 소시지 • 익히지 않은 젓갈류
채소류	• 껍질이 있는 생채소: 껍질 제거 후 섭취 • 껍질이 없는 생채소: 익혀서 섭취 • 생채소 섭취가 가능한 경우에는 흐르는 물에 여러 차례 잘 씻은 후 섭취 • 개봉되지 않은 통조림 식품 • 김치는 가열 처리 후 섭취	• 익히지 않은 새싹채소
과일류	• 껍질이 있는 생과일: 껍질 제거 후 섭취 • 개봉되지 않은 통조림 식품	• 껍질이 없는 생과일 • 말린 과일, 냉동 과일 • 개봉 후 시간이 지난 통조림 과일

우유류	• 살균 처리된 우유나 두유, 멸균우유 • 살균 처리된 치즈(슬라이스 치즈, 모차렐라 치즈) • 살균 처리된 발효 유제품(요구르트 등) • 개별 포장된 아이스크림	• 살균 처리되지 않은 우유, 두유 • 살균 처리되지 않은 치즈 • 살균 처리되지 않은 요구르트 • 포장되지 않은 아이스크림이나 빙수
음료	• 끓인 차 • 캔, 플라스틱, 종이팩, 유리병 등에 개별 포장되어 냉장 보관한 모든 음료류	• 약수: 끓여도 섭취 제한 • 살균 처리되지 않은 주스류: 생과일주스 등 • 끓이지 않은 물로 만든 차: 냉커피, 아이스티 등
기타	• 설탕, 소금, 식용유, 참기름, 들기름 • 고추장, 된장, 간장: 가열 처리 후 섭취 • 버터, 시판 마요네즈: 개봉 후 냉장 보관 • 개별 포장된 각종 소스류 • 견과류: 껍질을 벗기고 충분히 가열한 후 섭취	• 집에서 만든 마요네즈 • 익히지 않은 견과류

※ 주의 식품의 경우 주의 기간은 자가이식 후 3개월, 동종이식 후 6개월임.
출처: 서울대학교암병원(2016), p. 119.

(5) 의약품 사용을 위한 약물안전교육

병원학교 혹은 가정과 학교복귀 후에 약물을 복용해야 하는 경우, 약물관리 지침을 준수한다. 약물 오·남용 사고는 호기심에서 비롯되기도 하지만, 성인의 부주의로 인해 일어날 수도 있다. 학생들은 해로운 약물이나 의약품에 쉽게 노출되며, 많은 사고가 어른들이 함께 생활하는 공간에서 발생한다. 따라서 제대로 관리되지 않은 의약품에 노출되지 않도록 철저한 안전관리 및 약물안전교육이 필요하다. 학생들의 의약품 사용을 위해 점검해야 할 사항은 〈표 10-3〉과 같다.

표 10-3 의약품 사용 시 점검 사항과 사용 방법

점검 사항	의약품 사용 방법
약 이름, 학생 이름	• 약 이름, 학생 이름 확인하기 - 약의 종류와 용량은 학생의 질병상태와 체중에 따라 다르다. - 친구나 형제, 자매끼리 약을 나누어 먹이지 않는다.

정확한 용량	• 약 투약 시 계량컵, 계량스푼 또는 의약품 주입기 사용하기
	  – 학생의 경우 어른을 기준으로 용량을 유추하여 먹이지 않는다.
	  – 학생이 약을 먹은 시간과 용량을 적어 두는 습관을 기른다.
	  – 약은 미지근한 물과 함께 먹인다. 약을 잘 먹지 않는다고 음료에 타서 먹이지 않는다.

유통기한	• 유통기한이 지난 약 버리기
	  – 유통기한이 지난 약은 효과와 품질을 보장할 수 없다.
	  – 특히 물약은 알약이나 가루약보다 더 불안정하여 오래 두면 성질이 변하기 쉽다.
	  – 약을 버릴 때는 약국의 폐의약품 수거함에 버린다.

보관 장소	• 학생의 손에 닿지 않는 곳에 보관하기
	  – 학생의 손에 닿는 곳에 의약품을 보관하면 우발적인 중독사고의 원인이 된다.
	  – 영양제를 포함한 모든 약은 반드시 잠금장치가 있는 장소나 학생의 손에 닿지 않는 장소에 보관한다.

부작용	• 부작용을 관찰하여 기록한다.
	  – 약을 먹은 후 부작용이 의심되면 담당의나 병원, 지역의약품안전센터로 신고한다.
	  – 응급 상황일 때에는 가까운 병원 응급실(응급의료센터) 또는 119 구급대로 전화한다.

출처: 식품의약품안전처 홈페이지(www.mfds.go.kr), 한국의약품안전관리원 홈페이지(www.drugsafe.or.kr).

4) 병원학교에서의 생활지도

병원학교에서의 생활지도는 학생의 건강관리를 위해 기본생활습관 형성을 목표로한다. 체계적이고 직접적인 생활지도를 통해 의존성을 줄이고 자신의 문제를 스스로해결하려는 태도를 지도한다. 궁극적으로는 일상생활능력을 향상하고 긍정적인 자아정체성을 확립하여 사회적응 능력을 기르는 것을 목표로 한다.

건강장애 학생의 생활지도는 병원학교에 있는 동안에는 병원학교 교사가 책임을 지고 지도하지만, 생활지도의 특성상 부모와의 협의를 통해 병실에서도 연계될 수 있도록 지도한다. 생활지도 후 평가는 교사의 관찰 및 점검표를 활용하고 학생의 생활과밀접하게 관련된 인력(치료사, 특수교육 보조 인력, 사회복지사 등)과의 면담 등을 통해 누가 기록하여 종합적인 평가가 이루어지도록 한다.

병원학교의 학생들에게 지도해야 할 생활지도 내용은 다음과 같다.

- 내 일은 내가 하기
- 학교 규칙 준수하기
- 나의 몸 관리 잘하기
- 자기 몸을 소중히 하기
- 고운 말 사용하기
- 감사한 마음으로 식사하기
- 절약하는 생활하기
- 부지런한 생활하기

- 옷을 깨끗하게 유지하기
- 질서 지키며 화장실 사용하기
- 안전규칙 지키기
- 약속 잘 지키기
- 예절 지키기
- 친구와 이웃에 도움 주기
- 공중도덕 지키기

병원에 입원한 학생들이 질병을 이겨 내기 위해 준수해야 할 건강관리 내용은 다음과 같다(한국백혈병어린이재단, 2001).

- 영양소를 골고루 섭취하고 비타민 B군 및 섬유질을 충분히 섭취하기
- 규칙적인 생활하기
- 1일 6시간의 수면 습관 가지기
- 1일 20분 정도 가벼운 운동하기
- 소화가 잘되는 음식을 골고루 먹기
- 과식하지 않기
- 야식은 가볍게, 아침식사를 꼭 하기
- 인스턴트, 패스트푸드, 청량음료 피하기
- 대소변을 오래 참지 않기
- 매사를 긍정적으로 생각하기

2. 학교에서의 건강관리

1) 안전한 교육환경

(1) 실내 공간의 청결

안전한 교육환경을 만들기 위해서 교사는 실내 공간을 청결하게 유지한다. 학교생

활에서 감염을 일으킬 수 있는 잠재적인 위험 인자들을 제거하고 깨끗하고 안전한 환경을 구성한다. 특히 병원학교의 교실은 병원에 입원해 있는 학생들이 이용하는 공간이므로 실내 공간을 청결하게 유지한다. 입원한 학생들은 면역력이 떨어져 질병에 대한 저항력이 약하다. 또한 병원학교의 교실은 개인 병실보다는 여러 사람이 이동하고 사용하는 공간이기 때문에 청결하게 관리해야 한다.

교육시설의 청결관리를 위해서 시설이나 모든 교재교구는 매일 한 번씩 소독할 것을 권장한다. 교실환경과 교실 내의 교재교구를 소독하여 병원균을 감염시키는 인자와 접촉을 피함으로써 감염을 예방할 수 있다. 재질에 따라 헝겊으로 된 것은 자주 삶아서 세탁하며, 나무나 플라스틱으로 된 교재교구는 찌든 때를 처리하기 위해서는 고온 또는 자외선 살균처리 후 건조해 관리한다. 금속 재질의 교재교구장은 녹슬지 않도록 유지한다. 또한 교재교구장 등 이동식, 고정식 가구들은 정기적으로 세척하며 먼지나 찌든 때를 제거한다.

병원학교는 병원 시설 안에 있어서 기본적인 청결관리는 잘 이루어지고 있으나, 학생들이 사용하는 책상과 의자, 세면대 등은 매일 소독해야 한다. 실내의 바닥은 하루에 최소한 1회 이상 청소하고, 직접 손이 닿는 문손잡이, 수도꼭지 등은 깨끗하게 닦은 후 소독액을 묻혀 다시 한번 닦는다(김경화, 신혜경, 이임복, 2012). 병원학교에서의 구체적인 청결 절차는 다음과 같다.

- 병원학교에서 사용하는 물품이나 책상, 책장 등의 가구는 매일 아침 소독한다.
- 찍찍이와 같은 천 재질의 교재교구는 물이나 분비물에 젖으면 즉시 세탁하며, 사용하기 전에 세탁하여 건조한 후 사용한다.
- 교재교구는 사용 전에 소독용 티슈로 닦고 30초 후에 사용하며 혈액, 분비물 등과 같은 이물질에 오염된 경우에는 즉시 닦고 사용 후 다시 닦은 후에 보관한다.
- 문손잡이 등 학생들의 접촉이 많은 부위는 소독용 티슈를 사용하여 1일 1회 이상 소독한다.
- 의자 커버는 자주 세탁하고, 이물질이 묻었을 때는 즉시 세탁한다.
- 기타 사항은 병원 지침에 따른다.
- 소독과 관련한 일정은 병원학교 일지에 기록한다.

(2) 교육시설의 환기, 채광, 조명, 온도 관리

건강장애 학생의 학습환경을 쾌적하게 조성하는 것은 학생들의 건강관리와 정서적 안정에 긍정적인 영향을 준다. 교실 온도와 채광, 환기, 조명을 적절하게 유지한다.

교육 공간은 자연 채광이 충분히 들어오게 한다. 창문에 선팅지를 부착하여 과도하게 햇빛을 차단하지 않도록 한다. 실내 온도는 감기와 같은 호흡기 질환을 예방하기 위하여 적정한 온도를 유지하면서 항상 신선한 공기가 유입될 수 있도록 자주 창문을 열어 환기한다. 특히 기온이 낮은 겨울에도 충분한 환기가 이루어질 수 있도록 한다. 환절기, 여름철, 겨울철 등 계절에 맞게 실내 온도를 적정하게 관리하여 쾌적한 환경을 유지한다.

(3) 안전사고 예방과 교육

유아기와 초등학교 저학년 시기의 학생들은 신체조절능력과 운동 기능이 미숙한 시기이며, 안전을 판단하고 자신의 행동에 수반되는 위험을 예측할 수 있는 능력이 부족하다. 그러므로 스스로 건강을 관리하고 안전습관을 이행하는 능력 역시 미흡하다. 병원학교에서는 학생들이 안전하게 생활할 수 있도록 각종 안전사고에 대비하여 자신을 보호하고 안전습관을 형성할 수 있도록 하는 안전교육이 필요하다.

병실에서 병원학교로 이동 중 사고, 낙상 등의 안전사고가 발생할 수 있으므로 나이가 어린 아동의 경우 병원학교까지 부모와 같이 이동하도록 지도한다. 또한 병실에서 병원학교로 이동하는 과정에서 위험한 병원환경에 노출되지 않는지 확인한다. 병원학교 교실이나 화장실 등에서 낙상의 위험이 있는 곳은 없는지 점검하고 학생을 대상으로 낙상 예방 교육을 한다. 건강장애 학생이 있는 환경의 안전 점검 사항은 다음과 같다.

- 의자나 책상은 안정감 있는 크기, 무게로 균형 잡힌 것인가?
- 의자나 책상의 높이는 학생의 발달단계에 맞고 신장에 적절한가?
- 교실 내 가구 및 교재교구는 부드러우면서도 견고한가?
- 창문, 커튼, 블라인드 줄을 학생의 손에 닿지 않도록 조치했는가?
- 수업 시간에는 휠체어의 잠금장치를 잠그는가?
- 병원학교 교실의 조명은 적절한가?
- 바닥 표면이 미끄럽지 않은가?

- 교실 내에서는 이동에 방해되는 물건이 방치되어 있지 않은가?
- 학생이 사용하는 이동기기(유모차, 휠체어, 이동 침대 등)는 안전한가?
- 교실 바닥 청소는 학생들의 이용이 적은 시간에 이루어지는가?

2) 병원학교 시설과 설비

병원학교의 시설은 정식 학교가 아니므로 특수학교 시설 설비 기준에 따른 제한이 해당하지는 않는다. 그러나 기본적으로 이용하는 학생의 특성과 교육 활동 특성상 몇 가지 시설 설비 기준이 제안되고 있다. 시설 면에서 권장되는 기준은 특수학교 및 특수학급의 설치기준과 유사하다. 조진일 등(2011)은 특수학교시설 통합 설계를 위한 원칙을 접근성(access), 공간(space), 감각 인식(sensory awareness), 학습 강화(enhancing learning), 융통성 및 적용성(flexibility and adaptability), 건강과 안녕(health and well-being), 안전과 보안(safety and security)의 7가지로 제시하였다. 이 중 병원학교 시설은 감염 및 건강상의 문제를 고려하여 접근성, 공간, 건강과 안녕, 안전과 보안을 강조하여 고려해야 한다.

(1) 접근성

병원학교의 시설은 접근성이 고려되어야 한다. 건강장애 학생의 경우 병원에 입원해 있는 동안 치료를 위해 이동식 링거 거취 도구를 사용할 때가 많다. 이 경우 안전하게 이동하기 위해 일시적으로 휠체어를 이용하기도 한다. 의료 장비와 도구를 사용하는 학생들의 휠체어 이동을 염두에 두고 접근에 제한이 없는지 점검한다. 휠체어를 사용하여 교실 안에서 자유로운 이동이 가능하도록 출입문의 폭 확보, 문턱 제거 등 모든 사람이 사용할 수 있는 인체공학적 무장애 건축환경으로 설계한다.

특히 병원학교에서는 수업 활동 시간이 개별학생마다 다르고, 수업 중 치료와 몸상태의 변화로 인한 이동이 자주 발생할 수 있으므로 병실과 가까운 거리에 배치하고 교실의 출입과 이동 시 위험 요소를 제거한다.

(2) 공간

병원학교의 시설 공간은 단순하고 명료한 구조여야 하며, 이용하기 쉽도록 넓고 편안해야 한다. 날카로운 모서리가 없는 가구와 설비로 의료 장비, 휠체어를 사용하는 학생들의 안전성을 확보한다. 또한 다양한 교육 기자재의 보관 및 사용, 여러 교직원이 사용할 수 있는 공간이 필요하다. 휠체어, 이동식 의료 장비, 목발의 사용과 보관이 충분한 공간이어야 한다.

(3) 건강과 안녕

병원학교의 시설은 건강과 안녕 측면이 고려되어야 한다. 적정 기준에 의해 설계된 전문 의료 및 치료 시설에 준하는 공간이어야 한다. 움직임이 제한된 사람들을 위해 온열 쾌적성을 높이고, 졸림과 신체적 불편함을 피할 수 있는 수준의 산소 농도 제공을 위한 환기와 공기정화기 설치, 배경 소음의 불편함을 최소화한다.

(4) 안전과 보안

안전 및 보안이 확보되어야 한다. 언제 발생할지 모르는 위험한 상황에 빠르게 대처할 수 있도록 시야가 확보되어야 한다. 병원학교의 교실은 만약의 응급 상황을 대비하여 외부에서의 관찰이 차단되지 않도록 하여 전체 상황을 주시할 수 있도록 구성한다. 병원학교 교실에서 이루어지는 수업은 일반적인 학교의 시간표 운영과 같이 동일한 시간표로 운영되지 않는다. 대부분은 개별 수업이나 그룹별 활동으로 이루어진다. 그러므로 교실에서 이루어지는 그룹 활동들을 한눈에 파악할 수 있도록 환경을 구성한다. 동시에 감염 예방을 위해 승인되지 않은 접근을 차단하고 무단의 외부 출입을 제한한다.

교사는 건강장애 학생 주변의 실내외 시설물과 물품의 위험요인을 점검하여 환경을 수정하거나 제거하여 안전한 교육환경을 조성한다. 위험하다고 판단되는 요인은 교실 환경의 구성과 학생의 특성에 따라 달라질 수 있으나, 교육시설에 대한 정기적인 관찰과 점검을 통해 만약의 상황에 대비하여 사고를 방지하고 피해를 최소화할 수 있도록 노력한다.

다음은 국내의 병원학교 시설 설비에 대한 제안 사항이다(박은혜, 박지연, 노충래, 2005).

- 병원학교의 위치는 접근성을 고려하여 소아병동과 같은 층에 배치한다. 층이 다를 경우 엘리베이터 등의 접근성 확보 방안을 마련한다.
- 출입문의 크기는 휠체어 등 보조기구 이용 학생의 접근성을 고려하여 90cm 이상

(휠체어 폭 80cm 기준)의 너비를 확보한다.

- 교실 문은 외부에서 내부의 상황을 확인할 수 있도록 가능하면 투명창을 설치한다.
- 문은 미서기문보다는 밖으로 열리는 여닫이문으로 설치한다. 미서기문으로 설치할 경우 버튼식의 자동개폐 장치를 설치한다. 비상시 자동열람장치를 설치한다.
- 문턱은 휠체어의 통행에 지장이 없도록 제거한다.
- 교실 안에서의 이동을 위해 책상이나 가구의 배치는 휠체어 이용 학생의 보조자 동반 최소회전반경을 고려하여 170cm 이상의 너비를 확보한다.
- 교실 내에 세면대 등을 설치한다.
- 교실 내에 자동소화설비(스프링클러)를 설치한다.
- 교실의 밝기는 300lx 이상(책상 면 기준), 소음은 55dB 이하를 유지한다.
- 교실 내에 냉난방시설을 갖춘다.
- 창의 면적은 충분한 환기를 위해 바닥면적의 1/10 이상을 확보한다.

3. 건강장애 학생의 건강관리

학교는 학생의 교육을 주로 담당하는 기관이며, 학생들의 건강은 전적으로 부모의 관리와 책임으로 여겨졌다. 그러나 병원학교는 병원에 입원한 학생들을 대상으로 하기 때문에 교육뿐만 아니라 건강관리를 통해 최대한의 치료 효과가 나타날 수 있도록 운영해야 한다. 교사는 학생의 건강 문제에 대해 바르게 이해하고 가정과 협력하여 학생이 최상의 건강상태를 유지할 수 있도록 관리할 책임이 있다. 이 시기에 건강상의 문제들은 성장하면서 학습에 영향을 주게 되고 그대로 방치될 경우 삶에 불리한 영향으로 작용할 수 있다.

일부 증상들은 교사 혼자서는 해결하지 못하는 사례도 있다. 건강장애 학생들의 구토, 변비, 식욕 저하 등의 현상은 의료적 상황으로 나타날 수 있으므로 반드시 의료진과 상의해서 지도한다. 건강장애 학생들이 일반적으로 호소할 수 있는 증상들은 다음과 같다.

1) 증상별 지도

(1) 복통

복통은 학생들에게 나타나는 가장 흔한 증상이다. 복통의 원인은 식품이나 변비 등 일반적으로 나타나는 원인과 같다. 그러나 건강장애 학생의 경우에는 만성질환의 종류에 따라서 정신적인 긴장감이나 장 내 질환 등 그 원인과 정도가 매우 다양하다.

(2) 메스꺼움과 구토

항암치료를 받는 학생들은 식욕 상실, 입안 궤양, 메스꺼움과 구토 등의 부작용을 겪을 수 있다. 또한 치료로 인해 신경이 예민해지거나 화가 났을 때, 입맛이 변하고 식욕이 떨어지는 것은 일반적인 증상이다. 메스꺼움은 암 자체로 인해 발생하기도 하고 항암치료로 인해 나타나기도 하는데, 실제로 구토를 하지 않더라도 음식을 충분히 섭취하기 어렵게 만든다. 무리한 식사는 오히려 음식에 대한 혐오감을 유발할 수 있다. 메스꺼움이나 구토가 심할 때는 억지로 먹거나 마시지 않게 한다. 특정 음식에 대한 구역이 심할 때는 오히려 좋아하는 음식 위주의 식사를 권한다. 구역을 느낄 때는 다음과 같은 요령들을 참고하여 도와준다(안효섭, 김순기, 2005; 한국백혈병어린이재단, 2001).

- 식사 시 너무 많은 국물이나 음료를 마시지 않는다. 조금씩 자주, 천천히 먹게 한다.
- 뜨거운 음식은 메스꺼움을 유발할 수 있으므로 가능한 차갑게 해서 먹는다.
- 식후 1시간 정도 앉아서 휴식을 취한다.
- 음식 냄새가 나지 않고 환기가 잘되는 쾌적한 장소에서 식사한다.
- 너무 기름지거나(튀긴 음식) 단 음식(사탕, 꿀 등), 향이 강하거나 뜨거운 음식은 피한다.

구토 증상이 있을 때는 다음과 같이 도와준다.

- 억지로 먹거나 마시지 않게 한다.
- 구토가 멈추면, 물이나 육수 같은 맑은 유동식부터 조금씩 먹도록 한다.
- 머리를 약간 높인 상태로 쉬게 하며, 자세를 자주 바꿔 준다.
- 방은 자주 환기하고 불쾌한 냄새는 제거해 준다.

- 옷과 침대 커버는 자주 갈아 준다.
- 젖은 수건으로 얼굴을 시원하게 닦아 준다.

(3) 변비와 설사

변비는 수분과 음식 섭취가 불충분하거나 오래 누워 있을 때 생길 수 있으며 항암제나 진통제 등의 부작용으로 생기기도 한다. 가능한 한 수분을 충분히 섭취하고, 아침 식전이나 자기 전에 차가운 물을 마시면 장운동에 도움이 된다. 가능한 한 식사량을 늘리고 잡곡(현미, 콩)과 과일, 채소 등 섬유소가 많은 식품을 섭취한다. 매일 규칙적으로 조금씩 운동을 하며, 누운 자세에서 배를 부드럽게 문질러 주는 것이 도움이 된다.

유아기 아동들에게 감기 다음으로 가장 흔하게 나타나는 증상은 설사이다. 설사 자체가 병은 아니지만, 병의 증상으로 나타나는 것이므로 그 원인을 찾아내야 한다. 설사의 원인은 급성 감염성 설사와 감염 이외의 원인에 의한 설사로 구분할 수 있다. 급성 감염성 설사는 바이러스성 설사, 세균성 설사, 기생충에 의한 설사가 포함된다(임미혜, 정정옥, 2014). 설사는 장에 있는 나쁜 요소들을 내보내는 역할도 하므로 함부로 지사제를 사용해서는 안 된다. 설사를 멎게 하여 탈수를 막는 것보다는 수분을 공급하여 탈수를 막는 것이 중요하다.

건강장애 학생의 경우에는 감염으로 인한 설사가 아니라 항생제 사용에 의한 설사 증상이 나타날 수 있다. 소아암의 경우에는 화학요법, 방사선요법, 감염, 음식에 대한 과민반응, 불쾌감 등 여러 가지 원인으로 설사가 생길 수 있다. 이는 영양소의 흡수를 방해하고 과도한 수분 손실로 탈수를 일으킬 수 있으므로 다음과 같이 주의한다(서울대학교암병원, 2016; 한국백혈병어린이재단, 2001).

- 수분 섭취를 위해 물이나 음료 충분히 마시기
- 음식은 부드럽게 조리하여 소량씩 자주 먹기
- 염분과 칼륨이 많이 들어 있는 음식물을 섭취하여 설사로 인한 손실 보충하기(바나나, 복숭아, 삶은 감자, 스포츠음료 등)
- 너무 뜨겁거나 차가운 식품이나 음료 피하기
- 갑자기 설사할 때는 설사로 손실된 수분을 보충하고 장을 쉴 수 있도록 12~23시간 동안은 맑은 유동식을 먹이기
- 될 수 있는 대로 피해야 하는 음식 알고 지키기(기름진 음식, 양념이 강한 음식, 우유

및 유제품, 소화되기 어려운 생채소나 생과일, 브로콜리, 옥수수, 양배추 등과 같은 고섬유질의 채소, 커피와 초콜릿과 같은 카페인을 함유한 식품과 음료)

(4) 코피가 날 때

백혈병이나 출혈성 질환 등에 의한 증상의 하나로 코피가 날 때는 바로 병원에서 치료를 받아야 한다. 코피가 날 때 앉은 자세를 유지하고 머리를 약간 앞으로 숙이게 하여 목으로 넘어간 코피를 마시지 않고 콧구멍으로 흘러나오게 한다. 코피가 목 뒤로 넘어가면 질식이나 메스꺼움, 구토 등을 유발할 수 있다. 수업 중 소아암 학생이 발열, 코피 등 발생할 수 있는 사안에 대해 부모와 사전에 대처 방안을 의논하고, 사안이 발생하면 지침대로 조치한다.

(5) 열과 감기

감기는 원인균인 바이러스에 의해서 생기는 질환이다. 찬바람이나 습한 공기에 노출되었을 때, 저항력이 약한 상태나 알레르기 및 영양불량 상태에서 바이러스의 침입이 쉽게 발생한다. 증상은 두통이나 오한, 재채기 콧물 등이다. 그러나 병원에 입원해 있는 동안에는 매일매일의 기본적인 건강 수치 점검으로 쉽게 발견할 수 있다. 다만 수업 중 감기에 해당하는 증상을 호소할 때는 바로 조치한다.

(6) 면역 기능 저하

건강장애 학생이 항암치료로 인해 백혈구 수가 감소한 경우에는 감염에 대해 특히 주의해야 한다. 이 경우에는 음식 중에 박테리아균에 의한 감염을 방지하기 위해 익힌 음식을 먹어야 한다. 면역 기능이 저하되어 있을 때 특별히 조심해야 하는 사항은 다음과 같다(한국백혈병어린이재단, 2001).

- 음식을 조리하기 전이나 식사 전에는 반드시 손 씻기
- 조리에 사용되는 기구, 식기, 수저는 반드시 소독하기
- 모든 음식은 반드시 익혀서 먹기
- 제한 식품: 치즈, 생채소, 생과일, 우유, 아이스크림, 요구르트 등
- 허용 식품: 통조림, 두유, 캔 주스, 멸균우유, 분유, 청량음료 등
- 조리한 음식은 가능한 한 빨리 먹기

- 시판되는 간식(과자, 빵 등)은 오븐에 굽거나 전자레인지에 데워 먹기

2) 합병증관리

만성질환은 원인에 따라서 청소년기의 성장과 발달에 심각한 문제를 초래한다. 국내의 410명의 소아암, 희귀난치병 청소년을 대상으로 한 연구에서는 청소년들이 경험하고 있는 가장 큰 건강 문제는 체력저하로 나타났으며, 치료 종료 후의 기간이 길어질수록 안과 문제, 호르몬 및 성장 문제, 모발 문제 등을 호소하는 것으로 나타났다(여성가족부, 2016).

치료로 인한 합병증은 학생들에게 정신적인 부담을 주어 심각한 정신과적 문제를 일으키기도 한다. 신장장애 학생의 경우는 합병증을 관리하기 위해 일상생활에서 수분 및 염분의 조절, 식이조절, 규칙적인 약물 복용과 검사 등이 필요하다. 치료가 장기화되고 사회적 역할이 위축되면서 투석 중의 합병증 등으로 정서적인 장애를 일으키기도 한다(서울특별시교육연구정보원, 2006). 제1형 당뇨 학생의 경우에는 질병관리를 효과적으로 하지 못하는 데서 비롯되는 신체적 부작용이나 합병증에 대한 우려와 불안으로 우울과 스트레스가 높다. 건강장애 학생들은 감기나 심한 열과 같은 증상으로 합병증이 나타나기도 하므로 적극적인 생활 방식을 가지기 어렵다.

특히 소아암 학생의 경우 항암치료 및 방사선치료로 인한 후기 합병증은 심각한 수준에 이르기도 한다. 후기 합병증과 재발은 다른 개념이다. 종양은 완치가 되었지만, 치료과정에서 받은 화학요법이나 방사선 치료로 인해 나중에 여러 문제가 나타나는 것을 합병증이라 부른다. 많게는 치료를 종결한 환자의 2/3에서 한 가지 이상의 장기 부작용이 나타나는 것으로 알려져 있다. 가장 흔한 부작용으로는 신경·인지 기능 장애, 정신·심리적 문제, 심폐 기능 문제, 내분비장애, 근골격계장애, 불임, 이차 종양 발생 등이다(박경덕, 이지원, 2012). 소아암의 대표적인 합병증은 다음과 같다.

(1) 대사증후군

대사증후군(metabolic syndrome)은 인슐린 저항성과 고인슐린혈증을 공통분모로 하는 고혈압, 복부비만, 내당능장애, 이상지혈증 등이 한 개체 내에서 군집해서 발생하고 상호 관련성을 갖는 하나의 질환군이다(서울아산병원 질환백과). 내당능장애란 생체의 포도당 처리능력이 비정상으로 저하된 증상이며 대표적인 대사증후군의 하나이다. 대

사증후군에 관한 관심과 연구가 급증하는 것은 대사증후군을 가진 사람의 경우 제2형 당뇨병의 발생 위험이 5배 증가하고, 죽상경화증으로 인한 심혈관질환의 발생 위험률이 2~3배 증가하며, 이들 질환으로 인해 사망할 위험은 2배에 이르기 때문이다. 또한 심혈관 위험인자의 군집 현상이 높을수록 심혈관질환의 위험이 커진다. 따라서 대사증후군을 진단함으로써 각각의 심혈관 위험인자 단독 관리보다는 다른 심혈관 위험인자도 동시에 중재하는 포괄적인 관리를 통해 죽상경화증과 이에 따른 합병증을 예방하고 조기 진단해야 한다(박경덕, 이지원, 2012).

소아와 청소년 시기에서 대사증후군의 중요성이 주목받는 이유는 방치할 경우 심각한 수준의 질병으로 악화될 수 있기 때문이다. 가능한 어린 시기에 대사성 질환을 진단하여 심혈관질환을 예방해야 한다. 비만한 소아와 청소년에서 고혈압, 고지혈증과 같은 대사증후군 요소가 더 많이 나타나며, 소아·청소년 시기의 비만은 성인 비만으로 병에 걸릴 가능성이 크다. 또한 한번 발생한 심혈관계 위험 인자들은 오랫동안 지속되며, 성인기에 대사증후군, 당뇨병, 심혈관계 질환으로 이행된다.

연구 결과에 의하면 화학요법을 시행받은 환자의 대사증후군 발생이 2배 높으며, 항암요법과 방사선 치료를 함께 받은 환자군에서는 대사증후군 발생이 5배 높은 것으로 나타났다. 국내 연구에서도 암 생존자의 대사증후군 발생이 증가한다고 보고된 바 있다. 소아암 환자의 대사증후군은 방사선치료에 의한 뇌하수체 혹은 시상하부의 직접적인 손상에 의한 것으로 성장호르몬이 결핍되어 발생한다. 성장호르몬 결핍은 화학요법 단독만으로도 초래될 수 있다. 성장호르몬 결핍이 지질대사 및 인슐린 저항성에 영향을 미쳐 비만과 대사증후군의 원인이 되는 것이다. 화학요법과 방사선 치료는 성장호르몬뿐만 아니라 갑상선기능저하증과 성호르몬의 문제로 발생하는 성선기능저하증을 유발하기도 하는데, 이것은 대사증후군 위험을 높이는 원인이 된다(박경덕, 이지원, 2012).

(2) 심혈관계 및 폐 합병증

화학요법 및 방사선 치료는 신체 부위의 합병증을 유발할 수 있다(안효섭, 김순기, 2005). 첫째, 심혈관 부작용을 가져올 수 있다. 이러한 부작용은 급성으로 나타날 수도 있고 서서히 발생할 수도 있는데 증상이 없이 진행할 수 있다. 화학요법에 사용되는 약물 중 심근에 부작용을 초래할 수 있는 약물들은 어느 용량에서든지 심근에 영향을 미칠 수 있으며, 심부전은 $300mg/m^2$의 용량에서 약 11배가량 증가하고 심장에 전달되는 방사선 용량이 5Gy[1] 초과 시 심혈관질환으로 인한 사망이 증가한다.

둘째, 폐에 부작용을 유발할 수 있는데, 대조군보다 약 3배가량 합병증 위험도가 증가한다. 폐는 특히 방사선 치료에 민감하며 방사선 치료가 직접 폐에 전달되지 않을 때도 폐 합병증이 발생할 수 있다. 주로 흉곽의 발달이 비정상적이거나, 만성 기침, 산소 의존, 운동 시 숨이 가빠짐, 폐 섬유화, 재발성 폐렴, 재발성 부비동염 및 편도선염, 기관지염 등이 나타날 수 있다.

셋째, 사춘기 발달 지연 등의 문제를 유발할 수 있다. 남아의 정소에 방사선치료를 하는 경우 3~4Gy 미만이라면 대부분 성 기능을 회복하나 사춘기 발달 지연 등이 나타날 수 있다. 사춘기 이전의 남아에 대한 화학요법은 이후 정상적인 2차 성징에 별문제가 없지만, 이것이 정상적인 생식능력을 의미하는 것은 아니므로 사춘기 발달 및 생식능력에 대한 모니터링이 필요하다. 여아에게 화학요법을 하는 경우 대부분 생식 기능이 회복되지만 조기 폐경의 위험이 증가한다.

(3) 이차 종양

소아암 생존자는 건강상의 위험에 더욱 많이 노출되어 이차 종양 발생의 위험이 있다. 따라서 이차적인 암 발생 방지를 위한 노력으로 조기 진단과 개입이 필요하다. 이차 종양을 조기에 진단하기 위해서는 매년 혈액검사와 신체검진을 받아야 한다. 이차 종양의 발생과 위험성은 발생한 종양의 부위, 치료 종류, 방사선을 조사한 부위 등에 따라 달라질 수 있다. 그러므로 개별적인 위험도에 따라 선별검사를 시행한다. 생활 속에서 신체의 이상 증상이 생기는지 관찰한다.

3) 치료 후 건강관리[2]

치료가 종료되면 의료진과 잦은 접촉도 끝나며 다소 새롭고 생소한 단계의 관리가 시작된다. 발병 전의 정상적인 생활로 돌아가고 동시에 건강을 유지하기 위해서는 건강관리 노력이 필요하다. 박경덕 등(2014)은 소아·청소년 암치료 후 건강관리법에 대

---

1) 방사선의 양은 대개 Gray 단위에 의해 측정이 된다. 1Gy는 물질 1kg에 1J의 에너지가 흡수된 것을 말한다 (1Gy=1J/kg).

2) 이 부분의 내용은 박경덕 등(2014)의 소아·청소년 암치료 후 건강관리법에 대한 10가지 제안 내용을 발췌 요약하였다.

해 〈표 10-4〉와 같이 제안하였다.

표 10-4 치료 후에도 건강을 지킬 수 있는 10가지 수칙

1. 바르게 먹기
2. 꾸준히 운동하기
3. 건강 체중 유지하기
4. 건강한 치아 유지하기
5. 예방접종 지침 지키기
6. 건강에 지속해서 관심을 가지고 정기적으로 검진하기
7. 긍정적이고 적극적으로 생활하기
8. 절대로 흡연하지 말고 간접흡연도 피하기
9. 과도한 음주 피하기
10. 건강한 성생활하기

(1) 바르게 먹기

바르게 먹기는 건강을 크게 좌우한다. 나쁜 식습관은 심장질환, 뇌졸중, 당뇨, 암 발생의 위험을 높인다. 물론 일부러 과도하게 채식만 하거나 유기농 식품만을 고집할 필요는 없으나 바르게 먹는 것은 치료 종료 후에도 매우 중요하다.

채소와 과일 속 비타민 성분이나 항산화 성분은 암 발생률을 줄이기 때문에 충분히 섭취해야 한다. 채소류는 다른 식품에 함유된 발암성 물질과 유해성 화학 물질의 흡수를 막아 줌으로써 종양 발생률 감소에 도움이 된다. 따라서 신선한 과일과 채소를 많이 먹는 것이 좋다. 곡류나 채소, 과일 등에는 식이섬유의 함량이 높아 열량 조절에도 도움이 된다. 과도한 지방의 섭취는 대장암, 유방암, 전립선암 등의 위험을 증가시키는 것으로 알려져 있다. 특히 대장암, 유방암 등의 위험이 큰 소아암 생존자에게 고지방 식이 위주의 식습관은 위험할 수 있다. 조사 결과 과일을 적게 먹고 육류나 생선류, 버터나 마가린 등의 동물성 지방 위주로 식사를 한 군에서 유방암의 발생률이 2배 이상 높았다. 또한 고지방 식이는 비만, 심장질환 등 여러 질병 발생에 영향을 주며, 이러한 위험을 감소하기 위해서는 권장 열량의 바른 식생활을 유지해야 한다.

(2) 꾸준히 운동하기

꾸준한 운동은 여러 장기의 기능을 건강하게 유지하는 가장 좋은 방법이다. 이차 암을 예방하기 위해서도 운동은 중요하다. 또한 운동을 통해 활기찬 생활을 하는 것은

자신감을 높이고 스트레스를 감소시켜 정신건강에도 이롭다. 운동을 꾸준히 해야 하는 이유와 지속해서 운동하는 방법을 지도하고 건강상태에 맞는 운동습관을 가질 수 있도록 〈표 10-5〉의 내용을 참고하여 지도한다.

표 10-5　건강장애 학생의 운동 효과와 운동지도 방법

• 왜 꾸준히 운동해야 하나요?
- 심장질환의 위험을 낮출 수 있다.
- 근육을 늘려 주고 뼈를 튼튼하게 한다.
- 일부 암의 발생 위험을 낮출 수 있다.
- 뇌졸중을 예방하는 데 도움이 된다.
- 당뇨를 조절할 수 있다.
- 적정 체중을 유지할 수 있다.
- 생활에 활력을 주며 기분을 좋게 한다.

• 어떻게 하면 꾸준히 운동할 수 있을까요?
- 스스로 즐길 수 있는 운동을 한다.
- 운동을 같이할 친구를 만든다.
- 남는 시간에 운동하지 말고 하루 중에 운동할 시간을 정해 놓는다.
- 현실적으로 나에게 맞는 적절한 강도의 운동을 한다.
- 매일의 운동량을 기록한다.

출처: 박경덕 외(2014), p. 114에서 수정 발췌함.

(3) 건강 체중 유지하기

학생의 영양과 식습관은 암치료 때문에 영향을 받을 수 있다. 만일 학생이 스테로이드를 복용한 경우에는 짠 음식을 좋아하게 되고 비만이 될 수도 있다. 치료 종료 후에는 체중에 관한 관심이 적어지고 식습관이 불규칙해지며 치료 중에 발생한 저체중을 회복하고자 고열량의 음식을 과도하게 먹는 경우가 많아 오히려 과체중이 될 위험이 크다. 체중 증가와 비만은 암의 위험을 높인다. 따라서 건강 체중을 항상 점검하고 유지하도록 노력한다. 자신의 체중상태를 체질량 지수(BMI) 21~23으로 적정 체중을 유지하여 여러 위험을 최소화한다.

(4) 건강한 치아 유지하기

항암이나 방사선 치료를 받으면 충치, 잇몸 약화, 치아를 둘러싸고 있는 에나멜 손상 등 여러 가지 치아 관련 문제가 생긴다. 치아 관리를 위해 최소한 하루 두 번 이상 불소가 함유된 치약으로 이를 닦고 정기적으로 치실을 사용하며 구강 청결제를 사용한다.

(5) 예방접종 지침 지키기

항암치료를 종료하였거나 조혈모세포 이식을 받은 학생들은 치료 종료 후에도 상당 기간 면역이 저하된 상태가 지속한다. 따라서 여전히 여러 감염의 위험이 있다. 예방접종을 통해서 예방할 수 있는 감염도 있으므로 지연된 예방접종을 다시 시작해야한다. 항암치료를 받는 동안에는 독감 백신 등을 제외하고 예방접종은 일반적으로 금기이며 접종 효과도 없다. 면역억제치료를 중단한 후 정상적인 면역 반응으로 회복하는 데 약 3개월에서 1년이 소요되는 것으로 알려져 있으므로 그 이후에 예방접종을한다. 그러나 이 간격은 면역억제치료, 방사선치료, 기저 질환 및 그 외의 여러 요인의 정도나 종류에 따라 차이가 있으므로 반드시 담당 의사의 의견에 따라 접종을 시작한다.

그 밖에 본인의 건강에 지속해서 관심을 가지고 정기적으로 검진하도록 지도한다. 자신의 몸상태에 대해 잘 알아야 하며, 생활 수칙을 지켜 미래에 나타날 수 있는 불특정한 위험 요인을 줄여야 한다. 어려운 치료를 종료했다 하더라도 위험 요인은 언제라도 나타날 수 있다. 긍정적이고 적극적인 생활 태도로 정신적 건강함을 유지하도록 지도한다. 또한 청소년기에는 흡연과 음주에 대한 호기심이 실행되지 않도록 주의하며, 이후의 성인기를 대비하여 건강한 성생활을 위한 주의 사항도 지도한다.

4. 안전사고 관리와 응급처치

1) 기본 지침

안전사고가 일어났을 때는 신속하고 정확하게 대처한다. 사고 상황을 대비하는 기본 지침에는 사고 상황에서의 교사나 학생의 역할과 책임, 필요한 전화번호, 응급처치 과정 및 방법, 사고 상황에 사용할 수 있는 약품과 기구, 그 밖에 응급처치에 필요한 서류 등을 갖추는 것이 포함된다. 사고 상황에 대비하여 준비해야 하는 기본 지침의 내용은 〈표 10-6〉과 같다.

표 10-6	사고 상황에 대비하기 위한 기본 지침

- 역할 분담: 응급처치 담당자, 연락 담당자, 대피 담당자, 인솔자
- 도움을 구할 수 있는 곳의 전화번호 확보: 병원과 응급실, 구조대 등
- 응급처치에 관한 지식과 기술: 간단히 참고할 수 있는 매뉴얼이나 책자
- 상비의약품 및 기구: 사용법 및 용량 안내서 포함한 약품과 기구
- 치료 시 알아 두어야 할 개인 정보: 개인 특성 및 특정 약품에 대한 알레르기 반응 등
- 부모의 동의서

출처: 정미라, 배소연, 이영미(2003), p. 382.

첫째, 사고 상황을 대비하기 위해 역할을 분담한다. 대부분의 사고는 위급한 상황을 초래하는 경우가 많으므로 사고가 일어나면 교사도 당황할 수 있다. 교사는 사고를 당하거나 문제가 발생한 학생뿐만 아니라 남아 있는 학생들도 동시에 돌보아야 하므로 사고가 난 경우 신속하게 대처할 수 있도록 평소에 역할을 분담해야 한다. 누가 응급처치를 담당할 것이며, 구조대나 응급실로 연락하는 것은 누가 담당할지, 남은 학생들을 돌보는 역할은 누가 해야 할지, 대피가 필요한 경우에는 누가 담당할지 등의 역할 분담이 필요하다.

둘째, 응급 상황이나 안전사고 발생 시 도움을 구할 수 있는 곳의 전화번호를 쉽게 찾을 수 있도록 준비한다. 의료진을 부를 수 있는 전화번호 및 학생의 부모와 주치의의 전화번호 등도 파악하여 눈에 잘 띄는 곳에 부착해 둔다.

셋째, 응급 상황이나 안전사고 발생 시 교사가 취할 수 있는 응급처치법을 알아 두고 참고할 수 있는 매뉴얼이나 책자 등을 비치한다. 의료진이 도착할 때까지 필요한 임시 조치에 대해 미리 숙지한다. 여기서 임시 조치란 의사가 전문적이고 의학적인 치료를 할 수 있을 때까지 의학적 지식에 근거하여 손상이나 통증이 더 악화하지 않도록 임시로 의학적 조치를 하고 부상자를 보호하는 것을 의미한다(정미라, 배소연, 이영미, 2003).

넷째, 응급 상황이나 안전사고 발생 시 사용할 수 있는 상비의약품과 기구를 준비해 둔다. 상비의약품은 손쉽게 사용할 수 있도록 전용 상자에 담아 학생들의 손에 닿지 않는 곳에 안전하게 보관한다. 상비의약품은 시원한 곳에 보관하며 사용한 후에는 부족한 것이 없도록 보충해 놓으며 유효기간 등을 정기적으로 점검한다. 의약품은 사용 안내서를 같이 보관한다.

다섯째, 치료 시 알아 두어야 할 개인 정보는 학기 초에 미리 조사하여 기록 보관한

다. 질병에 따른 개인별 유의 사항이나 특정 약품에 대한 알레르기 반응 등 필요한 정보는 상세히 수집한다.

마지막으로, 부모와 연락이 닿지 않을 경우를 대비하여 응급처치를 필요로 하는 상황의 대처 방안과 이에 동의한다는 부모의 동의서를 받아 놓는다. 이에 대한 양식과 내용은 '제9장 학교복귀와 학교생활 적응 지원'을 참고하기 바란다.

학생들이 있는 곳에서는 언제라도 안전사고는 발생할 수 있다. 안전사고가 발생하면 앞에서 설명한 기본 지침에 따라 〈표 10-7〉의 순서와 같이 대처한다.

표 10-7 안전사고 발생 시 대처 방법

① 당황하지 않고 신속히 사고 상황을 파악한다. 이때는 또 다른 사고의 위험 유무를 판단한다. 다치거나 문제가 발생한 학생은 함부로 옮기지 않는다.

② 학생의 상태를 파악하여 적절히 조처한다. 맥박과 호흡, 의식의 여부를 확인하여 그에 맞는 조치를 한다. 필요한 경우 기도를 열어 주고 추가 사고가 이어지지 않도록 조치한다.
- 소아암 학생의 경우 출혈은 질병으로 인해 발현되는 것일 수 있으므로 부모에게 바로 알리고 10분 이상 지속되는 코피, 잇몸 출혈, 피부 출혈이 있을 때는 병원 진료를 받도록 한다.
- 만성질환의 종류에 따라 발생할 수 있는 응급 상황은 매우 다양하므로 개인별 유의 사항을 평소에 파악하고 조처 방안에 대해 미리 알아 둔다.
- 기도를 열어 주는 방법은 코나 입으로 들어간 공기가 기도를 통해 폐까지 들어갈 수 있도록 해 주는 것이다. 기도를 열 때는 먼저 입이나 코에 이물질이 들어 있는지를 확인하여 제거해 주고 아무것도 없다면 머리를 뒤로 젖히고 턱을 들어 올려서 혀가 기도를 막지 못하도록 한다.

③ 사고 상황에 처한 학생의 응급처치를 하는 동시에 구조대나 병원의 응급실에 도움을 요청한다. 사고 상황과 응급처치의 내용에 대한 정보를 의사에게 설명해 주면 진단과 치료에 도움이 될 수 있다.

④ 부모에게 연락한다.

⑤ 사고 상황에 처한 학생 외에 다른 학생들을 안심시킨다.

⑥ 사고 관련 기록을 남긴다.

출처: 정미라, 배소연, 이영미(2003), p. 389에서 수정 발췌함.

2) 일반적인 응급처치 원칙

우리나라의 「응급의료에 관한 법률」에서 응급처치란 "응급의료 행위의 하나로서 응급환자의 기도를 확보하고 심장박동의 회복, 그 밖에 생명의 위험이나 증상의 현저한 악화를 방지하기 위하여 긴급히 필요로 하는 처치"라고 규정하고 있다. 병원학교에서도 응급 상황은 언제라도 발생할 수 있다. 이때 병원 처치나 의료전문가의 치료를 받기 전까지 학생을 안전하게 보호하며 상처나 질병의 악화를 방지하고 추가적인 손상을 예방하기 위해 실시하는 것이 응급처치이다. 병원학교는 병원 내에 설치된 교육시설이기 때문에 응급 상황이 발생하는 경우 빠른 의료적 조치가 가능하다. 그러나 어느상황에서 어떤 어려움이 발생할지 모르기 때문에 건강장애 학생을 담당하는 모든 교사는 응급 상황에 대해 준비한다.

응급 상황에서 가장 중요한 것은 침착함을 유지하면서 규정되어 있는 응급 절차를체계적으로 실행하는 것이다.

응급처치의 일반적인 원칙은 다음과 같다(김경화, 신혜경, 이임복, 2012).

- 위험 지역에서 안전 지역으로 옮긴다.
- 원인과 상황을 파악하며 주위에 있는 위험 물질을 제거한다.
- 호흡 정지, 심한 출혈, 쇼크, 음독, 중독 순으로 하여 가장 긴급한 학생부터 처치한다.
- 호흡기에 공기가 들어갈 수 있도록 기도를 유지한다.
- 출혈이 있는 경우 지혈시킨다.
- 쇼크를 예방하는 처치를 한다.
- 상처에는 먼지, 세균, 이물질이 침투하지 않도록 보호한다.
- 학생을 편안히 눕히고 보호한다.
- 학생의 불안을 제거할 수 있도록 안심시킨다.
- 무의식 상태에서는 음식물을 주지 않는다.
- 학생의 상태와 처한 것을 모두 기록하고 관찰하며 재평가한다.

3) 교실에서의 응급처치

학교로 복귀한 건강장애 학생이 있는 학급에서는 의료상의 요구와 응급 상황에 대한 대처를 준비한다. 응급 상황을 대비하여 교사는 일상적인 필요, 조심해야 할 사항, 응급 시 행동강령 등에 대한 지침을 마련하여 숙지한다. 학생의 일상적인 요구, 조심해야 할 사항들을 공유하고 모든 교사 대상의 심폐소생술 등 응급 훈련을 실행한다. 응급 시 행동 지침은 가족과 학생의 의료 문제를 공식적으로 책임지는 전문가에 의해훈련이 이루어져야 한다. 의료적 문제 발생을 대비하여 부모나 학생의 의료 문제를 공식적으로 의료 책임자와 소통을 할 수 있도록 연락처를 확보한다.

교실 내에서 응급 상황이 발생했을 때 교사는 아무리 긴박한 상황일지라도 자신의 안전과 현장 상황에서의 안전을 확보해야 한다. 교사는 응급 상황에 처한 학생 외에 교실에 있는 다른 학생들의 심리적인 안정과 안전까지 고려해야 한다. 또한 교사는 응급 상황에서도 전문가가 판단하기 전까지 부상자의 생사를 판단하지 않으며, 의료전문가의 정확한 진단 없이 의약품을 사용하거나 구강을 통해 음식물을 제공하지 않도록 유의한다. 음식을 섭취할 경우 기도폐쇄의 가능성이 있고, 만약의 경우 필요한 응급 수술이나 중요한 검사 절차를 지연시킬 수 있기 때문이다. 119나 의료기관에 도움을 요청할 경우 정확한 학생의 상태 및 응급처치의 내용을 알리며, 현장에서 응급처치로 의식이 회복되었다 하더라도 반드시 전문 의료인에게 인계해야 한다(임미혜, 정정옥, 2014).

구체적인 응급처치의 단계는 다음과 같다.

- **1단계**: 위급 상황이라는 것을 인지할 것
- **2단계**: 어떻게 행동할 것인지 결정할 것
- **3단계**: 119에 신고할 것
- **4단계**: 응급의료요원이 사고현장에 도착할 때까지 적절한 응급처치를 할 것

4) 상황별 응급처치

모든 응급 상황은 학생에 따라 다를 수 있으므로 학교복귀 전에 부모와 협의하여 합의된 응급 대처 방안을 구축한다. 교실 상황에서 발생할 수 있는 응급 상황에 따른 대처 방안은 다음과 같다.

(1) 수업 중 통증

통증이 있으면 학생이 말하지 않아도 표정이나 행동으로 알 수 있으므로 무엇을 어떻게 도와주면 되는지 학생에게 물어본다. 대부분의 학생은 진통제를 학교에 가지고 다니므로 진통제를 복용하도록 한다. 학교생활 중 운동이나 과격한 신체 운동과 관련하여 통증이 심해지는 것을 방지한다.

(2) 수업 중 발작 증상

발작은 원인과 증상에 따라 처치 방법이 다르다. 발작이 시작되면 입을 막거나 무리하게 학생의 몸을 잡지 말고 그대로 놔둔다. 다만 머리 부분의 외상을 예방하기 위해 주변의 위험 물체를 제거하고 부드러운 천으로 머리 밑부분을 받쳐 준다. 구토가 있다면 기도로 역류하지 않도록 옆으로 눕힌 후에 입에서 토사물이 나오도록 돕고 치아에는 어떠한 것도 끼워 넣지 않는다. 발작이 멈추면 정상적인 호흡을 하게 되지만, 잠시 동안 의식이 흐린 상태로 방향감각이 없거나, 응답이 없을 수도 있다. 응급조치와 함께 또래들이 놀라지 않도록 안심시킨다. 발작이 지속되는 경우에는 바로 119에 도움을 요청한다.

(3) 수업 중 실신

학생에 따라서 실신 전 입이 마르고, 가슴이 뛰고, 답답하고, 어지러운 전조 증상이 나타나는 때도 있다. 실신이 반복되는 경우 외상이나 손상을 피하고자 주저앉거나, 그 자리에 눕거나, 쓰러진다. 이 경우에는 119에 도움을 요청하여 병원으로 이송한다.

(4) 소아천식 학생의 호흡 문제

당황하지 말고 조용히 똑바로 앉은 자세를 유지하게 한다. 의사가 처방해 준 대로 증상 완화 약물을 흡입시킨다. 대부분의 소아천식 학생은 응급 시 처치할 수 있는 약물을 소지하고 다닌다. 증상의 발생 빈도와 발생 특성은 학기 초 상담 시에 미리 파악한다.

(5) 제1형 당뇨 학생의 저혈당 증상

건강장애 학생으로 선정되지 않은 학생들이라도 도움이 필요한 경우는 언제든지 발생할 수 있다. 제1형 당뇨 학생에게 저혈당 증상이 나타났을 때는 의식의 여부에 따라 다르게 대응한다. 의식이 있는 경우에는 빨리 흡수되어 혈당을 올릴 수 있는 단순 당질 음식(설탕, 물, 꿀, 초콜릿, 각설탕 등)을 섭취토록 하고, 하던 일을 멈추고 휴식을 취하게 한다. 의식이 없는 경우에는 무리하게 음식물을 먹이면 음식물이 기도로 넘어가 호흡곤란이나 폐렴을 유발할 수 있으므로 즉시 병원으로 옮겨 포도당 주사를 맞도록 한다.

(6) 항암치료 후의 이상 증상

항암치료 중인 학생은 항암제 부작용이나 그 외의 각종 증상 때문에 응급실을 가야 할 때가 있다. 항암치료 중에는 면역력이 떨어져 있으므로 각종 전염병 질환에 대한 건강관리를 더욱 세심히 해야 한다. 항암치료 중에 응급실로 가야 할 필요가 있는 대표적 증상은 다음과 같다(박경덕 외, 2014).

- 열이 38도 이상 오를 때
- 토하거나 전혀 먹지 못할 때
- 대소변을 보기 힘들어하거나 통증이 수반될 때
- 걷기 힘들거나 몸의 어느 부위에 마비가 왔을 때
- 말하는 것이 평상시 같지 않을 때
- 과도하게 잠을 잘 때
- 잇몸이나 코피 등의 출혈이 있거나, 심한 멍이 들거나, 대변 혹은 소변에 피가 섞여 나올 때
- 머리나 신체 어느 부위에 심각한 통증이 있을 때
- 사람, 장소, 시간에 대한 인식능력이 없을 때

5. 심폐소생술

1) 기본 지침

모든 교사는 기도확보와 심폐소생술 등의 응급처치법과 상해 예방, 감염성 질병 예방에 관한 훈련을 받는다. 그중 심폐소생술(cardiopulmonary resuscitation: CPR)은 심장과 폐의 활동이 멈춰 호흡이 정지되었거나 의식을 잃고 숨을 쉬지 않을 때 실시하는 응급처치 방법이다. 심정지가 발생하면 그 순간부터 시간이 지나면서 매분 사망률이 증가한다. 〈표 10-8〉과 같이 5분 이상이면 뇌손상이 시작되고, 10분이 경과하면 소생가능성이 희박해진다. 따라서 응급 상황 시 즉각적인 심폐소생술을 시행하면 소생가능성을 2~3배 늘릴 수 있다.

표 10-8 심정지 시간에 따른 뇌 손상의 정도

심정지 시간	뇌 손상의 정도
0~4분	심폐소생술을 실시하면 뇌 손상의 가능성이 거의 없다.
4~6분	뇌 손상의 가능성이 높다.
6~10분	뇌 손상의 가능성이 확실하다.
10분 이상	심한 뇌 손상 또는 뇌사가 된다.

출처: 임미혜, 정정옥(2014), p. 221.

2) 심폐소생술의 단계

심폐소생술은 기도 확보, 호흡 회복, 순환 회복의 기술로 구성한다. 심폐소생술은 기도를 열리게 하고(airway), 인공호흡을 통해 다시 숨을 쉴 수 있도록 호흡을 회복시키고(breathing), 심장마사지를 통해 혈액이 순환되도록 하는(circulation) 과정을 포함한다. CPR은 의사나 119 요원 등 전문적인 지원인력이 도착할 때까지 실시하는 것으로 모든 교사는 이에 대한 훈련을 받고 있다. 대한심폐소생협회(www.kacpr.org)에서 심폐소생술에 대해 제시한 가이드라인을 정리하면 다음과 같다.

(1) 1단계: 의식 확인
반응을 보고 의식이 있는지 확인한다.

(2) 2단계: 도움 요청
반응이 없다면 즉시 주변에 있는 사람에게 119 등 응급의료체계에 신고하도록 도움을 요청한다.

(3) 3단계: 호흡 확인
머리를 젖히고 턱을 들어 올려 기도를 열어 확보한 후 호흡을 확인한다. 학생의 얼굴에 귀를 대고 호흡음을 듣는다. 뺨으로는 숨결의 유무를 느끼고, 눈으로는 학생의 가슴 부위를 쳐다보면서 가슴의 움직임을 살펴본다. 일반인은 비정상적인 호흡상태를 정확히 평가하기 어려우므로 응급의료 전화상담원의 도움을 받는 것이 바람직하다.

(4) 4단계: 가슴 압박 30회 시행

학생을 단단하고 평평한 바닥에 등을 대고 눕힌 뒤에 가슴뼈의 아래쪽 절반 부위에 깍지를 낀 두 손의 손바닥 뒤꿈치를 댄다. 손가락이 가슴에 닿지 않도록 주의하면서, 양팔을 쭉 편 상태로 체중을 실어서 학생의 몸과 수직이 되도록 가슴을 압박하고, 압박된 가슴은 완전히 이완되도록 한다. 가슴 압박은 성인에서 분당 100~120회의 속도와 약 5cm 깊이(소아의 경우는 4~5cm)로 강하고 빠르게 시행한다. '하나, 둘, 셋…… 서른' 하고 세어 가면서 규칙적으로 시행하며, 압박된 가슴은 완전히 이완되도록 한다.

(5) 5단계: 인공호흡 2회 시행

학생의 머리를 젖히고, 턱을 들어 올려 학생의 기도를 개방한다. 머리를 젖혔던 손의 엄지와 검지로 학생의 코를 잡아서 막고, 입을 크게 벌려 학생의 입을 완전히 막은 후 가슴이 올라올 정도로 1초에 걸쳐서 숨을 불어넣는다. 숨을 불어넣을 때는 학생의 가슴이 부풀어 오르는지 눈으로 확인한다. 숨을 불어넣은 후에는 입을 떼고 코도 놓아 주어서 공기가 배출되도록 한다. 인공호흡 방법을 모르거나, 꺼려질 때는 인공호흡을 제외하고 지속해서 가슴 압박만을 시행하는 가슴 압박 소생술을 실시한다.

(6) 6단계: 가슴 압박과 인공호흡의 반복

이후에는 119 구급대원이 현장에 도착할 때까지 30회의 가슴 압박과 2회의 인공호흡을 반복해서 시행한다. 다른 구조자가 있는 경우에는 한 구조자는 가슴 압박을 시행하고 다른 구조자는 인공호흡을 맡아서 시행하며, 심폐소생술 5주기(30:2 가슴 압박과 인공호흡 5회)를 시행한 뒤에 서로 역할을 교대한다.

(7) 7단계: 회복 자세

가슴 압박 소생술을 시행하던 중에 학생이 소리를 내거나 움직이면, 호흡도 회복되었는지 확인한다. 호흡이 회복되었다면, 학생을 옆으로 돌려 눕혀 기도가 막히는 것을 예방한다. 그 후 학생의 반응과 호흡을 관찰한다. 학생의 반응과 정상적인 호흡이 없어진다면 심정지가 재발한 것이므로 신속히 가슴 압박과 인공호흡을 다시 시작한다.

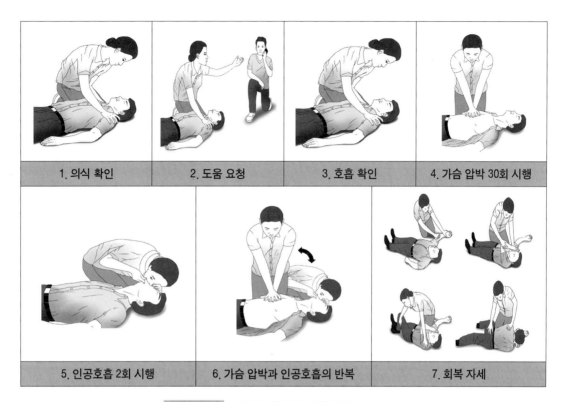

1. 의식 확인	2. 도움 요청	3. 호흡 확인	4. 가슴 압박 30회 시행
5. 인공호흡 2회 시행	6. 가슴 압박과 인공호흡의 반복		7. 회복 자세

그림 10-1   심폐소생술의 시행 방법

출처: 대한심폐소생협회 홈페이지(http://www.kacpr.org/page/page.php?category_idx=3&category1_
    code=1247206302&category2_code=1527742406&page_idx=1115).

요약

건강장애로 진단을 받은 학생들은 본인에게 일어난 일에 적응하기까지는 건강 문제를 인식하고 적절한 행동을 취하는 데 능동적이지 못하다. 이 장에서는 건강장애 학생이 스스로 건강에 대한 인식을 높이고 건강을 관리할 수 있도록 병원학교에서의 위생과 청결 지도, 수면과 휴식, 생활지도 방안에 대해 살펴보았다. 질병을 이겨 내기 위해 준수해야 할 건강관리 내용은 대부분 가정을 중심으로 이루어지나, 학생들이 경험하는 어려움에 대한 교사의 이해를 높이고자 상세한 내용을 제시하였다. 건강장애 학생을 포함한 모든 학생을 위한 안전한 교육환경의 조건에 대해 살펴보았다. 학교의 실내 공간을 청결하게 관리하며, 학습 환경을 쾌적하게 조성하는 것은 학생들의 건강관리에 도움이 된다.

교사는 학생의 건강 문제에 대해 바르게 이해하고 가정과 협력하여 학생이 최상의 건강상태를 유지할 수 있도록 관리할 책임이 있다. 만성질환을 가지고 있는 학생들은 병원학교나 다니던 학교로 복귀하게 되어도 건강상의 문제들은 지속적으로 나타날 수 있다. 이 장에서는 학생들에게 나타날 수 있는 증상별 교사의 대처 방법과 치료과정에서 나타날 수 있는 합병증, 치료 후의 건강관리 방법으로서 식사, 운동 등 건강관리법에 대해 상세히 다루었다. 또한 발생할 수 있는 안전사고에 관한 지침과 대처 방법, 상황별 응급처치 방법과 심폐소생술의 절차에 대해서도 제시하였다.

학령기 아동들은 만성질환을 진단받을 때에는 성인과 마찬가지로 두려움을 느낀다. 건강장애 학생이 자신의 병에 대해 바르게 이해하고 건강과 삶에 대한 통제력을 가질 수 있도록 눈높이에 맞는 건강교육을 할 때, 질병을 더 잘 관리할 수 있다. 건강 상황을 안정적으로 관리할 수 있다면 학생들은 덜 걱정하고, 덜 우울하며, 학교생활을 더 잘할 수 있게 되므로, 가정과 연계한 건강교육을 통해 학생 스스로 학습하고 실행할 수 있도록 지도한다.

함께 나누는 질문

1. 건강장애 학생의 면역력과 체력을 키우기 위한 영양교육에 포함되어야 하는 내용은 무엇인가요?

2. 조혈모세포 이식을 받은 소아암 학생이 주의해야 할 식품은 무엇인가요?

3. 안전한 교육환경을 만들기 위한 교재교구 소독 방법은 무엇인가요?

4. 유치원생과 초등학교 저학년 학생들의 안전을 위해 교실환경에서 점검해야 할 사항은 무엇인가요?

5. 교실 내의 사고 상황에 대비하여 준비해야 하는 기본 지침은 무엇인가요?

6. 심폐소생술의 7단계 시행 방법은 무엇인가요?

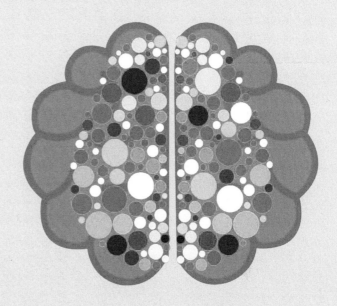

제11장

사회정서적 지원과 자립 지원

1. 건강장애 청소년의 정신건강

1) 정신건강의 중요성

정신건강은 인간의 모든 활동의 기본이 되며 개인의 성장 발달과 건강을 유지하는 데 매우 중요한 요소이다. 학령기 학생들에게 만성질환의 출현은 정신건강이 위협받는 매우 심각한 사건이다. 건강장애로 진단된 이후 가능한 빠르게 수용하여 생활 속에서 병을 관리하고 적응하기 위해서는 정신적으로 건강해야 한다.

정신건강은 단순히 정신적 질환이 없는 상태가 아니라 자신의 상태를 자각하고 스트레스에 적절히 대하며 자신에게 주어진 역할을 다할 수 있는 상태를 의미한다. 학령기의 정신병리를 그대로 방치하면 또 다른 부적응 문제가 나타날 수 있다. 그러므로 정신병리의 특성을 조기에 발견하여 예방책을 마련하고 최적의 시기에 상담 및 치료개입 등 전문적인 도움이 필요하다.

2) 정신건강에 영향을 미치는 요인

일반적으로 정신건강에 영향을 주는 요인에 대해 학자들은 다양한 변인으로 설명한다. 정신건강에 영향을 미치는 요인은 질병의 특성, 학생의 개인 요인, 가족 요인, 사회문화 요인 등으로 설명할 수 있다.

첫째, 만성질환이 가지는 질병의 특성은 학생의 정신건강에 영향을 주며, 질병별로 정신건강에 미치는 영향은 다르다. 만성질환은 종류에 따라 증상과 예후가 다르다. 질병의 종류가 같아도 개별학생에 따라 미치는 영향은 다르게 나타날 수 있으며, 치료에 필요한 기간도 동일하지 않다. 질병이 언제 발견되고 진단되는가에 따라 그 영향이 다르므로 학생의 개별적인 정신건강 상태를 고려하여 매우 민감하면서도 개별적인 지원이 필요하다.

둘째, 학생의 개인 요인에 따라 정신건강에 미치는 영향은 다르다. 학생의 성별, 나이에 따라 질병 수용 정도가 다를 수 있으며, 개인의 성격 특성에 따라 대처하는 기제가 다르다. 질병에 대한 분노, 공포, 우울, 슬픔, 수치심 등의 부정적인 감정이 많을수록 정신건강의 어려움을 유발한다. 개인적인 특성에 따라 상실감, 열등감, 분노, 방어,

보상 등의 심리 반응이 다르게 나타난다.

박기령과 최중진(2016)은 개인이 가지는 회복 탄력성(resilience)이 청소년의 적응에 유의미한 영향을 미치는 중요한 변인임을 보고하였다. 청소년의 회복 탄력성은 개인의 심리적 차원을 넘어서는 다차원적인 구조이다. 회복 탄력성은 소아암 청소년의 학교 적응과 질병 적응을 높여 주고, 스트레스 감소에 영향을 주며, 소아암 청소년의 '건강 관련 삶의 질'에 영향을 준다(김동희, 2014; 김미진, 2018; 이영희, 2015).

셋째, 학생의 가족 요인에 따라 정신건강에 미치는 영향은 다르다. 학생의 정신건강에 영향을 주는 대표 요인은 부모를 포함한 양육자의 신체·정신 건강이다. 건강장애 학생의 정신건강은 부모의 수용과 적응 등 부모의 양육 태도에 따라 영향을 받는다. 자녀의 질병에 대한 부모의 태도는 학생에게 직접적인 영향을 미친다. 치료를 받는 동안 거의 모든 생활을 부모와 함께하기 때문에 부모의 질병 수용이 빠르고 긍정적일수록 학생의 정신건강에 좋은 영향을 미칠 수 있다.

입원과 치료로 인한 가족의 생활환경의 급격한 변화는 학생들에게 스트레스가 되며, 비정기적인 치료 일정과 질병의 예후는 학생을 매우 혼란스러운 상황에 처하게 만든다. 이러한 상황에서 부모는 학생의 작은 변화에도 민감해져야 하며, 이해하는 태도가 필요하다. 표윤희와 김정연(2019)의 연구에서는 건강장애 학생들의 교육지원을 위해서는 학생의 특성에 적합한 학습 및 심리 지원도 중요하지만 진단 초기에 부모를 대상으로 집중적인 상담 지원과 자녀 교육을 지원할 수 있는 정책의 필요성을 강조하였다. 부모교육 및 상담을 통한 심리 지원과 역량 강화는 학생의 정신건강에 기여할 수 있다.

넷째, 사회문화 요인이다. 만성질환을 가진 학생들을 학교나 지역사회에서 어떻게 수용하고 대응하는지의 사회적 인식 정도에 따라 건강장애 학생과 가족의 적응도는 영향을 받는다.

2. 건강장애 청소년의 사회정서적 특성과 지원

1) 사회정서적 특성

아동기에서 성인기로 전환하는 시기의 청소년들은 급격한 성장과 심리적 불안정,

독립 성향, 또래집단의 규범 중시 등의 특성을 보이며 외모, 성적인 성숙, 미래에 대한 계획 등에 민감하다. 청소년기는 정신적으로 미성숙하고, 내외적 스트레스를 극복하거나 대처능력이 미약하여, 정신질환을 포함한 정신건강 문제가 발병하기 쉬운 시기이다(류화라, 2020).

소아암 청소년의 경우에는 신체적·정신적·사회적 변화뿐만 아니라 암이라는 질병으로 인해 나타나는 항암 부작용, 치료 후유증, 재발의 두려움, 또래관계 및 대인관계 변화 등의 경험을 다발적으로 겪기 때문에 심리적 불안 등의 취약성에 노출되기 쉽다(김선희, 2019). 이들에게 치료로 인한 외모의 변화, 사춘기의 지연 등의 부작용이 치명적인 심리적 상처가 될 수 있다.

학교를 떠나 있는 동안의 치료 과정은 학생들의 인지적·사회정서적·신체적 어려움을 유발하며, 학교생활의 적응을 어렵게 한다. 병원생활로 인한 학교생활의 오랜 공백은 소외감과 고립감을 유발하며 또래 및 교사와의 사회적 관계를 방해한다(오진아, 2004). 만성적인 피로감과 피곤함은 학업에만 영향을 미치는 것이 아니라 정신적인 문제도 유발한다. 스테로이드제를 장기 복용하는 학생들은 약의 부작용으로 성격 변화가 나타나며, 심하면 스테로이드 정신병(steroid psychosis)에 걸릴 수도 있다. 대개는 경구용 스테로이드 사용 후 수일 내에 갑자기 생긴다. 가장 흔한 초기 증상으로는 대뇌의 지나친 흥분(hyper excitabilities)으로, 감정이 불안정하고 기분이 변하며 불쾌해지고, 소리에 민감해진다. 심각한 경우에는 주의산만, 근심, 환상, 기억력 장애 등의 증상을 보일 수도 있다. 치료하면 90%는 완전하게 회복되나(안효섭, 김순기, 2005), 이러한 부작용을 처음 경험하는 학생들에게는 심각한 두려움이 될 수 있다.

만성질환은 일상적인 생활 속에서 늘 해 오던 일들을 방해하며 거의 모든 생활에 상당한 수준의 영향을 미친다. 학생들은 자신의 신체적·정신적 미성숙과 불확실한 미래, 즉 진학과 직업 및 진로를 결정하는 등의 고민에 직면한다.

소아암을 가지고 있는 학생과 완치자들의 심리사회적 적응을 탐색한 연구들에서는 청소년 시기의 만성질환이 심리사회적 적응에 부정적 영향을 미치는 것으로 보고하였다. 소아암을 경험한 청소년들의 적응과정을 탐색한 유미애(2006)의 연구에 의하면 백혈병이 완치된 청소년 13명은 본인들의 소아암 경험에 대해 긍정적 사고를 갖고 어려움에 대해 적극적으로 해결하거나 회피하는 등의 대처 방법을 이용한다고 보고하였다. 그러나 많은 연구가 청소년의 심리사회적 적응에 어려움이 있음을 지적하였다. 청소년들은 암 진단 이후 정상적인 삶을 벗어난 '정지된 삶'을 경험했고, 소아암이 주변 사람들로부터 죽음을 연상시키기 때문에 동정심을 유발하여 자존감이 낮아졌다고 보고하였다(손선영, 2011). 또한 소아암의 경험은 부정적인 자아 신체상과 학교생활에서의 위축감을 경험하게 만든다(김윤정, 권혜진, 2013). 학교생활에서 또래로부터 차별을 경험하게 하며 그로 인해 학교생활 적응에도 부정적 영향을 미친다(남석인, 최권호, 2013).

다음의 내용은 암을 완치한 청소년들이 성장과정에서 겪은 어려움과 여전히 남아 있는 어려움에 관한 신문기사이다.

🖋 교육현장 & 공감

3년의 투병, 30년의 꼬리표······ 외톨이 된 소아암 생존자

하루 4명. 국내에서 하루 평균 소아암 진단을 받는 아이들의 숫자이다. 한국백혈병어린이재단에 따르면 백혈병, 뇌종양, 골육종 등 1년에 1,500명가량의 소아암환자가 발생한다. 2014년 기준 소아암 진료 인원은 1만 3,775명으로 전체 암환자의 1%가 어린이·청소년으로 추산된다.

소아암 완치율(5년 생존율)은 성인 암(70%)보다 높은 80% 수준으로 대부분의 아이가 치료과정을 잘 극복하고 '소아암 생존자'가 된다. 그러나 한창 몸과 마음이 자랄 시기에 투병생활을 한 소아암 생존자들은 암치료 및 회복 과정에서 성인 암 생존자보다 큰 심리적 충격을 받는 경우가 많다. 우울·불안 증상을 보이거나 학교에 적응하지 못하는 등 '원래의 삶'으로 돌아가는 데 큰 어려움을 겪기도 한다.

■ 마음에 새겨진 상처

이예준(22) 씨는 초등학교 5학년 때 뼈에 생기는 암인 골육종 진단을 받았다. 이후 몸 상태가 호전됐다가 재발하고 폐로 전이되는 일이 반복되면서 사춘기 시절 대부분을 병원에서 보내야 했다. 지금껏 수술만 5번, 항암치료는 13번이나 받았다.

이 씨는 "치료받을 당시에는 암이 뭔지도 몰랐다. 그냥 너무 아파서 '내가 뭘 잘못한 거지, 왜 이렇게 살아야 하나.'란 생각만 했다."며 "상태가 좋아지면 부모님은 좋아했지만 나는 '어차피 나아 봤자 또 재발할 텐데.'라고 생각했다. 삶에 의욕이 없었다."라고 회상했다. 다행히 몸상태는 회복됐지만, 문제는 마음에 새겨진 상처였다. 치료 때문에 학교를 자퇴했던 이 씨는 치료가 끝난 뒤에도 돌아갈 곳이 없었다. '내일'에 대한 꿈이 없던 그는 몇 년간 집에서 하루 종일 게임만 했다. 그사이 마음속 병은 점점 더 커졌다. 지난해 부모님 손에 이끌려 상담센터를 찾은 그는 뒤늦게 자신이 우울증을 앓고 있다는 것을 알게 됐다. 그는 현재 약물과 상담치료를 받고 있다. 이 씨는 "그동안 몸속 암만 생각하고 마음속 응어리는 방치했다."며 "더 어릴 때부터 심리상담을 받을 수 있었다면 좋았을 것"이라고 아쉬워했다.

이 씨처럼 많은 소아암 생존자는 치료과정에서 혹은 치료가 끝난 뒤에도 극심한 사춘기를 겪는다. 성인 암환자는 스스로 암을 이겨 내려는 의지가 있고, 치료가 고통스럽더라도 '내 몸을 위한 치료'란 것을 인지하지만 소아암환자들은 자신이 왜 이런 치료를 받아야 하는지 이해하지 못하고, 이 과정에서 좌절감과 무기력함을 느끼는 경우가 많다. 이런 마음이 트라우마로 남아 오랜 상흔이 된다.

미국 다나파버 암연구소에 따르면 성인이 된 소아암 생존자 266명(평균 28세)을 조사한 결과 13%(29명)가 자살 충동을 경험했다. 암치료가 끝나고 수년, 수십 년 뒤에도 심리적 고통을 겪고 있다는 것이다. 하지만 많은 소아암 생존자는 신체치료에 집중하느라 제대로 된 심리상담을 받지 못하고 있다.

■ 학교에서도 소외감

소아암 생존자들의 투병 기간은 평균 44개월이다. 3년 넘게 치료를 받다 보니 80%가량은 학교를 쉬게 된다. 이들은 치료 뒤 학교로 돌아가지만 적응하지 못해 어려움을 겪는다.

초등학교 4학년부터 쉬다가 6학년 때 복학했다는 박태형(27) 씨는 "'전염되는 것 아니냐'며 나와 어울리지 말라고 하는 친구 부모님들도 있었다."면서 "오랜만에 보다 보니 친했던 친구들도 어색해서 한동안 적응하기 힘들었다."라고 토로했다. 김지현(27, 여) 씨는 "체력이 약해서 반 청소에서 빠지거나 자주 조퇴하는 것을 보고 '왜 쟤는 봐주냐'면서 시기하는 아이들이 있었다."라고 털어놨다. 학교의 과보호가 문제가 되기도 한다. 건강이 회복됐는데도 아팠다는 이유로 학교 측에서 수학여행이나 소풍, 체육 시간에 불참할 것을 권유하는 것이다. 이때 소아암 생존자의 자신감을 꺾고, 다른 아이들로부터 배제해 소외감을 느끼게 한다.

이에 대해 한국백혈병어린이재단은 "소아암에 대한 왜곡된 시선과 무지 때문"이라고 말한다. 재단이 소아암 생존자의 반 친구들에게 소아암 교육 프로그램을 진행한 결과 '소아암은 전염되지 않는다'라는 응답은 56%에서 87%로, '소아암은 완치가 가능하다'라는 응답은 65%에서 93%로 높아지는 등 인식 변화에 교육이 중요한 것으로 나타났다. 전문가들은 이 같은 교육 · 상담 프로그램이 좀 더 체계적으로 마련돼야 한다고 지적한다.

국립암센터 정신건강클리닉 김은영 박사는 "소아암 생존자들은 암 진단 · 치료 시기가 신체 · 정서 · 인지 발달 기간인 데다 교육기회나 또래집단과의 사회적 교류가 적어 정체성 형성 등 주요 사회 심리적 발달이 지연되거나 불가능해질 수 있다."며 "환자와 부모에 대한 정신치료적 접근, 장기적인 추적 관찰 등 심리사회적 개입 방법 개발이 필요하다."라고 밝혔다.

출처: 윤지로, 김유나, 이창수(2016. 7. 5.).

이러한 청소년기의 특성을 고려하여 학교생활에 적응할 수 있도록 심리정서적인 상담과 지원이 우선 요구된다. 상담 지원이 가장 필요한 시기는 진단을 받은 직후이다. 이 시기에는 학생들의 심리적 지원 요구가 크므로 진단을 받는 기관에서 바로 연계될 수 있도록 병원 중심의 지원체제가 필요하다. 병원 입원 시 적절한 상담이 바로 이루어진다면 이후의 심리정서적 적응을 높일 수 있다.

진단 이후 교육 배치가 달라지는 시점에서의 초기 지원은 건강장애 학생이 자신의 병을 이해하고 건강한 삶에 대한 통제력을 가질 수 있는 내용을 포함해야 한다. 자기이해 능력을 향상하고(김진주, 박재국, 구신실, 2009), 자아존중감(오진아, 2004)을 높이는 심리정서적 지원은 청소년기의 심리적 변화와 불안을 감소하며 여러 가지 변화에 대처할 수 있도록 도와 일상생활 적응에 긍정적인 영향을 줄 수 있다. 청소년기의 교육은 성인기 이후에도 정신건강을 유지할 수 있도록 돕는다.

Decker, Phillips와 Haase(2004)는 암으로 진단받은 학생과 진단 후 수년째 치료를 받는 만 11~21세의 청소년들의 심리적 지원을 위해 강조할 사항에 대해 다음과 같이 제안하였다.

- 치료 절차에 대처하는 방법
- 또래와의 관계
- 학교로 복귀하기
- 가족과의 관계
- 치료 종료에 대한 것
- 암 진단을 받은 것에 적응하는 방법
- 우울, 불안, 상실감, 죽음의 문제 다루기
- 다른 암환자 돕기
- 학교, 직장, 군대에서의 암에 대한 차별 다루기
- 부모의 과보호에 대응하기
- 자신의 암에 관해 이야기하는 방법
- 신체적 외모의 변화에 대해 다루기
- 메스꺼움, 구토와 같은 부작용에 대한 주제

국내의 410명의 소아암, 희귀난치병 청소년을 대상으로 한 여성가족부(2016)의 연구에서는 청소년의 정신 및 심리 상태는 비교적 양호한 것으로 파악되었다. 그러나 후기 청소년기로 접어들수록 삶의 질이 낮아지고, 가정의 경제적 수준이 삶의 질에 영향을 미쳐 경제적으로 어렵다고 인식할수록 청소년의 삶의 질은 낮아지는 것으로 보고하였다. 특히 우울, 불안과 공격성의 경우는 질병 종류에 따라 차이가 나타났다. 소아암보다는 희귀난치성 질환이 우울 및 불안 등 부정적 측면의 정서상태에 더 나쁜 영향을 주는 것으로 파악되었다. 이는 소아암의 경우는 완치라는 것이 있지만, 희귀난치성 질환은 질환의 특성상 희귀하여 소외감을 더 많이 느끼며 완치가 어려워서 정신적 스트레스가 더 큰 것으로 추측할 수 있다. 그러므로 건강장애 학생의 사회정서적 문제와 요구를 다룰 때는 개별학생의 질병 원인과 증상에 따른 접근이 필수이다.

2) 사회정서적 지원

소아암의 발병은 학생과 가족 모두에게 매우 심각한 스트레스 사건이며, 급성적인 위기 상황인 만큼 빠른 개입과 체계적인 지원이 중요하다. 건강장애 학생들의 심리정서적인 지원은 학생의 발달과정에 지속해서 영향을 미친다.

국내에서도 건강장애 학생들의 교육지원을 시작한 2005년 이후 건강장애 학생의 지원 방향이 점차 광범위해지고 있다. 치료 종료 후의 교육 및 심리 적응 지원 등 장기적인 차원에서의 적응과 지원 방안의 중요성이 강조되고 있다(김정연, 박은혜, 김유리, 2015). 만성질환에 관한 과거의 연구들이 대부분 질병으로 인한 신체 증상, 죽음에 대한 반응을 다루었다면, 최근에는 학생의 삶의 질이나 적응에 관한 연구가 활발해지는 것으로 보아(Katz et al., 1992; Rynard et al., 1998), 심리정서적 지원의 중요성이 강조되는 것으로 볼 수 있다.

건강장애 학생의 교육지원 요구를 조사한 연구(임장현, 김정연, 김시원, 2017)에서는 건강장애 학생 교육에서 중점을 두어야 하는 영역으로 건강관리 및 심리적 지원(65.63%), 교과 학습을 통한 학업 연계(16.07%), 사회생활 적응 역량지도(9.38%), 신변처리 등의 일상생활 역량지도(8.93%) 순으로 나타나 심리정서적 지원의 필요성을 강조하였다.

질병은 학교생활에 적극적으로 참여하지 못하게 하며 여러 가지 활동을 제한하기 때문에 학생들은 정서적으로 고립된다. 또한 또래나 교사와의 관계가 불안정해지면서 심리적 불안감을 느끼게 된다(Lightfoot, Wright, & Sloper, 1999). 특수교육 실태조사(2011)에 의하면 건강장애 학생 중 67.1%가 약물을 복용하는 것으로 나타났는데, 이들

중 많은 수가 약물 복용으로 인한 부작용, 피로감, 이차적 증상 등의 어려움이 있을 것으로 예측되므로 이에 대한 심리적 지원의 필요성을 짐작할 수 있다(김정연, 박은혜, 김유리, 2015).

그러나 정신건강은 상대적인 것이므로 학생 개인이 처한 상황에 따라 심리정서적 적응 정도는 달라질 수 있다. 그러므로 학생의 생각과 감정, 행동이 정상 범주에 속하는지의 여부를 판단하기 전에 학생의 연령과 발달단계에 적절한 심리정서적 지원을 제공해야 한다. 만성질환을 가지고 있는 학생들의 정신건강을 증진시키기 위한 활동은 다음과 같이 제시할 수 있다.

(1) 자유로운 감정 표출과 자기조절

사회정서적 지원의 목적은 건강장애 청소년들이 질병에 대한 자기이해를 높이고 자연스러운 감정들을 심리적으로 표출하여 긍정적인 자존감을 형성하도록 돕는 것이다. 자신의 감정을 바르게 이해하는 것은 당면한 문제에 대처하는 힘을 기르는 데 도움이 된다.

건강장애 학생들의 학교생활 적응에 관한 연구에서는 개인의 내적 특성과 관련된 요인들이 학교생활 적응에 영향을 미치는 것으로 보고하였다. 즉, 자아존중감, 자기효능감, 자아탄력성이 높을수록 학교 생활적응에 긍정적인 영향을 미친다(송영진, 박민자, 2015). 또한 공격성, 우울, 불안, 적대감이 높을수록 학교 생활적응에 부정적인 영향을 미친다(이시연, 2014; 이은혜, 박화옥, 2014). 특히 우울증은 한 번에 해소되거나 감소하는 부분이 아니므로 건강장애 청소년들이 우울감에서 벗어날 수 있도록 해소하는 기회를 지속적으로 제공할 것을 제안하였다. 예를 들어, 신체 활동 참여는 학생들의 학교생활 적응에 긍정적인 영향을 미친다(송영진, 박민자, 2015).

그 밖에 우울감에서 벗어나게 하는 방안은 다음과 같다. 첫째, 인지적 접근이다. 인지적 접근은 현 상황에 대한 객관적 관점을 갖도록 하는 것이다. 현 상황이 절대 슬프거나 외로운 상황이 아니라는 것을 '나'에게 주지시키는 것이다. 현재의 자신의 모습을 부족하거나 비정상적인 모습이 아니라 '지금 내가' 누릴 수 있는 최선의 모습이라는 것을 인식하고 현 상황을 긍정적으로 인정하는 것이다.

둘째, 정서적 접근이다. 자기 삶의 영역에서 부정적인 모습을 버리고 스스로 노력하면 바꿀 수 있다는 자신감을 느끼는 것이다. 가능하면 많이 웃는 기회를 가지면서 다른 사람들에 대한 반응에도 편안함을 느끼도록 조절한다. 가능하면 자신의 감정을 자유롭게 표현하며 조절할 기회를 제공한다. 부정적 감정이 생기거나 좌절될 때, 회피하거나 숨기지 말고 그대로 인정하며 자연스러운 감정으로 인식하도록 소통할 수 있는 통로를 만들어 준다. 좌절을 경험할 때 기다리며, 충분히 아파할 때까지 기다려 준다. 개입이 필요한 시기에 학생의 감정을 읽어 주고 좌절에 대해 말할 기회를 주어 자신의 기분을 표출하도록 한다. 점차로 긍정적인 감정을 표현할 수 있을 때까지 기다린다.

셋째, 행동적 접근이다. 우울한 생각이 들 때마다 느낌과 생각, 상황, 이유 등을 구체적으로 기록한다. 마찬가지로 긍정적인 기분에 대해서도 느낌과 생각, 상황, 이유 등을 구체적으로 기록한다. 병원 혹은 가정이라는 제한된 공간에 있을 때도 일상에서 경험하는 감정과 생각들을 구체적으로 기록하며 스스로 좋아하는 활동을 찾아서 실천하도록 한다.

(2) 긍정적인 자아개념 갖기

긍정적 자아개념이란 자신을 유능하고 중요하며 가치 있게 생각하는 것이다. 자신에 대한 긍정적인 인식은 정신건강을 유지하기 위해 중요한 요소이다. 긍정적인 자아개념을 가진 학생들은 일상생활에서 겪게 되는 어려움도 스스로 극복할 수 있다는 자신감을 지니며, 스스로 가치 있는 존재로 인식한다. 생활에서도 본인의 노력으로 얻을 수 있는 결과를 믿고 즐기게 되며 스스로 행복해질 수 있다고 믿게 된다. 병에 대한 자신의 감정을 표현하고 다스리는 방법을 알고, 적절한 대처 기술(coping skills)을 배울 수 있도록 한다.

(3) 스트레스에 대처하기

건강을 지키며 살아가기 위해서는 생활 속의 스트레스에 대처해야 한다. 스스로 건강을 관리할 수 있도록 적절한 스트레스 해소 활동을 찾는다. 만성질환을 가지고 있는 사람들은 스트레스에 대해 다양한 대처 전략을 사용한다(김민아, 이재희, 2017). 신체 및 여가 활동은 스트레스를 해소하는 데 도움이 된다. 학생에 따라서는 좋아하는 인형을 안거나 물건을 모으는 일이 마음을 안정시키기도 한다(임미혜, 정정옥, 2014). 스트레스에 대응하고 스트레스를 처리하는 방법을 익히는 것은 청소년의 건강과 삶의 질에 영향을 미치며, 불안, 우울 증상과 같은 심리적 증상을 완화하는 데 기여한다(Wang et al., 2012).

중 · 고등학교 학생들의 경우 학교의 상담교사에게 건강장애 학생의 심리 지원에 대한 추가 연수를 이수하게 하거나 교감, 보건교사 등 기존 교육 인력의 담당 업무를 확대하여 건강장애 학생의 상담 지원 방안을 모색할 수 있다. 또는 특수교육지원센터에서 건강장애 학생의 상담 지원에 대한 교사 연수가 가능하도록 강사를 확보하여 필요한 학교에 파견하여 지원하는 방안도 바람직하다. 연수 내용은 학습 동기촉진을 위한 자문, 문제행동이나 학습 요구 파악, 심리상태 파악을 위한 검사 등을 포함한 학생의 심리적 지원에 대한 것으로 구성한다. 대안으로는 지역별 상담센터(예: 교육청별 위센터)의 연수에 '건강장애 학생의 이해'와 관련한 내용을 포함하여 상담 지원이 가능한 인력을 확보하는 것도 방안이 될 수 있다(서울특별시교육청, 2013).

그러나 스트레스로 인한 정신적인 문제가 지속될 때에는 병원학교나 교사 차원에서의 교육 활동의 하나로 소극적으로 진행할 경우 적절한 지원이 이루어지지 않을 수 있으므로 전문기관에서 전문적인 상담을 받도록 연계한다.

(4) 또래 지지집단 및 타인과의 관계 맺기

또래 및 타인과 적절한 관계를 맺고 지속적인 상호작용을 하는 것은 정신건강을 지키는 데 도움이 된다. 선행연구에서는 건강장애 학생들의 심리정서적 지원을 위해서는 또래와의 상호작용을 확대하는 것이 중요하다고 지적한다(Shiu, 2001). 같은 반 또래 혹은 인근 학교 또래들이 병원학교 혹은 가정을 방문하여 학교생활에 대해 소통하고, 함께 교류할 기회를 마련하여 또래관계를 유지할 수 있도록 지원하는 방안 등이 필요하다(김정연, 박은혜, 김유리, 2015).

일반 학생을 대상으로 한 학교적응 연구(박경순, 2006)에서도 심리정서적 지원은 학령기 학생에게 필요한 지원 요소로 제시하고 있다. 또래와의 긍정적인 상호작용의 경험은 학교적응을 높이는 데 효과적인 요소이다(전상준, 신봉호, 2009). 그러므로 수년간 학교생활의 공백기를 가진 건강장애 학생의 성공적인 학교복귀를 위해서는 또래관계를 유지할 수 있도록 일반학교와 연계한 지속적인 관계 맺기가 필요하다. 학교복귀 프로그램은 질병에 대한 자기이해와 심리적으로 감정을 표출할 수 있는 활동을 통해 자존감을 높이고 또래와 상호작용을 시작하고 유지할 수 있는 내용을 포함하여 개발한다. 같은 질병을 가진 또래와 함께하는 시간을 가지거나, 같은 질병을 가진 완치자와의 만남, 관련 질병 협회 등을 통하여 정보를 접하면서 적절한 소속감을 갖게 하는 것도 권장된다.

상호 지지하는 그룹 내에서 친밀하고 튼튼한 인간관계를 형성하는 방법이 중요한 이유는 그 과정에서 개인의 가치, 존중감을 느낄 수 있기 때문이다. 중요한 것은 본인의 질병에 대한 인지적 조정능력을 갖는 것이며, 이러한 개인의 인식은 청소년기의 전환 계획에서 중요한 역할을 한다.

(5) 의학적 결정에 참여시키기

청소년기 건강장애 학생들에게는 자신의 의학적 결정에 참여하도록 허용하고 격려하는 것이 적응을 위해 바람직하다(안효섭, 김순기, 2005). 청소년은 자신의 의지대로 행동하려는 경향이 있으므로 때로는 치료에 비협조적이며, 병원학교에서의 학습 태도도 수동적이고, 쉽게 말을 하거나 마음을 드러내지 않기도 한다. 따라서 시간을 가지고 기다려 주며, 스스로 치료 과정에 참여하도록 유도하고, 본인에 관한 결정에 적극적으로 참여하도록 한다.

3. 건강장애 청소년의 자립 지원

1) 대안교육

건강장애 학생의 교육지원은 기본적으로는 공교육 체계 안에서 지원하는 것이 바람직하다. 그러나 여러 가지 이유로 인해 공교육 체계를 벗어나는 학생들을 위한 지원제도의 필요성도 제기되고 있다. 건강장애 학생을 위한 대표적인 대안교육기관은 캔틴스쿨이다. 건강이 취약한 아동·청소년의 서비스 개발 연구를 실행한 최권호(2017)의 연구에서는 전형적인 학업뿐만 아니라 미래의 자립을 지원할 수 있는 프로그램의 필요성과 캔틴스쿨 같은 대안적 교육체제의 필요성을 주장하였다.

건강장애 학생을 위한 대안교육 체제는 교육 선택권을 높여 준다는 점에서 의의가 있다. 대안적 체제는 학교 교육에서 현실적으로 포용하지 못하는 학생들이 교육으로부터 배제될 가능성을 줄일 수 있다. 제도권 교육체제에서 건강장애 학생을 포용할 수 있다면 그것이 최선이나, 현실적으로 입시 위주, 성과 위주의 교육체제에서 건강장애 학생들을 보호할 수 있는 환경 여건이 미흡하여 사회적응의 어려움을 겪을 수밖에 없기 때문에 대안적 교육체제가 선택지로서 필요하다는 주장이다.

그러나 최권호(2017)는 소아암 당사자 중 일부는 이러한 교육체제가 자칫 또 다른 구별 짓기의 가능성이 있음을 우려하였다. 필요성 자체는 공감하지만 다른 학교와 구별되기 때문에 소아암 경험자들에 대한 사회적 낙인과 차별이 심화할 수 있음을 우려하였다. 즉, "재밌게 학교에 다닐" 수 있을 기대는 있지만, 소아암 자체에 부여된 사회적 낙인과 더불어 졸업 후 전쟁터와 같은 현실에서 과연 적응할 수 있을지에 대한 걱정은 여전히 존재한다는 지적이다.

결론적으로 대안교육 체제는 전형적인 학업뿐만 아니라 미래의 자립을 지원할 수 있어야 함을 제시하였다. 대안적 교육체제는 초등학교에서 고등학교 시기의 학령기 교육만이 아니라 평생교육 차원에서 성인교육 체제까지 자립을 지원하는 방안이 필요하다(최권호, 2017). 장기적으로 소아암 성인 생존자들의 사회통합과 자립을 지원할 수 있는 교육체제로 확대되는 것이 필요하다.

다음은 국내에서 운영되고 있는 캔틴스쿨에 관한 글이다.

✏ 교육현장 & 공감

건강장애 청소년학교 밖 배움터 캔틴스쿨

'캔틴'이라는 용어는 호주에서 1985년에 시작된 'CanTeen'이라는 청소년 및 청년 암환자 지지집단 명칭에서 차용한 것이다. 'CanTeen'은 호주 시드니 아동병원 의료진들에 의해 1985년에 시작되었는데, 이는 기존의 건강시스템이 청소년 및 청년 암환자와 이들의 형제자매가 갖고 있는 욕구를 충족하지 못하고 있다는 것을 인식한 데서 기인한 것이었다.

종양학자, 정신과 의사, 사회복지사, 박사과정생 등으로 구성된 모임에서 이들은 젊은 암환자들의 지원을 위해 새로운 단체를 조직하는 아이디어에 동의하였다. 이 모임에서 '암(Cancer)'과 '10대 청소년(Teenager)'을 조합하여 'CanTeen'이라는 명칭을 만들었고, 'CanTeen'이라는 젊은 암환자 지지집단이 탄생하게 되었다. 'CanTeen'은 호주 시드니에서 시작하였으며, 암과 함께 살아가는 젊은이들을 위한 비영리 지원 단체로 성장하였다(여성가족부, 2016).

국내의 캔틴스쿨은 한국백혈병소아암협회에 의해 시작된 대안교육기관이다. 소아암 및 희귀난치성 질환 등 건강장애로 인하여 배움의 기회에서 소외된 건강장애 청소년들이 학교 밖에서 배움을 지속해 나갈 수 있도록 지원하고 있다. 2015년부터 서울시학교밖청소년지원센터 징검다리 거점공간으로 선정되었으며, 연간 2학기 과정으로 주 5일 운영되고 있고, 프로그램별 참여도 가능하다. 캔틴스쿨은 건강장애 청소년들의 의료적 · 체력적 상황 등을 고려하여 교육과정을 제공하고 있으며, 주요 내용은 다음과 같다.

① 건강 프로그램(건강관리 및 기초체력 증진 활동, 스트레스 관리, 공동식사 등)

② 교육 프로그램(기초학습, 글쓰기, 톡톡잉글리쉬, 일상생활코칭 등)

③ 상담 및 치유 프로그램(심리치료, 원예치료, 미술치료, 학생상담, 집단상담 등)

④ 문화예술 프로그램[미술교실, 음악교실(현악기 연주), 사진교실, 창작예술교실, 요리, 전시회 활동, 공연관람 등]

⑤ 교류 및 공동체 활동(소아암 완치자 한일국제교류, 소아암 경험자와의 만남, 청년그룹모임, 동아리모임, 성장여행, 캠프, 나들이 등)

⑥ 홍보 활동(소아암 청소년에 대한 사회적 인식 개선 캠페인, 홍보부스 운영, 언론홍보 등)

⑦ 진로 탐색(전문직업체험, 진로적성검사 등)

⑧ 봉사 활동[재능기부 활동(현악 협주), 병원방문 활동 등]

이와 같이 캔틴스쿨은 건강장애 청소년들에게 건강, 교육, 복지, 문화 등의 통합 서비스를 제공하고 있으며, 이 밖에도 건강장애 청소년의 가족을 위해서 웰니스(wellness) 프로그램을 실시하고 있다. 학부모를 위한 요가교실, 원예치료, 아로마를 통한 스트레스 관리, 부모교육, 학부모간담회, 힐링캠프, 가족나들이 등 활동 영역을 확대하여 건강장애 청소년의 양육환경을 개선하기 위해 노력하고 있다. 또한 건강장애 청소년들의 교육환경 개선을 위해 다양한 기관과의 네트워크를 통한 연대 활동을 실행하고 있다.

출처: 김선희(2019), pp. 191-192에서 부분 발췌함.

2) 성인기 준비

(1) 의료적 이해와 인식수준의 점검

만성질환 청소년의 전환계획을 수립하기 위해서는 학생 자신이 만성질환에 대한 기본적인 이해와 인식이 있는지 파악해야 한다. 본인의 치료와 관련하여 어느 정도 알고 있는지 의료적 지식 수준을 평가하고, 추가 교육이 필요한지 점검한다.

일차적인 의료 진단 단계에서 전문가들은 건강 증진 및 건강상태 관리를 위해 나이에 적합한 치료 정보를 청소년들에게 제공한다. 현재의 상태나 약물 및 관리하는 방법에 관한 정보, 이용 가능한 건강관리 시스템 등 필요한 경우 도움을 받거나 해결하는 방법 등이 포함된다. 질병의 종류에 따라 필요한 자기관리 기술은 인터넷이나 동영상을 통해 지도할 수 있다. 청소년 시기에는 스스로 건강을 관리하고 증진하기 위해 알아야 하는 내용이 있다. 〈표 11-1〉은 질병에 관한 자기관리 방법을 지도하기 위해 참고할 수 있는 건강 증진 및 건강상태에 관한 점검표이다.

표 11-1 나이별 건강 증진 및 건강상태 점검표

나이	내용
초기 사춘기 (11~14세)	• 간단한 해부학, 생리학 및 병리에 대해 알기 • 본인의 진단 및 관리 계획에 대해 부모, 전문가들과 같이 의논하기 • 만성질환의 이름, 날짜 및 질병과 관련한 상황 알기 • 적절한 응급처치하기 • 본인의 상태를 감시하고 문제 발생 시 신속하게 알릴 책임 갖기 • 심각한 상황을 일으키지 않도록 적절한 응급 처치하기 • 심폐소생술(CPR)에 대해 알기 • 일반적인 상황이나 예측 가능한 상황뿐만 아니라 익숙하지 않은 상황에서도 만성질환을 관리하고 도움받는 방법 알기 • 일상생활 기술(activities of daily living: ADL)의 지원이 필요할 경우 본인이 필요한 것과 우선순위에 따라 결정하기 • 가정에서의 책임감과 자기결정력을 발달시킬 기회 얻기 • 기본적인 경제개념에 대해 알고 돈 관리하기(저축하기 등)
중기 사춘기 (15~17세)	• 마지막 생리 기간(여학생)을 알고 기록하기(초경 시작일과 생리 주기 및 일정 등) • 질병의 가족력, 자신의 건강 관련 정보 기록하기 • 마지막 파상풍 예방 주사를 맞은 연도 알기 • 고환 자가검진(testicular self-examination: TSE)과 유방 자가검진(breast self-examination: BSE)에 대해 알기 • 예측하기 어려운 상황에서도 정기적으로 만성질환을 관리하기 • 필요할 때 상담을 받고 최소한 일일 관리를 감독해 주는 역할 구하기 • 문제가 될 영역에 대해 예측하고 사전에 대안 계획하기 • ADL에 대한 지원이 필요한 경우, 자신이 할 수 없는 일은 다른 사람에게 지시하기 • 가족에 대해 책임감 느끼기 • 필요한 경우 부모의 감독을 받더라도 예금과 통장 관리하기
후기 사춘기 및 성인 초기 (18~25세)	• 안정적인 만성 상태에 대해 독립적으로 관리하기(복잡한 상황에 대한 조언은 부모나 전문가를 통해 얻지만, 결정은 독립적으로 함) • 성인기 건강과 관련한 선택을 할 때 논의에 참여하기 • 질병과 정신건강, 신체와 심리적인 것은 모두 밀접한 관계가 있음을 이해하기 • 건강한 생활습관을 가지기 위해 노력하기(건강에 좋은 음식을 선택하기, 규칙적으로 운동하기, 카페인·담배·불법 약물 피하기, 충분히 수면하기) • ADL에 대한 지원이 필요한 경우 간병인의 채용, 감독, 간병인의 해고에 관여하기

출처: Allen, Vessey, & Schapiro (2010), p. 66에서 부분 발췌함.

(2) 이차 장애 예방과 독립적 건강관리

청소년기의 건강관리 계획에는 청소년 당사자가 포함되어야 한다. 청소년은 본인의 질병을 이해하고 건강을 직접 관리하며 건강한 행동을 촉진하도록 한다. 이차 장애 예방은 건강관리 및 전환계획의 중요한 주제이다. 이차 장애의 예방을 위해서는 다음의 사항을 고려한다. 첫째, 건강상태에 따라 예측되는 문제는 적극적으로 예방한다. 둘째, 현재의 상태를 고려하여 적극적으로 건강을 관리한다. 셋째, 건강관리에 관한 자기효능감을 느끼고 긍정적인 인식을 갖도록 노력한다. 넷째, 건강상태별 고위험 문제를 식별하고 치료의 필요성과 구체적인 관리계획을 조기에 수립한다(Allen, Vessey, & Schapiro, 2010). 만성질환이 있는 청소년을 포함한 모든 청소년이 건강한 성인으로 성장하려면 본인의 신체에 나타나는 생물학적 변화를 인식해야 하며, 심리적·신체적 독립성을 유지하기 위한 운동 등 건강 문제에 적극적으로 대처해야 한다.

만성질환을 가지고 있는 청소년의 사회적 지지와 전환을 위해서는 청소년의 건강상태에 초점을 맞추고, 가족과의 유대와 지역사회 자원을 활용하여 조기에 지원한다. 연구 결과에 따르면 청소년기에서 성인기로 전환하는 과정에서 의료적 지원 및 간호에 많은 장애 요인이 발생한다(Reiss, Gibson, & Walker, 2005). 장애 요인은 청소년과 가족이 함께 관리해야 하며, 건강하게 유지할 수 있도록 가족의 역량 개발을 지원하여 청소년의 전환을 촉진한다. 질병에 관한 지식 및 자기관리 기술, 건강 관리와 유지, 이차 장애 및 관련 질환의 예방 등이 이 시기에 지원해야 할 사항들이다.

(3) 사회적 배제 현상에 대한 대처

우리보다 앞서 소아암치료 성적의 급격한 향상을 경험했던 서구에서는 성인 소아암 생존자의 사회적 배제 현상에 먼저 주목하였다. 만성질환은 교육, 취업과 근로, 성인기 생활에서 다양한 사회적 배제를 경험하게 만드는 요인으로 보고된다(최권호, 2008).

첫째, 만성질환은 교육에 대한 사회적 배제를 유발한다. 소아암 생존자들은 다른 인구집단에 비해 유의미하게 교육성취 수준이 낮다(Langeveld et al., 2003). 스웨덴 소아암 생존자들의 교육성취 수준을 분석한 결과 의무교육에 해당하는 기초교육 수준에서는 일반 인구집단과 유의미한 차이를 보이지 않았으나 고등교육에서는 유의미한 차이가 나타났다(Boman & Bodegård, 2004).

둘째, 만성질환은 취업 및 근로에 있어 사회적 배제를 경험하게 만든다. 치료 종료 후 5년이 경과한 소아암 생존자들의 취업상태를 연구한 결과 일반인구집단보다 비정규직 근로, 미취업 등과 같이 근로상태가 매우 열악한 것으로 나타났다(Nagarajan et al., 2003).

셋째, 결혼에 있어서 사회적 배제를 유발한다. 미국에서 1960~1987년 사이에 진단을 받아 치료 종료 후 5년 이상 경과한 소아암 생존자 227명을 조사한 결과 결혼 비율이 유의미하게 낮은 것으로 나타났다(Van Dongen-Melman et al., 1995). 영국에서 1940~1991년 사이에 진단을 받은 5년 이상 생존자 9,954명을 대상으로 한 연구에서는 일반 인구집단에 비해 낮은 결혼 비율로 나타났다(Frobisher, Lancashire, Winter, Jenkinson, & Hawkins, 2007).

그 밖에도 소아암 생존자의 사회적 배제 및 차별 현상 중 가장 중요하게 다루고 일관된 결론으로 나타나는 것 중 하나가 바로 사보험 가입에서의 배제이다(Van Dongen-Melman, 2000; Van Dongen-Melman et al., 1995; Langeveld, Stam, Grootenhuis, & Last, 2002; Langeveld et al., 2003; Boman & Bodegård, 2004; Taylor et al., 2003). 이들은 생명보험이나 민간 사보험 가입 등에서 명백한 차별을 경험한다. 사회적 관계에 있어서도 다른 인구집단과 다른 양상을 보인다. 소아암 생존자와 부모가 갖는 사회적 관계망은 다른 인구집단에 비해 작고, 혈연 중심적이며, 상대적으로 밀도가 높은 것으로 나타났다(Williams, 1995).

국내의 소아암 생존자의 사회적 배제 현상에 관한 최권호(2008)의 연구에서는 결국 소아암 청소년들이 경험하는 많은 어려움은 개인의 부적응 현상이 아닌 사회적 문제임을 언급하였다. 이를 위해 심리사회적 개입이 조기에 이루어져야 하며, 소아암으로 범주화된 질환이라 하더라도 질병의 개별 특성이나 재발 경험, 신체적 후유장애 등에 따라 접근해야 한다. 진단 초기 단계부터 학교와 긴밀하게 연계하여 치료를 마친 후에 성공적으로 학교로 복귀하고 사회에 통합되도록 해야 한다.

청소년 및 초기성인기의 소아암 완치자 31명을 대상으로 한 연구에서는 사회적 낙인과 관련하여 또래나 동료의 놀림과 괴롭힘, 편견 및 언어적 모욕, 피하거나 멀리함, 관계에서의 거절 및 고립, 취업 기회의 차별을 보고하였다(김민아, 이재희, 김정수, 2014). 이 연구에서는 소아암의 경험은 곧 사회에서의 낙인 경험으로 연결된다고 다음과 같이 논의하였다.

> "한국의 소아암 완치자들은 여전히 '암환자'라는 집단으로 구분되어 부정적인 고정관념과 편견, 모욕, 괴롭힘의 대상이 되고, 다른 사람으로부터 물리적으로 분리되고 관계에

서 고립되며, 학교와 직장에서 지위를 잃거나 차별을 당하는 등의 낙인을 경험한다. 특히 낙인 경험은 주로 중학교나 고등학교에 다니던 청소년기에 이루어지는 것으로 나타났고, 초기성인기에는 취업에서의 차별이나 직장에서의 관계 갈등이 주된 낙인 경험으로 나타났다."

소아암 완치자들은 외부의 부정적인 시선을 의식하면서 암 병력을 공개하면 자신이 폄하되거나 차별받을 수 있다는 생각에 공개하기를 꺼리며 병력에 대한 콤플렉스를 갖고 방어적인 태도를 보인다. 대인관계에서도 소극적인 자세를 취하게 된다. 사회적 관계 속에서 항상 긴장하고 불안감을 가지는 상황은 심리적 스트레스 요인이 된다. 따라서 이러한 상황에 대해 전문가와 상담할 수 있는 지원이 필요하다(김민아, 이재희, 김정수, 2014).

완치자를 포함한 소아암 청소년들의 심리사회적 적응을 위해서는 사회가 구조적으로 변화되어야 한다. 이를 위해서는 사회적 차원에서 소아암환자와 완치자를 위한 인식을 개선하고 이해도를 높이는 노력이 필요하다. 구체적인 방안으로는 대중매체를 통해 평범하고 긍정적인 암 완치자의 모습과 경험을 전달하고 지속적인 캠페인을 통해 잘못된 정보를 개선해 나갈 것을 〈표 11-2〉와 같이 제언하였다(김민아, 이재희, 김정수, 2014).

표 11-2 실천현장과 정책을 위한 Tips

1. 정신보건 및 학교사회사업 실천현장에서는 소아암 완치자들이 치료 이후 일상생활에 복귀하여 경험하는 사회적 낙인과 그로 인한 심리사회적 어려움을 이해하고, 이들의 정신건강과 삶의 질을 증진시키기 위한 전문적인 개입에 관심을 기울여야 한다.
2. 소아암 완치자들이 청소년기 및 초기성인기에 주로 경험할 수 있는 사회적 낙인에 대해 이해하고 이러한 낙인에 건강하게 대처할 수 있도록 자조모임 및 심리상담 등의 다양한 프로그램을 제공해야 한다.
3. 소아암 완치자들은 암치료 이후 달라진 외모로 사회적 낙인을 경험하는 경우가 많으므로 외모관리 프로그램을 제공하여 긍정적인 신체상(身體像)을 형성하고 외모로 인해 경험하는 낙인감을 줄이도록 지원해야 한다.
4. 소아암 완치자들이 건강한 사회관계를 형성할 수 있도록 학교 및 직장에서 암 완치자들에 대한 인식을 높이는 교육을 제공하고, 암 병력을 자연스럽게 공유할 수 있는 환경을 조성해야 한다.
5. 소아암 환자 및 완치자에 대한 사회의 인식을 개선하기 위해서 대중매체를 통해 평범하고 긍정적인 암 완치자의 모습을 전달하고 소아암에 대한 잘못된 정보를 바로잡는 노력이 필요하다.

출처: 김민아, 이재희, 김정수(2014), p. 146.

3) 진로 및 전환 상담

(1) 전환의 준비

의학 기술의 발전으로 소아암의 치료성적은 향상되고 있다. 소아암의 경우 치료 종료 후 장기생존율은 성인 암에 비해 매우 높은 편이다. 우리나라의 소아암 5년 장기생존율은 현재 77%에 달하고 있다(중앙암등록본부, 2012). 이는 미국의 소아암 장기생존율 83.1%에 비교해 보아도 크게 낮지 않은 수준이다(Howlader et al., 2012). 1990년대 초반 우리나라의 소아암 5년 생존율이 54.6%였던 것에 비하면 치료성적의 향상 속도역시 빠른 편이다. 미국의 경우 성인인구 640명에서 1,000명당 1명이 소아암을 경험했을 것으로 추정하고 있다(Jacobs & Pucci, 2013; Mariotto et al., 2009). 우리나라도 향후 성인인구에서 소아암 생존자의 비중이 증가할 것으로 전망된다. 따라서 소아암으로 인한 생애 전반의 부정적 영향을 예방하고 대처하는 것이 중요하다.

(2) 학교 및 사회 복귀 지원

국내에서는 건강장애 학생들의 진로 문제를 해결하기 위한 전략으로 학교복귀와 사회적응 프로그램에 집중하기 시작하였으며, 일부 병원이나 소아암 단체에서 학교복귀 및 적응을 위한 서비스를 제공하고 있다. 세브란스병원에서는 2004년부터 의사, 간호사, 사회복지사 등의 다학제간 연구모임이 결성되어 소아암 학교복귀 프로그램을 기획하였고, 그 결과로 2005년부터 소아암 학교복귀 서비스가 의료사회복지사에 의해 제공되기 시작하였다. 각급학교에 입학하는 소아암 아동과 청소년의 학교에 학교생활을 위한 안내 책자와 주치의의 편지를 공문과 함께 전달하고, 담임교사에게 연락해 주는 '병원-학교 간 전환 서비스(hospital-school transition service)'를 제공하였다. 또한 초등학교 입학을 앞둔 소아암 환자와 가족 모임에서는 학교생활을 어떻게 준비할 것인지 교육받고, 부모는 학교생활에서 유의할 점을 의료진과 교사로부터 교육받을 기회를 가졌다. 한국백혈병어린이재단에서는 2006년부터 소아암 아동의 또래들이 소아암을 이해함으로써 학급 환경에서 더욱 잘 수용될 수 있도록 돕는 또래교육 프로그램(peer education program)을 제공하기 시작하였다.

그러나 완치가 된 이후에 다른 대안적인 진로상담을 받을 수 있는 경로가 확보되지 않아 진로를 계획하기 어렵다는 지적도 있다. 국외에는 교육청, 병원, 학교의 연계 프로그램이 마련되어 있어서 병원에서의 치료과정 기록이 학교로 바로 전송되고, 이 정보를 통해 학교 교사가 학생을 관리하도록 지원하고 있다. 한 예로 영국에서는 학교에 심리교사가 상주하여 교사와 부모의 중간 역할을 담당하고 있으며, 학교 졸업 후 사회 진출을 도와주고 있다. 많은 건강장애 학생이 지속해서 삶의 질에 영향을 줄 수 있는 건강상의 어려움을 가지고 살아가야 하므로 현재 상황에서 적합한 진로를 선택할 수 있는 여건이 조성되어야 할 것이다(최권호, 2014).

소아암 완치율이 높아지면서 이제는 가족과 소아암 학생의 삶의 질에 관한 관심이 중요시되고 있다. 국내에서도 학교복귀에 대한 지원 서비스의 관심과 요구는 증가하였으나 체계적인 연구와 지원이 미흡한 실정이다. 전국의 병원학교에서는 학교복귀를 지원할 수 있는 프로그램을 자체적으로 운영하고 있으나 개발된 학교복귀 프로그램은 대부분 소아암 학생의 인식 개선 내용에 국한되어 있다(세브란스 어린이병원학교, 2007). 또한 학교 교육과정에 포함하거나 체계적인 프로그램으로 운영되기보다는 상담 형식으로 필요한 경우에 제공하는 일시적 지원 방식으로 이루어지고 있다. 그러므로 건강장애 학생들의 성공적인 학교복귀를 위해서는 학교복귀와 관련한 교육의 실제적 지원 요소를 밝히고 사회적 고립을 예방할 수 있는 체계적인 지원 프로그램이 필요하다. 또한 만성질환 학생의 학교생활을 위한 교사 지원 프로그램, 의료, 교육적 리더십 프로젝트 등 건강장애 학생의 학교복귀를 지원하는 프로그램 연구가 필요하다(김정연, 2010).

(3) 진로 탐색 및 체험

건강장애 학생은 장기간의 병원치료로 인해 학교로 복귀하여 학습 및 학교생활을 다시 시작하는 것에 두려움을 갖는다. 이런 두려움을 줄이기 위해 병원학교에서는 치료 기간 동안 학생들에게 다양한 진로 탐색 및 체험 프로그램을 운영한다.

진로 탐색 프로그램은 학생들의 진로 탐색 및 설계 능력을 갖춰서 진로를 준비하는 것을 목표로 운영하며, 프로그램을 통해 학생들이 자아를 발견하고 정체성을 확립하도록 지원한다. 병원학교의 진로 탐색 및 체험 프로그램은 학생들의 안정적인 학교생활 적응에 도움이 된다. 양산부산대학교병원학교에서 운영하는 진로 탐색 프로그램의 계획은 [그림 11-1]과 같다.

병원학교 '내 꿈 말하는 대로' 진로 행사 계획

    병원학교 학생들의 자아 정체성 확립과 자신의 미래의 구체적인 꿈을 설계하기 위하여 '내 꿈 말하는 대로'의 주제로 '꿈 지도 만들기'를 실시하고자 합니다.

1. 주제: 내 꿈 말하는 대로
2. 행사일시: 20○○년 ○○월 ○○일 ~ 20○○년 ○○월 ○○일(25일간)
3. 장소: 어린이병원 5층 병원학교
4. 대상: 병원학교 입교 학생 20명
5. 내용
    ① 정체성 확립과 꿈에 대한 이해, 그리고 '나의 꿈' 발견하기
    ② 그 꿈을 이루기 위한 구체적인 계획과 목표 세우기
    ③ 내 꿈을 이미지화하기 위한 '나의 꿈 지도' 만들기 및 발표하기
6. 효과
    ① 자신의 정체성을 확립하고 꿈을 현실화시킬 수 있는 능력 배양
    ② 21세기 창의적 인재로 성장할 수 있도록 자신감 및 창의력 향상

그림 11-1 　병원학교에서의 진로 탐색 및 체험 활동

출처: 양산부산대학교병원학교(2017).

    일부 병원학교에서는 학생들의 진로를 탐색하고 개인 맞춤형 진로를 설계하기 위해 진로 흥미검사, 성격특성검사, MBTI 검사, 일반적성검사 등 진로표준화검사를 한다. 학생의 적성과 흥미, 성격, 영역별 능력 등을 분야별로 측정하여 진로지도에 활용한다. 진로표준화검사는 학생에게 본인이 어떤 활동을 좋아하고, 어떤 일을 얼마나 잘하며, 어떤 직업을 선호하고, 성격유형은 어떠하며, 언어력, 수리력, 공간력, 계획력 등의 일반 적성이 어느 정도인지를 인지하도록 돕는다. 진로 탐색 프로그램은 자신의 소망과 숨은 가능성을 찾으며, 정체성을 확립하여 구체적인 목표를 갖게 함으로써 꿈을 현실화할 수 있는 기회를 제공한다.

    건강장애 학생들에게 진로 체험의 기회는 진로 선택의 폭을 넓히며, 다양한 직업을 더 깊이 이해하고 탐구하게 한다. 병원에 입원 중이거나 학교에 복귀한 이후에도 치료를 받아야 하므로 직접적인 진로 체험은 제한되나 잡 섀도잉(job shadowing), 멘토링 등 희망하는 직종의 직업인들과 직접 만나는 기회는 직업에 대한 궁금한 점을 해소하고, 체험함으로써 구체적인 진로계획을 수립하도록 돕는다.

(4) 진로교육과 진로 포트폴리오

병원학교에서는 학생들의 자기주도적인 진로개발 역량을 키우기 위해 진로교육 활동을 운영한다. 진로교육은 자아에 대한 이해와 탐색 활동을 통해 긍정적인 자아개념을 강화하고, 일과 직업 세계를 탐색하여 자신의 진학 및 미래의 진로를 디자인하는 체험으로 이루어진다. 진로 포트폴리오 교육 활동은 실행하는 과정에서 협력을 통해 미래 준비 역량을 강화한다. 병원학교의 진로 포트폴리오 구성의 예는 〈표 11-3〉과 같다.

표 11-3 진로 포트폴리오 구성

영역	차시	활동지 제목
I. 자아 이해와 사회적 역량 개발	1	한번 해 보자!
	2	나를 광고하기
	3	시간 관리 방해 요인 점검
	4	나의 성격 알아보기
	5	적성카드로 알아보는 직업 적성
	6	나의 직업 흥미 알아보기
	7	'다름'에 대한 이해와 존중
	8	상상 나무 그리기와 이야기 전달
II. 일과 직업 세계 이해	1	직업카드를 활용한 퀴즈
	2	직업 정보 탐색
	3	내 가족의 직업인 인터뷰
III. 진로 탐색	1-2	고등학교 유형
	3	고등학교 이후의 진로 탐색
	4-5	대학 전공 탐색, 전공 선택
	6	나의 역할 모델
IV. 진로디자인과 준비	1	인생 시계 만들기
	2	진로 의사 결정의 유형과 책임감
	3-4	자격증 확인하여 진로 탐색
	5	롤모델 탐색하고 선정하기
	6	내가 희망하는 직업선택
	7	진로계획 실천의 중요성

출처: 양산부산대학교병원학교(2017).

진로 포트폴리오를 구성할 때 자기소개서를 작성해 보는 활동은 긍정적인 자존감을 형성할 수 있는 효과적인 활동이다. 자기소개서를 작성하면서 학생은 자기주도적인 진로설계와 진로개발 능력을 향상할 수 있다. 자신의 능력과 가치관을 객관적으로 바라보는 기회가 되며, 인생 로드맵을 통해 구체적인 계획을 세우게 한다. 자기소개서 작성은 진로에 대한 자기이해를 높이고, 동기 및 계획, 노력 등을 담아 작성하는 기회를 통해 자기주도적인 진로개발을 돕는다.

4) 고등교육으로의 전환

(1) 전환을 위한 점검

대학교나 직업기술학교 및 기타 고등교육기관의 교육지원 서비스를 이용하기 위해서는 청소년과 가족이 전환을 계획하는 초기과정에서 필요한 정보의 검색이 필요하다. 성공적인 전환을 위해서는 지원받을 수 있는 시스템, 가족, 교육, 고용, 지역사회 및 건강관리 전반에 걸친 탐색이 필요하다.

미국의 조지워싱턴 대학교(George Washington University)에 있는 건강지원센터(HEATH Resource Center)에서는 고등교육기관을 이용하기 전에 학생과 가족들에게 〈표 11-4〉와 같은 질문을 통해 전환을 준비할 것을 제안하였다.

표 11-4   고등교육으로의 전환을 위한 유용한 질문

- 청소년의 건강 및 의료적 요구는 무엇인가?
  - 건강관리 전환계획의 개발이 필요한가?
  - 전환계획에 포함되어야 할 건강 관련 구성요소는 무엇인가?
  - 전환과정은 언제 시작해야 하나?
- 만성질환은 청소년에게 어떤 영향을 주는가?
  - 만성질환으로 인한 건강상태는 청소년의 교육에 어떤 영향을 미치는가?
  - 만성질환으로 인한 건강상태는 개인의 삶의 환경에 어떤 영향을 미치는가?
  - 만성질환으로 인한 건강상태는 일상생활에 어떤 영향을 미치는가?
- 공개 여부
  - 대학 또는 기타 고등교육기관에 지원할 때 만성질환의 건강상태를 공개해야 하는 경우, 누구에게 언제 할 것인가?
  - 장애인의 권리를 보호하기 위한 법률이 있는가? 그 법은 만성질환이 있는 청년들과 어떤 관계가 있는가?

- 조정(accommodations)
  - 독립성을 증진하는 데 필요한 교육적 · 환경적 조정이나 수정은 무엇인가?
  - 법에 근거하여 고등교육기관에 요구할 수 있는 조정안은 무엇인가?
  - 개인적으로 부가적인 조정이나 수정이 필요한 경우에 책임자는 누구이며, 어디에 요구해야 하는가?
- 지역사회 자원
  - 의료 및 지원 서비스는 언제 시작해야 하는가?
  - 고등교육기관에서는 누가 도움을 줄 수 있는가?
  - 책임은 누가 지는가?

출처: Edelman (1995).

(2) 대학 진학

국내에서 건강장애 학생들이 이용할 수 있는 대학특례입학제도는 두 가지이다. 첫째, 특수교육 대상자를 위한 대학특례입학제도이다. 「고등교육법 시행령」 제29조 제2항 제4호에 따라 각종 장애 또는 지체로 인하여 특별한 교육적 요구가 있는 자를 대상으로 하며, 구체적인 대상은 대학의 장이 정하도록 하고 있다. 장애인 특별전형을 시행하는 대학은 매년 선발 인원, 기준이 변경되기 때문에 자세한 내용은 대학에 직접 문의해야 한다.

둘째, 사회적 배려대상자를 위한 대학특례입학제도이다. 건강장애 학생 특별전형은 모든 대학이 시행하는 것은 아니며, 사회적 배려대상자의 지원자격은 대학마다 조금씩 다르다. 건강장애 학생들의 대학입학 전형인 사회적 배려대상자 특별전형의 자격 요건은, ① 국가유공자, ② 다문화가정, ② 기초생활수급자, 그 밖에도 장애인 부모 자녀, 소년소녀가장 대상자, 특성화고교 대상자, 만학도 등이 포함되어 학교 출석 수업을 하지 못한 건강장애 학생의 경우에는 경쟁에서 매우 불리하다. 소아암, 희귀난치병 청소년의 고등교육 기회 확대를 위해 각 대학에서 사회적 배려자 전형을 확대해야 한다는 주장이 부모단체와 협회를 중심으로 제기되고 있다.

민간협회에서는 백혈병 소아암 학생과 완치자를 위한 교육 및 복지 증진사업으로 2009년부터 대학과 MOU를 체결하여 지원하고 있다. 만성질환의 병력을 가지고 있는 학생들에게 사회적 배려대상자 특별전형 지원자격을 부여하고, 입학 장려금 및 학습 지도 도우미 결연, 멘토링 프로그램을 제공하고 있다(여성가족부, 2016).

한국백혈병소아암협회 홈페이지에서는 입학 시기에 지역별 일부 주요 대학을 중심으로 건강장애 학생 지원이 있는 대학을 소개하고 있다. 한국대학교육협의회(http://

www.kcue.or.kr/)에서도 대학별 입학 정보를 공지하고 있다. 장기적으로는 실질적인 대학 선택권 보장을 위해 대학입학 관련 정보를 체계적으로 제공하는 노력이 필요하다.

사회적 배려대상자를 위한 대학특례입학을 위해서는 대학마다 요구하는 서류는 다르지만, 학업계획서를 미리 작성해 보는 것도 도움이 된다. 자기소개서와 학업계획서는 반드시 본인이 작성하여야 하며, 사실에 따라 정직하게, 주어진 사항에 대해 구체적인 예를 들어 자세히 기술하도록 지도한다. 학업계획서에 포함되는 내용은 진학 동기(전공선택 이유), 대학 입학 후 학업계획, 졸업 후의 계획 등이다. 진로정보망 커리어넷(https://www.career.go.kr/)에서는 사회배려대상자 진로상담지도, 자기효능감 형성 프로그램, 긍정적 자아정체성 확립 프로그램 등 학생들의 진로교육과 관련하여 활용할 수 있는 정보들을 제공한다.

그림 11-2   진로정보망 커리어넷

출처: 진로정보망 커리어넷 홈페이지(https://www.career.go.kr/).

┌─────────────────────────────────────┐
│ 🏛 조금 더 자세히!   │
└─────────────────────────────────────┘

■ 소아암 경험자를 위한 2017학년도 대학입시설명회

　　한국백혈병소아암협회는 소아암 완치자들의 대학교육 지원을 위해 2009년부터 국내 21개 대학과 MOU를 맺고 사회적 배려대상자 특례입학을 위한 공동협력사업을 진행하고 있다. 최근 3년간 협회가 MOU를 맺은 21개 대학 중 14개 대학에 발부한 소아암 전형 추천서는 모두 693건이며 이를 통해 134명의 소아암 경험자들이 대학에 입학하였다. 소아암 경험자 관련 전형을 위한 입학설명회는 소아암 경험자들이 대학 진학과 꿈을 이루는 데 도움이 될 것이다. 더 많은 친구가 대학 생활을 경험하고 더 큰 꿈을 가지며 더 큰 세상으로 비상할 수 있기를 바란다.

출처: 한국백혈병소아암협회(2017).

5) 사회적 지지

　건강장애 학생의 자립을 위한 사회적 지지는 학생이 가진 다양한 증상에 대해 충분히 이해하고 그 증상이 학생 개인의 정서와 사회적 역량에 어떤 영향을 미치는지 이해하는 것에서 시작되어야 한다. 같은 질병을 가진 학생이어도 개인차가 존재하고 어떤 학생의 손상은 전혀 다른 형태로 나타날 수도 있다. 질병은 학생 개인의 삶에서 학생의 기질, 정서적 역량, 가족 등의 생태학적 환경 내 다양한 변인과 상호작용하여 다양한 양상으로 나타난다. 그러므로 건강장애 학생의 사회적 지지는 학생과 학생의 질병, 학생의 가정과 환경 등을 이해하여 생태학적 접근으로 지원해야 한다.

　건강장애 학생의 사회적 지지는 질병 진단 시기부터 체계적이고 지속적인 형태로 제공한다. 소아암 완치율은 80% 수준으로 나타나며, 대부분의 학생은 치료과정을 잘 극복하여 소아암 생존자가 된다. 그러나 어린 시기의 투병생활은 암치료 및 회복 과정에서 겪은 트라우마로 인해 성인 암 생존자보다 더 큰 심리적 충격을 받는다. 많은 소아암 생존자는 치료과정에서 혹은 치료가 끝난 후에도 극심한 사춘기를 겪는다. 고통스러운 치료라도 피할 수 없이 그 과정을 다 버티지만, 왜 이러한 치료를 받아야 하는지 이해하지 못하고 그 과정에서 좌절감과 무기력함을 느낀다. 암치료가 끝나도 오랫동안 건강관리를 해야 하는 상황에서 오랜 시간이 흘러도 심리적 고통은 지속될 수 있다. 하지만 많은 소아암 생존자는 신체치료에 집중하느라 제대로 된 지원을 받지 못하고 있다.

건강장애 학생들의 성공적인 학교복귀와 사회통합을 위해서 학생들만의 역량을 강화하는 것 외에 학생을 지지해 줄 수 있는 적극적이고 체계적인 개입과 사회적 지지체계의 마련이 필요하다. 학교 교사의 이해 부족과 잘못된 인식은 학교복귀를 방해하는 요인이 될 수 있다(류신희, 김정연, 2008). 건강장애에 대한 교사의 지식수준을 높이고 인식을 개선하는 것은 학생들의 학교생활 적응뿐만 아니라 졸업 이후의 성공적인 사회 적응과 복귀를 지원할 수 있다. 특수교육 운영계획에서는 건강장애 학생이 소속된 학교에서 교사와 학생을 대상으로 건강장애 이해를 증진할 수 있는 자체연수를 시행하도록 조치하고 있다(교육부, 2016c). 건강장애 학생의 교육지원에 대한 교사의 준비만이 부적절하고 공정하지 않은 제한에서 벗어나게 할 수 있다(진주혜, 2000). 교사 대상의 연수와 재교육은 건강장애와 관련한 지식과 기술을 갖추도록 하여 학생들의 사회적 지지를 마련할 수 있다. 이러한 사회적 지지는 학생들의 자기효능감을 증진하며, 학교생활 적응에 유의한 영향을 미칠 수 있다(김정연, 박은혜, 김유리, 2015).

4. 건강장애 학생 지원 정보

1) 암과 함께 살아가는 청소년과 청년의 국제권리헌장[1]

만성질환 청소년의 사회정서적 지원 정책은 국가 정책 차원에서 점차 개선되고 있으나 청소년들의 자기옹호에 관한 움직임은 시민사회 및 비영리 단체의 활동을 통해 활성화되고 있다.

2010년, '암과 함께 살아가는 청소년을 위한 국제권리헌장(The International Charter of Rights for Young People with Cancer)'이 발표되었다. 이 헌장은 전 세계의 암과 함께 살아가는 청소년을 지원하는 5개의 비영리 단체(Teenage Cancer Trust UK, Can Teen Australia, CanTeen New Zealand, LiveStong USA, SeventyK USA)에 의해 시작된 인터넷 기반의 국제 계획이다. 헌장에는 높은 수준의 암 관리를 받는 것은 특권이 아닌 당연한 권리이며, 이러한 사실을 국제사회가 인식해야 하며, 지리적 위치와 상관없이 서비스와 지원이 향상되어야 함을 주장하였다. 국제권리헌장에서는 암을 가진 청소년은 다

---

1) 암과 함께 살아가는 청소년과 청년의 국제권리헌장에 관한 내용은 여성가족부(2016)의 128쪽 내용을 요약 정리하였다.

음과 같은 권리를 가진다고 명시하고 있다.

① 암과 초기 진단을 포함한 암 예방에 관해 교육받을 권리
② 진찰을 받을 때 진지하게 받아들이고 암이 의심되면 가능한 가장 빠른 진단과 의뢰를 받을 권리
③ 동일 연령 집단의 암치료 경험이 많은 다학문 팀 전문가에 접근할 권리
④ 동일 연령집단을 대상으로 한 임상 시험을 거친 임상 시험 및 치료에 대한 정보와 이에 대해 접근할 권리
⑤ 심리사회적, 지역사회와 완화 지지 서비스를 포함하는 연령에 적합한 지원을 받을 권리
⑥ 치료에 영향을 줄 수 있는 질병의 장기적인 영향과 모든 치료 선택권에 대해 완전하고 상세한 설명을 통해 의사 결정할 수 있는 권리
⑦ 생식 기능에 영향을 주는 암 및 치료의 단기 및 장기 영향에 관한 정보, 상담 및 생식능력을 보전할 권리
⑧ 또래와 함께 연령에 맞는 시설에서 특수교육 및 서비스를 이용할 수 있는 접근 권리
⑨ 치료 기간 동안 질병의 부담을 감소하기 위한 재정적·실질적 지원을 받을 권리
⑩ 치료, 교육, 직업 및 보험 또는 지역사회에서 차별받지 않을 권리

2) 국가지원제도

국가에서 지원하는 제도는 보건복지부, 국가암정보센터, 학교밖청소년지원센터, 질병관리본부의 희귀질환 헬프라인 등을 중심으로 살펴보고자 한다.

(1) 보건복지부(http://www.mohw.go.kr)

소아·청소년 암은 조기진단이나 예방이 어렵지만 항암치료에 대한 반응이 양호하여 5년 생존율이 80%에 달하며 치료 후 삶의 영위 기간도 상당히 기므로 국가 책임을 강화하는 차원에서 의료비를 지원하고 있다. 2002년부터 「암관리법」에 근거하여 '암환자 의료비 지원사업'을 국민건강증진기금에서 지원하고 있다. 2005년부터 만 18세 미만의 아동·청소년 암환자가 지원 대상이며 보건복지부가 해마다 고시하는 소득 및

재산 기준을 충족하는 가구에 한해 지원한다. 지원 범위는 암 진단을 받는 과정에서 소요된 검사(진단) 관련 의료비, 암 진단일(최종 진단) 이후의 암치료비, 암치료로 인한 합병증 관련 의료비, 전이된 암·재발 암치료비, 의료비 관련 약제비 등이며, 지원 대상은 점차 확대되어 가는 추세이다(한국백혈병소아암협회, 2015). 구체적인 지원 절차는 [그림 11-3]과 같다.

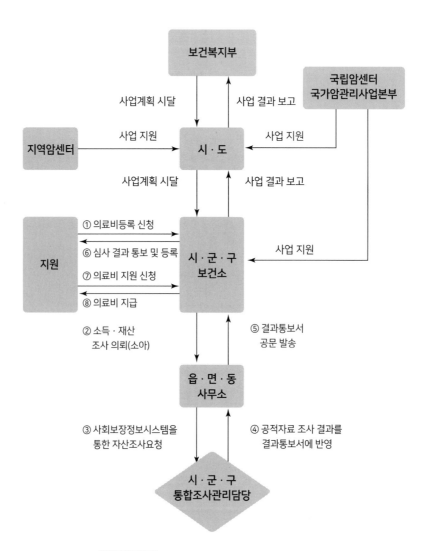

그림 11-3   암환자 의료비 지원사업 체계도

출처: 한국백혈병소아암협회(2015), p. 8.

(2) 국가암정보센터(http://www.cancer.go.kr)

국가암정보센터(National Cancer Information Center)는 보건복지부에서 주관하고 국립암센터에서 운영하는 기관이다. 암환자와 가족, 그리고 필요로 하는 사람들에게 암 관련 정보를 제공하기 위해서 국가 차원에서 제공하는 서비스이다. 암 예방에서 관리에 이르기까지의 정보와 암 관련 국가지원사업에 대해 자세히 안내하며, 소아암을 비롯한 암에 대한 모든 정보를 구할 수 있다.

(3) 학교밖청소년지원센터

한국청소년 정책연구원에서 학교 밖 청소년 지원사업의 한 형태로 지원센터를 운영한다. '학교 밖 청소년'이란 학교를 장기간 결석하거나, 중단 혹은 진학하지 않고 있는 청소년을 말한다. 「학교 밖 청소년 지원에 관한 법률」에 근거하여, 학교 밖 청소년의 개인적인 특성과 수요를 고려한 상담 지원, 교육지원, 직업체험 및 취업 지원, 자립 지원 등의 프로그램을 제공한다. 전국 시 · 군 · 구에 학교밖청소년지원센터를 지정하여 운영하고 있다. 홈페이지는 지역별로 별도 운영하고 있다.

(4) 질병관리본부 희귀질환 헬프라인(https://helpline.nih.go.kr/)

희귀난치성 질환의 경우 환아 청소년의 자립 지원은 질병관리본부의 희소질환센터를 통해 질병관리를 중심으로 한 전반적인 지원을 제공한다. 관련 정보는 희소질환 난치성 질환 헬프라인을 통해 공유하고 있다. 헬프라인에서는 900여 종의 희귀질환에 대한 증상, 원인, 진단, 치료, 전문병원 등의 정보와 더불어 의료비 지원사업 안내 및 온라인상담 등을 제공한다. 또한 지속적인 치료가 필요하여 의료비 부담이 많은 희귀질환자의 경제적 부담을 완화하기 위해 '희귀질환자 의료비 지원사업'을 통해 134종의 질환자 27,000여 명에게 의료비를 지원하고 있다. 지급기준에 따라 인공호흡기 대여료, 기침유발기 대여료, 보장구 구입비, 간병비 등을 지원한다. 구체적인 지원 내용은 〈표 11-5〉와 같다.

표 11-5 사업별 지원 내용

사업	지원 내용
헬프라인	• 희귀질환에 대한 체계적이고 전문적인 질환 정보 제공 • 희귀질환자 의료비 지원사업 안내 • 환자 및 가족들에게 온라인상담 및 유선상담 제공(질환상담, 의료비상담 등) • 전문병원 DB를 구축하고 관리하여 질환별 전문병원 정보 제공 • 지침, 교육 자료, 학술 자료 등 사이버 자료 제공 • 공공기관, 환우회, 국외 사이트 등 관련 국내외 사이트 연결
쉼터 지원	• 지방 거주 희귀질환자들의 수도권 대형 전문의료기관 진료 시 무료 숙박 제공 • 학습지도, 음악치료, 미술치료, 운동재활 프로그램 제공 • 각종 환우회 및 단체 등 자조 모임 장소 제공
연구사업	• 민간 차원의 투자가 어려운 실정을 고려하여 국가 차원의 사회복지와 국민 삶의 질 보장 • 희귀질환 연구 기반 구축(유전질환 돌연변이 데이터베이스, 희귀질환 임상연구 네트워크) • 희귀질환 임상정보, 분석시료 수집 • 희귀질환 유전지표 개발
의료비 지원	• 요양급여 본인부담금, 보장구 구입비, 호흡보조기 대여료, 간병비 지원 • 희귀질환자 의료비 지원사업 대상자 관리 및 사업지침 개발 • 희귀질환 실무자 교육 • 희귀질환 교육 자료 및 홍보물 제작

출처: 질병관리본부 희귀질환 헬프라인 홈페이지(https://helpline.nih.go.kr/).

3) 민간지원제도

민간지원제도란 정부가 아닌 민간 단체에서 지원하는 제도나 서비스를 말한다. 한국백혈병소아암협회, 한국백혈병어린이재단, 새생명지원센터, 한국소아암재단, 건강장애 청소년 학교밖배움터 캔틴스쿨 등이 있다.

(1) 한국백혈병소아암협회(http://www.soaam.or.kr)

소아암으로 어린이들의 완치와 삶의 질 향상을 돕기 위해 2000년에 설립되어, 치료 중인 환아와 가족뿐 아니라 치료 후, 완치 후의 환아와 가족을 대상으로 의료, 교육, 심리·정서 지원을 제공한다. 그 외에도 가족 지원, 경제 지원, 자립 지원을 제공한다.

의료적 치료비 외에도 사회 복지적 치료비를 제공하여 치료 중이나 치료 후에 발생하는 다양한 사회복지적 욕구에 대해 지원한다. 국내 최초 백혈병 소아암 환아를 위한 성장발달 교육센터인 '희망다미웰니스센터'를 운영하며 생애주기별 맞춤형 교육을 제공하고 있다. 대학들과 MOU를 체결하여 사회적 배려대상자 특별전형을 위한 추천서를 발급하고 새출발축하금을 지원한다.

다른 지역에서 진료를 오는 환자와 가족을 위해 소아암 병동 인근 6곳에 쉼터를 운영하고 전국의 소아암 환아 가정으로 '건강 돌봄 교사'를 파견하여 환아, 형제자매, 부모를 위한 교육 · 상담 · 건강관리 프로그램을 지원한다.

그 밖에도 자조 모임을 통해 사회적 인식 개선 활동을 하며, 소아암 백혈병 환아와 완치자의 권리 확보를 위한 지역 간담회 및 정책 토론회 등을 개최한다. 『소아암 환아의 가족을 위한 안내서』『건강장애 학생 지도 가이드』『소아암 청소년이 묻고 답한다』등 소아암 백혈병 관련한 정보 책자를 개발하여 지원한다.

(2) 한국백혈병어린이재단(https://www.kclf.org)

1991년 백혈병 어린이후원회로 시작하여 2000년에 설립된 재단이다. 백혈병 및 소아 · 청소년 암환자들의 지속적 치료를 지원하고, 암치료에 따른 심리사회적인 어려움을 이겨 내어 건강한 사회인으로 성장하도록 돕는다. 지원 대상은 만 19세 미만이며 단체가 정한 소득 및 재산 기준을 충족하는 경우 치료비를 지원한다. 그 밖에도 이식비, 재활 치료비, 간접 치료비 등 경제적 지원, 환자와 가족 대상의 다양한 심리정서적 지원 프로그램도 운영한다. 소아 백혈병의 치료, 소아 뇌종양의 치료, 골육종의 치료 등 소아암 진단명별 책자와 자녀의 간병을 위한 도움 정보 책자를 제공한다.

(3) 새생명지원센터(https://www.kids119.or.kr)

한국사회복지협의회 소속기관이다. 1990년부터 MBC 문화방송과 함께 '어린이에게 새 생명을'이라는 모금방송 캠페인을 통해 현재까지 소아암 백혈병 아동들에게 진료비를 지원해 왔다. 국내 최초로 소아 청소년 암환자를 지원하기 시작했고, 현재 만 24세 이하 환자를 지원한다. 2008년부터는 지원 영역을 확대해 희귀난치성 환아의 진료비 지원사업을 시작하였다.

(4) 한국소아암재단(http://www.angelc.or.kr)

국내외 소아 · 청소년 암환자와 가족들이 건강한 사회구성원으로 생활할 수 있도록 지원하는 것을 목적으로 설립한 단체이다. 만 18세 이하의 환자가 지원 대상이며 단체 가 정한 소득 및 재산 기준을 충족하는 경우 별도의 심의를 거쳐 치료비를 지원한다. 이 밖에도 외래치료비 지원, 헌혈증 지원, 쉼터 운영 및 쌀 지원, 정서 지원, 가발 지원 등을 한다.

(5) 건강장애 청소년 학교밖배움터 캔틴스쿨(https://www.canteens.or.kr)

소아암 및 희귀난치성 질환으로 배움의 기회에서 소외된 건강취약 청소년들을 위한 통합 대안교육 공간이다. 건강취약 청소년들의 의료적 · 체력적 상황을 고려한 학년 별, 수준별 교육과정을 제공한다. 장기치료로 어려움을 겪는 건강취약 청소년들의 일 상을 회복하고, 또래와의 관계 형성을 할 수 있도록 건강, 교육, 문화, 복지 영역의 프 로그램을 운영한다.

(6) 한국메이크어위시재단(http://www.wish.or.kr)

한국메이크어위시재단은 미국 피닉스에 본부를 두고 있는 메이크어위시의 한국 지 부이다. 만 3~18세까지의 소아암, 백혈병, 기타 희귀난치성 질환 아동의 소원을 이루 어 주는 활동을 통해 생명의 위협을 받는 난치병 아이들에게 삶의 희망, 용기, 기쁨을 전하는 세계 최대의 소원성취 전문기관이다.

(7) 천주교한마음한몸운동본부(http://obos.or.kr/)

故 김수환 추기경이 설립한 재단법인 천주교한마음한몸운동본부는 생명존중과 나눔 실천 정신을 실현하기 위해 설립되었다. 이후 헌혈, 헌안 운동을 벌이며 사회의 참여 를 이끌어 냈으며, 현재까지 국내를 비롯한 지구촌 50여 개국을 대상으로 나눔 운동과 생명 운동을 실천하고 있다. 가정형편이 어려운 24세 이하의 아동과 청소년 환자가 지 원 대상이며, 단체가 정한 소득 및 재산 기준을 충족하는 경우 별도의 심의를 거쳐 치 료비를 지원한다.

(8) 초록우산어린이재단(https://www.childfund.or.kr)

초록우산 어린이재단은 1948년 전쟁고아 구호를 시작으로 현재에 이르기까지 국내 외 아동복지사업, 옹호, 모금사업, 연구조사 등을 실시하는 글로벌 아동복지 전문기관 이다. 치료비와 수술비의 부담으로 인해 치료를 받지 못하는 아동을 위해 치료비, 수술비, 약값, 의료 보장구, 심리치료비 등 의료비를 지원한다.

(9) 백혈병소아암후원회(http://www.leukemia.or.kr)

사단법인 백혈병소아암후원회는 백혈병 소아암 어린이들을 위해 활동하는 비영리 법인 단체이다. 백혈병 소아암 아동과 가정을 위한 프로그램 개발사업, 치료비 지원사업, 봉사자 파견사업, 출판 홍보사업을 시행한다.

(10) 희귀난치성질환(소아, 청소년, 성인) 의료비 지원사업

정기적이지는 않지만, 비정기적으로 각종 외부재단이나 단체에서 의료비 실비 지원 수술비 및 희귀의약품 지원사업들이 공고되기도 한다. 특히 소아·청소년의 경우 보건소 소아암 환아 지원사업이 있으며, 성인보다는 외부 재단이나 단체를 통해 의료비 지원이 가능한 곳이 많으므로 경제적 어려움으로 의료비 지원이 필요할 때는, 각 병원 사회사업팀을 통해 면담을 받아 보는 것도 도움이 된다.

4) 심리상담지원제도

건강장애 학생들의 심리상담은 병원학교가 있는 병원의 사회사업부서와 의료사회 복지부서를 통해 받을 수 있다. 국가지원, 민간지원 등 다양한 지원제도 및 서비스에 대한 정보를 안내받을 수 있으며, 환자와 가족이 가진 개별 상황에 따른 상담이 이루어진다. 그 밖에도 심리상담을 위해 이용할 수 있는 제도는 다음과 같다.

(1) WEE 상담지원(http://www.wee.go.kr)

주 대상은 학습부진 및 학교 부적응 학생뿐만이 아닌 일반 학생들도 포함된다. Wee 프로젝트 기관은 Wee클래스, Wee센터, Wee스쿨, 가정형 Wee센터가 있다. Wee클래스는 학교 안에 설치된 상담실로 친구관계나 진로 등 다양한 고민을 상담 선생님과 함께 나눌 수 있는 소통 공간이다. 학교적응 및 심리정서적 안정을 위한 개인 상담, 자존감 향상 및 사회성 증진을 위한 집단상담 등을 진행한다. Wee센터는 시·도 및 지역 교육청에 설치되어 있다. 학교 안에서 해결되지 않는 근본적인 어려움을 해결하고, 지역사회 내 관계기관과의 연계를 통해 필요한 서비스를 제공한다. 개인 또는 집단 대상의 상담 서비스와 특별교육, 학업중단 예방 등 다양한 맞춤형 프로그램을 운영하며, 필요에 따라 임상심리사에 의한 심리검사 및 해석과 사회복지사에 의한 지역사회 연계 지원 등 개별학생들에게 적합한 전문화된 통합 서비스를 제공한다. Wee스쿨은 고위기 학생들을 대상으로 각 분야의 전문가와 함께 잃어버린 꿈과 재능을 키워 나가는 기숙형 장기위탁교육기관이다. 학년·학급이 구분되지 않은 통합교육과정으로 운영되며 교과교육 이외에도 상담 활동, 심성교육, 진로직업교육, 사회적응력 프로그램 등을 함께 운영한다. 가정형 Wee센터는 가정적 돌봄과 대안교육이 필요한 학생들이 이용하는 돌봄, 상담, 교육을 담당한다. 따뜻하고 안정적인 주거환경 및 돌봄을 토대로 학생 개개인의 성격, 진로, 적성을 고려한 교과 운영, 가족 내 갈등을 개선할 수 있는 가족 개입 프로그램 등 건강한 자아상을 확립하고 사회적응력을 촉진할 수 있는 통합적인 서비스를 제공한다.

(2) 청소년상담 1388(https://www.cyber1388.kr)

청소년의 일상적인 고민 상담부터 가출, 학업중단, 인터넷 중독 등 위기에 이르기까지 상담을 제공하는 서비스이다. 학생들의 교우관계, 학업성적, 진로 상담, 자녀를 둔 학부모의 자녀 양육 상담 등을 운영한다. 청소년상담사, 청소년 지도사, 사회복지사 등 국가 자격을 소지하거나 일정 기간 청소년 상담복지 관련 실무경력을 갖춘 전문상담가가 운영하며, 전화(☎지역번호+1388), 문자상담(#1388), 사이버상담(https://www.cyber1388.kr), 카카오톡상담(카카오톡 플러스 친구 #1388) 등을 통해 상담 서비스를 운영한다.

(3) 보건복지콜센터(http://www.129.go.kr)

긴급복지지원, 복지 사각지대와 자살, 학대, 정신건강 등의 위기대응 상담을 하는 기관이다. 영상(수어)상담, 채팅상담이 가능하다. 상담 분야는 보건의료, 사회복지, 인구아동, 노인장애인, 위기대응 5개 분야의 상담이 가능하다. 보건의료에서는 암환자 및 희귀난치성 질환자 의료비 지원사업 등의 보건의료에 대한 상담이 이루어진다. 위기대응 분야에서는 정신건강에 대한 상담이 가능하다.

(4) 청소년상담복지센터

청소년상담복지센터는 서울시청소년상담복지센터(http://www.teen1318.or.kr), 인천광역시청소년상담복지센터(https://www.inyouth.or.kr), 광주광역시청소년상담복지센터(http://www.gj1388.or.kr) 등 전국 단위 교육청별로 청소년 상담복지센터를 운영한다. 청소년 상담복지센터에서는 전화상담, 사이버상담, 부모교육, 집단상담 프로그램, 청소년 동반자 프로그램 등을 진행한다. 청소년이 있는 현장으로 직접 찾아가는 상담 지원 서비스를 통한 심리적 지원을 제공하며, 지원 서비스는 홈페이지 또는 전화로 신청할 수 있다.

요약

이 장에서는 건강장애 청소년의 정신건강의 중요성과 정신건강에 영향을 미치는 요인을 살펴보았다. 정신건강은 단순히 정신적 질환이 없는 상태가 아니라 자신의 상태를 자각하고 스트레스에 적절히 대하며 자신에게 주어진 역할을 다할 수 있는 상태를 의미한다. 건강장애 청소년의 정신건강에 영향을 미치는 요인으로 질병의 특성, 학생의 개인 요인, 가족 요인, 사회문화 요인을 살펴보았다. 소아암 청소년은 신체적·정신적·사회적 변화뿐만 아니라 암이라는 질병으로 인해 심리적 불안 등의 취약성에 노출되기 쉽다. 학생들이 느끼는 내·외적 스트레스는 심각한 두려움이 될 수 있으며 치명적인 심리적 상처가 될 수 있다. 만성질환을 가지고 있는 청소년들의 정신건강을 증진시키기 위해 그들의 심리 변화와 불안을 감소시키며 성인기 이후에도 정신건강을 유지할 수 있도록 도움이 필요하다.

건강장애 청소년의 자립을 지원하기 위해서는 기본적으로는 공교육 체계 안에서 지원하는 것이 바람직하지만, 교육 선택권을 높여 줄 수 있는 대안 교육 제도에 대해서도 다루었다. 미래의 성인기를 대비하여 진로 및 전환, 사회복귀에 대한 내용도 살펴보았다. 만성질환을 가진 청소년들의 사회통합을 위해서 이들만의 역량을 강화하는 것 외에 학생을 지지해 줄 수 있는 적극적이고 체계적인 개입과 사회적 지지체계의 마련이 필요하다. 건강장애 학생의 사회적 지지는 진단 초기부터 체계적이고 지속적인 형태로 제공해야 하며, 건강장애에 대한 모든 사람의 지식수준을 높이고 인식을 개선하는 것은 학생들의 학교생활 적응뿐만 아니라 졸업 이후의 성공적인 사회 적응과 복귀를 지원할 수 있다.

함께 나누는 질문

1. 건강장애 청소년의 정신건강에 영향을 주는 요인은 무엇인가요?

2. 건강장애 청소년의 자기이해 능력과 자아존중감 등 심리적 지원을 위해 다루어야 할 내용은 무엇인가요?

3. 건강장애 청소년의 대안교육 체제의 장점과 단점은 무엇인가요?

4. 사회적 배제 현상에 대한 최근 연구 결과는 어떠한가요?

5. 사회적 배려대상자를 위한 대학특례입학제도의 장점과 문제점은 무엇인가요?

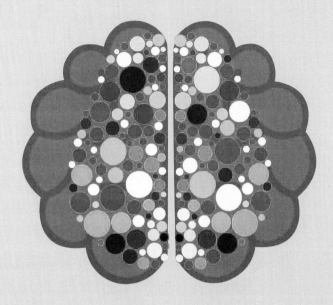

제12장

건강장애 학생의 가족 지원

1. 건강장애 학생의 가족

2. 건강장애 학생 부모의 심리사회적 적응

3. 건강장애 학생 가족의 지원

4. 가족을 위한 실제적 제안

1. 건강장애 학생의 가족

장애 학생 가족들과 마찬가지로 건강장애 학생의 가족은 자녀의 질병으로 인해 삶의 양식에 많은 영향을 받게 된다. 따라서 건강장애 학생의 교육과 지원 정책은 가족의 요구와 강점을 바탕으로 한 실제적이고 종합적인 가족 지원이 포함되어야 한다. 장애 관련 전문가들은 누구나 장애 학생의 가족과 긍정적인 관계를 맺고 조화롭게 협력해야 할 책임을 갖는다. 그러나 특수교육 관련 서적들이 주로 다루고 있는 협력에 관한 내용은 교수나 학급 운영에 관한 것이며, 협력의 대상도 주로 교사와 교사 간의 협력을 지원하는 학교 중심의 협력 서비스를 다루고 있다. 그래서 건강장애 학생을 담당하는 교사들이 알아야 할 관련 전문가들과 협력, 가족과의 협력에 관한 정보를 얻기는 쉽지 않다.

대부분의 교사는 건강장애 학생을 담당하기 전까지는 만성질환 등의 건강장애와 가족 관련 정보를 접하지 못하며, 가족-교사 협력의 실제에 관한 지식을 접할 기회가 거의 없다. 준비되지 않은 상태에서 건강장애 학생을 담당하게 될 때, 업무에 대한 심리적 부담감과 시행착오를 통한 내적 갈등을 경험하게 된다. 이러한 과정에서 교사는 오랜 시간을 통해 학생과 그의 가족과 서로 교감하며 상호작용하는 방법을 스스로 터득해 가며 가족들과 효과적으로 협력할 수 있는 전문적 지식과 기술을 체득하게 된다.

건강장애 학생의 교육의 질을 높이기 위해서는 가족과 함께 협력할 수 있도록 교사의 지원 역량을 강화해야 한다. 가족과 협력하는 데 필요한 실행 지식을 갖추고 가족 관련 지식과 기술의 기초를 다질 수 있도록 교사 지원이 필요하다. 가족에 대하여 더 많이 알고 이해할수록 교사는 핵심적이고 실제적인 기술을 포괄적으로 이해하고 사용하게 되며, 가족과 함께 일하는 것에 자신감을 느끼게 된다. 또한 가족-전문가의 상호 증진에 유익해질 것이다. 그러므로 건강장애 학생의 교육실행을 위해서는 가족의 지원 요구를 어떻게 바라보고 어떻게 접근해야 할 것인지에 대한 관련 정책과 실행 방안이 마련되어야 한다(김정연, 2018).

1) 가족의 역할

건강장애 학생의 교육목적은 학생들의 학업의 연속성을 유지하여 학습권을 보장하고 치료 종료 후 성공적인 학교생활 적응을 지원하는 데 있다(교육부, 2020a). 건강장애 학생의 교육에서는 가족, 특히 부모의 역할이 중요하다. 부모는 자녀가 질병으로 인한 생활의 변화를 수용하고 적응할 수 있도록 도와줄 수 있는 가장 가까운 사람이며, 심리적 안정을 통해 치료에 전념할 수 있도록 이끌 수 있다.

가족구성원들은 갑작스러운 만성질환으로 인해 충격과 불안을 경험하게 된다. 또한 질병에 대한 이해와 충분한 수용이 이루어지기도 전에 치료에 집중해야 하며, 언제 종료될지 모르는 치료와 불확실한 예후로 인해 혼란 속에 놓인다. 그러므로 가족의 적응, 가족의 기능을 유지할 수 있도록 가족구성원의 역할에 대한 지원과 교육이 필요하다.

대부분의 부모는 질병에 집중하며 치료하는 데 몰두한다. 그러나 만성질환의 특성상 장기간의 치료과정이 필요하므로 부모는 치료에만 몰두할 것이 아니라 장기적인 교육목표를 수립하여 자녀가 꾸준히 성장할 수 있도록 해야 한다. 입원한 중에도 가능한 학습할 수 있는 환경을 만들어 주어야 하며, 자녀가 학업을 지속하도록 격려해야 한다. 건강장애 학생의 교육지원에서는 부모의 역할이 더욱 중요하다. 건강장애 학생의 부모는 자녀의 곁에서 지내는 시간이 많고 교육뿐만 아니라 일상생활 속에서 지속적인 치료와 건강관리가 이루어져야 하므로 부모가 담당해야 할 역할이 상대적으로 크다. 구체적인 부모의 역할은 다음과 같다.

(1) 교육 제공자

건강장애 학생은 치료로 인해 다니던 학교에 출석하는 대신에 병원학교나 원격수업 등 대안적인 교육제도를 이용하여 학습하게 된다. 이러한 대안적인 교육제도는 출석 시간이 적고 대부분의 시간을 부모와 함께 보내게 되므로 학업 진도 및 학습 태도는 부모를 통해 배우게 된다. 병원학교와 원격수업기관에서의 수업은 학교와 다르게 또래와의 상호작용을 통해 학습하는 시간이 제한되기 때문에 상대적으로 사회성 기술 및 적응 기술 등을 학습할 기회가 제한된다. 그러므로 부모는 교육 제공자로서 자녀에게 나이에 적합한 사회성 기술과 도덕 및 윤리 개념을 경험하고 학습할 수 있도록 지도해야 한다. 초등학교 입학 전 아동의 경우에는 또래 활동을 통한 우연 학습의 기회가 제한되므로 가정 및 병원에서 또래 간의 상호작용 및 사회적 기술을 경험할 수 있도록 지도한다.

(2) 의사결정자

부모는 자녀의 치료 및 교육과 관련한 모든 절차와 과정에서 의사결정을 하게 된다. 특히 치료 종료 후 학교복귀 시기를 결정할 때도 부모의 의견은 중요하다. 학교복귀 여부에 관한 결정은 의료진과 협의하여 이루어지지만, 자녀를 위한 최종 선택은 부모가 결정하게 된다.

(3) 정서적 지지자

자녀의 질병을 바라보는 부모의 관점과 태도는 자녀에게 직접 영향을 미칠 수 있다. 건강장애 학생은 주변 사람들로부터 질병으로 인해 덜 엄격한 기준으로 대해지기 쉬우며, 적절한 사회적 행동을 배울 기회가 적다. 해야 할 행동과 해서는 안 될 행동의 기준은 대개 부모로부터 학습한다. 건강장애 학생은 부모의 기대 수준에 따라 나이에 적합한 사회적 행동과 기능의 학습 여부가 영향을 받으므로, 적절하고도 일관성 있는 부모의 양육 태도가 중요하다. 자녀가 질병에 대한 왜곡된 생각과 비관적인 태도를 보인 경우에도 부모는 자녀와의 상호작용을 통해 긍정적 관점을 가질 수 있도록 변화시키며 성장할 수 있도록 안내하는 역할을 해야 한다.

> 🎵 **교육현장 & 공감**
>
> "억지로 만들더라도 엄마의 긍정 에너지는 아이한테 전해져요. 남들은 아이가 아픈데 뭐가 좋아서 그렇게 웃고 다니느냐고 그러죠. 근데 엄마가 움츠려 있고 맨날 안 좋은 방향으로만 걱정하고 있으면 내 아이한테 그게 온전히 전해지는 것 같아요."
>
> – 건강장애 학생의 어머니 인터뷰 중에서(인천광역시교육청, 2016)

(4) 권리 옹호자

건강장애의 원인이 되는 만성질환은 어느 한 개인의 잘못이나 식습관의 문제, 건강관리의 부족으로 발생하는 것이 아니다. 그러므로 자녀의 질병으로 인해 발생하는 교육적 요구를 학교와 사회가 책임질 수 있도록 주장하고 설득하는 역할을 담당해야 한

다. 부모는 자녀가 정당한 학습권을 누릴 수 있도록 주장하는 적극적인 임무를 수행해
야 한다.

자녀의 연령이 낮은 가족에게 건강장애의 문제는 부모나 가족의 문제로만 여기지
만 중·고등학교를 졸업할 즈음에는 문제의 범주가 다양해지면서 사회의 문제로 확대
된다. 만성질환을 가지고 살아가야 하는 청소년기 학생은 취업과 진학을 위해서 다른
학생들과 동등한 기회와 조건 속에서 경쟁해야 하므로 그 자체가 불공평할 수 있다.
이를 위해서 부모는 자녀의 권리를 위한 대변인의 역할과 공동의 목소리와 의견을 모
을 수 있는 주체적인 역할도 해야 한다. 이를 위해 교육자들은 부모에게 건강장애 학
생의 학습권과 교육지원 정책 등에 관한 정확한 정보를 제공하고 필요한 경우 부모 단
체나 자조 모임 등 외부의 유용한 자원을 활용할 수 있도록 안내한다.

2) 가족 참여의 중요성

부모는 자녀의 교육에 관해 최초의 가장 중요한 교육자이다. 건강장애 학생의 교육
에서 부모의 효과적인 개입은 학생의 성장 발달에 매우 중요한 변인으로 작용하며, 교
육성과를 좌우하는 요인이 된다. 건강장애 학생의 교육에서 부모의 참여는 다음과 같
은 이유로 중요성이 강조된다.

(1) 새로운 교육환경과 배치에 관한 이해와 적응 촉진

부모의 교육 참여는 자녀의 새로운 교육 환경과 배치에 대한 이해와 적응을 높일 수
있다. 갑작스러운 질병 진단은 건강장애 학생의 교육 형태를 바꾸어 놓는다. 학교 출
석이 어려운 상황에서 병원학교나 원격수업 등 새로운 교육 배치에 관한 정보를 들었
을 때 부모의 이해와 결정이 필요하다. 의료적 진단 이후 치료 기간이 길어지고 예후
도 명확하지 않기 때문에 새로운 교육 형태에 대한 부모의 인식과 결정은 학생의 교육
참여를 높일 수 있다.

(2) 질병에 대한 자기수용 증진

부모의 적극적인 개입은 건강장애 학생의 질병에 대한 자기수용 태도를 높일 수
있다. 건강장애의 진단은 가족 모두에게 충격이 되며, 특히 학생에게도 충격적인 사건
이다. 학생은 자신에게 나타난 변화가 의미하는 것을 정확하게는 이해하지 못하나, 주

변 사람들의 행동과 표정을 통해 간접적으로 지각할 수 있다. 학생은 자신의 질병에 대해 정확히 알지 못하면서도 입원으로 인한 생활의 변화를 수용하기 어려운 수준의 스트레스를 갖는다. 그러므로 학생에게 건강상의 변화와 질병에 대한 적절한 수준의 인식을 가질 수 있도록 부모의 지도가 필요하다.

(3) 자녀교육에 대한 긍정적 기대감 증진

건강장애 학생의 교육에 부모가 적극적으로 참여할수록 자녀교육에 대해 긍정적인 기대를 하게 된다. 건강장애 학생의 부모는 진단 초기에는 만성적인 슬픔과 좌절을 경험하며, 매우 높은 수준의 스트레스를 경험한다. 이러한 부모의 부정적 인식과 소진은 자녀의 교육에 부정적 영향을 미치게 된다(김윤정 외, 2008). 그러므로 대안적인 교육지원이 시작되는 시기에 부모의 심리상담과 지지를 통해 자녀교육에 대한 긍정적 인식을 가질 수 있도록 지원한다.

(4) 나이에 적합한 교육환경과 경험 제공

학생은 입원해 있는 동안에도 건강상태와 관계없이 신체적·심리적 욕구가 있으며, 꾸준히 성장하며 발달한다. 학생의 잠재력을 개발하기 위해서는 학생의 발달과 특성을 이해하고 민감하게 반응하며, 이러한 욕구에 적절하게 대처해야 한다. 부모는 학생이 입원해 있는 동안에도 나이에 적합한 발달과업을 성취해 갈 수 있도록 교육환경과 경험을 제공할 수 있어야 하며, 교육의 주도적 역할을 담당해야 한다.

3) 가족 참여의 효과

건강장애 학생 교육에서 가족 참여는 다음과 같은 효과를 기대할 수 있다. 건강장애 학생, 가족, 교육기관 및 지역, 사회적 차원에 나타나는 효과로 구분하면 다음과 같다.

(1) 건강장애 학생에게 미치는 효과

부모는 병원에 입원하거나 치료로 인해 학교에 다니지 못하는 학생들에게 교육자의 역할을 수행하여 발달을 촉진할 수 있다. 원격수업기관 및 병원학교, 병실 등 학교 외의 장소에서 학습할 경우 부모는 필요에 따라 적절한 교육환경을 만들어 줄 수 있다. 가족이 교육 및 치료에 적극적으로 협력하는 과정에서 자녀에 대한 이해를 높여 자녀와 긍정적 상호작용을 할 수 있다. 자녀와의 적절한 상호작용은 학생이 가지고 있는 불안감을 줄이는 데 도움이 된다. 또한 부모는 병원에 입원 중에도 학교와 연계하여 학생의 교육지원에 대해 협력할 수 있으며, 학교복귀를 앞두고 필요한 준비를 할 수 있으므로 이후의 교육지원을 원활하게 할 수 있다.

(2) 부모 및 가족에게 미치는 효과

부모교육 등 다양한 부모 활동에 참여하는 부모들은 외부 전문가들로부터 지지를 받을 수 있으므로 심리적인 안정감을 얻을 수 있다. 부모가 전문가들과 협력하여 일하면 자녀에 대한 강점과 약점, 객관적인 정보를 얻을 수 있으므로 적절한 기대 수준을 가질 수 있다. 부모의 안정감과 적절한 기대 수준은 학생의 심리와 정서 적응을 위한 필수 조건이다. 또한 부모의 활동 참여는 질병에 관한 의학 정보, 교육지원 정보 등 자녀 양육과 교육에 필요한 지식과 기술, 지역사회의 자원 목록 등 실제적인 정보를 얻을 수 있으며, 자녀교육에 대한 자신감을 갖게 되어 부모 역량이 강화된다. 교육에 대한 장기적인 공동의 교육목표를 수립할 수 있어 교육 효과를 증진하며, 건강장애 학생의 형제자매가 겪는 문제도 예방하고 해결할 수 있다.

(3) 교육기관 및 지역에 미치는 효과

부모들의 교육 참여는 교육기관의 책무성과 교사의 책임감을 높이며, 나아가 건강장애 학생의 교육지원 정책 수립에 기여한다. 부모들의 활동과 역할은 교육기관과 지역사회의 건강장애 교육지원에 관한 인식을 개선하는 데에도 효과적이다.

(4) 사회적 차원의 효과

부모의 참여는 사회적 차원에서도 학생의 사회복귀를 촉진하고 교육 상황의 정상화에 이바지한다. 다양한 교육 요구를 가진 만성질환 학생들에게 대안적 교육을 지원하도록 촉진하여 공교육의 책무성을 높이는 효과가 있다. 학령기에 적절한 교육을 받은 학생들은 졸업 이후에 성과 있는 진로와 직업을 찾을 수 있으며 성인기 삶의 질을 높일 수 있다.

2. 건강장애 학생 부모의 심리사회적 적응

미국정신의학회(American Psychiatric Association, 1994)는 "생명을 위협하는 질환의 진단" 혹은 "자녀가 생명을 위협하는 질환이 있음을 알게 되는 것"을 외상 후 스트레스 장애를 가져올 수 있는 외상적 사건에 포함하고 있다. 생명을 위협하는 질환의 예로 암과 암의 치료를 잠정적인 외상으로 보고 있다. Taieb 등(2003)은 암치료가 종료된 몇 년 후까지 아동의 2~20%, 부모의 10~30%가 외상 후 스트레스 장애를 가진다고 보고하였다. Brown 등(2003)은 자녀의 완치판정을 받은 부모의 경우 5년이 지난 후에도 10%가 외상 후 스트레스 증후군으로 고통을 받고 있음을 지적하였다. Butler 등(1996)은 소아암 완치 판정을 받은 청소년들은 성장할수록 재발에 관한 두려움과 위험성, 추후 관리 차원에서 이루어지는 진단과정으로 인해 치료 종료 후에도 불안함을 호소한다고 보고하였다(심미경, 김희순, 신윤정, 2010에서 재인용). 이러한 연구들은 건강장애 학생의 교육을 담당하는 것은 예상외로 많은 어려움이 있음을 나타내는 것이며, 특히 학생보다 부모의 외상 후 스트레스가 높게 나타나는 연구 결과(김희순, 신윤정, 2007; 심미경, 김희순, 신윤정, 2010)를 볼 때 부모가 경험하는 어려움이 크다는 것을 짐작할 수 있다.

장기간의 병원생활이나 치료과정은 가족의 모든 구성원에게 커다란 변화를 가져온다. 건강장애 자녀로 인해 부모가 겪는 어려움과 심리사회적 적응에 관해 좀 더 살펴보고자 한다.

1) 건강장애 학생 부모의 경험

자녀의 질병으로 인해 부모가 겪을 수 있는 어려움은 매우 다양하게 나타난다. 자녀의 만성질환은 부모에게 다양한 부정적인 정서 반응을 일으켜 대인관계를 단절시키거나 사회적으로 고립시키기도 한다. 질병은 일상생활의 리듬을 깨고, 낯선 질병에 관한 정보를 듣기도 찾기도 어렵게 하며, 경제적인 부담을 가져온다. 부모는 자녀의 치료와 입원으로 인해 증가한 양육 시간과 더불어 사회적 단절을 경험하며, 가족의 일상적인 기능을 유지할 수 없게 된다. 병원생활로 인한 생활의 변화와 함께 다양한 심리적 변화를 느끼게 된다. 자녀의 질병에 대한 인식은 모든 가족에게 같은 형태는 아니지만, 다음과 같은 과정을 거치게 된다(권윤정 외, 2015; 한국백혈병어린이재단, 2015).

(1) 자녀의 질병 받아들이기

질병에 대한 부모의 반응은 자녀의 질병과 입원에 대해 비슷하다. 처음에 부모들은 자녀의 진단에 대해 갑작스럽고 심각할수록 믿지 않으려는 반응을 보인다. 자녀의 질병은 부모에게도 엄청난 심리적 충격이 된다. 한 가정에서 질병의 출현은 가족들의 생활과 역할의 균형감을 한순간에 깨뜨린다. 이러한 상황은 부모와 가족들이 자녀의 현재 상태를 완전히 수용하고 적응할 때까지 지속한다. 모든 부모가 자녀의 진단에 대해 같은 반응을 보이는 것은 아니지만, 일반적으로는 충격과 불신과 부정, 분노와 분개, 타협, 좌절과 우울감 등 다양하고도 복잡한 심리상태를 경험한다.

부모에게 자녀가 질병에 걸렸다는 것은 무엇보다 받아들이기 힘든 일이다. 부모가 힘들더라도 빨리 현실을 수용하고 변화된 환경에 적응할 수 있도록 상담과 지원을 받을 수 있도록 안내한다.

(2) 부정적인 정서 반응

질병을 인식한 후에는 분노와 죄의식을 갖는다. 질병의 원인에 대하여 자기비난을 하거나 잘못된 행위에 대하여 다른 사람에게 분노를 투사하여 나타내기도 한다. 자신의 처지를 부정하기도 하면서 여러 단계의 심리적 변화를 겪으며, 부정적인 정서 반응을 나타낸다.

많은 부모가 유전 때문에 혹은 개인의 잘못된 양육 때문에 병이 생긴 것은 아닌지 죄책감을 느끼고 자책하기도 한다. 자녀의 질병이 본인의 잘못이 아니라는 것을 명확히 알게 되더라도 어떤 부모들은 과한 죄책감을 느끼기도 하며, 자녀가 병에 걸린 이유를 부모 자신에게 찾으려 하며 막연한 죄책감을 느끼는 사례가 많다(김정연, 2018; 인천광역시교육청, 2016). 부모가 자녀의 질병에 대한 죄책감을 완전히 버리기는 쉽지 않다. 그러나 대부분 건강장애의 발생 원인은 뚜렷하게 밝혀지지 않는다. 이 시기에는 오히려 부모가 의연한 태도를 보이고 상황을 객관적으로 파악하는 것이 필요하다. 따라서 부모가 죄책감을 느낀다고 해서 상황이 달라지는 것이 아님을 인지하고, 최선을 다하고 있다면 그것으로 충분함을 받아들이도록 지지가 필요하다. 솔직하게 슬픔을 드러내는 부모에게서 자녀들은 감정을 표현하는 것이 옳은 일임을 배울 수 있다. 부모와 자녀가 서로 슬픈 감정을 표현하고 나눔으로써 힘든 시간을 견뎌 내고 힘든 시간 동안 서로에게 위안을 주는 것을 배울 수 있다(한국백혈병어린이재단, 2015).

부모들이 공통으로 느끼는 감정으로는 공포, 불안, 좌절, 두려움, 우울, 미래의 안위에 대한 걱정, 입원으로 인한 경제적인 부담 등이다. 건강장애 학생의 부모들은 높은 수준의 우울감과 낮은 자존감, 절망감을 경험한다(김정연, 박은혜, 김유리, 2014). 많은 부모는 그렇지 않으려 하는데도 아주 사소한 일조차 쉽게 화가 나고 짜증이 통제되지 않는 상황을 경험한다. 부모는 화가 났을 때 화를 어떻게 다룰 것인지에 대해 심리적 지원을 받도록 한다. 예를 들어, 육체적인 노력이 필요한 일을 하는 것이 몸과 마음을 일시적으로 안정시키는 데 효과적이다. 처음엔 현실을 부정하더라도 시간이 흐르면 점차 현실을 받아들이며 강한 의지를 갖게 된다.

그런데도 간혹 주변 사람들이 무심코 던진 말로 상처를 받기도 한다. 주변 사람들의 따가운 시선으로 인해 심리적 위축감을 느낄 수 있다. 심리적 위축과 무력감은 사회적 대인관계에서의 기피 현상을 유발한다. 부모들이 경험하는 부정적인 정서 반응은 주변에서 이해해 주고 지지해 주는 지원 정도에 따라 달라질 수 있다.

교육현장 & 공감

"하루하루를 살얼음판에서 살아요. 논문에는 치료율이 70~80% 된다지만, 그건 바꿔 말하면 20~30%는 치료가 안 된다는 뜻이잖아요. 어떻게 될지 모르니 답답한 거죠. 열심히 치료한다고 낫는 게 아니니까."

"아이가 심리적으로 위축되어 있고, 사춘기 시기에는 더 그렇고요. 그리고 저도 아픈 아이와 같이 있다 보면 숨이 막힐 때가 많아요. 일을 안 하고 아이만 바라보고 있으니까 우울증이 오기도 했었고. 엄마도 터놓고 말할 수 있는 상담이 필요한 것 같아요."

－ 건강장애 학생의 어머니 인터뷰 중에서(인천광역시교육청, 2016)

(3) 대인관계의 단절 및 사회적 고립

자녀의 질병은 가족의 단합을 유도하는 계기가 되기도 하지만 장기간의 치료과정은 가족 간의 대화 부족, 돌봄으로 인한 체력 소진, 예측할 수 없는 질병의 두려움 등 여러 변수로 인해 대인관계를 어렵게 만든다. 특히 자녀 양육으로 인해 사회적 대인관계를 상대적으로 소홀하게 된다. 사회적 고립은 도움을 구할 수 있는 사회적 지지의 범위를 축소하여 어려움을 악화시킨다.

> ### 🎵 교육현장 & 공감
>
> "엄마들이 다 공감하겠지만 저희는 처음에 아이가 백혈병 있다고 한 거를 다른 사람들이 알기를 원치 않았어요. 왜냐하면 진심으로 위로해 주는 분들도 있지만, 이것저것 물어보시는 분들이 너무 많아요. 그냥 단순한 호기심. 당장 퍼뜨리고 그래서 저희는 너무 상처가 되어서 이사하고 다 그러시잖아요. 어떤 분은 개명도 하세요. 아이들이 아픈 것도 속상한데 아이 아픈 걸 갖다가 그렇게 해 버리니깐. 과거와 단절하고 싶은 거예요."
>
> — 건강장애 학생의 어머니 인터뷰 중에서(인천광역시교육청, 2016)

(4) 일상생활 유지의 어려움

만성질환은 한 가정에게 특수하고도 지속적인 어려움을 경험하게 한다. 부모는 병원에서 24시간 아픈 자녀를 돌보게 되면 개인적인 여가와 여유 시간을 전혀 가질 수 없으며 온갖 스트레스가 가중된다. 형제자매가 있는 경우 추가 양육자 없이는 자녀를 내버려 둘 수밖에 없는 사태도 발생한다. 아픈 자녀와 동시에 형제자매의 양육까지 책임져야 하는 상황에서 무력감을 경험한다. 장기간의 병원생활은 일상적으로 반복되던 생활의 틀을 깨고 가족구성원의 역할을 와해한다.

> ### 🎵 교육현장 & 공감
>
> "치료받는 날이면 가족 모두가 종합병원 근처의 숙박시설로 이동해야 해요. 당일 치료를 할 때는 병원에 입원할 수 없으니, 병원 근처에서 숙박하는 거죠. 먼 거리이기 때문에 당일에 가서 치료를 받고 돌아올 수 있는 체력이 안 돼요. 감기라도 걸리면 치료를 지속할 수 없으니까요. 동생은 데려갈 수 없으니까 할머니 댁에 맡겨 놓고 가죠. 며칠간."
>
> "저희는 진짜 아이가 진단받은 후 1년 동안 가족들만 집에 들어올 수 있었어요. 집에는 가족 외에는 아무도 못 들어오게 했어요. 친척들도 손님들도 집에 못 오게 했어요. 그만큼 감염이 무서웠어요. 저는 이 손이 다 까져서 벗겨졌어요. 손이 다 터 버려요. 락스를 하도 사용해서. 저희는 일주일에 알코올 12병을 써요. 거실 소독한다고."
>
> — 건강장애 학생의 어머니 인터뷰 중에서(인천광역시교육청, 2016)

(5) 정보 부족과 정보 접근의 제한

건강장애 학생들의 부모를 대상으로 한 면담에서 질병 진단 초기에 부모들이 겪는 가장 큰 어려움은 정보를 구하기 어려운 것으로 나타났다. 갑작스러운 진단의 혼란을 가라앉힐 수 있는 의학적 정보, 예후 등을 쉽게 찾을 수 없었던 점이 가장 답답하고 힘든 일로 조사되었다(인천광역시교육청, 2016). 교육에 대한 정보는 더욱더 접근하기 어려우며, 출석처리는 병원학교와 원격수업 등으로 인정된다는 것은 듣게 되지만, 실제적인 학습지원이나 학교의 평가 및 성적관리, 진학 지원 등에 대한 정보가 없어서 어려움이 있었다고 지적하였다. 그 밖에 돌보미 서비스, 단기 보호 서비스, 간병 서비스 등의 서비스 지원 정보가 필요하며, 부모상담, 학생상담, 형제자매상담 등의 상담 지원, 치료비 지원, 통원치료 시 숙박비용 지원 등의 경제적 지원에 관한 정보도 매우 부족한 것으로 나타났다(김정연, 김시원, 2017).

(6) 경제적인 부담

건강장애 학생의 부모는 치료가 장기적으로 이루어져야 하고, 꾸준히 건강관리를 해야 하며, 교육에 대한 공백 등으로 인한 심리적인 압박과 지속해서 투입되는 경제적 비용으로 인해 이중고를 겪는다. 경제적 어려움은 치료비 부담도 크지만, 치료로 인해 병원이 있는 타 도시에서의 생활로 인한 생활비 증가 등 부수적인 재정적 부담이 있다.

그러나 건강장애 학생 부모는 자녀의 질병으로 인한 스트레스가 아무리 높아도 외현적으로 표출하지 못하고 내면적으로 가라앉히는 경우가 대부분이다. Shields와 동료들(1995)은 자녀가 암 진단을 받은 77개 가정의 심리사회적 요구를 조사하였다. 만성질환 중 소아암 자녀를 둔 부모들이 가지는 심리사회적 문제와 요구를 다음과 같이 제시하였다.

- 자녀의 회복의 불확실성에 대한 불안
- 자녀의 질환에 대한 정보, 환자의 식사, 영양관리, 간호
- 긴 치료과정과 힘든 수술을 지켜보아야 하는 것
- 자녀가 탈모, 체중감소 등 자신의 상태나 죽음에 대해 질문할 때 답변하는 것
- 자녀의 친구관계 유지와 학교생활에 대한 대처
- 집안 살림을 제대로 돌보지 못하는 것

- 다른 자녀들을 충분히 돌보지 못하는 것
- 보모(baby sitter)나 일시 위탁제공자(respite care provider) 등 부모 대신 자녀를 돌보아 주는 서비스
- 치료비와 교통비에 대한 부담
- 부모로서의 죄책감과 무능력
- 친구나 이웃이 자녀의 상태를 물어올 때 응답하거나 설명하기
- 자신의 상황을 털어놓을 수 있는 친구를 가지기
- 주위 사람들의 기피와 무관심으로 인한 소외감
- 심리학자, 사회복지사, 성직자와의 상담과 지지
- 상호 지지 및 정보 교환을 할 수 있는 부모 모임
- 현재 또는 미래에 이용할 수 있는 사회적 서비스에 대한 정보

2) 부모와 만나기

(1) 면담의 준비

부모와 함께 학생에 관해 대화할 때 교사는 긍정적 태도를 보이기 위해 노력해야 하고, 학생과 학생의 질병에 대해 가족이 가진 지식과 통찰을 존중해야 한다. 교사는 다음과 같은 일상적인 질문을 통해 부모가 가지고 있는 자녀에 관한 지식과 통찰을 살펴볼 수 있다. 질병에 대한 정보뿐 아니라 학생에 대해 전반적인 통찰력을 얻기 위한 질문은 〈표 12-1〉과 같다. 일반적인 개방형 질문을 통해 교사는 학생과 가족에 대해 전혀 예상할 수 없었던 문제나 특징들을 발견할 수 있다.

표 12-1 부모 면담에 활용할 수 있는 질문 목록

자녀의 질병에 관한 정보를 구하는 질문	자녀에 관한 전반적인 통찰력을 구하는 질문
- 자녀의 질병에 대해 알려 주세요. - 자녀의 질병에 관한 의사의 소견은 어떠한가요? - 자녀의 증상이 어떻게 나타나고 그럴 땐 어떻게 대처하시나요? - 자녀의 증상에 관해 제가 꼭 알아야 할 점은 무엇인가요?	- 일어나서 잘 때까지 자녀의 하루는 어떤가요? - 자녀가 하루 중 가장 즐거워할 때는 언제인가요? - 자녀는 무엇에 관심이 많나요? - 자녀는 무엇을 할 때 가장 즐거워하나요? - 요즘 자녀에게 달라진 점이 있나요? 있다면 무엇인가요? - 자녀는 친구들과 어떤 이야기를 자주 하나요?

(2) 적극적 경청

상담 시 교사는 부모가 말하는 것을 확실하게 이해하기 위해 적극적인 듣기 기술을 가져야 한다. 교사는 부모가 무엇을 느끼고 있는지, 무엇을 전달하기 원하는지 이해하려고 노력하며, 자신이 들은 바를 부모에게 자신의 언어로 다시 정리해서 말해 준다. 부모에게 부모가 말하는 것을 이해하고 있다는 확신을 심어 주고 명확하게 하기 위한 것이다(박지연, 2012).

적극적인 듣기과정에서 교사는 종종 기대했던 바와 다른 부모의 관점을 알게 되기도 한다. 이는 개인적 관점, 종교적 믿음, 또는 문화적 요소, 사회경제적 지위, 교육 수준 등과 같은 여러 가지 요소 때문일 수 있다. 그러므로 교사는 부모와 함께 소통할 때에는 일방적으로 정보를 전달하는 방식이 아니라 서로의 상황을 이해하며, 새로운 정보를 얻게 되는 쌍방향 의사소통이 되도록 발전시켜가야 한다. 박지연(2012)은 교사가 가족과 효과적으로 의사소통하기 위해 기억해야 할 지침을 다음과 같이 제안하였다.

- 가족이 원치 않는 충고를 하거나 문제에 대한 임기응변적 해결책을 제시하지 않는다.
- 부모의 근심에 진심으로 주의를 기울이지 않으면서 모든 문제가 곧 좋아질 것이라는 잘못된 확신을 주거나 상투적인 말로 부모의 감정을 축소하지 않는다.
- 적절한 질문을 하고, 적극적으로 경청한다. 너무 많은 질문, 관련 없는 질문, 잘못된 유형의 질문은 의사소통을 단절시키거나 비생산적으로 만든다.
- 가족의 말에 집중할 수 있는 시간에 미팅 약속을 잡는다. 다른 일로 정신이 없는 교사의 모습을 보면 가족이 자신의 이야기를 제대로 할 수 없다.
- 가족과 만나는 동안 방해 요소를 최소화한다. 가족과의 만남 장소에 외부인이 들어오지 못하도록 미리 공지문을 붙이고, 휴대폰를 끄거나 진동으로 바꾼다.

(3) 부모상담

부모는 현재의 치료과정이 제일 나은 선택인지에 대한 끝없는 불안과 불확실한 질병 예후로 인해 심리적으로 불안한 정서를 갖게 된다. 자녀의 만성질환으로 인한 스트레스는 부모의 신체 · 정신 건강을 위협하여 결과적으로 자녀의 양육을 방해한다. 만성질환의 발현은 부모의 역할수행을 위태롭게 할 수 있으며, 이후의 치료과정 전반에 부정적 영향을 줄 수 있다. 만성질환들은 질병에 대한 집중적인 치료도 중요하지만,

장기간에 걸친 꾸준한 건강관리가 중요하기 때문에 부모의 심리적 문제를 줄일 수 있는 상담이 필요하다.

교사는 부모에게 다음의 사항을 안내하여 필요한 경우 전문 상담과 지원을 받을 수 있도록 한다.

- 주변의 확인되지 않은 정보보다는 의료진을 신뢰한다.
  - 자녀가 질병에 걸리면 수많은 정보에 노출되기 쉽다. 병원 선택에서부터 건강식품에 이르기까지 어떠한 결정과 선택을 하는 것이 어려울 수 있다. 가장 중요한 것은 학생의 의료진에 대해 신뢰하는 것임을 알린다.
- 질병에 대해 가능한 한 빠르게 받아들인다.
  - 자녀가 질병에 걸린 이유를 찾아내려는 생각보다는 앞으로의 치료에 집중할 수 있도록 상담이 필요하다. 슬픔을 표현할 수 있는 충분히 시간을 갖되 빠르게 질병을 받아들여야 치료에 집중할 수 있음을 안내한다.
- 적극적으로 도움을 요청한다.
  - 혼자만의 힘으로는 치료하기 어려우므로 주변에 도움을 줄 수 있는 전문가와 상의할 수 있도록 격려한다. 더불어 경제적인 도움도 요청할 수 있도록 치료비 지원과 관련된 사회제도에 관한 정보를 제공한다.
- 소집단 부모 모임에 가입한다.
  - 동일 질병의 부모 모임이나 병원학교, 병실에서 만나는 다른 부모들과 서로 교류할 수 있도록 한다. 소집단 부모 모임을 통해 건강장애 자녀에 대한 생각과 경험을 공유하는 활동이 도움이 된다. 같은 경험을 가진 부모들의 집단 모임은 자신의 어려움을 객관적으로 바라볼 기회를 제공하며, 적응력을 높이는 데 도움이 된다.

3) 부모의 스트레스 관리

자녀의 만성질환은 단기간에 사라지는 문제가 아니므로 부모의 건강을 유지하면서 동시에 가족의 문제를 해결할 수 있도록 한다. 질병 진단으로 인한 충격과 지속하는 스트레스는 어느 정도이며, 어떻게 대처하고 있는지 파악하여 개별 수준에 맞는 지지와 지원이 필요하다. 가족들이 겪는 스트레스의 원인이 같다고 해도 대처하는 방법과 정도는 다르다. 스트레스가 높다고 부정적인 것만은 아니며, 스트레스의 양으로 가족의 적응 정도를 평가하기는 어렵다. 자녀의 만성질환 자체를 없앨 수 없지만, 스트레스를 어떻게 극복하고 대처하는가에 따라 스트레스를 줄이거나 기능적으로 만들 수

표 12-2　부모교육 자료: 스트레스 관리와 예방법

■ 나는 현재 스트레스를 어느 정도 느끼고 있나요?

스트레스의 영향	나타나는 증상	정도
신체적 증상	궤양, 알레르기, 수족냉증, 소화불량 등	1-2-3-4-5
심리정서적 증상	자존감 저하, 분노, 정서적 소진	1-2-3-4-5
대인관계 증상	대인관계 위축, 대인기피	1-2-3-4-5

■ 나는 스트레스에 어느 정도 대처하고 있나요?
(3: 거의 항상 그렇다, 2: 자주 그렇다, 1: 가끔 그렇다, 0: 전혀 그렇지 않다)

나는 함께 일할 수 있는 사람을 찾는다.	3-2-1-0
나는 다른 사람으로부터 내가 필요한 정보를 구한다.	3-2-1-0
나는 어려운 상황을 처리해 줄 수 있는 사람을 찾으려고 노력한다.	3-2-1-0
나는 내가 신뢰하는 사람과 어려운 상황을 의논한다.	3-2-1-0
나는 다른 사람의 충고와 지지를 구한다.	3-2-1-0
나는 의사나 상담 전문가에게 문제점들에 관해 기꺼이 이야기한다.	3-2-1-0
나는 불편한 감정들이 발생할 때 남들에게 알게 한다.	3-2-1-0
나는 일이 너무 많거나 너무 바쁠 때 이 사실을 남들이 알게 한다.	3-2-1-0

해석: 0~11(소진상태)　12~16(긴장상태)　17~19(균형상태)　20+(최적상태)

■ 나의 스트레스 대처 방법은 무엇인가요?

구분	대처 방법 목록
신체적 해소	실내 운동/야외 운동/스포츠 활동/음악 활동/기타(　　　)
정서적 해소	영화 보기/음악 듣기/TV 보기/책 읽기/예술 감상하기/명상하기/종교 활동/전문 상담받기/여행하기/기타(　　　)
사회적 해소	전화 통화하기/소셜 네트워크 서비스(SNS) 이용하기/친구 만나기/부모회 가입 및 활동하기/친척의 도움 구하기/이웃과 관계 맺기/기타(　　　)

출처: 이영호, 김혜숙(2015), p. 171에서 수정 발췌함.

있다. 특히 건강장애 학생의 부모가 자녀의 교육과 치료에 관해 긍정적으로 인식하고 참여하도록 부모의 스트레스를 감소시키는 것과 동시에 사회적 지지를 제공하여 가족의 역량을 강화한다. 앞의 〈표 12-2〉는 건강장애 학생 부모의 스트레스 관리와 예방에 관한 부모교육 자료의 예이다.

4) 가족 역할 강화

자녀의 건강장애 진단은 가족에게 어려움을 주지만, 건강장애 학생에 관한 인식을 긍정적으로 해석할 경우 가족의 응집력을 높여 주는 계기가 될 수 있다. 자녀가 질병과 맞서 싸우는 동안 가족들은 힘든 상황에서도 서로에게 얼마나 힘이 될 수 있는지 경험하게 되고 서로의 존재에 대한 소중함을 깨닫는 계기가 되어 가족의 결속력을 다질 수 있다(인천광역시교육청, 2016).

건강장애 학생의 학교생활 적응에 영향을 주는 요인은 여러 가지가 있으나 가족의 극복능력에 좌우된다는 사실은 여러 연구(백경원, 최미혜, 2006; 신영희, 심미경, 김태임, 2006; 최경원, 2013)에서 지적되었다. 교사가 가족에게 제공하는 정보는 학생에 대한 지원뿐 아니라 자녀를 양육하고 교육하는 데 필요한 모든 지원을 포함한다. 잘못된 정보는 가족을 물질적·심리적으로 힘들게 하므로 교사는 정확한 정보를 제공하여 그들이 갖는 불확실성에 따르는 두려움을 줄일 수 있도록 안내한다.

특히 자녀의 치료과정에서 부모 중 어느 한쪽의 역할에 치중되지 않도록 아버지를 포함한 가족 간 소통의 중요성이 강조된다. 다음은 자녀의 질병 치료에 관한 가족 간 소통에서 유의해야 할 사항이다(인천광역시교육청, 2016).

- 가족들과 함께 대화하는 시간을 갖는다. 서로의 요구, 대처 양식들에 대해 이해하는 것이 중요하다.
- 양방향의 의사소통을 시도한다. 일방적인 표현이 아니라 서로의 말을 듣고, 경청하는 자세를 갖는다.
- 각자가 할 수 있는 역할에 대해 구체적으로 이야기한다. 서로가 상대에게 바라는 역할에 관해 이야기를 나눈 뒤 조율한다.
- 서로가 다른 대처 방식을 가질 수 있음을 이해한다. 슬픔을 감정적으로 표현하거나 냉정하게 표현하는 등 서로 다른 대처방식에 대해 인정하고 지지한다.

- 중요한 수술이나 사건에 대해 의논할 때에는 부부가 함께 대화하여 상담한 후에 결정한다.

3. 건강장애 학생 가족의 지원

1) 부모 지원

건강장애 학생 부모 대상의 선행연구에서는 부모들은 경제적 지원보다 심리정서적 지원을 더 긴급하게 필요로 하며, 외부로부터 아무런 심리적 지원을 받지 못한 채 스스로 마음을 잡고 긍정적으로 생각하기까지 오랜 시간이 소요되는 것으로 나타났다(김정연, 박은혜, 김유리, 2014). 자녀의 질병은 부모에게 일상적인 양육 외에도 의료적 치료, 교육 등으로 인한 심리사회적 부담감을 크게 만든다. 아픈 자녀의 치료, 형제자매의 양육, 경제적으로 어려운 상황에서 무력감을 경험하거나, 자신의 처지를 부정하기도 하면서 여러 단계의 심리적 변화를 겪는다. 건강장애 자녀의 부모들은 경제적 지원도 중요하지만, 초기 단계에서부터 부모의 자신감을 격려해 줄 수 있는 심리정서적 지원이 필요하다(인천광역시교육청, 2016).

부모를 위한 전문 상담프로그램은 법에 근거해서도 타당한 조치이다. 「장애인 등에 대한 특수교육법」 제2조에서는 특수교육 관련서비스에 상담지원과 가족 지원의 항목을 제시하고 있다. 특수교육 운영계획(교육부, 2020a)에서도 건강장애 학생의 가족 지원 관련서비스 제공을 명시하고 있어 시·도교육청 차원의 상담 지원을 강조하고 있다.

부모를 위한 전문 상담 프로그램의 예를 제시하면 다음과 같다. 첫째, 동일 질병을 가진 부모 자조 모임과 결연을 통해 지원한다. 부모 자조 모임을 통해 교육과 치료에 관한 정보를 교환하며, 부모 상호 간에 정서적으로 지지할 수 있다. 학교복귀 전에는 병원학교 입원 학생의 부모 대상으로 부모 교실을 운영하는 방안도 권장한다. 일반학교의 시·도교육청별로 건강장애 학생의 가족 지원 프로그램을 운영하는 방안도 추천할 수 있다. 둘째, 가족-학교 간 의사소통 체계를 구축한다. 학교 교사 및 지원 인력과 가족들 간의 개별 및 집단면담 시간을 통해 중요사안을 협의할 수 있도록 시스템을 마련한다. 그 밖에 학교 홈페이지, 소식지, 학급별 알림장을 통한 안내 등 질병으로 인해 학교 출석의 공백이 생기거나, 학교복귀를 앞둔 학생들의 지속적인 교육지원을 위한 통로를 마련한다. 셋째, 건강장애와 관련한 프로그램을 확대한다. 건강장애 학생의 형제 지원 캠프, 가족 지원 캠프, 건강장애 학생 당사자를 위한 프로그램 등은 전반적인 인식을 개선하여 교육지원의 수준을 높이는 데 이바지할 수 있다.

2) 형제자매 지원

(1) 형제자매가 겪는 어려움

형제자매의 병은 본인이 질병을 가진 것과 같은 스트레스가 될 수 있다. 온 가족의 관심이 질병과 싸우고 있는 형제에게 쏟아져 있을 때, 오히려 더 많은 어려움을 가지기도 한다. 형제자매의 병에 대해 가족 중 어느 누구도 정확한 설명을 해 주지 않을 때 필요 이상의 걱정과 불안감을 느낄 수 있다. 형제자매가 흔히 느낄 수 있는 감정은 다음과 같다(고도현, 유금란, 2019; 유주연, 방경숙, 2017; 인천광역시교육청, 2016).

- **슬픔**: 부모와 아픈 형제를 그리워하기 때문에 슬픈 감정을 느낀다. 어린 나이의 아동들은 건강장애 학생에게 부모의 관심이 집중되므로 본인이 버림받았다고 느낄 수도 있다.
- **외로움**: 부모가 아픈 형제와 함께 오래 있어서, 형제나 자매가 혼자 있는 시간이 많을 때 이러한 감정이 발생할 수 있다. 아무도 그들에게 무슨 일이 일어나고 있는지 알려 주지 않는다면 위험을 느낄 수 있다[아픈 형(누나) 때문에 난 매일 혼자야. 아무도 나에겐 관심이 없어!].
- **걱정과 두려움**: 아픈 형제나 자매에게 일어나는 일을 두려워할 수 있다. 모든 것이 변화하였고 예전과 다르다는 것에 두려워할 수 있다. 때로는 자신도 병에 걸리거나 부모가 아프다고 걱정할 수도 있다[병원에서 무슨 심각한 일이 일어날지도 몰라. 나도 형(누나)처럼 암에 걸릴지도 몰라!].
- **죄책감**: 가끔은 형제자매들이 무언가를 했거나 말 그대로 생각했기 때문에 형제가 질병을 얻었다고 생각하고 자신의 잘못이라고 걱정할 수도 있다. 또한 본인은 건강하고 형제나 자매가 할 수 없는 일을 할 수 있으므로 죄책감을 느낄 수도 있다.
- **시기 및 질투**: 형제자매는 아픈 형제에게 주어진 모든 관심 때문에 때로는 질투하거나 화의 표출이 많아진다. 규칙을 따르지 않거나 다른 사람들과 싸워서 분노를

표출할 수도 있다. 더 많은 관심을 끌기 위해 아프다고 불평하기도 한다. 또한 부모의 관심과 지원이 건강장애 학생에게 집중되므로 상대적으로 방치되는 사례도 발생한다. 심지어 조부모나 친척 집에 맡겨지는 상황에서 시기 및 질투가 발생한다[아픈 형(누나) 때문에 엄마, 아빠의 사랑을 빼앗겼어! 형(누나)이/가 아픈 것 같지도 않은데, 엄마 아빠는 형(누나)만 바라봐!].

- **혼란스러움**: 현재 무슨 일이 일어나고 있는지, 어떤 일이 일어나고 있는지 이해할 수 없으므로 혼란스러워 한다. 일상적인 가족의 역할과 가족 패턴이 변하고 누군가 계속 병원에서 간병을 해야 하므로 생활에서 혼란을 느낀다.

- **부담감**: 아픈 형제자매가 하지 못하는 일에 대한 보상 의무가 심리적 부담과 압박으로 나타난다. 어린 나이에도 불구하고 부모의 역할을 대리 수행해야 하는 상황이 발생한다. 긍정적인 부분도 있으나, 부모의 보호를 받아야 하는 시기에 이러한 부모의 관심에 관한 공백은 청소년기 이후에 정신적 성장 발달에 영향을 미칠 수 있다[형(누나)이/가 아프니까 난 뭐든 내가 알아서 잘해야 해.].

(2) 형제자매 지원 방안

형제자매가 느낄 수 있는 심리적 어려움에 관하여 가족과 전문가들은 충분히 소통하고 설명해 주어야 한다. 형제자매의 질병에 대해 다른 사람들이 질문했을 때, 당황하지 않고 설명할 수 있도록 대응 방법을 미리 알려 준다.

어린 나이의 학생들의 우울감은 겉으로 드러나지 않더라도 누적될 수 있다. 자기의 스트레스가 무엇인지도 인지하지 못한 채 어려움을 겪는다. 예를 들어, 말이 없어지거나 위축된 모습을 보일 때, 짜증이나 화를 조절하지 못하고 과격한 행동을 보일 때, 반항이 잦고 친구와의 다툼이나 등교 거부 등으로 인해 자주 울거나 하는 행동은 전문적인 상담이 필요한 신호가 될 수 있다.

연구에서는 건강장애가 건강한 형제자매에게 긍정적 · 부정적 영향을 모두 미치는 것으로 나타났다(임장현, 김정연, 김시원, 2017; Heller et al., 2009). 긍정적인 측면은 건강한 형제자매들은 건강함에 감사함을 느끼게 되며, 본인이 더 잘해야 한다고 느끼기 때문에 부모를 도와드리고 싶다는 생각과 함께 가족의 소중함과 결속력이 더 단단해질 수 있다는 점이다. 부정적인 영향으로는 건강장애를 가진 형제자매에 관한 관심 집중으로 인해 소외감을 느끼거나 외로움, 형이나 동생에 대한 죄책감, 막연한 두려움과 공포감을 가질 수 있다는 점이다.

이러한 심리적 어려움을 보이는 형제자매의 지원 방안은 다음과 같다.

- 정확한 정보를 제공한다.
  - 형제자매들이 궁금해하는 내용에 대해 이해 가능한 수준에서 간단하고 정직하게 설명한다. 필요한 경우 직접 간호사나 의사에게 질문하고 답을 들을 수 있도록 기회를 마련한다.
- 솔직하게 감정을 표현할 수 있도록 격려한다.
  - 형제자매들이 자신의 감정에 관해 이야기하도록 격려한다. 건강장애 형제, 친구, 부모에 대한 자신의 감정을 충분히 표현하고 판별하는 경험을 갖게 한다. 화남, 울음, 짜증 등의 많은 감정을 가지는 것은 당연하고 자연스러운 일임을 알게 한다.
  - 필요한 경우 심리교육 프로그램을 받도록 하여 형제자매와 관련된 경험과 가족에 관한 이야기를 표현할 수 있는 상담이나 기회를 제공한다. 심리상담은 가족에게 공개하지 못했던 감정, 즉 형제자매의 질병에 대해 자기 생각을 말하고 기분이나 의견을 마음껏 표현할 수 있는 기회가 된다. 이를 통해 형제자매의 어려움을 이해하고 공감하는 기회를 만든다.
- 가족 간에 충분히 의사소통을 할 기회를 갖는다.
  - 형제에게 일어나는 일과 아픈 이유에 대해 가족이 함께 이야기하는 시간을 갖는다. 건강장애 형제를 돌보는 문제로 충족되지 못한 요구를 이야기하고 최선의 행동을 계획할 수 있도록 소통한다. 가능하다면 건강장애 자녀가 입원한 병원에 형제자매가 방문할 기회를 마련한다. 병원 방문을 위해 자녀를 준비시키는 방법에 대해서는 병원 직원과 상의한다. 방문할 수 없는 경우 전화나 영상통화를 하거나 그림, 카드 보내기 등을 권장한다.
- 일상생활을 유지하면서 충분한 애정과 관심을 표현한다.
  - 형제자매의 등교, 식사 등 일상생활이 가능한 유지될 수 있도록 유의한다. 시간이 날 때마다 부모가 건강장애 자녀의 형제자매에게 특별한 주의를 기울일 수 있도록 격려한다.
- 타인의 관심에 대한 대처 방안을 구체적으로 알려 준다.
  - 타인에게 형제자매를 소개하거나 형제자매의 질병에 관해 설명하는 방법을 알려 준다.

3) 건강장애 학생 생애주기별 지원

모든 학생은 나이별로 성장과정에서 나타나는 특성이 다르다. 건강장애 학생들은 성장하면서 나타나는 특성 외에 만성질환의 진단 시기를 고려하여 지원한다. 아동들의 발달은 주변의 다양한 관계 속에서 이루어지는데, 가정, 학교, 병원, 지역사회에서의 환경과 경험은 이들의 발달에 다양한 영향을 미친다. 건강장애 학생의 생애주기별 주요 요구와 필요한 지원은 다음과 같다.

(1) 영아기

0~3세 미만의 영아기에 발생할 수 있는 만성질환의 종류는 매우 다양하다. 이 시기는 공교육 체계로 들어오기 이전이기 때문에 아동의 질병 발현으로 인한 가족의 관심은 의학적인 처치에 집중하게 된다. 영유아 시기의 부모는 부모의 역할 및 준비가 완벽하지 못하므로 자녀의 질병의 출현은 가족에게는 충격적인 사건이 된다. 이 시기에 영유아는 진단과 치료를 위해 병원에서 많은 시간을 보내며, 치료로 인해 부모와 분리될 수 있다. 부모는 정확한 의학적 정보와 지식을 접하지 못하여 불안감을 가지게 된다. 부모에게 가장 필요한 것은 질병에 대한 의학적 정보, 예후 등에 관한 정보이다.

(2) 유아기

3세부터 초등학교 입학 전까지의 유아기는 생활환경이 넓어지면서 타인과의 의사소통을 통한 상호관계가 확대되는 시기이다. 유아는 또래와 충분한 놀이 활동을 통해 성장하며 발달한다. 그러나 치료로 인한 병원생활은 제한된 환경 안에서 생활해야 하며, 타인과의 상호작용 기회가 제한되므로 정상적인 사회적 행동을 발달시키기 어렵다. 이 시기에 가장 필요한 정보는 의학적 정보 외에 양육과정에서의 부모와 자녀의 상호작용에 관한 정보이다.

> ### ✒ 교육현장 & 공감
>
> "병원에서는 아이가 원하는 대로 다 해 주게 돼요. 혼내지도 못해요. 상처받을까 봐. 알긴 아는데, 아이가 울고 그러면 밥도 안 먹게 되고 그러면 치료 스케줄도 차질이 생기기 때문에 어떻게 해서라도 비위를 맞춰 주게 되죠. 잘못된 건 줄 아는데도 못 고쳐요. 당장은 치료를 해야 하니까요. 그러다가 학교 갈 생각만 하면 '이러면 안 되지.' 하는 생각이 드는 거예요."
>
> – 건강장애 학생의 어머니 인터뷰 중에서(인천광역시교육청, 2016)

(3) 초등학교 학령기

초등학교 시기는 학교생활을 통해 또래와 의미 있는 관계를 형성하고 이를 통해 긍정적인 자아개념을 형성하는 시기이다. 다양한 경험을 할 수 있도록 사회적 환경이 확장되며, 사회적 기술을 학습할 기회가 주어지는 시기이다. 그러나 이 시기의 병원생활은 사회적 상호작용을 단절시키고 경험을 통한 자연스러운 발달의 기회가 제한된다. 본인의 선택과 상관없는 병원이라는 공간에 놓이게 되는 상황은 초등학교 학생들에게 감당하기 어려운 스트레스가 될 수 있다. 또한 초등학교 학생에게 질병과 상황에 대한 정확한 설명과 이해 없이 적응해야 한다는 과업이 주어지는 경우가 대부분이기 때문에 이 시기에는 부모와 교사의 지지적인 역할이 매우 중요하다.

(4) 중 · 고등학교 청소년기

청소년기는 개인의 정체감과 삶의 의미를 찾기 위한 단계로 신체적인 변화와 함께 사회정서적 변화가 급격히 나타나는 시기이다. 이 시기에는 사춘기 특성만으로도 학생의 정서적 갈등과 어려움이 극대화되는데, 질병이라는 변수는 견디기 어려운 사건이 될 수 있다. 또한 성인으로 나아가는 전환기이고 독립을 준비하는 시기이므로 정체감을 확립할 수 있도록 진로 탐색 및 취업 준비 등 요구에 따른 지지가 필요하다.

건강장애 학생들이 가지고 있는 만성질환 대부분은 살아가면서 지속적인 관리와 치료가 필요한 경우가 많지만, 꾸준한 관리로 개선하거나 유지할 수 있다. 개별학생의 특성에 따라 지속적인 지원체계가 제공된다면 충분히 안전하고 건강하게 성장할 수 있다. 건강장애 학생과 가족이 자녀의 질병으로 인한 어려움을 이겨 내고 건강하게 생활할 수 있도록 정련된 교육지원 체계와 제도를 개선하려는 노력이 필요하다.

4. 가족을 위한 실제적 제안

건강장애 학생의 부모교육은 지역사회 서비스와 자원에 접근하여 부모 역할을 수행할 수 있도록 역할을 강화하여 정서적 어려움을 해결하도록 돕는다. 또한 만성질환에 관한 의학적 지식과 정보를 정확하게 제공하고 질병 진단 시기 및 과정에 따라 필요한 교육지원 정보를 제공하여 교육의 협력자 역할을 할 수 있도록 돕는다.

1) 지역사회 서비스 및 자원 접근

Shields와 동료들(1995)은 소아암 자녀를 둔 부모들의 심리사회적 문제를 해결하기 위한 대안으로 비공식적인 지원이 가능한 네트워크를 개발하고, 질병의 단계에 따른 정보와 지속적인 지원 서비스를 제공해야 함을 제안하였다. 건강장애 학생의 가족을 돕는 우선 과제는 지역사회의 다양한 서비스와 자원에 접근하도록 하는 것이다. 서비스에 접근하기 위해서는 교육 프로그램에 관한 정보를 듣고 접하는 것이 우선이다. 프로그램이나 정보를 알아야 선택과 참여 여부를 결정할 수 있다. 그러나 만성질환에 대한 정확한 질환 관련 정보나 서비스를 찾기가 쉽지 않다. 만성질환들은 대부분 출현율이 낮으므로 필요한 정보를 구하기가 힘들다. 그러므로 만성질환별 부모 모임을 통한 정보 접근 및 지지 그룹을 활용하도록 안내하는 것이 효과적이다.

부모 모임은 자녀의 교육적·의료적 요구에 맞는 필수적인 서비스와 그에 대한 정보를 얻고 부모 참여를 촉진하여 자녀교육에 긍정적 역할을 한다. 부모를 위한 활동은, (1) 부모교육 참여, (2) 프로그램 및 활동 참여, (3) 부모 자조 모임 참여로 나누어 볼 수 있다.

(1) 부모교육 참여

부모교육은 부모의 역할 기능을 원활히 수행할 수 있도록 부모에게 건강장애 학생의 교육지원에 관한 정보와 지식을 전달하거나 기술을 가르치는 것을 의미한다. 부모교육은 부모의 자질을 향상하고 학생의 교육이나 발달에 적극적으로 참여할 수 있도록 부모의 기능을 강화한다. 부모교육에 참여하는 부모들은 질병을 치료하는 과정에서 겪는 어려움을 공유하여 긍정적인 경험을 나눌 수 있으며, 전문가와 의사소통할 때 필요한 지식이나 새로운 용어를 배울 수 있다.

[그림 12-1]은 소집단 부모교육을 통해 실행할 수 있는 활동의 예이다.

■ 자녀에 대한 내 생각을 말해 봅시다.
• 자녀가 만성질환으로 진단되었을 때, 내 느낌은 어떠했나?
• 최근 1주일 동안 자녀에 대한 나의 솔직한 마음은 어떠한가?
• 자녀로 인해 느꼈던 가장 큰 기쁨은 무엇인가?
• 자녀로 인해 느끼게 된 부정적인 감정(불안, 우울, 죄책감, 분노, 불쾌, 슬픔 등)은 무엇인가?

■ 서로의 이야기를 들어 본 후 생각해 봅시다.

내가 느끼는 감정	다른 사람이 느끼는 감정	같은 점은?
• • •	• • •	• • •

↓

같은 감정을 느끼는 사람에게 해 주고 싶은 말	• •

그림 12-1 부모교육 자료: 건강장애 자녀에 대한 생각과 경험 공유하기 활동

(2) 프로그램 및 활동 참여

활동 참여는 부모가 가족의 생활에 영향을 주는 특정 프로그램의 구성 및 운영에 직접 참여하는 것을 의미한다. 국가, 민간 단체에서 진행되는 다양한 지원사업을 안내하여 부모들이 전문적으로 정서적 지원을 받을 수 있도록 한다. 소아암 재단에서는 다음과 같은 프로그램을 지원하고 있다(한국백혈병어린이재단, 2015).

• **전문심리상담**: 소아암 투병과정에서 생길 수 있는 심리적·정서적 어려움을 스스로 표출할 수 있도록 도와주어 긍정적 자아상 형성과 함께 치료 의지를 향상한다.
• **형제 캠프**: 소아암 학생의 형제자매에게 소아암에 대한 올바른 정보 습득 및 스트레스 해소의 기회를 제공한다.
• **가족 행사**: 희망 나무 심기, 완치기원 연날리기, 가족 여행 등 다양한 체험 활동을 개최하여 소아암 가족의 치료 의지 향상을 지원한다.

(3) 부모 자조 모임 참여

부모들은 자신의 자녀에게 일어날 수 있는 일과 그에 대한 대처 방법, 양육과정에서 느끼는 여러 가지 정서적 지지를 원한다. 또한 이러한 경험을 공유할 수 있는 부모 자조 모임과 부모 지원 그룹(parent support group)의 효과성은 여러 사례에서 발표되고 있다(이은희, 손정민, 2008; 조헌하, 윤지원, 2010).

부모들의 자조 모임은 자녀의 질병으로 인해 변화된 생활에 적응하고 자녀교육에 협력할 수 있도록 학교와 교육청, 병원이나 질병관리 단체, 각종 단체나 부모회 단위로 운영되고 있다. 질병에 관한 좀 더 실제적인 정보를 수용하고 부모 자조 모임을 통해 정보를 교환하며 공감대를 형성하는 기회가 된다.

같은 만성질환별 모임으로 구성된 자조 모임은 구성원 간의 상호작용을 통해 정서적 지지를 극대화할 수 있다. 건강장애 학생의 부모로 구성된 자조 모임의 기능은 다음과 같다. 첫째, 자녀의 질병으로 인한 어려움과 경험을 공유하여 지지적 관계를 형성한다. 모임을 통해 새로운 우정관계를 만들 수 있으며 비교와 수용의 과정을 통해 자신의 경험에 대한 불안을 전반적으로 감소할 수 있다. 부모로서 느꼈던 외로움, 고립감, 죄책감, 낙인 대신 타인들로부터 이해와 수용을 경험하는 것은 자녀 양육에 도움이 된다. 둘째, 자녀의 만성질환으로 인한 적응 전략에 관해 이야기함으로써 적응력을 상호 비교, 개발, 발전시킨다. 이를 통해 자녀의 문제에 대한 적응과 통제력을 높일 수 있다. 셋째, 구성원 간에 상호 호혜적인 도움을 통해 경험에 근거한 해결 방안을 공유하며 긍정적 신념을 가질 수 있도록 서로를 지지한다. 넷째, 질병 및 교육 정보, 지역사회 내에서 활용할 수 있는 자원 목록을 공유한다. 자녀의 예후, 자녀의 질병을 대처하는 방법 등에 대한 정보를 통해 자녀에게 적절한 지원을 제공할 수 있다. 그러나 부모 자조 모임만으로는 부모가 알기 원하는 모든 것이 해결되지 않으므로 전문적인 지식과 정확한 정보를 제공해 줄 수 있는 전문가의 개입이 필요하다(인천광역시교육청, 2016).

✎ 교육현장 & 공감

"정말 처음에는 눈물밖에 안 나고 이게 다 끝이구나. 얘랑 같이 그냥 지금 죽고 싶다는 생각밖에 안 들었어요. 그냥 삶을 놔 버리고 싶더라고요. 지금도 순간순간 재발이라는 두려움이 엄습해 올 때는 막 무섭고. 그래도 웃는 아이를 보면 희망의 끈을 놓을 수가 없지요. 그래서 내가 그래요. 내가 약해져서 끈을 놔 버리면 얘는 어떤 끈을 잡지? 내가 그 끈을 놓지 않고 있어야 하죠. 진짜 엄마가 강해져야 한다는 거. 이젠 이 병을 이겨 내기 위해서는 내가 먼저 알아야겠다, 내가 한번 해 봐야겠다는 생각이 들어요. 성공 확률이 5%라 하더라도 그 5% 안에 내 아이가 들면 되는 거니까."

- 건강장애 학생의 어머니 인터뷰 중에서(인천광역시교육청, 2016)

"아무리 의료진이 설명해도 처음엔 귀에 들어오지 않아요. 그 병을 같이 겪고 있는 부모들의 이야기를 직접 듣는 게 훨씬 와닿아요. 가장 먼저 부모들끼리 이야기를 듣고 나눌 수 있도록 해 주는 것, 서로 이야기하는 정기 모임이 가장 도움이 되죠."

- 건강장애 학생의 어머니 인터뷰 중에서(박은혜, 김미선, 김정연, 2005)

---

(4) 지역사회 서비스 찾기

자녀의 교육에 중요한 역할을 담당하는 부모의 부담과 어려움을 덜어 주고 지원을 제공하기 위해 교사는 지역사회 서비스에 대해 안내한다. 장기간 치료로 경제적인 어려움이 있을 때 사회사업팀의 의료사회복지사에게 문의하여 지원받을 수 있도록 안내한다. 다음은 지역사회 서비스 중 하나인 희망다미 웰니스센터의 사례이다.

✦ 조금 더 자세히!

■ **희망다미 웰니스센터**

희망다미 웰니스센터는 백혈병 소아암 환아와 가족들이 지역사회 안에서 건강한 삶을 유지하고, 미래를 준비할 수 있도록 통합적으로 지원하는 지역사회 건강지원센터이다. 한국백혈병소아암협회에서 운영하는 사업으로 대상에 따라 ① 아동·청소년, ② 가족, ③ 지역사회 프로그램을 운영한다. 아동·청소년 프로그램은 치료 기간과 치료 이후에 일상생활로 잘 적응할 수 있도록 통합적 성장을 지원하며, 가족 프로그램은 치료 중 돌봄과 가정의 지지를 제공하고, 가족 기능을 강화한다. 지역사회 프로그램은 가족이 지역사회 구성원으로서 건강하게 살아갈 수 있도록 지역사회 환경을 만드는 것을 목표로 한다. 구체적인 프로그램은 다음과 같다.

구분		프로그램 내용
아동 · 청소년 웰니스 프로그램	교육문화 지원	• 정규교육을 받을 수 없는 환아 및 완치 아동 · 청소년을 위한 교육 및 문화프로그램 • 청소년 배움터(Canteen School): 14~19세 청소년, 주 2회-웰니스 도서관, 다미데이 문화체험, 바이올린합주단, 청소년동아리 등
	자립 진로 지원	• 청소년 환아와 완치자의 자립을 위한 진로 및 사회성 향상 프로그램 • 드림클래스 진로 프로그램과 검정고시, 자격증 과정 지원, 환아, 형제자매와 함께하는 성장캠프, 대학 및 직업훈련학교 장학금 지원 및 협력대학 추천서 발급
	건강 지원	• 환아의 일상생활을 건강하게 유지할 수 있도록 근육경직 완화, 활동력 향상, 긴장감 해소를 위한 건강증진 프로그램
	상담치료 지원	• 치료로 인해 발생하는 심리정서적 문제와 언어발달상의 문제를 해결하기 위한 상담 프로그램 • 언어치료, 미술상담, 부모상담
	치료비 지원	• 심의를 통해 의료적 치료비와 사회 복지적 치료비가 필요한 환아를 선정 · 지원하며, 지원 후 지속적 모니터링을 통해 필요자원 연계
가족 웰니스 프로그램	가족희망파트너 파견	• 환아를 위한 돌봄 서비스, 교육, 부모상담, 자원연계 등을 담당하는 가족희망파트너교사를 가정 또는 병원으로 주 1회씩 1년간 파견 지원
	사랑의 보금자리	• 원거리에서 병원을 이용하는 환아와 가족들을 위한 쉼터로 숙박과 간단한 세탁, 요리 등을 할 수 있는 공간 지원
	자조 모임과 부모교육	• 환아의 부모가 겪는 양육, 가족관계, 심리정서적 어려움을 해소하기 위한 교육지원과 환아 가족들의 상호 지지와 정보교환을 위한 자조 모임 지원
지역사회 웰니스 프로그램	완치자 프로그램	• 백혈병소아암을 이겨 낸 완치자로 구성된 희망천사단(15~24세)과 주니어천사단(7~13세) 운영
	병원으로 찾아가는 놀이체험	• 치료 중이거나 외래치료로 병원을 찾는 환아와 함께할 수 있는 놀이, 상담 등의 체험 부스 운영
	소아암 인식 개선	• 백혈병 소아암에 대한 바른 정보를 나누고, 교육함으로써 인식 개선 • 소아암 가이드북 제작

출처: 한국백혈병소아암협회(2015), pp. 54-55에서 수정 발췌함.

2) 의학적 지식과 정보의 제공

만성질환에 관한 의학적 지식과 건강관리 정보, 건강장애 학생의 교육지원에 관한 정보는 건강장애 학생의 부모가 역할을 수행하기 위해 요구되는 정보이다. 부모가 자녀의 질병에 관한 의학적 지식과 정보를 바른 방식으로 찾을 수 있도록 지원한다. 주위 사람들, 인터넷, 책 등 다양한 정보 수집 방식이 있으나, 질병마다 발현되는 증상은 모든 사람에게 동일하지 않으므로, 전문서적이나 인터넷을 통해 접할 수 있는 정보로는 한계가 있다. 상업 목적의 정보에 현혹되지 않도록 주의하며 정확한 지식은 의료진을 통해 얻고 치료 방식에 대한 불안감을 떨쳐 내며 긍정적인 신뢰감을 갖게 한다. 의학적 정보와 지식은 의료진에게 문의하여 자녀가 가진 질병을 관리하는 방법에 대하여 정확한 정보를 얻도록 한다. 의료진은 부모가 충분히 이해하고 수용하며 치료에 전념할 수 있도록 알기 쉬운 형태의 정보로 제공한다. 질병과 관련하여 부모에게 제공해야 하는 정보는 다음과 같다.

- 만성질환에 관한 정확한 의학적 정보와 지식
- 현재의 정확한 의학적 상황과 앞으로의 치료 예후
- 치료과정에서 부모가 해야 할 역할
- 생활 속에서의 건강관리 방법
- 예측할 수 있는 자녀의 미래의 모습
- 정서적 이해와 심리적 지지 방법

3) 시기 및 과정별 교육지원 정보 제공

만성질환 대부분은 매우 드물게 발생하거나 생소한 진단명이 많아, 처음 진단을 받은 부모들은 매우 당황한다. 특히 질병으로 인해 변화되는 삶의 폭은 크지만, 치료라는 우선 과제로 인해 교육은 우선순위에서 밀려나게 된다.

건강장애 학생들의 교육지원 정책은 2005년부터 시행되어 그 역사가 짧고, 시·도 교육청별로 운영 방안이 상이한 사례도 있어서, 부모들에게 일관성 있는 정확한 지침이 전달되기 어려운 점이 있다. 그러나 치료로 인해 자녀가 학교에 다니지 못하는 상황이 발생하기 때문에 초기 진단 시기를 벗어나면 부모들은 교육지원에 관한 정보를 얻기를 희망한다(김정연, 박은혜, 김유리, 2015).

　김정연, 박은혜와 김유리의 연구(2015)에서 도출된 내용을 바탕으로 건강장애 학생
의 질병 관련 시기 및 과정에 따라 부모들에게 필요한 교육지원 내용을 살펴보면 〈표
12-3〉과 같다.

표 12-3 　질병 관련 시기 및 과정에 따른 부모들의 교육지원 내용

시기 및 과정	교육지원 내용
진단 시기	• 학교 출석 및 처리 방안 • 교육 및 상담 지원 • 자녀의 질환에 대한 정보와 지식 • 지원받을 수 있는 교육지원의 유형과 내용 • 부모의 건강관리 및 정서적 지원 프로그램 정보
병원 입원 중	• 병원학교 및 원격수업의 절차 • 학교 출석 및 성적 관련 정보 • 병원에서의 또래관계 및 생활지도 • 병원에서의 학업지도 • IEP 참여
병원 퇴원 시기	• 학교복귀 시기와 절차 • 교육지원 유형의 선택과 결정 관련 정보
학교복귀 후	• 학교생활 적응지도 • 지체된 학습지원 방안 • 학교에서의 건강관리 지도 방안
중·고등학교 학년 진급 시기	• 학년 진급 시 담임교사와의 의사소통 방법 • 사춘기 자녀의 자아개념 및 스트레스 관리 정보
대학교 진학 및 취업 시기	• 고등학교 입학 관련 진학 정보 • 대학특례입학 관련 진학 정보 • 자녀의 건강상태를 고려한 직업 정보

　진단 초기부터 학교로 복귀하기까지 전 과정에서 병원학교와 소속학교와의 협력은
매우 중요하다. 이 과정에서 협력의 성공 여부는 부모의 역량에 달려 있다. 자녀의 질
병 시기 및 과정에 따라 요구되는 부모의 지원이 체계적으로 잘 이어져야 학생의 성공
적인 학교복귀도 가능하다.

4) 협력자로서 부모와 함께하기

건강장애 학생의 많은 비율을 차지하고 있는 소아암의 경우 발병 시기상 대부분은 유치원과 초등학교 과정에 해당하며 치료를 위해 장기간 입원하게 된다. 이 시기에는 가족의 우선순위가 교육이 아닌 치료에 집중하게 되므로 학습 측면에서의 생활환경은 열악한 조건에 놓이기 쉽다. 이로 인해 변화되거나 일탈한 행동에 대해 적극적으로 교육적인 제재를 하지 못하게 된다. 이러한 이유가 치료 종료 후 다니던 학교로 복귀했을 때 많은 어려움을 유발할 수 있으므로 적절한 선에서의 허용과 훈육에 대한 부모교육이 필요하다.

부모의 우선순위는 치료와 건강이다. 일정 기간의 치료가 종료된 이후에 여유가 있을 때 생각하는 것이 교육 문제이다. 그러므로 치료과정에서 많은 부모는 지속해서 '충격적인 세계' 속에 머물면서 교육자로서의 교사를 바라보지 못하게 된다. 이때 교사가 느끼는 정체성 역시 흔들릴 수 있다. 교육에 대한 상담보다는 치료비용이나 생활고 등의 경제적 문제와 다른 자녀의 양육과 교육 문제 등의 어려움을 접하게 된다. 이에 대한 상담가로서의 전문성이 준비되지 않는다면 교사와 학부모와의 신뢰로운 관계 형성에 어려움이 발생한다.

건강장애 학생을 담당하는 교사가 알아야 하는 협력에 대한 지식은 다음과 같다.

- 부모는 건강장애 학생의 건강 유지와 교육성취에 중요한 역할을 담당한다.
- 부모 요구 조사서를 통해 자녀의 우선순위와 이에 대한 부모의 의견을 수렴하는 과정은 건강장애 학생의 교육계획을 수립하는 데 필요한 절차이다.
- 부모는 병원에서 투병생활을 하는 자녀를 가장 가까이에서 오랜 시간 함께하므로 자녀의 교육지원뿐 아니라 정서적 지원에도 중요한 역할을 담당하며 교육에 필요한 가장 많은 정보를 주는 협력자이다.

건강장애 학생의 교육성취와 심리 지원을 위해서 교사와 부모와의 협력은 중요하다. 그러나 부모는 자녀의 질병으로 인해 많은 변화와 불안감을 가지고 있다. 부모는 본인의 건강을 돌보지 않고 병동에서 자녀와 함께 생활하는 경우가 대부분이다. 건강장애의 특성상 처치와 치료 기간이 장기간이 될 수 있으며, 부모의 건강과 체력 유지는 더욱 힘들 수 있다. 이러한 문제는 학생의 건강관리 및 위급 시 대처를 어렵게 할 수도 있으므로 협력적인 상담을 통해 필요한 지원을 적기에 파악하여 지원해야 한다. 투병 생활 및 장기간의 입원과 치료로 인해 발생하는 병원 입원비, 수술비 등의 경제적인 어려움은 병원 지원 부서와의 협력이 필요하다.

요약

이 장에서는 건강장애 학생의 가족지원에 대해 살펴보았다. 건강장애 학생의 교육목적은 학생들의 학습권을 보장하고 치료 종료 후 성공적으로 학교생활에 적응하도록 지원하는 데 있다. 부모는 학생의 교육에 관한 최초의 가장 중요한 교육자이다. 부모는 학생들의 가장 가까운 곳에서 교육 제공자, 의사결정자, 정서적 지지자, 권리 옹호자로서의 역할을 수행한다. 건강장애 학생의 교육에서 부모의 효과적인 개입은 학생의 성장 발달에 매우 중요한 변인으로 작용하며, 건강장애 학생의 교육성과를 좌우하는 요인이 된다. 적절한 가족 지원은 학생들의 학교복귀를 촉진하고 교육 상황을 정상화시켜 졸업 이후에 성과 있는 진로와 전환을 가능하게 하며, 성인기 삶의 질을 높일 수 있다. 그러나 부모는 자녀의 질병으로 인해 매우 불안정하고 어려운 상황에 처하게 된다. 교사는 부모의 심리사회적 문제와 요구를 파악하여 부모의 스트레스를 감소시키는 것과 동시에 사회적 지지를 제공하여 가족의 역량을 강화해야 한다. 건강장애 학생에 관한 인식을 긍정적으로 해석할 경우 가족의 응집력과 결속력을 높여 주는 계기가 될 수 있다.

교사는 학생의 생애주기별로 가족의 요구와 강점을 바탕으로 실제적이고 종합적인 가족지원을 통해 부모 역할을 수행할 수 있도록 지원한다. 부모가 알기 원하는 모든 것을 해결해 줄 수는 없으나, 부모들의 심리사회적 문제를 해결할 수 있도록 비공식적인 지원이 가능한 네트워크를 개발하고, 필요한 경우 협력을 통해 지역사회의 다양한 서비스와 자원에 접근하도록 안내한다. 교사는 협력자로서 부모와 함께 일하면서 가족의 옹호자로서 이들을 지지하는 역할을 수행하며, 이를 통해 건강장애 학생의 교육의 질을 높일 수 있다.

함께 나누는 질문

1. 건강장애 학생 부모의 역할은 무엇인가요?

2. 건강장애 학생 교육에 가족이 참여할 경우 기대되는 효과는 무엇인가요?

3. 건강장애 학생의 형제자매가 겪는 어려움은 무엇인가요?

4. 심리적 어려움을 보이는 형제자매의 지원 방법은 무엇인가요?

5. 건강장애 청소년의 주요 요구와 필요한 지원은 무엇인가요?

6. 건강장애로 처음 진단받는 시기에 부모에게 안내해야 할 교육지원 내용은 무엇인가요?

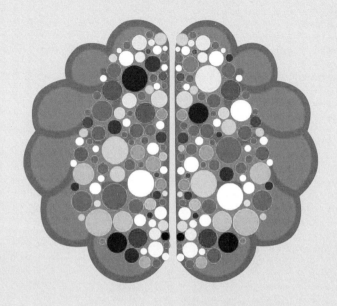

1. 사회적 통합 지원

1) 타인의 인식 수준과 학생들의 적응

(1) 교사의 인식

건강장애 학생들의 사회적 통합의 준비는 학교에 적응하는 것에서부터 시작된다. 학교적응에 가장 중요한 요소는 교사와 또래의 인식 수준이다. 학교환경에서 구성원들이 학생의 질병과 특성을 얼마나 잘 이해하며 수용할 준비가 어느 정도인지에 따라 학교적응의 성패가 좌우된다(Prevatt, Heffer, & Lowe, 2000). 건강장애 학생에 대한 수용 가능성은 학교 교사와 또래들이 질병에 대해 이해할 때 높아진다. 특히 교사의 역할이 중요하며, 교사 대상의 이해 증진 교육은 건강장애 학생의 학교적응을 높이는 그 어떤 방법보다도 비용 효과적이다(Prevatt, Heffer, & Lowe, 2000). 교사의 질병 이해 수준이 높을수록 학교생활에서 발생할 수 있는 모든 상황에 대한 대처능력은 높아진다.

학교 교사의 이해 부족과 잘못된 인식은 학교생활 적응을 방해하는 요인이 될 수 있다(류신희, 김정연, 2008). 학생의 학교생활 적응을 위해서는 학생들의 역량을 강화하는 것 외에 학생을 지지해 줄 수 있는 적극적이고 체계적인 지원이 필요하다. 성공적으로 학습권을 보장할 수 있도록 학업적·심리적인 지지체계가 마련되어야 한다.

임장현, 김정연과 김시원(2017)의 연구에서는 건강장애 학생이 재학 중인 초·중등학교 교사 529명을 대상으로 조사한 결과 건강장애에 대해 들어 본 적이 있는 교사가 87.1%로 꽤 높은 비율로 나타났다. 교사들은 병원학교에 대해서도 77.9%, 원격수업에 대해서도 75.6%가 들어 본 적이 있다고 응답했으나, 구체적인 교육지원 제도 및 내용, 학생의 특성에 대한 이해도는 매우 낮은 것으로 나타났다.

우리나라의 초·중·고등학교에서는 연 2회 장애 이해교육을 하는 학교는 약 70% 이상이다(교육과학기술부, 2012). 그러나 실시되는 장애 이해교육에 건강장애에 관한 내용이 포함되지 않아 특수교육대상자의 약 2%가 되는 건강장애 학생에 대한 이해와 홍보가 미흡한 수준이다. 건강장애에 관한 교사의 적절한 지식만이 건강장애 학생의 부적절하고 불필요한 제한에서 벗어나게 해 줄 수 있다(진주혜, 2000). 건강장애에 관한 교사 대상의 교육과 연수는 학생들의 사회적 지지 기반을 마련하기 위한 필수 과제이다.

(2) 또래의 인식

학생들의 학교 및 사회적응에 영향을 미치는 강력한 요소는 또래이다. 학생들이 성공적으로 학교로 복귀하기 위해서는 학생 자신과 가족의 준비뿐 아니라 학교 또래들의 인식 개선 등의 준비가 필요하다(류신희, 김정연, 2008; 박은혜, 박지연, 노충래, 2005). 건강장애 학생들은 기본적으로 일반학급에 소속되어 있던 학생이므로 특수교사가 도움을 주기는 하지만 일반학급에 자연스럽게 합류할 수 있도록 돕는 것에 최우선순위를 두어야 한다.

또래 대상의 인식 개선은 교육과정적 접근으로 해결할 수 있다. 건강장애에 대한 경험과 지식이 부족하면 긍정적 시선을 가지기 어려운 것은 당연하다. 건강장애 관련 연구에서도 학생들이 학교로 복귀했을 때 교사와 학생들에게 적절한 교육이 이루어지지 않으면 학생에 대한 시혜적 시선이 있으며, 이러한 시선이 학생들의 적응을 방해한다고 지적하였다(인천광역시교육청, 2016). 소아암의 경우 발생 나이가 2~5세인 것을 고려한다면 유치원, 초등학교에서 질병에 대한 편견과 낙인을 예방할 수 있도록 학교 내 인권교육이 필요하다. 학생과 교사를 대상으로 한 소수자 인권교육을 통해 인권 감수성을 높이고, 인권 인지적 관점에서 교육과정과 내용 개발이 필요하다(김희선, 2013).

(3) 사회의 인식

건강장애 학생들이 만나게 되는 모든 사람의 인식이 사회적 통합에 영향을 미친다. 건강장애에 대한 일반인들의 인식 개선은 학교생활 외에 일상생활에서의 성공적인 적응을 지원할 수 있다. 소수자에 대한 인식 개선을 통한 사회적 지지는 학생들의 자기효능감을 증진하며, 일상생활 적응에 유의한 영향을 미칠 수 있다(임유진, 2001; 조혜린, 박소영, 한인영, 2008). 매스컴에서의 시선이 수혜의 시선으로만 다루어지지 않도록 주의가 필요하다.

2) 건강장애 교육지원 정책의 홍보와 안내

건강장애 학생의 교육지원은 교육의 수요자, 공급자 모두가 정책을 이해하고 사용할 준비가 되어 있을 때 가능하다. 최근에는 소아암 등의 만성질환의 생존율이 계속 높아짐에 따라 상대적으로 많은 부작용이 남은 채 학교로 복귀하는 학생들이 증가하고 있다. 일반학교에서는 특수학급 담당교사뿐만 아니라 일반 교사들에게도 건강장애와 관련한 지식과 정보가 요구된다. 교육현장에서는 건강장애 및 요보호, 장애 위험에 해당하는 학생의 수가 증가하면서 다양한 건강 관련 정보와 의학적 지식을 갖춘 전문가의 지원이 요구되고 있다. 건강장애 학생의 가족은 병원의 의료진을 통해 필요한 의학 정보를 접한다. 일반학교의 교사들이 건강장애에 대한 전문적 지식과 소양을 갖추지 않는다면, 완치 후 학교로 복귀한 학생들의 교육을 계획하고, 가족과 함께 상담하고 준비하는 과정에서 긍정적인 관계를 형성하기 어렵다. 선행연구(Sexson & Madan-Swain, 1993)에서는 건강장애 학생의 요구에 부응하기 어려운 이유를 교사의 의학적 정보 부족 때문이라고 언급하고 있다. 건강장애 학생에 대한 지식과 정보의 부족은 교육 지원의 실패를 초래하는 원인이 된다(Mukherjee, Lightfoot, & Sloper, 2002; Noriss & Closs, 1999).

　특수교육대상자로 선정하여 교육을 지원하기 위해서는 교사뿐만 아니라 건강장애 학생의 보호자에게 교육지원 절차 및 제도에 대해 안내가 이루어져야 한다. 대부분 학생은 일반학교에 소속되어 있는 상태에서 건강장애를 가진 특수교육대상자로 진단, 선정되기 때문에 학교가 건강장애 학생 교육지원과 관련한 충분한 정보를 안내하지 못하면 교육 전달체계에 어려움이 발생한다(김정연, 박은혜, 김유리, 2015). 특수교육 실태조사에 의하면 건강장애 학생의 부모 중 자녀의 건강장애 진단 및 선정에 대한 정보를 안내받은 곳이 의사(37.4%)와 보호자 스스로 찾은 경우(37.4%)가 가장 높게 나타났으며, 학교 교사라고 응답한 비율은 9.1%에 불과하였다(교육과학기술부, 2011). 홍보 부족으로 부모들이 건강장애 진단 및 선정에 관한 안내를 받지 못하는 상황은 교육을 단절시키는 원인이 될 수 있다.

　건강장애 학생은 언젠가는 다니던 학교로 돌아가는 것이 교육의 지속성을 위한 최종 목표이다. 건강장애 학생의 소속은 일반학교며, 담임교사에게 책무성이 부여된다는 사실을 인식할 수 있도록 일반학교 담임교사 대상의 업무 확인이 필요하다. 학기초에 건강장애 학생의 교육지원 방안에 대한 업무 확인 및 안내가 이루어져야 한다. 적절한 시기에 빠른 교육이 이루어지도록 학교에서는 건강장애 학생의 보호자에게 가정통신문 등의 서면 형태로 교육지원 사항에 대해 안내한다. 학업 및 교육과정 외에 행정적으로 안내해야 할 지원 내용은 다음과 같다(서울특별시교육청, 2013).

- **급식비 지원**: 소속학교의 급식비 지원
- **통학비 지원**: 소속학교에 통학하는 비용 지원

🎵 교육현장 & 공감

"담임 선생님의 역할이 중요한데 사전 지식이 없는 분은 도움을 주는 방법도 모르고 부담스러워하여 건강장애 학생을 골치 아픈 애로 생각하시는 경우도 있었어요. 아이도 위축되어 있는데 남들의 시선까지 더해져서 학교에서 공부하며 성장한다는 게 힘들어요."

— 건강장애 학생의 어머니 인터뷰 중에서(김정연, 박은혜, 김유리, 2015)

"담임 선생님도 두려워하세요. 우리 아이가 암환자라고 생각하니까. 여러 가지 위험 요소가 많은데 어떻게 도와주어야 할지 모르시니까요. 담임 선생님도 도와주기 싫어서가 아니에요. 어떻게든 도와주고 싶은데 도와주는 방법을 모르는 거예요."

— 건강장애 학생의 어머니 인터뷰 중에서(인천광역시교육청, 2016)

- **방과 후 교육비 지원**: 월/연간 일정 금액 지원
- **보조기기 무상 대여**: 지역 내 특수교육지원센터에 갖춰진 컴퓨터, 학습 및 이동 보조기기의 무상 대여
- 상급학교 진학 관련 정보

3) 협력적 지원

건강장애 학생을 담당하는 교사는 일반학교나 특수학교에서 근무하는 교사에 비해 협력해야 할 분야가 광범위하다. 교사는 학생의 질병에 대한 의학적 지식과 정보를 바탕으로 학생이 자신의 병에 대해 바르게 이해하고 건강과 삶에 대한 통제력을 가지도록 지도하기 위해 협력해야 한다.

병원학교 교사에게 요구되는 협업능력은 병원의 직원들, 부모, 학교 교사 등 매우 다양하다. 건강장애 학생의 교육계획을 수립하기 위해서 의학전문 분야의 콘퍼런스나 회의에도 참석해야 하며, 많은 의료 정보와 지식이 필요하기도 하다. 필요에 따라서는 부모와 상담하기 위해서는 상담 기술도 필요하며, 질병의 원인과 진단, 치료과정, 예후 등 의학적 정보를 갖추어야 한다. 건강장애 학생은 각각의 병명, 진행 정도, 치료과정이 다르므로 교사에게 요구되는 지식은 의외로 많은 양이 될 수 있다.

이러한 정보를 정확하게 이해하기 위해서 관련 분야의 전문가들과 협력적인 의사소통을 개발할 수 있어야 하며, 모든 과정에서 협력은 필수이다. 협력과 의사소통의 부

재는 학생들의 학교적응을 방해하는 요인 중 하나이다(Kaffenberger, 2006). 학생이 이용하게 될 교육이 일반학교인지, 병원학교인지, 원격수업기관인지에 따라서 협력해야할 전문가들은 달라진다. 혹은 한 기관에서 다른 기관으로의 전환이 필요한 시점이나 두 가지 기관을 함께 이용하는 순간에도 교육의 지속성을 위해서는 각 기관 전문가들의 협력은 필수이다. 특히 병원학교 교사와 병원 관계자와 원활하지 못한 관계 형성은 학생들의 학습권을 침해할 수 있다(박경옥, 오원석, 2012).

병원학교 교사의 많은 수가 이러한 협력을 주도하는 업무에 대해 심리적 부담감을 가지며, 시행착오를 통한 내적 갈등을 경험하기도 하여 교사로서의 정체성의 혼란을 경험한다(김정연, 박은혜, 김유리, 2015). 같은 연구에서는 병원학교 교사가 학생의 교육을 위해 일반학교 교사와 협력할 때 가장 큰 어려움으로 지적한 것은 건강장애 학생에 대한 교사의 무관심(19.57%)이며, 건강장애에 관한 이해 부족(17.39%)이었다. 이러한 어려움을 해결하기 위한 방안으로 병원학교의 교육과정 편성 시 학생의 소속학교 교사 참여를 의무화하거나 연 1회 이상 담임교사의 병원학교 방문을 권장하는 것 등이 제안되었다. 학생의 소속학교와 병원학교 또는 화상강의기관 간의 원활한 정보 교환은 교육계획을 수립하고 실행하는 데 도움이 된다. 이와 같은 협력이 이루어질 수 있도록 교사들 간의 상호작용 통로를 확보하고 체계화하는 노력이 필요하다. 또한 병원학교 교사가 병원 관계자와 협력적 관계를 형성할 수 있는 연수 프로그램 제공 방안 등을 모색해야 한다(이미숙, 2016).

Kavaleski, Tucker와 Stevens(1996)는 특수교사의 역량을 협업과 팀 빌딩(team building), 교수적 측정 및 평가, 교수적 수정(instruction adaptation), 학생 지도 및 상담, 학생지원전략의 실행의 5가지 핵심적인 요소로 제시하였다. 건강장애 학생의 교육실행을 위해서는 담당하는 교사의 역량을 강화해야 한다. 교사는 개별학생에게 적절한 교육과정을 운영하며, 의학적 지식을 갖춘 건강관리팀의 역할을 수행하고, 가족의 옹호자와 학생의 상담자로서 활동해야 한다. 병원학교 교사는 학교 교사에게 학생에 관한 정보를 지속적으로 제공하여 협력적인 교수지원이 이루어지도록 한다. 예를 들어, 학생의 만성질환에 관한 정보, 질병의 영향, 의료적 처치 방법, 교육적 고려 사항, 또래 관계 개선을 위한 지원 방안, 학생의 성격 변화를 고려한 사회성 증진 전략 등의 정보를 제공하여 지원한다(표윤희, 김정연, 2019).

건강장애 교육전달체계 내에서 일반학교 교사와 특수교사, 보건교사는 그들의 역할을 명확히 하되 공유된 책임의식을 가져야 한다. 일반학교에는 이미 요보호, 요양호

학생에 대한 지원계획이 시행되고 있으므로, 건강장애 학생에게도 이와 같은 지원 계획과 실행이 이루어져야 한다. 이를 위해 국립특수교육원 혹은 시·도교육청 단위에서 안내서를 개발하고 이를 하위기관(일반학교, 병원학교, 화상강의기관)으로 전달하여 사용할 수 있는 공통의 지침을 확보해야 한다. 건강장애 학생의 교육을 지원하기 위한 안내서에는 건강장애 학생의 소속학교 교사, 병원 내 병원학교 관계자를 대상으로 건강장애 학생에 관한 인식 개선과 학교복귀를 위한 협업 역량을 신장할 수 있는 내용을 포함한다. 일례로 광주광역시에서는 2013년부터 건강장애 학생의 교육지원을 위한 안내 책자를 발간하여 일반학교 교사들의 교육지원 업무를 안내하고 있으며(광주광역시교육청, 2013), 그 밖에도 여러 지자체에서 시·도교육청별로 안내서를 개발하여 교사들의 지원 역량을 강화하는 데 활용하고 있다(인천광역시교육청, 2016; 인천광역시교육청, 2017).

2. 건강장애 관련 전문가 양성

1) 병원학교 교사의 정체성

인천광역시교육청(2017)의 연구에서는 병원학교 교사들이 건강장애 학생들을 담당하면서 교사로서 정체성의 혼란을 겪는다고 지적한다. 정체성을 방해하는 요인은 다음과 같이 설명할 수 있다. 첫째, 병원 안에서 교육기관으로서 학급을 운영해야 하는 이중적인 소속에서 겪는 혼란이다. 교사의 신분이지만 병원의 직원들과 함께 일해야 하므로 근무환경, 규정 및 요구되는 역할의 갈등이 발생할 수 있다.

둘째, 건강장애 학생의 교육지원 전문성의 부재로 인한 어려움이다. 병원학교 교사는 병원 내 직원들과 함께 협업하여 학급을 운영해야 하는데, 협력을 끌어내기 위해서는 건강장애 교육지원에 대한 전문성을 갖추어야 한다. 그러나 병원학교로 발령받아 근무하기까지 건강장애에 관한 전문적 지식을 갖추기 어려운 현실이다. 건강장애 교육지원에 관한 연수는 병원학교로 발령이 난 이후에 받게 되며, 대부분의 병원학교를 담당하는 특수교사는 교원양성 과정에서 건강장애 교육지원에 대한 교과목을 이수할 기회가 거의 없기 때문이다.

셋째, 1명의 병원학교 교사가 여러 학년의 학생들로 편성된 학급을 담당하다 보니,

교과목 지도에 관한 부담감이 크다. 이미숙(2016)의 연구에 의하면 병원학교의 교사들은 건강장애 학생들의 교육계획을 수립하기 위한 교육과정 내용 선정과 병원학교 운영의 전반적인 사항을 교사 1인이 담당하는 등 과다한 업무를 수행한다. 김영표와 강종구(2015)는 건강장애 학생들이 나이, 학년, 질병이 매우 다양하므로 개별적으로 적합한 교육지원을 제공하는 데 어려움을 겪고 있다고 하였다. 특히 중·고등학교 학생을 지도할 때에는 교과목마다 전문성을 갖추지 못하는 어려움이 제기되고 있다. 이러한 교과지도의 문제는 원격수업기관을 이용하거나 개별적인 학습지원의 형태로 보완하도록 하지만 담당교사로서의 부담감은 여전할 수밖에 없다. 대안적 교육제도로서 병원학교와 원격수업기관의 교육지원의 질을 향상하고 교사지원 역량을 강화하여 해결하려는 노력이 필요하다.

2) 병원학교 교사의 교육지원 역량

병원학교 교사의 심리적 어려움으로 인한 정체성 혼란을 예방하기 위해서는 체계적인 지원이 필요하다. 정체성 문제를 해결하기 위한 가장 수월한 방법은 건강장애 관련 전문성을 높일 수 있는 교사교육 프로그램의 실행이다. 교사의 인식과 지식 정도에 따라 교육지원의 정도가 달라질 수 있기 때문이다.

(1) 교육지원 절차 및 교육과정 편성, 운영

건강장애 학생의 교육지원에 관한 절차 및 학부모 안내 등의 업무를 신속하게 처리할 수 있도록 자문을 제공해 줄 수 있는 교사가 필요하다. 이를 위해 병원학교 교사를 대상으로 학급 교육과정 편성과 운영, 학급 운영에 대한 체계적인 재교육 및 연수가 고려되어야 한다. 병원학교 교사들이 교과 및 교육과정 운영의 어려움을 지속해서 제기하는 것은 일반학교와는 다른 형태로 운영되는 병원학교 학급 운영 방식의 차이 때문이다. 교사양성 과정 중에 습득하거나 기존에 근무하던 학교의 교육과정 편성, 운영 방식만으로는 병원학교 학급을 운영하기 어렵다. 학업적인 부분과 함께 심리, 건강 측면의 고려 사항을 반영한 학급 운영 방식 등 병원학교 수업에 대해 교사의 역량을 강화할 수 있는 지원이 필요하다.

(2) 개별화교육 운영 및 학교복귀 지원

병원학교 교사는 단순히 병원학교의 수업을 담당하는 것에 그치지 않고 학생의 퇴원 이후의 학교복귀를 위해 개별적인 학교복귀를 준비하고 지원하는 방안을 마련해야 한다. 예를 들어, 학생이 참여해야 하는 교과목을 원적 학교의 일반교사와 협력을 통해 선정한 후, 이를 온라인 과제 및 수업 연계를 통해 지원할 수 있다. 전체 교육과정을 모두 공유하여 협력적으로 진행하기 어렵더라도, 최근 개발되는 다양한 온라인 콘텐츠 및 공학을 활용한 교육과정 연계 방안을 활용한다면 학생의 병원학교에서의 수업뿐만 아니라 학교복귀를 동시에 지원할 수 있다(인천광역시교육청, 2017).

교육청 차원에서 교과 담당교사를 파견하여 병원학교와 원격수업기관을 이용하는 학생의 부족한 학습을 보충하도록 하는 것도 방안이 될 수 있다. 기존의 건강장애 학생을 위한 민간기관(사설협회나 재단)의 학습 및 문화, 복지 프로그램을 연계하는 것도 교육을 질을 높이고 다양화할 수 있는 하나의 방안이 될 것이다(김정연, 박은혜, 김유리, 2014).

(3) 기본적인 의료 및 건강관리 지원

건강장애 학생을 위한 기본적인 의료 및 건강관리 정보를 파악하고 응급상황에 대처할 수 있도록 이에 대한 연수와 실제적인 정보를 제공한다. 김영표와 강종구(2015)는 건강장애 학생들의 의료적 특성에 대하여 교사가 이해할 수 있도록 연수를 제공해야 함을 강조하였다. 연수에서는 다양한 만성질환별, 학생의 나이별, 진단 시기별 유의사항을 포함하여 제공한다(표윤희, 김정연, 2019).

병원학교 교사의 심리적 부담감은 정체성 혼란으로 나타날 수 있다. 혼란의 시작은 학생의 질병으로 인한 심리적 어려움이지만 그로 인한 낯선 업무와 비협조적 환경에서의 낯선 사람들과의 협력 요구는 심리적 무력감으로 나타날 수 있다. 병원학교의 학생들에게는 질병에 관한 심리적 문제를 해결할 수 있는 지원이 필요한 것처럼 이들을 담당하는 교사에게도 새로운 환경과 역할에 대한 지원과 지지가 필요하다. 따라서 병원학교에 발령이 되었을 때, 가장 먼저 병원학교 교사의 역할에 대한 안내 및 연수를 제공하여 이들의 정체성을 확립하도록 도와야 하며, 이후 병원학교 근무 시에는 교사를 대상으로 학생 관리 및 심적 부담을 해결할 수 있는 정서 및 심리 지원 프로그램이 제공되어야 한다.

3) 일반학교 교사의 교육지원 역량

건강장애 학생들의 성공적인 학교생활 복귀와 통합교육 실행을 위해서는 교사의 교육지원 역량을 키워야 한다. 선행연구들(김정연, 2010; 박은혜, 김미선, 김정연, 2005; 박은혜, 이정은, 2004; 이미숙, 2016; 이영지, 2008)에서는 건강장애 학생들의 학교생활 적응에 영향을 주는 요인으로 교사 변인을 언급하고 있다. 건강장애 학생의 학교생활 적응 및 교육지원에 관한 국외의 연구들을 살펴보면 교사 간 협력체계를 통한 지원을 강조하고 있다. 교사는 학생의 정서, 행동, 학업적 성취도에 영향을 미치는 변인 중 단일 변인으로서는 그 설명량이 가장 크다(Darling-Hammond, 1996). 이에 최근 미국의 미래를 교사교육의 성패에서 찾을 수 있다는 주장 역시 설득력을 얻고 있다(Darling-Hammond, 2010).

건강장애 학생의 교육지원은 일차적으로는 병원학교의 교사가 담당하게 되지만, 일반학교의 교사도 건강장애 학생의 교육지원에 대해 인지하고 있어야 한다. 그러나 일반학교의 모든 교사는 교원양성 과정에서 교과목을 통해 건강장애 및 병원학교에 대한 정보를 들을 기회가 매우 제한적이다. 2009년부터 대학 및 교육대학원 입학자부터 특수교육학개론(2학점)을 교직 필수과목으로 지정하여 예비교사의 특수교육 역량을 강화하도록 하고 있다. 그러나 필수과목 지정만으로는 건강장애 학생 교육의 소양을 강화하는 데 매우 미흡하다. 특수교육학개론의 내용에 건강장애 학생들의 이해와 지원에 관한 내용이 확대되어야 한다. 예를 들어, 소아암 등 만성질환을 가진 학생들의 특성, 심리적 변화에 따른 상담과 지원, 학습지원, 교수적 수정, 협력적 접근 등을 포함하여 예비교사로서의 교사 역량을 준비하고 현장에 진입하도록 해야 한다. 이는 유치원과 초 · 중등학교 교원양성 과정 모두에 해당한다.

일반학교 교사의 건강장애 학생 및 교육지원에 대한 인식 정도에 따라 교육지원의 정도가 달라질 수 있다. 건강장애 학생들의 대부분은 일반학교 재학 중에 건강장애를 가진 특수교육대상자로 선정되기 때문에 학생의 교육에 관한 결정을 가장 가까이에서 지원하는 사람은 일반학교의 교사이며, 교사의 인지 수준이 매우 중요하다.

✒ 교육현장 & 공감

"제가 건강장애에 대해서 아는 게 너무 없어서 어쩌나 했는데. 그나마 위안이 되는 건 주변에도 아는 사람이 없다는 거예요. 관리자와 의논을 해도 모르시고 교장, 교감 선생님이나 주변에서도 아는 사람이 없어요. 아무도."

- 건강장애 학생의 일반학교 교사 인터뷰 중에서(김정연, 2018)

건강장애 학생들의 학습권을 보장하고 학교생활 적응을 돕기 위해 일차적으로 대면하게 되는 일반학교의 담임교사를 대상으로 탐구한 김정연(2018)의 연구에서는 일반학교의 담임교사들이 경험한 어려움과 지원 방안에 대해 〈표 13-1〉과 같이 정리하였다.

표 13-1 일반교사가 경험한 건강장애 교육지원의 어려움과 개선 요구

대주제	소주제	내용
건강장애 학생 교육의 어려움	건강장애에 관한 정보 찾기의 어려움	• 교육지원 절차 안내의 부족 • 용어 해석의 어려움 • 질병 특성에 대한 이해 부족
	건강장애 교육지원 제도의 혼란스러움	• 교육 담당의 혼란 • 성적처리의 혼란 • 자퇴를 부추기는 평가 • 아무도 모르는 학생의 존재
	학습지원 효과에 대한 불신	• 학교복귀 후 학습의 지체 • 대안적 학습지원 제도의 부재 • 원격수업의 딜레마
	정서적 지원에 대한 막막함	• 심리상담 프로그램과 지원기관의 부족 • 부모상담의 어려움
	학교생활에서의 공공연한 배제로 인한 부담감	• 질병 특성에 따른 지도의 어려움 • 또래관계 지도의 어려움 • 구체적인 지원을 해 주지 못하는 미안함

건강장애 교육지원을 위해 필요한 정책과 개선 요구	건강장애 교육지원 정책의 개선	• 교육지원 절차 등 지원체계 보완 • 건강장애 학생의 학교 내 지원 인력 확보
	협력을 통한 교육지원 강화	• 건강장애 학생 지원 • 건강장애 학생의 부모 지원 • 건강장애 학생의 담당교사 지원 • 학교복귀를 위한 협력적 지원
	교육행정 지원 및 체제 개선	• 성적, 출석 등 학적처리의 개선 • 행정처리를 위한 멘토링 지원 • 학교 교육환경의 개선 • 행정처리의 일관성과 간소화
	필요한 시기에 제공되는 교사교육과 연수 강화	• 건강장애 질병 이해 자료 보급 • 건강장애 인식 개선을 위한 연수 • 수업 참여, 평가 등 교육지원 정보 제공

출처: 김정연(2018).

일반학교의 교사들은 학급의 학생이 건강장애로 진단, 선정되는 과정에서 학생의 질병에 관한 이해와 교육을 지원할 수 있는 정보에 접근하기 어려우며, 이에 대한 개선이 필요하다는 의견이 높게 나타났다. 2005년 이후 건강장애 교육지원에 대한 수십 편의 연구가 이루어졌음에도 불구하고 정보 찾기는 여전히 어려운 것으로 나타났다.

앞의 연구에서는 일반학교 교사 대상의 정보 지원 개선 방안을 '연수를 통한 지원'과 '교육지원 자료의 보급' 2가지로 제시하였다. 먼저, 연수를 통한 지원 방안의 경우이다. 2018 특수교육 운영계획에서는 건강장애 학생이 소속되어 있는 학교의 담임교사를 대상으로 연수를 강화하고 있다(교육부, 2018). 이러한 조치는 건강장애 학생의 학교복귀 후 학교적응 능력을 신장하고 학업 격차를 최소화하려는 조치이다. 구체적인 내용으로는 건강장애 학생 학적 및 성적 처리 지침을 이행하기 위해 학적, 출결, 평가와 관련한 학교 지침의 개발, 연수 시행 등을 제안하고 있다.

다음으로 교육지원 자료의 보급을 통한 개선 방안이다. 건강장애 학생을 위한 특수교육 지원과 관련서비스에 관한 관심과 요구가 커지고 있는 반면에 현장에 도움이 될 만한 자료의 개발은 미흡한 수준이다. 교육부(2018)에서도 건강장애 학생의 교과교육과 심리적응 지도 등을 위해 보건실, 도서실 등에 병원학교 이용 설명서 등 병원학교 홈페이지 자료 등이 소개된 건강장애 학생 이해 자료를 비치하도록 하고 있다. 그러나 양적으로는 교육 기회가 확대되고 있으나 건강장애 학생들이 학교에 적응할 수 있도록 지원하는 구체적인 안내 자료가 부족하여 여전히 교사의 어려움이 지속되고 있다. 다행히 최근에는 건강장애 학생의 개별화교육계획, 지원 정책 안내, 교육환경 조성, 관련자 간 협력 구축뿐 아니라 상담자와 코디네이터 등의 다양한 임무를 수행할 수 있는 지원 자료가 개발되고 있다.

4) 특수교사의 교육지원 역량

건강장애는 특수교육대상자의 범위에 포함됨에도 불구하고 특수교육 교원들도 정확한 정보와 지식을 접하기 어려운 여건이다. 건강장애 학생의 교육지원에 대한 전·현직 병원학교 교사와 특수교사의 인식을 비교한 연구에서는 학생의 심리 및 의료적 지원에 대한 요구, 교사 정체성에 대한 요구 등 많은 항목에서의 응답 결과가 유사하게 나타났다. 그러나 건강장애 인식과 관련한 자유 기술 문항에서는 특수교사 중에서도 '건강장애와 병원학교에 대해 잘 알지 못한다'는 응답이 높은 수준으로 나타났다(임장현, 김정연, 김시원, 2017).

건강장애 학생에게 적절한 교육지원을 하기 위해서는 학교의 모든 교사가 준비해야 한다. 건강장애 학생은 어느 학교에서나 발견될 수 있다. 건강장애 학생으로 선정된 이후 교육의 전 과정에서 침해와 차별을 방지하기 위해 학교의 모든 교사가 건강장애 학생의 교육지원을 준비해야 한다. 또한 교원양성기관에서는 예비교사들을 대상으로 건강장애 학생의 교육지원 역량을 강화할 수 있도록 조치해야 한다. 현직교원의 재교육과정에서는 병원학교 교사 외에도 모든 특수교사를 대상으로 병원학교 및 건강장애에 대한 이해를 높여 건강장애 학생 교육지원이 이루어질 수 있도록 해야 한다(임장현, 김정연, 김시원, 2017).

5) 교육지원팀의 지원 역량

서울특별시교육청(2013)의 연구에서는 건강장애 학생의 교육을 지원하기 위해서는 교사 외에도 행정과 관련한 모든 담당자의 준비가 필요하다고 지적하였다. 특히 건강장애 학생의 교육지원에 관한 업무 처리가 일관성 있게 이루어지도록 하기 위해서는 업무 관련 담당자 대상의 연수 프로그램이 필요하며, 구체적인 교육 프로그램은 〈표 13-2〉와 같은 내용을 포함하여 운영할 것을 제안하였다.

표 13-2 건강장애 학생의 교육지원을 위한 교육 프로그램

구분	내용
행정 관련 전문가 (장학사, 교육청 담당자)	• 건강장애 학생의 선정, 배치 절차 • 각 교육지원체계(병원학교, 화상 강의기관)의 역할 및 운영체계 • 행정 절차의 일관성 있는 유지와 지원을 위해 담당자 간의 연계 및 협력(주기적인 행정담당자/장학사의 발령 및 이동으로 인한 어려움이 발생하지 않도록 하려는 조치) • 교육지원체계나 학교와의 정보교류 및 안내 방안
교장과 교감	• IEP 지원팀으로서 건강장애 학생의 건강관리계획 및 교육계획 수립의 역할과 책임 • 건강장애 교육지원 정책 및 해당 교육청의 정책 • 학교 전반의 건강장애 학생 교육지원 관리와 운영 • 담임교사, 특수교사 및 외부 인력 관리 • 건강장애 관련 예산 운용 방안
일반학교 담임교사	• 건강장애 관련 연수 및 인식 개선을 위한 교육 • 법/교육청 정책에 근거한 건강장애 학생 교육지원 방안 및 방법 • 건강장애 학생을 위한 전문 상담 지원 방법
특수교사	• 건강장애 및 만성질환 관련 의료적 지식과 교육 대처 방안 • 법/교육청 정책에 근거한 건강장애 학생 교육지원 방안 및 방법 • 일반교사 및 병원학교(원격수업기관) 교사 대상의 자문 방안

출처: 서울특별시교육청(2013), p. 177에서 수정 발췌함.

3. 건강장애 교육 인프라 개선

1) 병원학교의 교육지원 인력 확보

　건강장애 학생은 각각의 병명은 물론 진행 정도와 치료과정도 다르므로 지원체제도 개별화가 필요하다. 질병 특성에 따라 병원학교에서 고려할 교육적 사항은 달라진다. 학생마다 적응 정도와 심리상태 등 지원의 영역과 분야가 다양하며, 학생 주변인의 범위가 달라서 인식 개선의 대상도 다르다. 교사 1인 체제의 병원학교에서 담당할 업무량으로는 과다하여 전문 인력 양성과 추가 배치가 고려되어야 한다. 그러나 병원학교마다 교사별 1인당 담당 학생 수가 다르며, 학생 수가 매우 유동적이고 건강상태로 인한 변수가 많으므로 일괄적인 인력 배치안을 제시하는 것은 적절치 않다.

그러나 병원학교 인력체제의 개선은 필요하다. 현재 병원학교 교사는 건강장애 학생의 교육에 대한 책임뿐 아니라 병원학교 행정, 학급 운영 및 상담 등의 다양한 역할을 수행하고 있다. 발령상 소속은 명확하지만 근무하는 곳의 여건에 따라 어려움이 있으며, 소속감 부재와 함께 소진 등을 호소하므로 이들을 지원하기 위한 인적자원의 확대가 필요하다. 이에 대한 대안으로 김정연, 박은혜와 김유리(2015)의 연구에서는 특수교육지원센터 소속의 병원학교 전담팀을 구성하여 병원학교로 교사를 파견 근무하는 방안을 제안하였다. 이를 통해 건강장애 학생에게 체계적인 교육이 제공되며, 병원과의 관계 증진 및 건강장애 부모와의 빠른 의사소통, 선정 절차의 간소화, 교육청과 연계된 강사 활용 등 효율적 예산조율을 기대할 수 있을 것이다.

2) 학교복귀 이후의 교육지원 인력 확보

학생들의 학교복귀에 관한 많은 연구에서는 학생들의 학교생활 적응을 도울 수 있는 교육지원 인력이 필요하다고 제언하였다. 이를 정리해 보면, 학교의 상담교사 등 전문 인력을 확보하는 방안과 기존의 인력을 활용하여 지원하는 방안의 2가지로 고려할 수 있다.

먼저, 일반학교 안에 건강장애 학생의 교육지원 전문 인력을 배치하는 방안이다. 건강관리를 위한 전문 인력을 학교에 배치하는 것은 외국에서는 제도화되어 있으나 국내에서는 적용하기 어려운 부분이 많다. 외국에서는 학교 심리교사가 상주하여 교사와 부모의 중간 역할을 담당하고, 학교 졸업 후 사회 진출을 도와주는 전문 인력을 확보한 사례가 있다. 국내의 연구에서도 건강장애 학생의 학교적응을 지원하는 전문 코디네이터 또는 상담교사 인력이 확보될 경우 학생들의 성공적인 학교복귀가 이루어질 수 있음을 주장하였다. 학교에 복귀한 학생들은 쉽게 피로를 느끼며 지속적인 주의를 필요로 하므로 학교 내 건강관리를 위한 인력으로 군 복무 중인 간호사나 의사를 배치하는 안을 제안하였다(김정연, 박은혜, 김유리, 2015).

기존의 교육지원 인력 활용 방안으로는, 첫째, 특수교육보조원을 활용하는 것이다. 건강장애 학생의 교육지원 인력의 요구는 높으나 현실적으로는 제한이 많다. 그러나 기존의 인력을 활용하는 방안에 대한 숙고가 필요하다. 예를 들어, 특수교육보조원 연수에 건강장애 학생에 대한 특성 및 지원에 대한 사항을 포함하여 활용하거나 특수교육보조원 역할에 건강장애 학생의 지원 역할을 추가한다. 둘째, 보건교사의 역할에 건강장애 학생의 지원 역할을 추가한다. 보건교사의 역할에 상담, 학교 내에서 필요한 응급처치 및 학급 학생과 교사의 대처 행동에 대한 지도와 지원을 담당하게 한다. 셋째, 전문 상담교사를 일반학교에 배치하거나 순회 방문하도록 하여 건강장애 학생의 신체적 · 심리적 안정을 지원하는 방안이다. 예를 들어, 각 시 · 도교육청 소속의 순회 상담교사가 정기적으로 일반학교 및 병원학교에 방문하여 건강장애 학생의 심리치료 및 상담 제공을 통하여 학교생활 적응을 지원하는 방안이다. 건강장애 자녀를 둔 부모들은 건강장애를 담당하는 전문 인력의 필요성을 제시하며, 이들이 소속학교와 부모 간의 상호 의사 교환을 위한 중간 단계 역할을 맡아 주기를 원하였다. 병원과 교육청, 학교 간의 체계적인 정보교환 시스템을 마련하여 학교에서 학생의 건강관리를 지원해야 한다는 의견이었다(서울특별시교육청, 2013).

2011 특수교육 실태조사에 의하면 전체 건강장애 학생 중 학교에서도 지속적인 의료 처치가 필요하다고 응답한 비율이 57.6%로 나타났으며, 이 역할은 대부분 가족이 담당하고 있다고 응답하여 학교 내 전문 인력의 요구도를 추측할 수 있다(교육과학기술부, 2011).

3) 건강장애 교육 여건 점검 및 개선

건강장애 학생의 교육지원을 위해서는 교사 연수, 학부모 연수 등 학교 차원의 정책들이 필요하다. 2005년 이후 건강장애가 특수교육대상자에 포함된 이후 특수교사 양성기관에서는 건강장애 관련 내용을 포함하여 이수하도록 하고 있다. 그러나 이미 임용된 교사들에 대해서는 다양한 직무 연수 및 자격 연수 등의 재교육을 통해 건강장애 학생을 담당하는 교사에게 요구되는 지식과 기술을 갖추도록 해야 한다. 또한 건강장애 학생을 지도하는 대부분의 교사가 일반학교의 교사임을 고려할 때 교원양성기관 교육과정 내에 건강장애에 대한 기본적인 의학적 정보 및 응급 시 대처방안, 학업적 · 정서적 지원 등에 관한 내용을 포함해야 한다.

제도적 측면에서도 장애 진단, 의료보험체계, 치료비 지원, 다양한 사회적 지원, 퇴원 후의 지속적인 시스템 지원 등의 재정적 지원이 필요하다. 특히 건강장애 학생의 학교생활 적응을 위한 직접적 서비스(direct service)가 제공될 수 있는 근거가 마련되어야 한다(남석인, 최권호, 2013). 남석인과 최권호(2013)는 건강장애 학생들에게 직접서비스를 제공하여 교육제도에서 배제될 위험에 처한 학생들을 지원해야 한다고 주장하였다. 소아암 학생이 심각한 이차적 증상이나 치료 부작용 등으로 학교에 적응하는 것이 어려워지면 검정고시를 택하게 되는데, 이 경우 건강장애 교육지원제도에서 배제된다는 점을 지적하였다. 학교 자퇴를 결정한 학생들이 이후의 학업을 지속하기 위해 검정고시를 선택할 경우 혼자서 입시를 준비해야 하는 부담감과 심리적 고독감 등을 경험하며, 또래를 사귈 수 있는 사회적 기술을 배울 기회를 놓친다. 이러한 문제를 해결하기 위해서는 건강장애 학생들의 학업능력 증진을 위한 교육서비스뿐만 아니라, 심리적 부적응이 나타나지 않도록 멘토링이나 순회교육 등을 통해 문제를 예방할 것을 제안하였다.

개별학생에 적합한 직접서비스는 건강장애 학생이 학교에 적응하고, 생애 전반에서 사회적 유능성(social competency)을 가지도록 도울 수 있다. Madan-Swain, Fredrick과 Wallander(1999)는 건강장애 학생이 발생하면 병원과 학교가 학생에 대한 수업 지원계획에 공동으로 참여하여 수립하며, 병원과 학교, 그리고 가정이 의사소통 체계를 확립하고, 지속해서 유지할 수 있을 때 학교복귀가 성공적으로 이루어질 수 있음을 강조하였다. 질병을 이유로 학교를 떠나지 않도록 하는 제도적 마련이 필요하다.

직접서비스를 수행할 수 있는 연계담당자는 개인의 의료 상황과 교육 요구를 충분히 이해하고 있는 전문가이어야 하나(Brown, Bolen, Brinkman, Carreira, & Cole, 2011; Prevatt, Heffer, & Lowe, 2000), 우리나라에서는 이러한 연계담당자의 인력과 전문성에 한계가 있다(남석인, 최권호, 2013). 이와 같은 인력의 문제와 관련하여 학교로 복귀하거나 치료와 학업을 병행하는 학생들을 위한 폭넓은 예방과 대처를 위해 이미 많은 학교에 배치되어 있는 상담전담교사, 보건교사 등 기존의 교육 인력 활용 방안을 모색해야 한다. 또한 이러한 서비스 재원을 마련하고 사회적 서비스를 지원함으로써 교육 영역에서 배제된 학생의 교육 권리를 폭넓게 보장해야 한다. 직접서비스는 공교육 체계에서 벗어날 수 있는 건강장애 학생에 대한 예방책이 될 수 있다(남석인, 최권호, 2013).

UN 아동권리선언 제7조는 '자신을 발달시키기 위하여 동등한 기회를 가질 권리'이다. 이는 건강장애 학생을 대상으로 한 교육지원과 관련하여 시급히 해결되어야 할 것이다(남석인, 최권호, 2013).

4. 건강장애 교육의 쟁점

건강장애 학생 교육지원의 역사는 다른 장애 유형보다 매우 짧다. 교육지원의 큰 방향은 특수교육 분야의 일반적인 흐름과 유사하나, 건강장애 학생의 특성으로 인해 다른 장애 유형의 특수교육 지원과는 몇 가지 측면에서 차이가 있다.

첫째, 건강장애 특수교육대상자는 주로 일반학교에 소속되어 있으며, 교육지원이 시작되는 곳은 일반학교이다. 초기 교육을 지원하는 사람도 일반학교의 교사이다. 둘째, 건강장애의 원인질환이 매우 다양하며, 같은 질환이라도 학생에 따라 증상과 예후를 예측할 수 없는 개별화된 특성을 가진다. 셋째, 건강장애 학생의 선정과 취소 기준이 지자체에 따라 동일하게 적용되기 어려운 실정이며, 병원학교 및 원격수업기관의 운영 형태도 다양하다. 넷째, 특수교육대상자로서의 선정과 취소가 매우 유동적이다. 만성질환에 따라서는 치료 종료 후 완치되어 더는 특수교육 지원이 필요하지 않으면 건강장애 학생의 선정이 취소된다. 이러한 차이점이 있음에도 불구하고 여전히 건강장애 교육 분야에서 쟁점이 되는 사항은 다음과 같다.

1) 건강장애 정의 및 개념

건강장애 학생에 대한 정의와 선정 및 취소 기준은 시·도교육청별로 제시되고 있으나, 이를 해석하고 실행하는 것은 지자체에 따라 동일하게 이루어지지 않는다. 소아암 학생 중 일부는 건강장애를 가진 특수교육대상자에 포함될 수 있으나 모든 소아암 학생이 건강장애 학생이라고는 볼 수 없다. 건강장애의 정의에 대한 명확한 해석의 문제로 부모, 교사들의 혼란이 있다. 건강장애 학생의 특성상 치료로 인해 소속학교의 지역을 벗어나 병원이 있는 대도시 중심으로 대안적 교육지원을 받는 상황이 발생하는데, 이때 적용되는 정의 및 선정기준, 지원 범위 등 법과 규정이 일관성 있게 이루어지지 않아 혼란이 가중되고 있어 건강장애에 대한 명확한 정의 및 개념의 재정립이 필요하다.

2) 건강장애 학생의 선정배치기준

건강장애로 선정된 이후 완치 시점에서 특수교육대상자로서의 선정 유지에 대한 논란이 있다. 현재는 3개월 이상의 장기결석이 예상되지 않고 특수교육 지원이 필요하지 않으면 선정을 취소하도록 하고 있으나, 이에 대한 논란이 많다. 따라서 건강장애 선정배치기준에 대한 행정적 일관성이 확보되어야 한다.

3) 건강장애 학생 교육의 질

최근 연구들은 병원학교나 원격수업의 교육지원 목적인 건강장애 학생의 교육 정상화와 교육의 질에 대한 반성적 성찰이 필요함을 지적하였다(김정연, 박은혜, 김유리, 2014, 2015; 이미숙, 2016). 건강장애 학생은 시·도별로 지정된 병원학교에서 교육의 기회를 제도적으로 보장받고 있지만, 학생의 학습 의욕과 수준에 따른 교육 서비스는 매우 미흡하다. 다양한 학교급과 학년을 지도할 수 있는 전문 인력 부족과 특별교부금 의존에 따른 예산 지원의 불안정성, 수도권 병원학교의 지방 학생 집중 등 병원학교 운영의 어려움은 병원학교 운영 개선 사항으로 지적되고 있으며 교육의 질을 저하하는 요인으로 보고 있다(교육과학기술부, 2011).

건강장애 학생 교육의 질을 향상하기 위해 좁은 의미의 학년 유급방지라는 최소한의 목적만으로 만족하지 않고 폭넓은 특수교육 서비스가 제공되도록 교육지원 방향을 정립해야 한다. 학력 수준에 적합한 교육지원과 함께 다양한 교육 콘텐츠 개발 및 활용을 통해 질적인 수준의 교육을 지원할 수 있도록 건강장애 교육지원 체계와 유형이 다양화되어야 한다.

4) 학교복귀 후 체계적인 학업 지원

2005년 이후 건강장애 학생들에 대해 교육지원이 이루어지고 있음에도 불구하고 학교에 복귀한 건강장애 학생의 학업을 지원해 주는 실질적인 서비스가 없으므로 건강장애 학생들의 중도탈락은 여전히 발생하고 있다. 또한 치료 종료 후 학교로 복귀하더라도 학교의 정규교육에 즉각적으로 적응하기 어렵다. 일반학교에 복귀한 건강장애 학생들은 자주 피로하거나 투약과 같은 의학적 건강관리가 요구되는 경우가 빈번하여 수업 참여가 어렵다.

소아암과 희귀난치병 등 건강취약 청소년을 대상으로 실시한 여성가족부의 연구에서는 청소년들이 교육 단절을 경험하고 있으며 학교 복귀나 적응에 관한 지원이 필요한 것으로 파악되었다. 실태조사에 응답한 건강취약 청소년의 절반 이상이 질병으로 인해 1년 이상 학교 교육을 중단한 경험이 있다고 밝혔으며, 특히 나이가 증가할수록 자퇴 비율이 높아 학교 교육의 지속성이 떨어지는 것으로 나타났다. 더불어 병원학교 이용만족도 중 '학교 수업을 따라가는 데 필요한 내용을 교육받았다.'라는 항목에서 만족도가 가장 낮게 나타나 학교복귀를 위한 체계적인 지원이 시급한 것을 알 수 있다. 청소년들이 학교적응에 어려움을 겪는 요인으로는 체력적인 문제를 꼽았지만 교사와 또래의 이해 및 배려의 부족으로 인한 어려움이 크며, 이를 위한 심리상담이나 멘토링 등의 지원이 매우 부족한 것으로 나타났다(여성가족부, 2016). 이에 중도탈락을 유발하는 원인에 대한 적극적인 상담을 통해 학생들이 학업을 지속할 수 있도록 개인적인 상황과 학력 수준에 맞는 학습지도가 지원되어야 한다.

현재 전국의 특수교육지원센터에서는 특수교육운영위원회를 통해 장애 학생 선별, 심리검사, 학교 배치, 건강장애 학생 원격수업 신청, 건강장애 학생 선정 등 다양한 업무를 담당하고 있다. 이에 인력을 충원하여 건강장애 학생의 학교복귀 프로그램 운영과 관리 등 교육지원 업무를 담당할 수 있도록 하는 방안이 필요하다. 또한 각 병원학교 및 원격수업기관 중심의 학교복귀 프로그램 운영을 의무화하여 학교복귀 후 학업 격차를 최소화할 수 있어야 한다(인천광역시교육청, 2016).

5) 정신장애 학생의 교육지원

정신장애 학생은 건강장애 선정대상자 기준에 충족되지는 않으나 정신적 질환으로 인해 불가피하게 장기결석이 예상되는 학생을 말한다. 정신장애 학생의 경우 일부 시·도에서는 건강장애로 선정하여 지원하거나 해당 치료 기간에 한해 병원학교와 원격수업을 이용할 수 있도록 조치하고 있으며, 해당 기관 이용일수를 출석으로 인정하는 등 시·도마다 허용기준이 다르다. 그래서 이로 인한 교사들의 업무 혼란이 발생하고 있는 실정이다.

일부 시·도에서는 정신장애 학생을 대상으로 하는 위탁형 대안학교를 설치하여 운영 중이며, 2020년 현재 전국의 병원학교 중 4개의 병원학교(국립정신건강센터 참다울학교, 국립공주어림병원학교, 국립나주느티나무학교, 국립부곡병원학교)에서는 ADHD 등 정서 · 행동발달장애, 중증 정신질환으로 인해 장기입원치료가 필요한 학생의 교육을 지원하고 있다. 미국의 노스캐롤라이나 대학교 아동병원에서는 소아과와 정신과에 각각 다른 학급을 구성하고, 정신과의 경우에는 학급에 와서 보다 정상적인 학교생활을 하도록 지원하는 반면, 소아과의 경우에는 병실에서 일대일 교육을 실시하는 등 다른 교육 방식을 제공한다(Lemke, 2004).

원격수업기관은 화상을 통해 수업이 이루어지지만, 학생들은 원격수업을 통해 교사 혹은 또래와 원활한 상호작용을 하고 사이버 공간 안에서 소통한다. 소아암 등의 만성 질환으로 인한 건강장애 학생과 정신장애 학생들이 같은 원격수업기관을 이용했을 때 발생할 수 있는 어려움은 이미 여러 연구를 통해 지적되었다(서울특별시교육청, 2013). 사이버 공간은 면대면 상황에서보다 교사의 통제가 어려워 심리적으로 위약한 학생들이 더 많은 상처를 받을 수 있으므로 원격수업기관을 누구를 대상으로 어떻게 운영할 것인지에 대한 논의가 필요하다. 사회 변화와 함께 정신장애 학생의 수가 확대될 수 있음을 추측해 볼 때 모든 학생을 포함하면서 동시에 어느 누구도 어려움에 방치되지 않도록 하는 교육지원의 혜안이 필요하다.

또한 2015년 교육부 통계에 의하면 원격수업 기관을 이용하는 학생의 약 76%만이 건강장애 학생이며, 약 24%의 학생들은 만성질환이 아닌 이유로 원격수업을 이용하고 있는 것으로 나타났다(교육부, 2015a). 원격수업이 학교적응에 실패한 학생들이 이용하는 대체 수단이 되어서는 안 되며, 최선을 다해 학교로 복귀할 수 있도록 기회를 제공하는 것이 우선적인 목표가 되어야 한다.

6) 건강장애 학생의 평가

건강장애 학생의 교육지원에 관한 연구에서 공통으로 제안하는 것은 평가에 관한 내용이다(김정연, 박은혜, 김유리, 2014, 2015; 표윤희, 김정연, 2019). 따라서 실제적인 평가 방안 마련과 함께 성적 관리 지침의 개선이 필요하다. 현재는 병원학교 및 원격수업기관을 이용하여 수업을 받는 건강장애 학생의 성적 및 평가는 당일 학교 출석을 권장하고 있으나, 출석 평가가 어려우므로 소속학교 학업성적관리위원회의 결정에 따라 처리하고 있다. 병원에 입원해 있는 동안에는 지필 평가 외에 수시로 시행되는 교과별 수행평가에 참여하지 못하기 때문에 상대적으로 불공평한 평가가 되고 있다.

소아암, 희귀난치병 학생의 진로에 대한 고민으로 내신관리가 어려워 학교 교육 대신 향후 대학 진학을 고려하여 자퇴를 선택하는 사례도 있다. 병원학교나 원격수업기관에서의 교육지원제도의 초기 목적은 질병으로 인한 학생들의 중도탈락을 방지하기 위함인데, 평가 때문에 건강장애 교육지원의 원래 목적인 학교 교육의 지속성이 저해되고 있다. 이러한 유연성 없는 평가가 학생들의 탈학교를 유발한다면 성적관리 지침은 개선되어야 한다.

교육지원의 핵심은 건강장애 학생이 갖는 질병으로 인한 어려움에 대해 융통성 있는 지원을 제공하는 것이다. 교육지원은 개인적인 상황에 맞게 개개인의 학력 수준에 맞는 교육 내용 및 평가에 대한 조정을 포함하여야 한다(김은주, 2008).

✒ 교육현장 & 공감

"어차피 얘는 이 성적 가지고 아무 대학도 못 가니깐. 성적이 다 최하점이니깐. 모든 성적이 다 9등급인 거예요. 내신이. 그러니깐 어디 아무 데도 못 가는 거죠. 어머님도 그걸 아시니깐 차라리 지금은 그냥 병원학교에 다니다가 나중에 자퇴하고 검정고시를 준비하려고 생각하고 계시더라고요."

"부모님들이 자기 애들 서울대에 받아 달라는 소리도 아니고. 그 성적이 그래도 나름 아픈 병마와 싸워서 클릭한 건데 9등급이라니…… 가출해서 나간 애도 9등급인데. 이런 게 좀 속상하고 그렇죠."

－ 건강장애 학생의 일반학교 교사 인터뷰 중에서(김정연, 2018)

2015년 교육과정 총론에서는 공통 교육과정을 사용하는 시각, 청각, 지체 장애 학생들을 대상으로 평가조정 방법 및 절차가 제시되어 있다. 「장애인 차별금지 및 권리구제 등에 관한 법률」 제14조(정당한 편의 제공 의무)에서도 교육책임자는 당해 교육기관에 재학 중인 장애인의 교육 활동에 불이익이 없도록 교육과정을 적용하면서 학습 진단을 통한 적절한 교육 및 평가 방법을 제공하여야 한다고 명시하였다. 또 각급학교의 학업성적관리위원회와 개별화교육지원팀에서 특수교육대상학생 및 기타 동일한 방법으로 평가를 받지 못하는 학생에게 적합한 평가조정을 제공하도록 하고 있다. 이를 근거로 건강장애 학생에 대한 평가조정도 포함, 적용해야 할 것이다.

이처럼 건강장애 학생 평가의 한계는 병원학교나 원격수업기관에서 교육받는 내용에 대한 참평가(authentic assessment)가 이루어지지 못한다는 점이다. 건강장애 학생을 위한 대안적 성적처리 방안 마련은 교육의 질을 확보하기 위해 매우 시급히 해결해야 할 과제이다(김정연, 박은혜, 김유리, 2014). 병원학교에서 건강장애 학생들은 소속학교의 교육과정과 다른 내용으로 수업을 받으나 평가 시 소속학교의 교육과정 및 기준에 따르고 있다. 해당 시·도교육청별로 학업성적관리 지침들을 마련하여 평가에서의 불이익을 최소화하도록 조치해야 한다.

향후 건강장애 학생의 교육지원 분야의 연구는 건강장애 학생들의 학교적응(김진주, 박재국, 구신실, 2009; 류신희, 김정연, 2008; 박은혜, 이정은, 2004; 진주혜, 2000), 학교복귀(Sexson, & Madan-Swain, 1993)와 사회적응 등 장기적인 교육지원과 교육권에 관한 현장 중심의 연구가 확대되어야 한다(김정연, 2010; 김정연, 박은혜, 김유리, 2015; 박은혜, 박지연, 노충래, 2005). 병원학교와 원격수업의 운영을 통해 건강장애 학생들의 교육기회가 점차 확대되면서, 치료가 종료된 후 일반학교로 복귀하거나 일반학교에 배치되어 교육을 받는 학생의 수는 더욱 확대될 것이다. 건강장애 학생의 교육의 질을 확보하고 교육권 침해가 발생하지 않도록 체계적인 정책과 실행이 필요한 시점이다(김정연, 박은혜, 김유리, 2015).

요약

이 장에서는 건강장애 학생의 교육지원 방향과 과제를 살펴보았다. 건강장애 학생들의 사회적 통합의 준비는 학교적응에서 시작된다. 건강장애 학생이 학교생활에 적응하기 위해서는 교사와 또래의 인식 수준을 높여 일반학급에 자연스럽게 복귀할 수 있도록 지원해야 한다. 건강장애 학생에 대한 교사의 지식과 정보의 부족으로 교육지원이 실패하지 않도록 협력적 지원이 필요하다. 특히 건강장애 학생의 가정으로 교육지원 절차 및 제도에 대해 안내가 이루어질 수 있도록 일반학교의 교사를 포함한 모든 교직원이 건강장애 교육지원 정책을 이해해야 한다.

2005년 이후 건강장애 학생의 교육지원을 시작한 이래로 최근에는 이들의 사회적응 등 장기적인 교육지원과 교육권에 대한 관심이 높아지고 있다. 최근에는 소아암 등의 만성질환의 생존율이 계속 높아짐에 따라 학교로 복귀하는 학생들이 증가하고 있다. 양적으로는 교육 기회가 확대되고 학교중퇴 비율이 낮아지고는 있으나 교육지원에 대한 성과를 측정하고 보다 질적인 접근이 필요한 시점이다. 건강장애 학생에 대한 교육지원의 궁극적인 목표는 다니던 학교로 복귀하여 성공적으로 적응하는 것이다. 따라서 건강장애 학생에게 효율적이고 적합한 교육을 제공할 수 있도록 건강장애 관련 전문가를 양성하고, 병원학교 및 학교복귀 이후의 교육 환경 및 인프라를 개선하며 건강장애 학생의 교육지원 체제를 강화해야 한다.

함께 나누는 질문

1. 건강장애 학생의 학교적응에 영향을 미치는 변인은 무엇인가요?

2. 건강장애 학생의 교육지원에 관한 일반학교 교사의 이해를 높일 수 있는 방안은 무엇인 가요?

3. 병원학교 교사에게 필요한 교육지원 역량은 무엇인가요?

4. 건강장애 학생이 학교에 복귀했을 때, 학생을 지원할 수 있는 인력을 확보하는 방안에는 무엇이 있을까요?

5. 정신장애 학생의 교육지원 방안에 대해 논의해 봅시다.

참고문헌

가토 다다아키, 니시마키 겐고, 하라다 쇼헤이(2010). 소아만성질환 지원매뉴얼. 서울: ㈜푸른길.

강윤정(2011). 건강장애 이해 프로그램이 일반 초등학생의 건강장애 학생에 대한 태도에 미치는 효과. 창원대학교 일반대학원 미간행 석사학위논문.

고도현, 유금란(2019). 소아암 환아 형제자매에 대한 심리지원: 문헌고찰을 통한 제언. 재활심리연구, 26(4), 23-39.

광주광역시교육청(2013). 건강장애 학생 교육지원 길라잡이.

광주광역시교육청(2014). 건강장애학생 교육지원의 실제.

광주광역시교육청(2020). 2020학년도 광주광역시 고등학교 학업성적 관리 매뉴얼. 광주: 광주광역시교육청.

교육과학기술부(2009). 기본교육과정 해설서.

교육과학기술부(2010). 2010년 전국 병원학교 운영 워크숍.

교육과학기술부(2011). 병원학교 운영 체제 다양화 방안.

교육과학기술부(2012). 2012 특수교육통계.

교육부(2013). 2013 특수교육 연차보고서. 세종: 교육부.

교육부(2014a). 2014 특수교육통계. 세종: 교육부.

교육부(2014b). 2014 특수교육 연차보고서. 세종: 교육부.

교육부(2015a). 2015 특수교육 연차보고서. 세종: 교육부.

교육부(2015b). 특수교육 교육과정. 세종: 교육부.

교육부(2016a). 2015 특수교육통계. 세종: 교육부.

교육부(2016b). 2016년 전국 병원학교 운영 워크숍. 세종: 교육부

교육부(2016c). 2016 특수교육 운영계획. 세종: 교육부.

교육부(2017a). 2017 특수교육통계. 세종: 교육부.

교육부(2017b). 2017 특수교육 운영계획. 세종: 교육부.

교육부(2018). 2018 특수교육 운영계획. 세종: 교육부.

교육부(2019a). 2019 특수교육 연차보고서. 세종: 교육부.

교육부(2019b). 2019 특수교육통계. 세종: 교육부.

교육부(2019c). 장애인 등에 대한 특수교육법(법률 제16746호. 일부개정 2019. 12. 10.).

교육부(2020a). 2020 특수교육 운영계획. 세종: 교육부.

교육부(2020b). 2020 특수교육 통계. 세종: 교육부.

교육인적자원부(2006). 건강장애 학생의 교육지원 방안 및 병원학교 설치 운영 현황. 병원학교
　　　운영관련 워크숍.

교육인적자원부(2007). 장애인 등에 대한 특수교육법(2005. 3. 24. 공포). 법률 제7395호.

국립부곡병원(2014). 국립부곡병원학교 운영 계획서.

국립암센터(2015). 2013년 암등록통계.

국훈(2010). 소아암치료의 후기 부작용. 전남대학교 장기생존자 백혈병캠프 자료집.

권윤정, 김선희, 김은영, 김은주, 김일목, 김지은, 김희영, 박경임, 박수아, 박충선, 변미경, 서지
　　　영, 신경은, 안미향, 여지영, 이윤정, 이인숙, 임경숙, 정향진, 정희진, 조미희, 조숙희, 조
　　　진희, 최영실, 한상영, 한혜경, 홍연란, 황선영, 황애란(2015). 소아청소년을 위한 아동건강간
　　　호학. 서울: 퍼시픽북스.

권혜진, 김혜라, 전숙영, 정윤주, 채진영, 한유진(2014). 영유아 안전 건강교육. 서울: 창지사.

김경화, 신혜경, 이임복(2012). 아동건강 및 안전. 경기: 공동체.

김남진(2011). 건강장애학생을 위한 화상강의의 효과성 인식과 만족도 연구. 특수교육저널: 이론
　　　과 실천, 12(2), 69-89.

김덕희(2007). 소아비만과 소아당뇨. 서울: 좋은날.

김동희(2014). 청소년의 스트레스 인지와 학교 적응에 대한 극복력의 매개 효과. 한국모자보건학
　　　회지, 18(1), 143-151.

김미진(2018). 만성질환 청소년의 건강관련 삶의 질. 중앙대학교 대학원 간호학과 미간행 박사
　　　학위논문.

김민아, 유정원, 최권호(2020). 소아청소년 암 경험자 및 가족을 위한 심리사회 서비스의 성과 인
　　　식: 서비스 제공자의 관점. 보건사회연구, 40(1), 51-89.

김민아, 이재희(2017). 한국 소아암 생존자의 대처 전략과 건강관련 삶의 질. 보건사회연구,
　　　37(3), 343-367.

김민아, 이재희, 김정수(2014). 소아암 완치자의 사회적 낙인 경험과 심리사회적 반응에 관한 질
　　　적 연구. 정신건강과 사회복지, 42(2), 121-150.

김선희(2019). 캔틴스쿨(건강장애청소년학교밖배움터) 운영 효과에 관한 혼합방법론 연구. 청소
　　　년학연구, 26(9), 187-216.

김영표, 강종구(2015). 병원학교 특수교사가 가지는 건강장애 학생 및 건강장애 학생교육에 대
　　　한 경험 및 인식에 관한 연구. 특수교육재활과학연구, 54(1), 95-117.

김영한, 최용재(2010). 병원학교 입급 학생의 교육목적과 교육방법에 대한 병원학교 교사의 인

식 특성. 시각장애연구, 26(2), 173-190.

김영혜, 강정혜(2006). 만성질환아의 질병기간에 따른 가족적응과 가족결속. 아동간호학회 학술대회 논문집, 12, 59.

김윤정, 권혜진(2013). 암에 걸린 청소년의 질병경험. 종양간호학회지, 13(4), 304-312.

김윤정, 차혜경, 김정애, 박윤자, 김혜진, 서종진, 권혜진(2008). 소아암 생존 청소년의 질병력과 부모지지에 따른 삶의 질. 정신간호학회지, 17(1), 85-96.

김은주(2008). 건강장애 학생을 위한 병원학교 운영 지원체계의 타당화 연구. 이화여자대학교 일반대학원 미간행 박사학위논문.

김은주(2013). 건강장애 학생을 위한 병원학교 운영 지원체계의 타당화 연구. 지체중복건강장애연구, 56(3), 109-132.

김정연(2010). 건강장애 학생의 학교복귀지원을 위한 프로그램 개발 연구. 특수교육학연구, 45(3), 1-17.

김정연(2013). 건강장애 학생의 학습권 보장을 위한 교육지원체제 개선 방안. 한국지체 · 중복 · 건강장애교육학회 2014 동계학술대회 자료집, 20-40.

김정연(2015). 건강장애학생의 온라인수업 활용 및 지원방안. 중등교육에서의 학습권 제고를 위한 온라인수업 내실화 방안. 한국교육개발원 교육정책포럼 자료집, 26-32.

김정연(2018). 건강장애 학생 교육지원에 관한 일반교사의 경험 분석. 특수교육, 17(4), 5-27.

김정연, 김시원(2017). 건강장애학생의 부모가 인식하는 학교복귀의 어려움과 지원 요구. 2017 한국지체, 중복, 건강장애학회 동계학술대회 자료집, 207.

김정연, 류신희(2009). 건강장애 학생의 학교복귀 지원에 대한 요구 조사. 특수교육, 8(2), 113-133.

김정연, 박은혜, 김유리(2014). 병원학교와 화상강의 시스템 교육에 대한 건강장애 학생 부모의 인식 및 지원 요구. 지체중복건강장애연구, 57(3), 231-250.

김정연, 박은혜, 김유리(2015). 건강장애 학생 교육지원 실태 및 개선방안에 관한 질적 연구. 특수교육학연구, 50(1), 53-77.

김정연, 황지현(2015). 건강장애 학생과 건강장애교육에 대한 중등학교 예비교사들의 인식. 통합교육연구, 10(1), 121-140.

김진주, 박재국, 구신실(2009). 건강장애 학생의 교육실태 및 학부모의 인식. 지체중복건강장애연구, 52(2), 151-172.

김태형, 나영신, 이미정(2013). 소아암, 알면 완치할 수 있다. 경기: 한국학술정보(주).

김한수(2015). 악성 골종양에서 종양대치물을 이용한 사지 구제술. 대한정형외과학회지, 50(6), 453-461.

김희선(2013). 건강장애 학생 학습권 침해에 대한 해결방안. 건강장애아동의 학습권 확대를 위한 국회토론회 자료집, 41-46.

김희순, 신윤정(2007). 소아암 청소년 생존자와 보호자의 외상 후 스트레스 실태. 아동간호학회 학술대회 논문집, 6, 71.

꿈사랑사이버학교(2010). 세 가지 이야기. 경남: (사)더불어하나회.

꿈사랑학교(2016). 건강장애 학생들의 학습 발전 방안. 경남: (사)더불어하나회.

나인정, 권혁상, 김민정, 남광현, 이미숙(2019). 건강장애학생 교육지원 관련 연구에 대한 동향 분석 및 시사점 탐색. 지체중복건강장애연구, 62(3), 175-196.

남석인, 최권호(2013). 소아암 아동청소년의 학교복귀 및 적응 어려움, 기존 서비스의 한계와 대안. 한국사회복지조사연구, 38, 181-215.

남평중학교(2014). 느티나무학교 운영계획.

대한소아알레르기 호흡기학회(2008). 어린이 청소년 천식 바로 알고 바로 치료하자. 서울: 군자출판사.

대한소아혈액종양학회 의료정책위원회(2016). 다시 만나 반가워!. 제주: 꿈꿀자유 서울의학서점.

대한신장학회, 대한소아신장학회, 보건복지부, 질병관리본부(2013). 만성콩팥병 예방과 관리를 위한 9대 생활 수칙. 충북: 질병관리본부.

대한심부전학회(2020). 급성심부전 진료지침 2020 업데이트. 서울: 대한심부전학회.

대한천식알레르기학회, 대한소아알레르기 호흡기학회, 근거창출임상연구국가사업단(2015). 한국 천식 진료 지침.

류신희, 김정연(2008). 건강장애 학생의 학교생활 적응 및 교육 실태. 중복·지체부자유연구, 51(4), 157-176.

류정은, 이순정(2015). 발달장애 아동을 대상으로 한 어린이 낮병원 프로그램의 효과에 대한 후향적 분석. 소아청소년정신의학, 26(3), 209-216.

류화라(2020). 정신건강 심리적 특성이 청소년의 공격성과 학교생활적응 간의 관계에 미치는 영향: 매개효과. 인문사회 21, 11(1), 1731-1746.

마리안느 트랑블레(2013). 소아당뇨가 뭔지 알려 줄게! (김현아 역). 서울: 한울림스페셜.

박경덕, 박현진, 박미림, 김혜리(2014). 소아청소년암치료 후 건강관리법. 서울: 범문에듀케이션.

박경덕, 이지원(2012). 소아암의 기초 80개의 질문과 답으로 완전 정복하기. 서울: (사)한국백혈병소아암협회.

박경순(2006). 중학생의 생활양식 유형에 따른 자기효능감 및 학교생활적응과의 관계. 한국교원대학교 대학원 석사학위논문.

박경옥, 오원석(2012). 병원학교 파견 특수교사들이 인식한 병원학교 운영의 어려움과 교육지원에 대한 요구 분석. 지체중복건강장애연구, 55(3), 117-139.

박근(1998. 7. 17.). "클린턴의 신아시아 정책". 동아일보 제5면.

박기령, 최중진(2016). 청소년 레질리언스(resilience) 연구 동향 분석. 청소년학연구, 23(10), 451-478.

박성일(2010). 일반교사 양성과정에서 특수교육과 관련된 교과목 및 교직소양 과목 운영의 실태. 조선대학교 교육대학원 석사학위논문.

박은혜, 김미선, 김정연(2005). 건강장애 학생이 겪는 어려움과 지원 방안에 대한 질적 연구. 특수교육연구, 12(1), 223-243.

박은혜, 김정연, 표윤희(2018). 함께 생각하는 지체장애 학생 교육. 서울: 학지사.

박은혜, 박지연, 노충래(2005). 건강장애 학생을 위한 교육지원 모형 개발. 특수교육학연구, 40(3), 269-298.

박은혜, 이정은(2004). 건강장애 학생의 학교적응 지원을 위한 기초연구. 특수교육학연구, 39(1),

143-168.

박은혜, 이희란, 김주혜(2005). 건강장애 학생의 교육에 대한 부모 요구 조사. 특수교육학연구, 39(4), 175-193.

박재국, 김혜리, 서보순, 김진주(2012). 일반학교에 있어서 건강장애학생 교육과정 운영에 대한 교사인식. 특수교육저널: 이론과 실천, 13(1), 123-144.

박지연(2012). 장애인 가족지원을 위한 증거기반의 실제. 서울: 학지사.

박지연, 김은숙, 김정연, 김주혜, 나수현, 윤선아, 이금진, 이명희, 전혜인(2007). 장애인 가족지원. 서울: 학지사.

박충선, 권윤정, 김선희, 김은영, 김은주, 김일옥, 김지은, 김희영, 박경임, 박수아, 변미경, 서지영, 신경은, 안미향, 여지영, 이윤정, 이인숙, 임경숙, 정향진, 정희진, 조미희, 조숙희, 조진희, 최영실, 한상영, 한혜경, 홍영란, 황선영, 황애란(2015). (소아청소년을 위한) 아동건강간호학. 서울: 퍼시픽북스.

박현진, 이수현, 유은승(2015). 소아암의 재발과 치료 '지금 여기'에 집중하기. 서울: (사)한국백혈병소아암협회.

박화문, 김영한, 김창평, 김하경, 박미화, 사은경, 장희대(2012). 건강장애아동 교육. 서울: 학지사.

백경원, 최미혜(2006). 만성질환을 가진 가족의 극복력. 아동간호학회지, 12(2), 223-232.

병원간호사회(2005). 간호안전관리지침(개정 6판). 서울: 병원간호사회.

보건복지가족부(2009). 국가암등록사업 연례 보고서.

보건복지부(2016). 환자안전법 운영 매뉴얼.

보건복지부 보도자료(2015. 2. 12.). '소아암', 성인과는 달리 '백혈병' 비중이 높아. http://www.mohw.go.kr/react/al/sal0301vw.jsp?PAR_MENU_ID=04&MENU_ID=0403&page=1&CONT_SEQ=316941

부산광역시교육청(2017). 통합교육지원을 위한 유치원 특수교육 업무담당자 매뉴얼.

서울광장초등학교(2007). 병원학교와 연계한 미래형 초등 u-러닝 교수·학습 모델 개발 적용. 2007년 교육인적자원부 지정 u-러닝 연구학교 1차년도 운영보고서.

서울대학교병원 모바일 홈페이지 기사(2015. 2. 24.). 신장이식 2,000례, 소아신장이식 307례 달성. http://snuh.org/board/B003/view.do?bbs_no=2479&searchKey=&searchWord=&pageIndex=1

서울대학교암병원(2016). 암에 대해 알아야 할 모든 것. 서울: 서울대학교출판문화원.

서울특별시교육연구정보원(2006). 건강장애 인식개선 프로그램. 서울: 교육인적자원부.

서울특별시교육연구정보원(2013). 꿀맛무지개학교 학생 소속학교 교사연수 자료집. 서울: 교육인적자원부.

서울특별시교육청(2013). 건강장애 학생 교육지원 개선방안 연구.

세브란스 어린이병원학교(2007). 성공적인 학교복귀와 적응을 위한 교사의 준비. 서울: 세브란스 어린이병원학교.

소아암센터(2013). 소아암 100문 100답. 경기: 국립암센터.

손선영(2011). 혈액종양 청소년의 질병 경험. Journal of Korean Academy of Nursing, 41(5),

603-612.

송영진, 박민자(2015). 부모의 학대가 청소년의 학교생활에 미치는 영향: 자아존중감과 자아 탄력성의 매개효과를 중심으로. 청소년문화포럼, 43, 57-84.

신영희, 심미경, 김태임(2006). 만성질환아의 극복력과 건강관련 삶의 질. 아동간호학회지, 12(3), 295-303.

심미경(2004). 소아암 환아 가족의 회복력 모형 검증 연구. 연세대학교 일반대학원 미간행 박사학위논문.

심미경, 김희순, 신윤정(2010). 소아암 생존 청소년과 어머니의 외상 후 스트레스. 한국모자보건학회지, 14(2), 215-224.

심미경, 신영희, 김태임(2006). 만성질환아의 극복력과 대처, 질병적응. 아동간호학회, 12(2), 151-159.

안병만(1991). "지자체, 풀뿌리 민주주의의 시작과 시련". 월간중앙, 180, 250-259.

안효섭, 김순기(2005). 소아암. 서울: 대한교과서주식회사.

양산부산대학교병원학교(2017). 2017 병원학교 교육과정 운영자료.

여성가족부(2016). 건강취약 위기청소년 자립지원방안 연구. 서울: 여성가족부 청소년자립지원과.

오수미, 이혜정, 김광숙, 박경덕(2013). 소아암치료 종료 아동의 사회적응에 영향을 미치는 요인. *Child Health Nursing Research*, 19(3), 238-245.

오진아(2004). 학령기 아동의 입원생활 적응증진 프로그램 개발 및 효과. 대한간호학회지, 34(3), 525-533.

오진아(2006). 어린이병원학교 백혈병 환아어머니의 아동건강 및 학습 요구. *Child Health Nursing Research*, 12(2), 160-169.

오진아, 박찬돈(2006). 국내 어린이병원학교 현황에 관한 연구. 인제총논, 21(1), 647-666.

유미애(2006). 백혈병 생존 청소년의 심리사회적 적응. 연세대학교 일반대학원 미간행 박사학위논문.

유주연, 방경숙(2017). 소아암 환자 형제자매의 스트레스 개념분석. *Child Health Nursing Research*, 23(2), 190-198.

윤원기(2013). 병원학교 수학수업을 위한 교수-학습자료 개발에 관한 연구. 한국교원대학교 일반대학원 미간행 석사학위논문.

윤지로, 김유나, 이창수(2016. 7. 5.). [집중취재] 3년의 투병, 30년의 꼬리표… 외톨이 된 소아암 생존자. 세계일보.

윤현정(2015). 건강장애아동의 어머니가 인식한 아동의 병원학교 참여경험. 한국보건간호학회지, 29(3), 515-527.

이경열(1999). 중퇴청소년의 학교복귀를 위한 공식적 지지체계에 관한 사례연구. 경성대학교 사회복지대학원 미간행 석사학위논문.

이곡지(2004). 정신질환인의 사회복귀프로그램에 대한 가족의 욕구에 관한 연구. 대구대학교 사회복지대학원 미간행 석사학위논문.

이광재(2005). 의료사회사업원론(제2판). 서울: 인간과복지.

이근매, 지아영(2010). 미술놀이 치료가 소아암 환아의 우울, 불안 및 위축행동에 미치는 영향에 대한 사례연구. 특수아동교육연구, 7(1), 151-177.

이미경, 방수영, 안준호, 박장호, 최현경(2013). 정신건강의학과 안정병동 내 병원학교교실 참여자의 학교복귀율과 만족도. 소아청소년정신의학, 24(3), 141-150.

이미숙(2015). 병원학교 파견 특수교사의 병원학교 운영 경험. 교육인류학연구, 18(2), 129-161.

이미숙(2016). 건강장애 학생교육 관련 국내 학술지 연구 동향. 교육혁신연구, 26(1), 149-168.

이상혁, 김지은, 유철주, 변경민, 최태규(2003). 소아암 환아 부모의 스트레스와 삶의 질. 한국정신신체의학회, 11(2), 159-169.

이시연(2014). 청소년이 지각한 학대와 학교생활적응 간 관계: 자아존중감과 우울의 매개효과. *Korea Journal of Youth Counseling*, *22*(2), 401-420.

이영선, 권정민(2010). 특수교육 교직과목을 수강한 예비일반교사들의 통합교육에 대한 인식의 변화. 특수아동교육연구, 12(2), 399-416.

이영지(2008). 병원학교에서의 학교복귀 지원 프로그램이 소아암 아동의 자기지각에 미치는 영향. 이화여자대학교 일반대학원 미간행 석사학위논문.

이영호, 김혜숙(2015). 장애학생 부모교육의 실제. 경기: 공동체.

이영희(2015). 대안학교 청소년의 학교적응에 관한 연구: 서울시 위탁형 대안 학교를 중심으로. 동국대학교 교육대학원 미간행 석사학위논문.

이은주(2006). 대학에서 특수교육론을 수강한 초임 일반초등교사의 통합교육에 대한 태도와 자질의 유지. 특수아동교육연구, 8(2), 141-168.

이은혜, 박화옥(2014). 아동청소년의 학교폭력 경험유형이 학교생활적응력에 미치는 영향: 자아존중감과 사회적지지의 역할을 중심으로. 청소년학연구, 21(2), 399-426.

이은희, 손정민(2008). 가족탄력성이 만성질환아 가족의 적응에 미치는 영향 연구. 한국아동복지학, 27, 95-120.

이정은, 조민경(2007). 이러닝 형태의 건강장애 이해교육이 일반초등학교학생의 건강장애에 대한 자기평가 및 지식과 태도에 미치는 영향. 특수교육연구, 14(1), 237-257.

이주훈(2009). 소아의 만성신장질환의 치료. *Korean Journal of Pediatrics*, *52*(10), 1061-1068.

인제대학교 부산백병원학교(2016). 학교복귀 프로그램 계획.

인천광역시교육청(2014a). 전국 병원학교 및 화상강의시스템 운영자료.

인천광역시교육청(2014b). 2014학년도 병원학교 및 사이버학교 운영 계획. 세종: 교육부.

인천광역시교육청(2016). 건강장애 학생 이해자료. 세종: 교육부.

인천광역시교육청(2017). 병원학교 운영 매뉴얼 개발 연구 보고서. 세종: 교육부.

임미혜, 정정옥(2014). 유아교육기관에서의 건강교육. 서울: 창지사.

임유진(2001). 청소년이 지각한 사회적 지지와 자기효능감 및 학교생활적응간의 관계. 전북대학교 교육대학원 미간행 석사학위논문.

임장현, 김정연, 김시원(2017). 건강장애 학생의 교육적 지원에 관한 초, 중등교원의 인식. 특수교육, 17(4), 169-186.

장윤석(2016). 천식 치료의 실제: 한국 천식 진료지침 2015. 대한내과학회지, 90(4), 298-306.

전라남도교육청(2014). 통합학급 및 특수학급 운영 길라잡이.

전상준, 신봉호(2009). 중학교 1학년 학교생활적응 프로그램의 개발 및 효과. 아동교육, 18(2), 193-202.

정광훈, 노경희, 서순식, 강성국, 정영식, 강민석(2012). 2012년도 온라인수업 운영 가이드라인 개발 연구. 대구: 한국교육학술정보원.

정미라, 배소연, 이영미(2003). 유아건강교육. 경기: 양서원.

조영주(2013). 병원학교 담당교사의 직무 만족도 및 스트레스와 소진 특성 연구. 대구대학교 일반대학원 미간행 석사학위논문.

조정은(2009). 건강장애 학생을 위한 병원학교 운영체계와 음악치료. 한국예술치료학회지, 9(1), 299-318.

조진일, 박성철, 최형주, 성기창, 조동현, 황아윤(2011). 특수학교 시설기준 마련을 위한 연구 보고서. 서울: 한국교육개발원.

조헌하, 윤지원(2010). 소아암 아동과 가족에 관한 국내 연구 동향. 아동간호학회지, 16(1), 73-83.

조혜린, 박소영, 한인영(2008). 소아 청소년 암환자의 신체상과 질병적응에 관한 연구. 한국아동복지학, 26, 7-30.

중앙암등록본부(2012). 국가암등록사업 연례보고서(2010년 암등록 통계). 서울: 보건복지부.

진주혜(2000). 소아암 초기 생존 아동의 학교생활 경험. 연세대학교 일반대학원 미간행 석사학위논문.

차경나, 서영숙(2015). 병원학교 거점 병원의 입원 영·유아를 위한 보육서비스 실태와 개선 방안. 한국영유아보육학, 92, 177-197.

최경원(2013). 선천성면역결핍질환아를 둔 가족의 부부갈등 해결을 위한 가족치료 사례연구. 한국가족복지학, 39, 205-239.

최권호(2008). 소아암 생존자의 사회적 배제에 영향을 미치는 요인에 관한 연구. 연세대학교 사회복지대학원 미간행 석사학위논문.

최권호(2014). 소아암 환자의 학교복귀 및 적응에 관한 비판적 고찰. 건강장애아동의 학습권 확대를 위한 국회토론회 자료집, 49-59.

최권호(2017). 건강취약 아동청소년의 서비스 개발 연구. 서울: 건강장애청소년학교밖배움터캔틴스쿨.

최정재(2008). U-Mentoring을 활용한 건강장애 학생 지원 방안에 대한 연구. 초등교육연구, 21(1), 251-267.

충청남도교육청(2014). 특수교육대상학생 교육지원을 위한 순회교육 운영 가이드북.

탁영란, 윤이화, 전영신, 안지연(2003). 소아암 환아 가족이 인지한 사회적 지지가 적응에 미치는 영향. 아동간호학회, 9(1), 9-17.

표윤희, 김정연(2019). 병원학교 운영 매뉴얼 개발을 위한 특수교사의 경험 및 지원요구에 대한 질적 연구. 지체중복건강장애연구, 62(2), 183-209.

한경근(2008). 희귀질환을 가지고 있는 장애학생의 질환별 특성 및 교육적 지원 고찰. 지체중복건강장애연구, 51(3), 1-18.

한국백혈병소아암협회(2015). 소아암 사회복지서비스 똑똑하게 활용하기. 서울: (사)한국백혈병소아암협회.

한국백혈병소아암협회(2017). 소아암 경험자를 위한 2017학년도 대학입시설명회. 서울: (사)한국백혈병소아암협회.

한국백혈병어린이재단(2001). 소아암 어린이 영양 가이드. 서울: 한국백혈병어린이재단.

한국백혈병어린이재단(2015). 소아·청소년암 환자를 위한 간병가이드. 서울: 한국백혈병어린이재단.

한국심장재단(2018). (한국심장재단이 지원한) 선천성 심장병 수술환자 7,305명의 추적조사 연구: 2000. 1.~2014. 12. 경기: 군자출판사.

한국천식알레르기협회(2005). 학교에서의 천식관리. 서울: 고대닷컴.

한국학술정보원(2011). 스마트교육 체제 구현을 위한 온라인수업 활성화 방안.

한진형, 권병운, 현경희, 김용현, 이현숙, 김도형, 김윤섭, 박재석, 김경묵, 지영구(2011). 천식 증상으로 내원한 성인에서 운동유발성 천식과 아토피의 상관관계. *Korean Journal of Medicine*(구 대한내과학회지), *81*(6), 723-728.

허유성, 정은희, 이우진(2009). 예비 일반교사와 예비 특수교사의 교육관 비교 및 상호이해 수준 연구. 한국교원교육연구, 26(3), 311-337.

홍영수(2009). 의료사회복지 사례연구(Ⅰ). 서울: 도서출판 신정.

화순오성초등학교(2017). 2017학년도 여미사랑병원학교 운영 계획.

화순전남대학교병원(2009). 치유와 문화. 광주: 문화도시공작소 인유, 치유적문화복지사업단 라파.

Alemzadeh, R., & Wyatt, D. T. (2004). Diabetes mellitus in children. In R. E. Behrman, R. M. Kliegman, & H. B. Jenson (Eds.), *Nelson textbook of pediatrics* (pp. 1947-1972). PA: W. B. Saunders.

Allen, P. J., Vessey, J. A., & Schapiro, N. A. (2010). *Primary care of the child with a chronic condition* (5th ed.). MO: Mosby Elsevier.

American Diabetes Association. (1999). Care of children with diabetes in the school and day care setting+A position statement. *Diabetes Care, 22*, 163-166.

American Diabetes Association. (2007a). *All about diabetes.* Avaliable: http://www.diabetes.org/about-diabetes.jsp

American Diabetes Association. (2007b). Standards of medical care in diabetes+2007. *Diabetes Care, 30*, S4-S41.

American Diabetes Association. (2007c). *Type 1 diabetes complication.* Avaliable: http://www.diabetes.org/type-a-diabetes/complications.jsp

American Psychiatric Association. (1994). *Diagnostic and statistical manual of mental disorders* (4th ed.). Washington D.C.: American Psychiatric Publishing, Inc.

Andrew, S. G. (1991). Informing schools about children's chronic illness: Parents' opinion. *Pediatrics, 88*(2), 306-311.

Badasch, S. A., & Chesebro, D. S. (2015). *Health science fundamentals: Exploring career pathways* (2nd ed.). Boston, MA: Pearson.

Barnes, A. C., & Harlacher, J. E. (2008). Clearing the confusion: Response-to-intervention as a set of principles. *Education and Treatment of Children, 31*(3), 417-431.

Beers, M. H., Porter, R. S., & Jones, T. V. (2006). *Merck manual of diagnosis and therapy* (18th ed.). West Point, PA: Merck & Co., Inc.

Bigge, J., Best, S., & Heller, K. W. (2001). *Teaching individuals physical, health, or multiple disabilities* (4th ed.). Upper Saddle River, OH: Merrill.

Boland, E. A., & Grey, M. (2004). Diabetes mellitus type 1 and 2. In P. J. Allen & J. A. Vessey (Eds.), *Primary care of the child with a chronic condition* (4th ed., pp. 426-444). PA: Mosby.

Boman, K. K., & Bodegård, G. (2004). Life after cancer in childhood: Social adjustment and educational and vocational status of young-adult survivors. *Journal of Pediatric Hematology/Oncology, 26*(6), 354-362.

Bowe, F. (2000). *Physical sensory, and health disabilities.* Columbus, OH: Merrill.

Brown, M. B., Bolen, L. M., Brinkman, T. M., Carreira, K., & Cole, S. (2011). A collaborative strategy with medical providers to improve training for teachers of children with cancer. *Journal of Educational and Psychological Consultation, 21*(2), 149-165.

Brown, R. T. (1993). An introduction to the special series: Pediatric chronic illness. *Journal of Learning Disabilities, 26*(1), 4-6.

Brown, R. T., & Madan-Swain, A. (1993). Cognitive, neurophychological, and academic sequelae in children with leukemia. *Journal of Learning Disabilities, 26*(2), 74-90.

Cairns, N. U., Klopovich, P., Hearne, E., & Lansky, S. B. (1982). School attendance of children with cancer. *Journal of School Health, 52*, 152-155.

Darling-Hammond, L. (1996). What matters most: A competent teacher for every child. *Phi Delta Kappan, 78*, 193-200.

Darling-Hammond, L. (2010). Teacher education and the American future. *Journal of Teacher Education, 6*(1-2), 35-47.

Deasy-Spinetta, P. (1993). School Issues and the Child with Cancer. *Cancer, 71*, 3261-3264.

Decker, C., Phillips, C. R., & Haase, J. E. (2004). Information needs of adolescents with cancer. *Journal of Pediatric Oncology Nursing, 21*(6), 327-334.

Dongen-Melman, J. E., De Groot, A., Van Dongen, J. J., Verhulst, F. C., & Hahlen, K. (1997). Cranial irradiation is the major cause of learning problems in children treated for leukemia and lymphoma: A comparative study. *Leukemia, 11*, 1197-1200.

Edelman, A. (1995). Maximizing success: Transition planning for education after high school for young adults with chronic illness. *Information from HEATH, 15*(1), 3.

Elsayed, E., El-Soreety, W., Elawany, T., & Nasar, F. (2012). Effect of nursing intervention on the quality of life of children undergoing hemodialysis. *Life Science Journal, 9*(1), 77-86.

Farmer, J. E., & Peterson, L. (1995). Pediatric traumatic brain injury: Promoting successful school reentry. *School Psychology Review, 24*, 230-243.

Frank, N. C., Blount, R. L., & Brown, R. T. (1997). Attributions, coping, and adjustment in children with cancer. *Journal of Pediatric Psychology, 22*, 563-576.

Frobisher, C., Lancashire, E. R., Winter, D. L., Jenkinson, H. C., & Hawkins, M. M. (2007). Long-term population-based marriage rates among adult survivors of childhood cancer in Britain. *International Journal of Cancer, 121*(4), 846-855.

Fuchs, D., & Deshler, D. (2007). What we need to know about responsiveness to intervention (and shouldn't be afraid to ask). *Learning Disabilities Research & Practice, 22*(2), 129-136.

Gretch, Y., Bhukhanwata, F., & Neuharth-Pritchett, S. (2007). Strategies for helping children with diabetes in elementary and middle school. *Teaching Exceptional Children, 39*(3), 46-51.

Gustafsson, P. M., Watson, L., Davis. K. J., & Rabe, K. F. (2006). Poor asthma control in children: Evidence from epidemiological surveys and implications for clinical practice. *International Journal of Clinical Practice, 60*(3), 321-334.

Heller, K. W., Forney, P. E., Alberto, P. A., Best, S. J., & Schwartzman, M. N. (2009). *Understanding physical, health, and multiple disabilities* (2nd ed.). Upper Saddle River, NJ: Pearson.

Hood, K. K., Huestis, S., Maher, A., Butler, D., Volkening, L., & Laffel, L. M. (2006). Depressive symptoms in children and adolescents with type 1 diabetes. *Diabetes Care, 29*, 1389-1391.

Howlader, N., Noone, A. M., Krapcho, M., Neyman, N., Aminou, R., Altekruse, S. F., & Cronin, K. A. (2012). *SEER Cancer Statistics Review (Vintage 2009 populations)*. Retrieved Feb 12, 2013, from http://seer.cancer.gov/csr/1975_2009_pops09/

Individuals with Disabilities Education Act. (2006). *Federal Register, U.S. Department of Education, Part III. of Education*.

Jacobs, L. A., & Pucci, D. A. (2013). Adult survivors of childhood cancer: The medical and psychosocial late effects of cancer treatment and the impact on sexual and reproductive health. *The Journal of Sexual Medicine, 10*(S1), 120-126.

Kaffenberger, C. J. (2006). School reentry for students with a chronic illness: A role for professional school counselors. *Professional School Counseling, 9*(3), 223-229.

Katz, E. R., Varni, J. W., Rubenstein, C. L., Blew, A., & Hubert, N. (1992). Teacher, parent, and child evaluative ratings of a school reintegration intervention for children with newly diagnosed cancer. *Children's Health Care, 21*, 69-75.

Kavaleski, J., Tucker, J., & Stevens, J. (1996). Bridging special and regular education: The pennsylvania initiative. *Educational Leadership, 53*(5), 44-47.

Kersting, M., & Schoch, G. (1992). Achievable guidelines for food consumption to reach a balanced fat and nutrient intake in childhood and adolescence. *Journal of American College of Nutrition, 11,* 74-78.

Langeveld, N. E., Stam, H., Grootenhuis, M. A., & Last, B. F. (2002). Quality of life in young adult survivors of childhood cancer. *Support Care Cancer, 10*(8), 579-600.

Langeveld, N. E., Ubbink, M. C., Last, B. F., Grootenhuis, M. A., Voûte, P. A., & Haan, R. J. (2003). Educational achievement, employment and living situation in long-term young adult survivors of childhood cancer in the Netherlands. *Psycho-Oncology, 12*(3), 213-225.

Lemke, R. E. (2004). *A hospital school: An intrinsic case study.* The Graduate Faculty of North Carolina State University in partial fulfillment of the requirements for the Degree of Doctor of Philosophy.

Leukemia Research Fund. (1997). *Coping with childhood leukemia.* www.leukemia.demon.co.uk/coping.htm.

Lightfoot, J., Wright, S., & Sloper, P. (1999). Supporting pupils in mainstream school with an illness or disability: Young people's views. *Child: Care, Health and Development, 25*(4), 267-283.

Lukens, J. N. (1994). Progress resulting from clinical trials: Solid tumors in childhood cancer. *Cancer, 74,* 2710-2718.

Madan-Swain, A., Fredrick, L. D., & Wallander, J. L. (1999). Returning to school after a serious illness or injury. In R. T. Brown (Ed.), *Cognitive aspects of chronic illness in children* (pp. 312-332). New York: Guilford Press.

Marciniak, C. M., Sliwa, J. A., Spill, G., Heinemann, A. W., & Semik, P. E. (1996). Functional outcome following rehabilitation of the cancer patient. *Arch Phys Med Rehabil, 77*(1), 54-57.

Mariotto, A. B., Rowland, J. H., Yabroff, K. R., Scoppa, S., Hachey, M., Ries, L., & Feuer, E. J. (2009). Long-term survivors of childhood cancers in the United States. *Cancer Epidemiology Biomarkers & Prevention, 18*(4), 1033-1040.

McCarthy, A. M., Lindgren, S., Mengeling, M. A., Tsalikian, E., & Engvall, J. C. (2002). Effects of diabetes on learning in children. *Pediatrics, 109,* 1-9.

McCormick, D. (1986). School re-entry program for oncology patients. *Journal of the Association of Pediatric Oncology Nurses, 3*(3), 13-17.

Miller, R. W., Young, J. L., & Novakovic, P. H. (1994). Childhood Cancer. *Cancer, 75,* 395-405.

Muhlendah, K., & Herkenhoff, H. (1995). Long-term course of neonatal diabetes. *New England Journal of Medicine, 333,* 704-708.

Mukherjee, S., Lightfoot, J., & Sloper, P. (2002). Communicating about pupils in mainstream school with special health needs: The NHS perspective. *Child: Care, Health & Development, 28*(1), 21-27.

Nagarajan, R., Neglia, J. P., Clohisy, D. R., Yasui, Y., Greenberg, M., Hudson, M., & Robison, L. L. (2003). Education, employment, insurance, and marital status among 694 survivors of pediatric lower extremity bone tumors. *Cancer, 97*(10), 2554-2564.

Norris, C., & Closs, A. (1999). Child and parent relationship with teachers I schools responsible for the education of children with serious medical conditions. *British Journal of Special Education, 26*(1), 29-33.

Prevatt, F. F., Heffer, R. W., & Lowe, P. A. (2000). A review of school reintegration programs for children with cancer. *Journal of School Psychology, 38*(5), 447-467.

Quesnel, S., & Malkin, D. (1997). Genetic predisposition to cancer and familial cancer syndromes. *Pediatric Clinics of North America, 44,* 791-808.

Reiss, J. G., Gibson, R. W., & Walker, L. R. (2005). Health care transition: Youth, family, and provider perspectives. *Journal of American Academy of Pediatrics, 115*(1), 112-120.

Ries, L. A. G., Miller, B. A., Hankey, B. F., Kosary, C. L., Harras, A., & Edwards, B. K. (Eds.). (1997). *Cancer Statistics Review 1973-1991.* Roskville, MD: National Cancer Institute, 1994; NIH Pub. No. 94-2789.

Ross, J. W. (1984). Resolving nonmedical obstacles to successful school reentry for children with cancer. *Journal of School Health, 54*(2), 84-86.

Rynard, D. W., Chamber, A., Klinck, A. M., & Gray, J. D. (1998). School support programs for chronically ill children: Evaluating the adjustments of children with cancer at school. *Children's Health Care, 27*(1), 31-46.

Sachs, M. B. (1980). Helping the child with cancer go back to school. *Journal of School Health, 50,* 328-331.

Sexson, S. B., & Madan-Swain, A. (1993). School reentry for the child with chronic illness. *Journal of Learning Disability, 23*(2), 115-125.

Shields, G., Schondel, C., Bamhart. L., Fitzpatrick, V., Sidell, N., Adams, P., Fertig. B., & Gomez, S. (1995). Social work in pediatric oncology: A family needs assessment. *Social Work in Health Care, 21*(1), 39-54.

Shiu, S. (2001). Issues in the education of students with chronic illness. *International Journal of Disability, Development and Education, 48*(3), 269-281.

Stiller, C. A., Allen M. B., & Eatock, E. M. (1995). Childhood cancer in Britain: The National Registry of Childhood Tumours and incidence rates 1978-1987. *European Journal of Cancer, 31A*(12), 2028-2034.

Sullivan, A. L., & Long, L. (2010). Examining the changing landscape of school psychology practice: A survey of school-based practitioners regarding response to intervention. *Psychology in the Schools, 47*(10), 1059-1070.

Sullivan, N. A., Fulmer, D. L., & Zigmond, N. (2001). The normalising factor for children with children with childhood leukaemia. *Preventing School Failure*, *46*(1), 5-13.

Taylor, A., Hawkins, M., Giffiths, A., Davies, H., Douglas, C., Jenney, M., Wallace, W. H. B., & Levitt, G. (2003). Long-term follow-up of survivors of childhood cancer in the UK. *Pediatric Blood Cancer*, *42*, 161-168.

Thies, M. K. (1999). Identifying the educational implications of chronic illness in school children. *Journal of School Health*, *69*(1), 392-397.

Thies, M. K., & McAllister, J. W. (2001). The health educational leadership project: A school initiative for children and adolescents with chronic health conditions. *Journal of School Health*, *71*(5), 167-172.

Turnbull, R., Turnbull, A., Shank, M., & Smith, S. J. (2003). *Exceptional lives: Special education in today's schools*. NJ: Pearson Prentice Ltd.

U.S. Department of Education. (2005. November 18). https://www2.ed.gov/news/newsletters/edreview/2005/1118.html

Van Dongen-Melman, J. E. (2000). Developing psychosocial aftercare for children surviving cancer and their families. *Acta Oncology*, *39*, 23-31.

Van Dongen-Melman, J. E., Pruyn, J. F., De Groot, A., Koot, H. M., Hählen, K., & Verhulst, F. C. (1995). Late psychosocial consequences for parents of children who survived cancer. *Journal of Pediatric Psychology*, *20*, 567-586.

Vaughn, S., & Fuchs, L. S. (2003). Redefining learning disabilities as inadequate response to instruction: The promise and potential problems. *Learning Disabilities Research and Practice*, *18*, 137-146.

Wang, X., Wang, S-S., Peng, R-J., Qin, T., Shi, Y-X., Teng, X-Y., Liu, D-G., Chen, W-Q., & Yuan, Z-Y. (2012). Interaction of coping styles and psychological stress on anxious and depressive symptoms in Chinese breast cancer patients. *Asian Pacific Journal of Cancer Prevention*, *13*(4), 1645-1649. doi:10.73 14/APJCP.2012.13.4.1645

Weitzman, M., Klerman, L. V., Lamb, G., Menary, J., & Alpert, J. J. (1982). School absence: A problem for the pediatrician. *Pediatrics*, *69*(6), 739-746.

Williams, H. A. (1995). *Social support, social networks and coping of parents of children with cancer: Comparing White and African-American parents*. Ph.D. dissertation, University of Florida.

Worchel-Prevatt, F. F. (1998). A school reentry program for chronically ill children. *Journal of School Psychology*, *36*(3), 261-279.

Yu, S., Kail, R., Hagen, J. W., & Wolters, C. A. (2000). Academic and social experiences of children with insulin-dependent diabetes mellitus. *Children's Health Care*, *29*, 189-207.

〈홈페이지〉

건강보험심사평가원 http://www.hira.or.kr

고려대학교안산병원 http://ansan.kumc.or.kr

국가암정보센터(2017). https://cancer.go.kr

국제아동안전기구 세이프키즈 한국법인(Safe Kids Korea) http://www.safekids.or.kr/content/
　　content.php?cont=record03

대한당뇨병학회 https://www.diabetes.or.kr/general/class/medical.php?mode= view&number
　　=323&idx=1

대한소아신장학회 http://www.kspn.org

대한신장학회 http://www.ksn.or.kr

대한심폐소생협회 http://www.kacpr.org

서울대학교병원 의학백과사전 http://www.snuh.org/health/encyclo/view/17/2/2.do

서울아산병원 질환백과 http://www.amc.seoul.kr/asan/healthinfo/disease/diseaseSubmain.do

식품의약품안전처 https://www.mfds.go.kr

전국 병원학교 https://hospital.s4u.kr

진로정보망 커리어넷 https://www.career.go.kr

질병관리본부 국가건강정보포털(KCDC) http://health.cdc.go.kr/health/Main.do

질병관리본부의 희귀질환 헬프라인 https://helpline.nih.go.kr

한국교육개발원 스쿨포유 http://onlineschool.or.kr

한국백혈병어린이재단 https://www.kclf.org

한국소아당뇨인협회 http://www.iddm.kr/diabetes/diabetes

한국심장재단 https://www.heart.or.kr

한국의약품안전관리원 https://www.drugsafe.or.kr

Boston 아동병원 http://www.childrenshospital.org

Daum 검사시술백과 https://100.daum.net/book/635/list

Daum 질병백과 https://100.daum.net/book/626/list

St. Louis 아동병원 https://www.stlouischildrens.org

UCSF Benioff 아동병원 https://www.ucsfbenioffchildrens.org/services/school_program/ (2013
　　년 9월 1일 검색)

UNC 병원학교 https://www.uncchildrens.org

https://en.wikipedia.org/wiki/Dry-powder_inhale

https://www.123rf.com/photo_80081207_boy-making-inhalation-with-nebulizer-at-
　　homechild-asthma-inhaler-inhalation-nebulizer-steam-sick-co.html

https://www.aaaai.org/conditions-and-treatments/library/asthma-library/spacers-asthma

https://www.indiamart.com/proddetail/compressor-nebulizer-19200846555.html

https://www.sympatec.com/en/particle-measurement/dosing-units/inhaler/

찾아보기

〈인명〉

〈내용〉

저자 소개

김정연(Kim Jeongyoun)
이화여자대학교 대학원 졸업(특수교육학 박사)
현 조선대학교 특수교육과 교수

〈주요 저서 및 역서〉
중도·중복장애학생 교육의 이해(공저, 학지사, 2018)
함께 생각하는 지체장애 학생 교육(공저, 학지사, 2018)
발달장애인의 인권: 발달장애인의 권리보호와 복지지원을 위하여(공저, 오월숲, 2016)
장애아동을 위한 미술교육(2판, 공저, 학지사, 2015)
지체, 건강 및 중복 장애 학생에 대한 이해(공역, 학지사, 2012)

건강장애 학생 교육
Teaching Students with Health Impairments

2020년   9월 20일 1판 1쇄 발행
2021년 12월 10일 1판 2쇄 발행

지은이 • 김정연
펴낸이 • 김진환
펴낸곳 • (주) **학지사**
　　　　04031 서울특별시 마포구 양화로 15길 20 마인드월드빌딩
대표전화 • 02)330-5114　　　팩스 • 02)324-2345
등록번호 • 제313-2006-000265호

홈페이지 • http://www.hakjisa.co.kr
페이스북 • https://www.facebook.com/hakjisa

ISBN 978-89-997-2176-2 93370

정가 24,000원

이 도서의 국립중앙도서관 출판시도서목록(CIP)은 서지정보유통지
원시스템 홈페이지(http://seoji.nl.go.kr)와 국가자료공동목록시스템
(http://www.nl.go.kr/kolisnet)에서 이용하실 수 있습니다.
(CIP 제어번호: CIP2020034583)

출판 · 교육 · 미디어기업 **학지사**

간호보건의학출판 **학지사메디컬** www.hakjisamd.co.kr
심리검사연구소 **인싸이트** www.inpsyt.co.kr
학술논문서비스 **뉴논문** www.newnonmun.com
교육연수원 **카운피아** www.counpia.com